最新 教育キーワード

のキーワードで押さえる教育

藤田晃之・佐藤博志・平井悠介・長田友紀／編著

時事通信社

まえがき

　時事通信社から、『最新　教育キーワード』が初めて刊行されたのは1988年（当時の書名は『教育キーワード―「現代」をとく139の視点　1988―』）でした。それ以降、解説内容のアップデートや掲載項目自体の入れ替えなどの改訂が重ねられ、［第13版］が出版されたのは2009年のことです。その後、約10年のブランクを経て、大幅改訂版としての『最新　教育キーワード―155のキーワードで押さえる教育―』を公刊したのは、今から5年ほど前の2019年7月でした。

　私たちは、この5年の間に、日本の学校教育にとって戦後最大の試練ともいうべき新型コロナウイルス感染症の世界的流行を経験しました。そして、感染症拡大予防策としての全国一斉休業措置によって露わになったのが、オンラインによる双方向型の授業のために必要な環境整備の立ち後れでした。これを受け、児童生徒への1人1台の端末の支給と各学校における高速ネットワークの整備を主眼としたGIGAスクール構想に基づく施策が、急速に進展したのです。

　そして、2021年1月には、中央教育審議会が「『令和の日本型学校教育』の構築を目指して～全ての子供たちの可能性を引き出す、個別最適な学びと、協働的な学びの実現～（答申）」を取りまとめ、「新学習指導要領の全面実施」「学校における働き方改革」「GIGAスクール構想」の進展を前提としながら、2020年代を通じて実現を目指すべき学校教育の在り方を「令和の日本型学校教育」として提示しました。さらに2023年6月には、2040年以降の社会を見据えた教育政策におけるコンセプトとして「持続可能な社会の創り手の育成」

と「日本社会に根差したウェルビーイングの向上」を掲げた第4期教育振興基本計画が閣議決定されました。今後の教育の方向性を検討する上で不可欠な羅針盤が連続して示されたともいえるでしょう。

本書『最新　教育キーワード―165のキーワードで押さえる教育』の特集「令和の日本型学校教育と第4期教育振興基本計画」においては、これらの動向のエッセンスを適切に見いだし、分かりやすく解説することに注力しました。特集に続く各章においても、項目（キーワード）ごとに充てる紙幅を見開き2ページとし、それぞれ参考文献情報を付記するというこれまでの各版が培ってきた読みやすさを引き継ぎつつ、掲載項目の決定に当たっては教育の「今」を読み解く上で必須となる重要語（キーワード）を厳選して構成しています。

本書の執筆は、1872（明治5）年に日本初の「師範学校」として創設されて以来、日本における教育実践と教育学分野の研究を牽引し続けている筑波大学人間系に所属する研究者と、同大学大学院人間総合科学研究科及びその後身の人間総合科学学術院人間総合科学研究群で教育学関連諸科学を学んだ研究者が担当しました。

学校教育を直接的に支えている現職の先生方や管理職各位、保護者の皆様方、教育委員会や社会教育施設にお勤めの方々などの教育関係者はもちろん、教職を志す学生や大学院生、民間教育事業者など、広く教育に関心をお持ちの多くの方々に本書が活用されますことを心から願っています。読者の皆様方からの忌憚のないご意見やご批判とともに、温かなご助言を賜ることができましたら幸甚に存じます。

2024年3月　　編著者を代表して　藤田　晃之

まえがき・もくじ

特集　令和の日本型学校教育と第4期教育振興基本計画

第1章　学校・学習支援機関

第2章　教育行政・教育施策

第3章　教師

第4章　子供・家庭・社会

第5章　学びを支える理論

特集　令和の日本型学校教育と第４期教育振興基本計画

1　令和の日本型学校教育
2　第４期教育振興基本計画
3　個別最適な学び
4　協働的な学び
5　ウェルビーイング（Well-being）
6　GIGA スクール構想
7　VUCA の時代
8　教育デジタルトランスフォーメーション
9　誰一人取り残されない教育
10　履修主義と修得主義
11　文理横断・文理融合教育
12　部活動の地域連携や地域文化クラブ活動への移行
13　教育におけるエビデンス
14　Society5.0 に向けた教育
15　STEAM 教育

1　令和の日本型学校教育

Summary

「令和の日本型学校教育」とは、中央教育審議会が２０２１年1月に取りまとめた答申において提示した「２０２０年代を通じて実現を目指す学校教育」の姿である。子供たちの知・徳・体を一体で育んできたこれまでの「日本型学校教育」のよさを生かしつつ、「個別最適な学び」と「協働的な学び」を一体として充実させることを企図している。

令和の日本型学校教育とは

２０２１年1月、中央教育審議会は「『令和の日本型学校教育』の構築を目指して～全ての子供たちの可能性を引き出す、個別最適な学びと、協働的な学びの実現～」と題する答申を取りまとめた。

答申では、これまでの日本の学校教育が、学習指導のみならず、生徒指導の面でも主要な役割を担い、児童生徒の状況を総合的に把握して教師が指導を行うことで、子供たちの知・徳・体を一体で育んできたと評価しつつ、これを「日本型学校教育」と呼んでいる。その上で答申は、社会の在り方が劇的に変わる「Society5.0時代」の到来や、新型コロナウイルス感染症の感染拡大など先行き不透明な「予測困難な時代」の中で再認識された学校の役割や課題を踏まえ、かつ、令和時代の始まりとともに生起した「新学習指導要領の全面実施」「学校における働き方改革」「ＧＩＧＡスクール構想」の進展を前提としながら、２０２０年代を通じて実現を目指すべき学校教育の在り方を「令和の日本型学校教育」と名付け、その具体像を「第Ⅰ部　総論」と「第Ⅱ部　各論」に分けて提示したのである。

目指される資質能力

このような状況下、令和の日本型学校教育によって育むべき資質能力について、答申は次のように述べている。

> 一人一人の児童生徒が、自分のよさや可能性を認識するとともに、あらゆる他者を価値のある存在として尊重し、多様な人々と協働しながら様々な社会的変化を乗り越え、豊かな人生を切り拓き、持続可能な社会の創り手となることができるようにすることが求められている。（第Ⅰ部１）

ここで示された資質能力は、ＯＥＣＤ（経済協力開発機構）が２０１９年に提示した「ラーニング・コンパス」において、子供たちがウェルビーイング（Well-being）を実現していくためには自ら主体的に目標を設定し、振り返りながら、責任ある行動がとれる力が重要となると指摘したことなどを含め、国際的な資質能力論の潮流を視野に収めて構想されたものである。

資質能力を育む方策

このような資質能力を育もうとする令和の日本型学校教育の具体的な姿について答申は、「全ての子供たちの可能性を引き出す、個別最適な学びと、協働的な学び」とした。ここではＩＣＴの活用と少人数によるきめ細かな指導体制の整備による「個別最適な学び」と、探究的な学習や体験活動

＊表Ａ　個別最適な学びと協働的な学び

個別最適な学び【学習者視点】（＝個に応じた指導【教師視点】）

子供が自己調整しながら学習を進めていく

［指導の個別化］

✓子供一人一人の特性・学習進度・学習到達度等に応じ、
✓教師は必要に応じた重点的な指導や指導方法・教材等の工夫
→一定の目標を全ての子供が達成することを目指し、異なる方法等で学習を進める

［学習の個性化］

✓子供一人一人の興味・関心・キャリア形成の方向性等に応じ、
✓教師は一人一人に応じた学習活動を行う
→異なる目標に向けて、学習を深め、広げる

協働的な学び

✓子供一人一人のよい点や可能性を生かし、
✓子供同士、あるいは地域の方々をはじめ多様な他者と協働する
→異なる考え方が組み合わさり、よりよい学びを生み出す

出典：文部科学省（2021）「『令和の日本型学校教育』の構築を目指して（答申）【総論解説】」を基に作成

等を通じ、子供同士あるいは多様な他者と協働しながら学ぶ「協働的な学び」とを一体的に充実することが目指されている（表Ａ）。

「個別最適な学び」とは、これまで教師の視点から「個に応じた指導」と呼ばれてきたものを、学習者である児童生徒の視点から捉えたものであり、「指導の個別化」と「学習の個性化」によって構成される。そして、この「個別最適な学び」が「孤立した学び」に陥らないよう、従来から「日本型学校教育」において重視されてきた「協働的な学び」も一体化させ、「主体的・対話的で深い学び」の実現に向けた授業改善につなげることを企図したのである。

今後の方向性

答申は、知・徳・体を一体的に育むという日本型学校教育の本質的な役割を重視し、継承していくことを前提としつつ、「令和の日本型学校教育」の今後の方向性として次の4点を挙げている。

○国が、学校教育を支える人的資源・物的資源を十分に供給・支援すること
○学校と地域住民等との連携・協力体制を拡充すること
○一斉授業か個別学習か、履修主義か修得主義か、デジタルかアナログか、遠隔・オンラインか対面・オフラインかといった「二項対立」の陥穽（かんせい）に陥らず、教育の質の向上のために、どちらの良さも適切に組み合わせて生かしていくこと
○教育政策のＰＤＣＡサイクルを着実に推進していくこと

（藤田晃之）

References

□**新しい学習指導要領を研究する会／編著（2022）『「令和の日本型学校教育」Ｑ＆Ａ』明治図書出版**
「誰でも答申の趣旨が分かる『令和の日本型学校教育』Ｑ＆Ａ」及び「いますぐ各教科の学びのポイントが分かる『令和の日本型学校教育』Ｑ＆Ａ」の２部構成となっている。

□**日本教師教育学会／編（2023）『「令和の日本型」教育と教師―新たな教師の学びを考える』学文社**
2021年11月に中央教育審議会「令和の日本型学校教育」を担う教師の在り方特別部会が「審議まとめ」を出したことを受け、緊急企画として実施された「令和の教師教育改革」に関する２度の学習会と公開シンポジウムの内容をまとめたブックレット。

□**奈須正裕／著（2021）『個別最適な学びと協働的な学び』東洋館出版社**
山形県天童市立天童中部小学校における実践を事例として、「個別最適な学びと協働的な学びの一体的な充実」の実現可能性を探る。

2　第4期教育振興基本計画

Summary

教育振興基本計画とは、教育基本法に基づいて政府が策定する教育に関する総合計画である。今後5年間の国の教育政策全体の方向性や目標、施策等を定めており、最新の第4期計画は２０２３年6月に閣議決定された。本計画では、持続可能な社会の創り手の育成と、日本社会に根差したウェルビーイングの向上の２点が基本コンセプトとなっている。

教育振興基本計画とは

２００６年12月、教育基本法が１９４７年の制定以来初めて改正された。その際、新たに設けられた第17条（教育振興基本計画）をまず引用しよう。

> 第17条　政府は、教育の振興に関する施策の総合的かつ計画的な推進を図るため、教育の振興に関する施策についての基本的な方針及び講ずべき施策その他必要な事項について、基本的な計画を定め、これを国会に報告するとともに、公表しなければならない。
>
> 2　地方公共団体は、前項の計画を参酌し、その地域の実情に応じ、当該地方公共団体における教育の振興のための施策に関する基本的な計画を定めるよう努めなければならない。

本条第1項が定める通り、政府は、必ず教育振興基本計画を策定・公表しなくてはならず、第2項の規定により、都道府県・市町村が教育振興基本計画や教育大綱を策定する際には、国の教育振興基本計画を参酌することとされる。

政府は、２００８年に第1期計画を策定し、以降5年おきに第2期・第3期計画がつくられ、最新の第4期計画は２０２３年6月に閣議決定された。

第4期計画の基本コンセプト

第4期教育振興基本計画は、その「はじめに」において、「教育こそが社会をけん引する駆動力の中核を担う営み」であるとした上で、「教育振興基本計画は、将来の予測が困難な時代において教育政策の進むべき方向性を示す『羅針盤』となるべき総合計画」であると述べている。

また、今日の社会の特質を「将来の予測が困難な時代」と端的に述べ、これまでも少子化・人口減少や高齢化、グローバル化の進展と国際的な地位の低下、地球規模の課題、子供の貧困、格差の固定化と再生産等の諸問題が生起してきたことに加え、「第3期計画期間中に発生した新型コロナウイルス感染症の感染拡大の影響及びロシアのウクライナ侵略による国際情勢の不安定化は、正に予測困難な時代を象徴する事態であったと言えよう」と記している。

このような認識に基づいて策定された第4期計画では、２０４０年以降の社会を見据えた教育政策におけるコンセプトとも言うべき総括的な基本方針として「持続可能な社会の創り手の育成」及び「日本社会に根差したウェルビーイングの向上」が掲げられた。

「持続可能な社会の創り手の育成」につ

いて、本計画は、将来の予測が困難な時代にあっても、未来に向けて自らが社会の創り手となり、持続可能な社会を維持・発展させていこうとする人材を育てていかなければならないと述べ、主体性、リーダーシップ、創造力、課題設定・解決能力、論理的思考力、表現力、チームワーク等を備えた人材の育成が必要であるとした。

また、「日本社会に根差したウェルビーイングの向上」については、「身体的・精神的・社会的に良い状態にあることをいい、短期的な幸福のみならず、生きがいや人生の意義などの将来にわたる持続的な幸福を含む概念」としてウェルビーイングを説明した上で、多様な個人それぞれが幸せや生きがいを感じるとともに、地域や社会が幸せや豊かさを感じられるものとなるよう、教育を通じてウェルビーイングを向上させることが求められるとしている。具体的には、幸福感、学校や地域でのつながり、協働性、利他性、多様性への理解、社会貢献意識、自己肯定感、自己実現（達成感、キャリア意識など）等を調和的・一体的に育むことが重要であるとした。

また、子供たちのウェルビーイングを高めるためには教師をはじめとする学校全体のウェルビーイングが重要であり、同時に、子供たちのウェルビーイングが、家庭や地域、社会に広がっていき、その広がりが多様な個人を支え、将来にわたって世代を超えて循環していくという姿の実現が求められるとしている。

5つの基本的な方針

第４期計画では、これら2つのコンセプトの下で、次の5つの基本的な方針が定められている。

① グローバル化する社会の持続的な発展に向けて学び続ける人材の育成
② 誰一人取り残されず、全ての人の可能性を引き出す共生社会の実現に向けた教育の推進
③ 地域や家庭で共に学び支え合う社会の実現に向けた教育の推進
④ 教育デジタルトランスフォーメーション（DX）の推進
⑤ 計画の実効性確保のための基盤整備・対話

その上で、本計画では、「確かな学力の育成、幅広い知識と教養・専門的能力・職業実践力の育成」をはじめとする16の目標と基本施策及びそれぞれの達成指標が提示されている。

（藤田晃之）

References

□田中壮一郎／監修・教育基本法研究会／編著（2007）『逐条解説改正教育基本法』第一法規株式会社

制定以来60年ぶりに全文改正された教育基本法の逐条解説書。教育振興基本計画の根拠規定である第17条についても、丁寧に解説されている。

□公教育計画学会／編（2013）『公教育計画研究４―特集：教育振興基本計画の現状と課題』公教育計画学会

第２期教育振興基本計画の閣議決定に焦点を当てつつ、教育振興基本計画の策定自体が内包する問題点に関する分析を含め、３本の論文が収録されている。

□文部科学省（2023）「第４期教育振興基本計画リーフレット」

第４期計画の概要が表紙を含めて８ページのリーフレットに分かりやすく整理されている。ダウンロードして常に手元で参照できるようにしておきたい。
https://www.mext.go.jp/content/20230928-mxt_soseisk02-100000597_07.pdf

3 個別最適な学び

Summary

「個別最適な学び」という概念は、２０２１年１月の中央教育審議会答申において「個に応じた指導」の在り方を具体的に示すために提案されたものであり、「指導の個別化」と「学習の個性化」の２つからなる。「個別最適な学び」の質を高めるためには、その目的（資質・能力の育成）や「協働的な学び」との一体的な充実を考慮することが重要である。

「個別最適な学び」の概要

「個別最適な学び」という概念は、２０２１年１月の中央教育審議会答申「『令和の日本型学校教育』の構築を目指して～全ての子供たちの可能性を引き出す、個別最適な学びと、協働的な学びの実現～」（以下、「答申」）で提案されたものである。日本では、これまでも学習指導要領で「個に応じた指導」の充実が述べられ、今日では、ＧＩＧＡスクール構想による児童生徒１人１台端末の普及から、「個に応じた指導」の重要性がより増している。そうした状況の中で、「個に応じた指導」の在り方をより具体的に示すために「個別最適な学び」という概念が提案された。

「個別最適な学び」は、「指導の個別化」と「学習の個性化」の２つから構成されている。それぞれは次のように述べられている。

> （中略）教師が支援の必要な子供により重点的な指導を行うことなどで効果的な指導を実現することや、子供一人一人の特性や学習進度、学習到達度等に応じ、指導方法・教材や学習時間等の柔軟な提供・設定を行うことなどの「指導の個別化」が必要である。
>
> （中略）教師が子供一人一人に応じた学習活動や学習課題に取り組む機会を提供することで、子供自身が学習が最適となるよう調整する「学習の個性化」も必要である。
>
> （以上、「答申」第Ⅰ部３(1)）

そして、これら２つを教師の視点から整理した概念が「個に応じた指導」であり、それを学習者の視点から整理した概念が「個別最適な学び」であるとされている（「答申」）。

さらに、文部科学省から２０２１年３月に発行された「学習指導要領の趣旨の実現に向けた個別最適な学びと協働的な学びの一体的な充実に関する参考資料」（以下、「参考資料」）では、「指導の個別化」と「学習の個性化」の区別が、目標の同異の観点からより明確にされている。具体的には、「指導の個別化」は「一定の目標を全ての児童生徒が達成することを目指し、個々の児童生徒に応じて異なる方法等で学習を進めること」であり、「学習の個性化」は「個々の児童生徒の興味・関心等に応じた異なる目標に向けて、学習を深め、広げること」とされている（「参考資料」）。

例えば、算数・数学科における問題解決型の授業では、教師から示された問題に児童生徒がまず個別に取り組むことが一般的であるが、必ずしも全ての子供が自力で問題を解決することができるとは限らない。このとき、教師が机間指導の際に、必要に応じて個々の児童生徒に適切な支援を行うことが「指導の個別化」に当たる。

　一方で、算数・数学科の中でも統計の授業では、種々のグラフや代表値など様々な統計の内容を学習する。その学習の後に、「学習の個性化」として、児童生徒が日常生活の中から明らかにしたいことを各自で取り上げ、学習したことを活用してそれについて調べる機会を設けることが考えられる。

▼「個別最適な学び」を充実させるための留意点

　各学校で「個別最適な学び」の質を高めるに当たり、留意点が２つある。第一に、「個別最適な学び」は、それが孤立したものとならないよう、もう一つの概念である「協働的な学び」（次項参照）と一体的に充実させることが重要である。「答申」では、この一体的な充実に関して、「授業の中で『個別最適な学び』の成果を『協働的な学び』に生かし、更にその成果を『個別最適な学び』に還元する」と述べられている。先述の統計学習の例では、各自で調べたことを発表する機会を設けることで、成果を学級全体で共有したり、他者の意見を聞いて自分の考えをさらに洗練したりできるようにすることが大切である。

　第二は、「個別最適な学び」を実現させることそれ自体が目的ではないということである。「参考資料」の巻末にあるイメージ図には、「個別最適な学び」と「協働的な学び」の一体的な充実→主体的・対話的で深い学びの実現による授業改善→資質・能力の育成という関係が示されている。すなわち、目的は資質・能力の育成であり、「個別最適な学び」は、「協働的な学び」とともに、そのための方法として位置付いている。

　資質・能力の育成は、今回の学習指導要領で各教科・科目の目標に位置付けられている。資質・能力は、知識及び技能、思考力、判断力、表現力等、学びに向かう力、人間性等からなる。思考力の一例として、例えば算数・数学科では統合的・発展的に考察する力が挙げられる。

　「個別最適な学び」のように、新しい学びの概念が提案されると、ややもすると学習形態の形式論に陥る傾向がある。肝要なのは、そうした学習形態を取るかどうかではなく、それが児童生徒の資質・能力の育成に確かにつながるかどうかをよく見極めることである。


（小松孝太郎）

References

□奈須正裕／著（2021）『個別最適な学びと協働的な学び』東洋館出版社
　「答申」について概説した上で、山形県天童市立天童中部小学校での実践を取り上げながら、「個別最適な学び」や「協働的な学び」を実現するための子供観の問い直しやICT活用等について論じている。

□奈須正裕・伏木久始／編著（2023）『「個別最適な学び」と「協働的な学び」の一体的な充実を目指して』北大路書房
　本書は14人の著者による分担執筆であり、各々が、「個別最適な学び」と「協働的な学び」について、単元内自由進度学習や才能教育など様々な観点から論じている。

□加固希支男／著（2023）『小学校算数「個別最適な学び」と「協働的な学び」の一体的な充実』明治図書出版
　小学校算数科における「個別最適な学び」と「協働的な学び」の目的、意味、評価等について、第３学年における著者自身の一連の授業実践を事例として具体的に述べている。

4 協働的な学び

Summary

「協働的な学び」は、「令和の日本型学校教育」答申で示された目指すべき学校教育の姿という目標であり、かつ、次代の学校教育における資質・能力獲得のための主要手段である。多様な人々と協働しながら様々な社会的変化を乗り越え、豊かな人生を切り拓き、持続可能な社会の創り手となることができるよう、その資質・能力を育成するための「学び」である。

▼「教育」を「学び」で基礎付ける

2021年1月、学校のこれからの時代は「学び」の時代であり、学校の変革は「学び」の在り方の変革であるという考えの下で、中央教育審議会「『令和の日本型学校教育』の構築を目指して」答申が取りまとめられた。「協働的な学び」は、本答申において、Society 5.0時代に実現を目指す学校教育＝「学び」の姿の一つとして描出された。

「Society 5.0」とは、政府による「第5期科学技術基本計画」（2016年1月閣議決定）において、科学技術イノベーションが社会ニーズに対応し人々の課題を解消していく社会として描かれた未来社会像を指す。これを受け、上記答申では「Society 5.0時代」を用い、「社会の在り方そのものがこれまでとは『非連続』と言えるほど劇的に変わる状況」と捉え直している。そして、「このように急激に変化する時代の中で、我が国の学校教育には、一人一人の児童生徒が、自分のよさや可能性を認識するとともに、あらゆる他者を価値のある存在として尊重し、多様な人々と協働しながら様々な社会的変化を乗り越え、豊かな人生を切り拓き、持続可能な社会の創り手となることができるようその資質・能力を育成することが求められている」と、「状況」が要求する資質・能力へ敷衍されている。特に、傍線部が「協働的な学び」の定義とされる。

すなわち、まず、答申では、社会変化への対応のため、協働・参画能力の獲得を目指すこと、かつ、そのための教育の充実を図ろうという方向性が示されている。そして、「協働的な学び」は、この教育の充実を「学び」によって実現しようする際の実現手段の主要な一つとなっている。

このように、「協働的な学び」は、目指すべき学校教育の姿という（学校教育関係者の）目標の位置を占めるが、それは次代の学校教育における資質・能力獲得のための（児童生徒の）主要手段の位置を占めることに依っている。それゆえ、本項では主に、後者、つまり、「協働」（と「参画」）ができるようになるための「協働的な学び」について掘り下げていく。

▼「協働」へのニーズ

「協働」とその資質・能力を巡っては、国際的な文脈と動向とが存在する。まず、それらについて確認したい。

「協働」は、「生涯学習」概念の影響下で定義・理解されている。特に近年では、「ＳＤＧｓ（持続可能な開発目標）」との関連で具体化されてきている。

ＵＮＥＳＣＯ（国連教育科学文化機関）は「持続可能な開発目標のための教育：学習目標」において、ＳＤＧｓと生涯学習概念との不可分の関係を示した上で、その立場から「サステナビリティのためのキー・コンピテンシー」を提起している。国際社会共通目標として掲げられたＳＤＧｓ達成のための担い手であり「持続可能な社会の創り手」のための資質・能力群を定めている。

同資質・能力群は、「サステナビリティ市民が今日の複雑な課題に対処するために特に必要とするものを示している。それはすべてのＳＤＧｓに関連して」いるとされる。その一つに「協働コンピテンシー」があり、「他者から学ぶ能力。他者のニーズ、視点、および行動を理解し尊重する能力（…）、協働的かつ参加型の問題解決を促進する能力」と定義されている。

また、同様の関心・傾注は、ＯＥＣＤが「ラーニング・コンパス（学びの羅針盤）２０３０」において示した「エージェンシー」概念及び関連する資質・能力にもみられる。「エージェンシー」は、「社会参画を通じて人々や物事、環境がより良いものとなるように影響を与えるという責任感」の保持を含意するとされ、さらに、それは、仲間との関係の中で「共同エージェンシー」として相互に作用し高め合うとされている。そして、責任をもった参画では充分に資質・能力を働かせる必要があり、また、責任をもった参画により資質・能力の成長・拡幅が期待される。

このように国際的に、強調点として、状況の複雑さ・多様さ・変化を論じ、状況へ対応する協働・参画型の資質・能力の獲得を論じる、という動向が存在している。この論調あるいはニーズは、先に見た国内動向にも通底しているものである。

▼協働・参画の実現

最後に、ここからは、再び答申に立ち返り、「協働的な学び」という考え方の下で、我が国では何が求められているのか、国際動向との相違点や注意点を確認する。

まず、答申の文脈が、「Society 5.0」という「科学技術基本計画」に由来しており、情報化が強調されていることが挙げられる。「学び」には、積極的なＩＣＴ活用が想定されている。

また、本項冒頭で「協働的な学び」を「姿の一つ」と言及したが、答申では、「個別最適な学び」とセットで扱われている。特に、「一体的充実」をうたい、「授業の中で「個別最適な学び」の成果を「協働的な学び」に生かし、さらにその成果を「個別最適な学び」に還元する」こと等が示されている。継時的な発展性が「一体的」として構想されている点には注意が必要である。

（小嶋季輝）

References

□ロジャー・ハート／著　木下勇・田中治彦・南　博文／監修、IPA 日本支部／訳（2000）『子どもの参画―コミュニティづくりと身近な環境ケアへの参画のための理論と実際』萌文社

「参画のはしご」で知られるハートによる「子供の参画」の理論が示されている。具体的な方法論に加えて、協働・参画のための実践事例も多く掲載されている。

□マイケル・フラン他／著（2020）『教育のディープラーニング―世界に関わり世界を変える』明石書店

一つの理論的・思想的立場から、協働のための学習機会のデザインが示されている。次代の主体とともに「世界に関わり世界を変える」ための、体系的なアイディアに触れることができる。

□日本ユネスコ国内委員会（2021）「持続可能な開発のための教育（ESD）推進の手引」

「令和の日本型学校教育」答申だけでなく、学習指導要領においても多用されている「持続可能な社会の創り手」という語は、ESD の主要理念である。ESD への理解も進めてほしい。

5 ウェルビーイング（Well-being）

Summary

ウェルビーイングのための学びは、人間の可能性を最大限に引き出すことを意図している。ウェルビーイングの実現を目指すに当たり、公正概念を基盤とすることを意識する必要がある。国際的な動向及び日本の教育政策において、ウェルビーイングは重要な理念となっている。このため、ウェルビーイングの観点から様々な論点を考察することが求められる。

ウェルビーイングの定義

教育現場の実態に目を向けると、子供の価値観やニーズの多様化、学力の格差、貧困の連鎖、いじめなどの生徒指導上の課題が生じており、学びの環境の整備や発達支援の充実が求められている。このような状況において、教育改革や学校における実践の拠り所となる理念を検討する必要がある。

今日、ウェルビーイング（Well-being）は重要な理念の一つになっている。ウェルビーイングは、救貧的なウェルフェア（Welfare）との対比で生じた概念である。すなわち、最低限度の生活保障だけではなく、個人の意思決定やニーズを尊重し、人間的に豊かな自己実現を保障することを目指している。教育に即して定義すれば、「ウェルビーイングのための学びは、自己、他者、環境との関係において、身体的、感情的、内的、精神的な側面が発達することを通して、私たちの固有な可能性を最大限に引き出すことを目的としている」（O'Toole and Kropf, ２０１２）となる。

ウェルビーイングをめぐる論点

第一に、様々な格差や不利な状況の子供に配慮することである。経済的に貧困の家庭の子供、障害をもつ子供、日本語に習熟していない子供など、不利な状況にある子供は、ウェルビーイングを実現しがたい。そこで、不利な状況に置かれた子供への支援や格差縮小のための積極的な施策や実践が求められる。この積極的な措置は公正（Equity）概念に基づいている。

第二に、ウェルビーイングは全ての人にとって重要な概念である。人は誰でも「生きづらさ」を感じ、「生きる意味」を見失う可能性をもっている。こうした状況を踏まえると、ウェルビーイングは、教育をめぐる普遍的な理念として捉えられる必要がある。優劣を競う教育から脱却し、多様性を前提として一人ひとりの幸せを実現するために、「温かい人間関係を築き、つながりを感じられるような学校と教室のエートスをつくること」（Woolf & Digby, ２０２１）が、ウェルビーイングを具現化した状態である。

教育政策におけるウェルビーイング

２０２３年6月、政府は「第4期教育振興基本計画」を閣議決定した。本計画は、今後5年間の国の教育改革の方向性を示したものである。そこで理念としてウェルビーイングが掲げられた。同計画では、「ウェルビーイングとは身体的・精神的・社会的に良い状態にあることをいい、短期的な幸福のみならず、生きがいや人生の意義など将来にわたる持続的な幸福を含むものである。また、個人のみならず、個人を取り巻く場や地域、社会が持続的に良い状態であることを含む包括的な概念である」と定義されている。

　中央教育審議会答申「次期教育振興基本計画について」（２０２３年３月）は、ウェルビーイングを自己肯定感、自己実現等の獲得的要素と、人々とのつながり、利他性、社会貢献等の協調的要素を育成することの重要性を指摘した。そして、日本社会に根差した「調和と協調」（Balance and Harmony）に基づくウェルビーイングを向上すること、及びそれを国際発信することの必要性を提起した。

　この点、前野（２０２２）は次のように述べている。日本は「個人主義的にチャレンジし行動することと、集団主義的に周りに対して気遣いや思いやりを発揮することを、深い意味で両立できる国なのではないだろうか。私は、日本がかつて和の国と呼ばれていたことを誇りに思う。Land of Peace and Harmony である。産業化（工業化）以降の右肩上がりの時代から、心の豊かさと成長を目指し、世界のウェルビーイングを願い、行動する国。自分中心になりすぎる懸念もある個人主義と、自己犠牲になりすぎる懸念のある集団主義という分断を超えて、自分と他者のウェルビーイングを第一に考える世界を構築すべき時代に、日本は和の国として主要な役割を果たすことができるのではないだろうか」（前野隆司「ウェルビーイングの現在地」『ウェルビーイングレポート日本版２０２２』（ウェルビーイング学会）。

　ウェルビーイングの理念は、UN（国際連合）、OECD（経済協力開発機構）、EU（欧州連合）で以前から重視されてきていた。このたび、日本でも、国際的動向と整合性をもつかたちで、ウェルビーイングの理念が導入された。今後の教育はウェルビーイングという理念に接続していく必要がある。つまり、多様性の尊重と共生を基調とした人間の発達の助成こそが、これからの学校教育に明確に位置付けられ、具現化されなければならない。

　ウェルビーイングを実現するために、第一に、校長のリーダーシップが必要である。教職員をまとめて、ウェルビーイング実現の観点から組織的に教育の質を向上することが求められる。第二に、教師のウェルビーイングが求められる。教師自身が豊かな生活を送り、専門的能力の形成につながることが望ましい。第三に、子供のウェルビーイングを実現するために、子供の意見表明の機会を増やす必要がある。具体的には、学校運営協議会制度への子供の参加を法制的に位置付けることが求められる。

（佐藤博志）

References

□ O’Toole, L. and Kropf, D.（2012）*Changing Paradigms, Sharing our Hearts, Beginning a Dialogue*

　教育におけるウェルビーイングの概念等について論究している。

□ Woolf, P. and Digby, J.（2021）*Student Wellbeing: An analysis of the evidence*, Oxford Impact

　英国のデータを基に、生徒のウェルビーイングについて分析している。

□ウェルビーイング学会（2022）『ウェルビーイングレポート日本版2022』

　ウェルビーイングに関する概念、政策、今後の方向性について総合的に考察している。

６　ＧＩＧＡスクール構想

Summary

２０１９年に提言されたＧＩＧＡスクール構想は、新型コロナウイルス感染症の感染拡大により、その構想が一気に実現されることとなった。今日の学校において１人１台端末と高速大容量通信ネットワークは、あらゆる教育活動の前提となっている。ＩＣＴを効果的に活用することで、「個別最適な学び」と「協働的な学び」の一体的な充実を目指すことが求められている。

▼ＧＩＧＡスクール構想

２０１９年12月、萩生田光一文部科学大臣（当時）を本部長として、ＧＩＧＡスクール実施推進本部が設置された。ＧＩＧＡとは、Global and Innovation Gateway for All の略称であり、全ての児童生徒にとって、全世界への、また新たな価値創造への扉を意味するとされる。ＧＩＧＡスクール構想では、１人１台端末と、高速大容量の通信ネットワークを一体的に整備することで、特別な支援を必要とする子供を含め、多様な子供たちを誰一人取り残すことなく、公正に個別最適化し、資質・能力が一層確実に育成できる教育環境を実現すること、及びこれまでの我が国の教育実践と最先端のベストミックスを図ることにより、教員・児童生徒の力を最大限に引き出すことが目指された。

当初は、２０２３年度までに、１人１台端末と高速大容量通信ネットワークを順次整備していく計画であった。しかしながら、２０２０年に入ると、新型コロナウイルス感染症の感性拡大防止のための小・中学校、高等学校における全国一斉臨時休業が要請された。休業中に、同時双方向型のオンライン授業を実施できた学校は限られており、日本における学校教育におけるＩＣＴ環境の脆弱性が改めて顕在化することとなった。このような状況を受けて、文部科学省は補正予算を計上することで、ＧＩＧＡスクール構想の実施を前倒しすることを決定した。その結果として、２０２１年度末には、義務教育段階のほぼ全ての学校において、１人１台端末と高速大容量通信ネットワークの整備が実現されることとなった。

以上のように、ＧＩＧＡスクール構想における１人１台端末環境の整備は、新型コロナウイルス感染拡大の影響を受けて、戦後教育改革史上稀にみる急激な速度で一気に実現されることとなった。

▼１人１台端末の活用事例

２０２０年12月に文部科学省は、全国の学校における１人１台端末の利活用の促進のために、「StuDX Style（スタディーエックス スタイル）」というウェブサイトを開設した。このサイトでは、「すぐにでも」「どの教科でも」「誰でも」生かせる１人１台端末の活用方法に関する優良事例や、本格始動に向けた対応事例等の情報発信・共有が行われている。また、小・中・高等学校、特別支援教育、外国人児童生徒等教育における、各教科の指導、総合的な学習（探究）の時間、特別活動、授業以外の日常場面といった様々な場面での端末の活用方法が示されている。

１人１台端末の具体的な活用方法として

は、カメラ機能を用いて見つけたものを撮影して紹介する、デジタル付箋を用いて意見を提示して整理する、表計算ソフトやプレゼンテーションソフトを用いて協力しながら作業することなどが挙げられる。このように、1人1台端末によって、授業場面における教員と子供、あるいは子供と子供のつながりを構築することができ、学習目標の達成に向けた効果的な学習の実現が期待される。さらに、学校におけるICTが普及することによって、教員と教員あるいは教員と保護者の効果的なつながりを構築することも期待される。

▼令和の日本型学校教育との関連

2021年1月に中央教育審議会が取りまとめた答申「『令和の日本型学校教育』の構築を目指して」では、「個別最適な学び」と「協働的な学び」の一体的な充実が示された。本答申では、GIGAスクール構想による1人1台端末環境を前提とした学習の在り方が示されている。

「個別最適な学び」においては、指導の個別化と学習の個性化の2つが示され、子供の特性や学習進度等に応じた柔軟な指導方法の提供、及び子供自身が興味・関心に応じて学習を最適にできる機会の提供のために、ICTを活用することが示されている。また、「協働的な学び」においては、集団の中で子供一人ひとりのよさが生かされるような機会の提供のために、ICTを活用することで、空間的・時間的制約を超えた学び合いを実現することが示されている。このように、GIGAスクール構想によって実現された1人1台端末を活用することで、「個別最適な学び」と「協働的な学び」の一体的な充実を目指すことが求められている。

1人1台端末環境の整備は、GIGAスクール構想のスタートであってゴールではない。ICTはあくまで手段であり目的ではないことを忘れずに、全ての子供たちの資質・能力の育成を目指した学校教育を追究し続けることが大切である。

（村田翔吾）

References

□**髙谷浩樹／著（2022）『「GIGAスクール」を超える—データによる教育DX実現への道程』東洋館出版社**

GIGAスクール構想の立ち上げに関わった著者が、GIGAスクール構想の背景、現状、課題を説明している。GIGAスクールが目指す先である、教育DX（デジタルトランスフォーメーション）についても論じている。

□**中川一史・村井万寿夫・小林祐紀／編著・監修（2022）『GIGAスクール構想［取り組み事例］ガイドブック—小・中学校ふだん使いのエピソードに見る1人1台端末環境のつくり方』翔泳社**

GIGAスクール構想の実現に当たって、「何が起こったのか」「起こった問題にどう立ち向かったのか」に関する様々な事例を、現職の小・中学校教員がエピソード形式でまとめている。

□**堀田博史／監修・編著、佐藤和紀・三井一希／編著（2021）『GIGAスクール構想—小学校低学年1人1台端末を活用した授業実践ガイド』東京書籍**

1人1台端末の利用が困難とされてきた小学校低学年に焦点を当てることで、情報活用能力の育成を目指して、低学年の児童でも取り組める多数の実践事例を挙げている。

7　ＶＵＣＡの時代

Summary

不安定で不確実、複雑で曖昧な未来社会を意味する時代を「ＶＵＣＡの時代」と呼んでいる。環境、経済、社会の側面において予想もできない課題が現れる未来、ＶＵＣＡの時代を生きていく現在の学習者には、学習者一人ひとりを考慮した学習環境と、読解力や数理力に加えデータを情報として読み解くリテラシー等を基に、学習者がエージェンシーを発揮できる教育が求められる。

▽ＶＵＣＡの時代とは

ＯＥＣＤ（経済協力開発機構）は、２０１５年から未来を生きる児童生徒に必要なコンピテンシーを検討し、それを育むために必要な教育に関して検討する「Education 2030」プロジェクトを行った。そのポジション・ペーパーとして出された「OECD Learning Framework 2030」（教育とスキルの未来：Education 2030）（以下、Education 2030）では、現在及び未来を生きる人々が直面すると思われる状況を「volatility, uncertainty, complexity and ambiguity」が増加している世界と述べている。この状況を説明する4つの英単語の頭文字を取って「ＶＵＣＡ」（不安定、不確実、複雑、曖昧）という。そして単語の意味の通り、不安定で不確実、複雑で曖昧な時代を「ＶＵＣＡの時代」と呼んでいる。ＶＵＣＡという言葉は、冷戦時代が終わり、その後の国際的な動向が予測不可能になることを表す概念として登場した。現在は、気候変動や新型コロナウイルス感染症によるパンデミックなど、予測不可能で不確かな未来を表す言葉として使われている。

▽ＶＵＣＡの時代に直面する課題とは

Education 2030におけるＶＵＣＡの時代の教育は、まだ現れていない職業や技術、課題に対して、人々が挑戦や課題解決に向かうのか、あるいは失敗するのかを決める鍵になる。

ＶＵＣＡの時代には、環境、経済、社会的課題という3つの課題が存在し、その対応が求められる。一点目は、環境的課題であり、気候変動や資源・エネルギー等が挙げられる。

二点目は、経済的課題であり、科学的知識や技術、特にバイオテクノロジーや人工知能（Artificial Intelligence）に関するものである。そして、国や地域等のスケールにおける各地域間の経済的な相互依存関係、経済的なリスクや不確実性、ビックデータや情報の生成、利用、共有に伴う個人情報等に関する課題も存在する。

三点目は、社会的課題であり、人口増加、あるいは国や地域によっては人口消滅が続く状況における課題である。さらに、移民や難民の課題、都市化、社会的・文化的多様化に伴う国家や地域の課題、地域間の格差や不平等が政治的な不安定を生じさせる課題、戦争やテロ等に対する対応が求められる。

このようなＶＵＣＡの時代における課題の分け方は、ＳＤＧｓにもみられる。環境、経済、社会として未来の課題を分ける方法は、17個のＳＤＧｓを結婚式のケーキに例え、最下層に環境に関わる4つの目標、下から2番目の層に社会に関わる8つの目標、その上に経済に関わる4つの目標、最上位層に17番目のパートナーシップに関する目標として解釈した方法と類似する。

VUCAの時代に求められる人材と教育

VUCAの時代に備えるためにEducation 2030では、好奇心、想像性、自己調節力、他者のアイデアや見方、価値観を尊重し認めることによって、自分の教育と生活全般において自ら主体性を発揮する必要があると述べる。そのために提示された概念が「生徒のエージェンシー」(student agency)である。Education 2030によると、エージェンシーとは、社会に参加し、その中での人々や物事、環境等がよりよいものとなるように影響を与えることの責任感をもっていることを意味する。急進的でありながら予想不可能であり、確実に予測することが難しくなるVUCAの時代に現れる課題を解決するためには、積極的で変革的な人材が社会のエージェンシーとして活躍することが求められる。また、エージェンシーには、目標を設定し、その目標を達成するためにどのような行動をとるべきかを認識することが可能な力も含まれている。

VUCAの時代における様々な課題に対して学習者がエージェンシーを発揮するためには、2つの要素が必要とされている。

一つ目の要素は、学習者一人ひとりを考慮した学習環境である。学習者は、様々な学習者情報をもっている。VUCAの時代においてより教育の効率性を上げるためには、学習者の学習環境において学習者一人ひとりの情報を基にした学習者の特性が理解され、一人ひとりに適切な学習機会を与えることが必要である。

二つ目の要素は、基礎的知識の確保である。言語における読解力や、数理力等がその例として挙げられる。これらに加えVUCAの時代において台頭した基礎的知識とは、あふれている様々なデータから課題解決に必要な、有用な情報を見抜くリテラシーに関することである。デジタル化が伴うVUCAの時代の学習者には、ただデジタル機器を使いこなすことだけではなく、課題解決に必要な情報を認識し、認識した情報を探るために適切なデジタル機器や情報源を用い、課題を解決できる力をもつことが求められる。

(ヤン・ジャヨン)

References

□ OECD(文部科学省初等中等教育局教育課程課教育課程企画室/訳)(2020)「教育とスキルの未来—Education 2030【仮訳(案)】」

2018年度にOECDより報告されたThe Future of Education and Skills:Education 2030のPosition Paperの日本語仮訳。OECDの公式サイトにも掲載されている日本語版である。

□白井 俊/著(2020)『OECD Education 2030プロジェクトが描く教育の未来—エージェンシー、資質・能力とカリキュラム』ミネルヴァ書房

前述の「教育とスキルの未来—Education 2030」報告書作成時に、日本のナショナル・コーディネーターとして参加した経験を基に、VUCAの時代を生きるためのコンピテンシーやそれを学習者が身に付けるためのカリキュラム等を国際と日本を基に考えている。

8 教育デジタルトランスフォーメーション

Summary

デジタルトランスフォーメーション（以下、ＤＸ）とは、「企業がビジネス環境の激しい変化に対応し、データとデジタル技術を活用して、顧客や社会のニーズを基に、製品やサービス、ビジネスモデルを変革するとともに、業務そのものや、組織、プロセス、企業文化・風土を変革し、競争上の優位性を確立すること」であり、教育ＤＸとは教育現場のＤＸのことである。

意味

ＤＸとは、２０２０年の経済産業省の「デジタルトランスフォーメーションを推進するためのガイドライン」（２０２２年に「デジタルガバナンス・コード２・０」に改訂統合）において「企業がビジネス環境の激しい変化に対応し、データとデジタル技術を活用して、顧客や社会のニーズを基に、製品やサービス、ビジネスモデルを変革するとともに、業務そのものや、組織、プロセス、企業文化・風土を変革し、競争上の優位性を確立すること」と定義されている。教育ＤＸとは、教育現場におけるＤＸのことであり、文部科学省のＧＩＧＡスクール構想も、そのためのものとされる。

施策

文部科学省は、教育ＤＸの推進において、１．教育データの意味や定義をそろえる「標準化」（ルール）、２．基盤的ツール（MEXCBT, EduSurvey）の整備（ツール）、３．教育データの分析・利活用の推進や、教育データ利活用に当たり自治体等が留意すべき点の整理（利活用）――の３本柱で取組を進めている。

「教育データ標準」では、⑴データ内容の規格と⑵データの技術的な規格――という２つの分類がされ、⑴については、教育データを①主体情報、②内容情報、③活動情報――の３つに区分している。⑵データの技術的な規格は、教育データの相互運用性を確保するための技術的標準であり、具体的には、文部科学省の委託で一般社団法人ICT CONNECTが策定し「学習ｅポータル標準モデル」（２０２３年３月のVer.3.00が同年12月現在の最新版）が公表されている。この標準モデルを踏まえた機能を備えたソフトウェアの開発が推奨されている。

基盤ツールの整備とされるＭＥＸＣＢＴ〈メクビット：文部科学省ＣＢＴ〈Computer Based Testing〉システム〉は、児童生徒が学校や家庭において、国や地方自治体等の公的機関等が作成した問題を活用し、オンライン上で学習やアセスメントができる公的ＣＢＴプラットフォームである。また、EduSurvey〈文部科学省ＷＥＢ調査システム〉は、教育委員会や学校等を対象とした調査において、クラウド上で回答するシステムで、調査集計の迅速化、統合作業の削減による教育委員会等の負担軽減にも資することが期待されている。

教育データの利活用に係る留意事項は２０２３年３月に第１版が示され、教育委員会・学校において教育データの利活用が進む中で、セキュリティや個人情報等に関して留意すべき事項を整理している。個人情報の適正な取り扱い、プライバシーの保護、セキュリティ対策が主な項目となっている。また、教育委員会や学校から寄せられた質問から、教育データの定義や利活用のメリット、新たな学習用ソフトウェアを契約・導入するときの注意点や管理体制、データ流出時の対応等を解説している。

教育ＤＸの論点

教育ＤＸを推進するに当たっては、教育行政や学校経営における変革が求められるのみではなく、教育自体に対する変革が求められる。

第一には、指導や学習といった授業の変革がある。ＧＩＧＡスクール構想の下、ネットワークに接続された1人1台端末が実現した環境において、教科書や教材などのコンテンツのデジタル化が進み、ＩＣＴを活用した学習の最適化が進められる。このとき、どの技術を、どのように利用していくか、これによって指導内容や学習過程はどのように変わっていくのか、注意深く検討する必要がある。そして、教師の役割は現在のままでよいのか、ＤＸによってＡＩに代わられたり、変化したりすることはないのか、教育上の大きな問題をはらんでいる。

第二には、ＤＸが進む社会や世界において必要とされる新たなニーズに対して教育を適切に対応させていく変革である。高度に情報化され、ＡＩによって変化した社会においては、現在の学校教育で目標とされている身に付けるべき資質・能力が整合しているのか、検討していかなくてはならない。

知らない知識はインターネットで瞬時に調べて入手することが可能である。計算等の処理は端末を用いて速く正確にできる。生成ＡＩによる情報収集や言語処理は、従来のＩＣＴ技術では難しかった答えを難なく与えてくれる。今後の社会や世界を生きていく上で、人間に必要な知識、技能、態度、価値観は何かという学校教育の根幹に対する問いが投げかけられている。

（蒔苗直道）

References

□経済協力開発機構（OECD）／編著、濱田久美子／訳（2022）『OECD 教育 DX 白書―スマート教育テクノロジーが拓く学びの未来』明石書店

原著は、OECD (2021), *OECD Digital Education Outlook 2021 : Pushing the Frontiers with Artificial Intelligence, Blockchain, and Robots*, OECD Publishing.

デジタルテクノロジーが世界にどのような影響を与え、教育を変革しているかを概観した OECD 刊行の書籍。

□浅野大介／著（2021）『教育 DX で「未来の教室」をつくろう―GIGA スクール構想で「学校」は生まれ変われるか』学陽書房

世界の教育改革や OECD が示すこれからの教育を踏まえて、経済産業省がリードした「未来の学校」の事例を紹介した書籍。

□日経パソコン／編（2022）『よく分かる教育 DX』日経 BP

教育 DX に関するキーワードや文部科学省が推進する教育データ基盤整備の全体像の解説のほか、教育データの利活用に関する有識者会議座長の堀田龍也氏のインタビューが掲載されている。

9 誰一人取り残されない教育

Summary

現在の社会状況を踏まえ、全ての多様な児童生徒を視野に収めた教育が求められることである。ＳＤＧｓが掲げた基本原則であることから注目されたフレーズであり、「令和の日本型学校教育」や「第４期教育振興基本計画」など日本でも重視されつつある。「誰一人取り残すことのない教育」「誰一人取り残されない教育」「誰一人置き去りにしない教育」などともいう。

▼ＳＤＧｓにみる「誰一人取り残さない」

２０１５年の国連総会で「持続可能な開発のための２０３０アジェンダ」が採択され、ＳＤＧｓ（持続可能な開発目標）が定められた。その基本的な原則として「誰一人取り残さない」（no one will be left behind）という考え方が前文などで示された（訳出は外務省仮訳より）。

このＳＤＧｓの目標４が教育に関するものであり「すべての人々への、包摂的かつ公正な質の高い教育を提供し、生涯学習の機会を促進する」と掲げられた。ここでいう「包摂的」とは inclusive の訳であり、これは「ＳＤＧｓの原則の一つで、『誰一人取り残さない』というキーワードで表現されている。そのなかには、子ども、若者、障がい者、エイズとともに生きる人びと、高齢者、先住民、難民、国内避難民、移民などあらゆる立場の人たちがふくまれる」（稲葉、２０２０）とされる。

これまでも「万人のための教育」（Education for All：ＥＦＡ、１９９０年「万人のための教育世界会議」）など類似のスローガンは存在したが、ＳＤＧｓでは途上国だけでなく先進国も含めた目標であることを押さえておきたい。

▼日本における「誰一人取り残さない」教育の動向

２０１９年に文部科学大臣から「新しい時代の初等中等教育の在り方について」が中央教育審議会に諮問され、その中で「いじめの重大事態や児童虐待相談対応件数が過去最多となるなど、児童生徒の生命・身体の安全確保に関して深刻な課題が生じています。また、障害のある児童生徒、不登校児童生徒、外国人児童生徒など特別な配慮を要する児童生徒も増加しており、誰一人置き去りにしない教育を実現するため、これらの児童生徒等への支援体制を整えていくことが求められています」と日本の問題状況に関する論点が示された。

それに対する２０２１年１月の中央教育審議会答申「『令和の日本型学校教育』の構築を目指して―全ての子供たちの可能性を引き出す、個別最適な学びと、協働的な学びの実現」では、「誰一人取り残すことのない、持続可能で多様性と包摂性のある社会の実現に向け、学習指導要領前文において『持続可能な社会の創り手』を求める我が国を含めた世界全体で、ＳＤＧｓ（持続可能な開発目標）に取り組んでいる中で、ツールとしてのＩＣＴを基盤としつつ、日本型学校教育を発展させ」ることや、「児童生徒が多様化し学校が様々な課題を抱える中にあっても、義務教育において決して誰一人取り残さない、ということを徹底する必要がある」ことが述べられた。

実はこの最終答申の前の「中間まとめ【素案】」（https://www.mext.go.jp/kaigisiryo/content/20200911-mxt_syoto02-000009651_8.pdf）で付されていたタイトルは「誰一人取り残すことのない『令和の日本型学校教育』の構築を目指して－多様な子供たちの資質・能力を育成するための、個別最適な学びと、社会とつながる協働的な学びの実現」であった。これと比べると最終的な答申タイトルでは「誰一人取り残すことのない」や「多様な子供たち」から、「全ての子供たち」という文言になっている。変更の理由は分からないが発達障害、不登校、経済的困難、海外にルーツをもつ、特定分野に特異な才能をもつ子供など「多様性はこれらの子どもたちだけの問題ではない。『特に困っていない』『何とかやれている』とされる子どもにも多様性はある。どの子もその子ならではの独自な要求や都合を抱えて教室にいる」（奈須・伏木、２０２３）といった指摘があることには注目しておく必要がある。

２０２３年６月に閣議決定された「第４期教育振興基本計画」の２番目の方針にも「誰一人取り残されず、全ての人の可能性を引き出す共生社会の実現に向けた教育の推進」が定められ、「誰一人取り残されず」や「全ての人」という考え方が教育政策の根幹に掲げられている。このほか例えば文部科学省の「誰一人取り残されない学びの保障に向けた不登校対策「ＣＯＣＯＬＯプラン」」（２０２３年３月）や、こども家庭庁の設置に向け出された「こども政策の新たな推進体制に関する基本方針」（２０２１年）、「子ども大綱」（２０２３年）などでも「誰一人取り残さない」ことがうたわれ、子供に関わる行政全体の中でも重要なフレーズとなっている。

なお「誰一人取り残さない」ためには日本国内だけに目を向ければよいわけではない。途上国も含めた世界全体の教育の充実や支援について、大人だけでなく子供たちも一緒に考えていく必要があるだろう。

（長田友紀）

References

□NPO法人「人間の安全保障」フォーラム／編、高須幸雄／編著（2019）『全国データ　SDGsと日本ー誰も取り残されないための人間の安全保障指標』明石書店

SDGsの理念である誰一人取り残されない社会を目指すため、経済や生活状況等について公的データや独自調査等に基づいた日本社会の在り方が提言されている。子供や若者に関しても豊富なデータが示され、現状の問題点を客観的に把握したり、今後の在り方を考えたりするのに参考となる。

□稲葉茂勝／著（2020）『SDGsのきほんー未来のための17の目標⑸　教育　目標４』ポプラ社

子供たちがSDGsを理解するために書かれた全18巻シリーズの一冊であり、教育に関する目標4について非常に分かりやすく説明されている。漢字には全て振り仮名が振られ挿絵や図表もふんだんに使われるなど小学生でも読みやすい。世界や日本の教育格差の現状について理解を深めることができ学習用の教材としてだけでなく大人が読んでも学ぶことが多い。

□奈須正裕・伏木久始／編著（2023）『「個別最適な学び」と「協働的な学び」の一体的な充実を目指して』北大路書房

2021年1月の中央教育審議会答申「『令和の日本型学校教育』の構築を目指して一全ての子供たちの可能性を引き出す、個別最適な学びと、協働的な学びの実現」の理論的背景や具体的な実践例が豊富に示されている。これまでの一斉指導の問題点を改めて整理した上で、誰一人取り残さない教育をどう実現すべきかが分かる一冊となっている。

10 履修主義と修得主義

Summary

履修主義とは、授業の履修をもって「教育を受けている／教育を受けた」と考える立場を意味しており、年齢に応じて進級を認める年齢主義と親和性がある。その一方で修得主義とは、定められた教育内容の修得をもって「教育を受けている／教育を受けた」と考える立場であり、所定の課程の達成により進級を認める課程主義と相性がよい。

履修主義と年齢主義

履修主義と修得主義（「習得」主義とも表記されることがある）は、私たちが子供たちに対し、その子が「教育を受けている／教育を受けた」と判断する際の2つの異なる根拠の求め方を意味している。例えば、ある子供が小学校を卒業しようとする場合、私たちは何をもってして、その子が小学校で十分な教育を受け卒業するにふさわしいと判断するのだろうか。

　まず、小学校で必要な授業を全て受けたという事実をもって、学校の卒業を認めるという考え方がある。ここで「教育を受けている」というのは授業に参加していることを意味し、「教育を受けた」というのは求められる授業の履修という事実をもって判断される。このように所定の教育課程の履修を重視する立場が「履修主義」と呼ばれる。履修主義は、一定年数の履修を条件に修了・進級・卒業を認める「年齢（年数）主義」と親和的である。日本の場合、義務教育段階（小学校と中学校）で履修主義・年齢主義の考え方が根強い。全ての子供に同じ期間と質の教育が提供されるべき義務教育は、同じ教育課程の履修の機会の提供という、平等性・公平性に重きが置かれるためである。日本の小学校や中学校で成績が悪くて留年したり、逆に成績が飛び抜けて良いために飛び級したりすることが原則としてあり得ないのは、履修主義の考え方が根強い証拠である。

修得主義と課程主義

しかし同じ日本でも、高等学校（高校）や大学では事情が異なる。例えば大学では、授業を履修はしたが様々な理由で成績が振るわず単位の取得に至らず、結果として留年する学生が一定数存在する。大学では、授業に参加しさえしていれば「教育を受けた」と判断する履修主義は原則として通用されない。むしろ、高等学校や大学で卒業が認められる場合には、授業で求められた内容を一定の水準で修得していることが必要となる。授業が行われている教室で時を過ごしているだけでは「教育を受けている／教育を受けた」とは判断されないわけである。

　このように、内容修得に教育課程の達成の根拠を求める考え方を「修得主義」と呼ぶ。これが進級の可否に結び付けられると「課程主義」となる。課程主義では、所定の目標やパフォーマンスに到達していれば次の学年・学校段階に飛び級することが認められる。逆に年輪をいくら刻もうとも、到達すべき水準をクリアしていなければ進級が認められない。それにより、いわゆる留年・落第という事態が発生するわけである。

履修主義と修得主義の「適切な組み合わせ」？

中央教育審議会答申「『令和の日本型学校教育』の構築を目指して」（2021年1月）では、上記の「履修主義」「年齢主義」「修得主義」「課程主義」の4つに言及しながら、「履修主義と修得主義の適切な組み合わせ」を求めている。これは一見すると履修主義と修得主義のバランスを取っているように見えるが、実質的には履修主義から修得主義への転換が図られているとも解釈することができる。なぜなら、この答申では、履修主義が根強かった義務教育段階に対し「履修主義と修得主義の考え方を適切に組み合わせ」ることを要請する一方、これまで修得主義・課程主義が強調されてきた高等学校には、そうした方針の維持を求めているからである。あるいは「適切な組み合わせ」という表現の背後には、社会の側（特に経済界や政界）から求められている修得主義への一気呵成な転換に対する歯止めという潜在的意図を読み取ることもできる。

いずれにしても、日本の学校教育は履修主義から修得主義へのシフトが求められており、現にそうした力学は社会的に支持されてもいる。「ただ単に授業を履修しているだけでは意味がない。きちんと教育内容を修得しているかどうかこそが大事である」――このような成果志向ないしは結果主義の語りは、一見すると問題がないように映る。しかし、極端な修得主義は、上記の課程主義と結び付くことで、「できる子にはどんどん良い教育を、そうでない子にはほどほどの教育を」という発想につながりかねない。もし教育の成果が子供の「やる気」や「努力」の純粋な発露であるならば、そうした発想も首肯されうるかもしれない。ただし、学習パフォーマンスが、その子を取り巻く種々の社会的状況や経済的環境に大きく左右されることは、今や教育学の「常識」である。

教育の結果や成果を極度に重視する発話は、大抵の場合に自称「強者」からなされる。だが、社会全体の布置から見た場合、そうした語りを発信し支持する人間（私やあなたたち）がいつ何時でも「強者」の側に分類されうるのか、よくよく自省したいものである。

（田中　怜）

References

□ジュリー・Z・ミュラー／著、松本　裕／訳（2019）『測りすぎ―なぜパフォーマンス評価は失敗するのか？』みすず書房

教育を含め社会の中に成果主義的な発想が極度に具現化されると、どのような悪夢が待ち受けているのかという失敗事例を教えてくれる一冊。結果志向の教育論に違和を感じている人はぜひ手に取ってもらいたい。

□田口理穂ほか／著（2011）『「お手本の国」のウソ』新潮社

履修主義と修得主義が話題になるとき、しばしば海外の教育が（大抵は追い求めるべき理想として）参照される。この本は、そうした美化された海外像の一面性を、教育に限らず多面的に教えてくれる。特に教育先進国であり競争が存在しないとされる「フィンランド・メソッド」の虚構性についての章は必読である。

□ジョン・デューイ／著、市村尚久／訳（2004）『経験と教育』講談社

履修主義と修得主義に限らず、教育において「あれかこれか」の二分法には枚挙に暇がない。哲学者デューイは、そうした二元論的思考に徹底してこだわりつつ、常にその超克を志向していた。本書はそうしたデューイの基本姿勢を分かりやすく教えてくれる。

11 文理横断・文理融合教育

Summary

文理横断・文理融合教育は、Society 5.0 時代において、「自然科学のみならず人文・社会科学も含めた多様な『知』の創造と、『総合知』による現存の社会全体の再設計」（総合科学技術・イノベーション会議２０２１）が必要という信念の下で、その「総合知」を創出・活用できる人材の育成のためのものとされる。ただし、その明確な定義は確立していない。

▼「文理横断・文理融合教育」とは

「文理横断・文理融合教育」というキーワードが、近年、高等教育関連の政策文書で散見されるようになった。例えば、中央教育審議会大学分科会大学振興部会の検討事項の一つが、「総合知の創出・活用を目指した文理横断・文理融合教育」である。この検討開始より先に「総合知の創出・活用」を唱えたのは、内閣直属の「総合科学技術・イノベーション会議」であった。この会議の「第6期基本計画」（２０２１年3月）によると、日本が直面している課題の解決のためには、「自然科学のみならず人文・社会科学も含めた多様な『知』の創造と、『総合知』による現存の社会全体の再設計、さらには、これらを担う人材育成が避けては通れない」。この主張を踏まえて大学の新たな在り方を提唱したのが、内閣の下に置かれた「教育未来創造会議」の第1次提言「我が国の未来をけん引する大学等と社会の在り方について」（２０２２年5月）である。この提言から引用する形で、なぜ「文理横断・文理融合教育」が必要と見なされたのか、その背景を考察する。

▼背景

「教育未来創造会議」の第1次提言は、人材養成を取り巻く課題を9つ挙げている。そのうちの2～5は理系人材の養成に難があることを指摘している。この課題への対応として、第1次提言は、「現在35％にとどまっている自然科学（理系）分野の学問を専攻する学生の割合についてＯＥＣＤ諸国で最も高い水準である5割程度を目指す」べきだという、いわゆる「理系5割」と呼ばれる主張をした。加えて、「『総合知』の創出・活用を目指し、ＳＴＥＡＭ教育を強化し、文理横断教育を推進する」ことも提唱している。

ここで一つ疑念が生じる。「教育未来創造会議」は理系人材の不足を指摘しておきながら、理系教育ではなく、なぜ、「文理横断・文理融合教育」を推進しているのだろうか。仮に、「文理横断・文理融合教育」の学位プログラムを理系と見なし、かつ、文系の高校生でも、このプログラムならば進学しやすいと考え、「理系5割」は達成可能と目論んだとすれば、それは正しい「文理横断・文理融合教育」の在り方なのか。大学の試みを確認する。

▼大学の試み

大学振興部会は、「文理横断・文理融合教育」の学位プログラムの一例として、滋賀大学データサイエンス学部の試みを紹介している。このプログラムは理系のデータサイエンス科目（情報学や統計学）と文系の価値創造科目（経済学や経営学）で主に構成されている。加えて、高等学校で数学Ⅱ・Bまでしか習っていない文系の学生でも統計学を学修できるよう、初年次生は数学Ⅲの内容から学べる工夫がなされている。この工夫の成果として、滋賀大学データサイエンス学部の入学者の約4割は「文系」（高等学校で文系選択）の学生となっている（竹村、２０２０）。

滋賀大学の事例は「文理横断・文理融合教育」の成功例と呼べるかもしれない。一方で、理想通りに進んでいない事例も多々みられるという指摘がある。例えば、杉谷（２０２０）は、「一般入試の区分から『文科系』・『理科系』と類別してセンター試験の配点の比重を大きく変えている時点で、すでに学生は文系や理系の類別によってアイデンティティを規定されかねない」と指摘している。つまり、高校教育の文理分断を解消できない限り、入試区分もそれに対応させることとなるため、文系（理系）として理系（文系）を学ぶといった考えが横行しかねず、文理の融合とはほど遠い状況になってしまう。

高校教育の文理分断

「総合科学技術・イノベーション会議」の「Society 5.0の実現に向けた教育・人材育成に関する政策パッケージ」（２０２２年６月）において、高校教育における文理分断の状況、及びジェンダーによる偏りが示されている。具体的に、中学校卒業時に理数リテラシーを高いレベルで有する生徒が（男女の別なく）約4割もいるのに、高等学校進学後に理系コースを選択する生徒は約2割（女子だけなら16％）に急減することが示されている。なお、文系・理系のコース分けを行っている高等学校は7割弱にのぼり、特に進学校でその傾向がみられた。つまり、大学進学者の大多数は、入学前に文系か理系、どちらかのアイデンティティを植え付けられてしまっている可能性がある。

中央教育審議会答申「『令和の日本型学校教育』の構築を目指して」（２０２１年１月）は、「『普通教育を主とする学科』を置く各高等学校がそれぞれの特色化・魅力化に取り組むことを推進」しており、その一環として、「ＳＴＥＡＭ教育等の教科等横断的な学習の推進」を掲げている。文理分断の解消につながる、高等学校の普通科改革に期待したい。

（田中正弘）

References

□広島大学高等教育研究開発センター／編（2020）「今後の大学教育を考える―文理融合型教育への期待と課題」高等教育研究叢書156

本書は、文理横断・融合・分断について多様な視点で議論した研究会の報告集。例えば、本稿で引用した竹村彰通や杉谷祐美子の論考などが包含されており、「文理横断・文理融合教育」への批判的な視点を与えてくれる。

□隠岐さや香／著（2018）『文系と理系はなぜ分かれたのか』星海社

本書は、文系と理系がなぜ分かれたのかを、科学史・哲学史の観点から論じた労作。西洋諸国において学問が二分化した理由や日本で文系が軽視される理由について言及しており、「文理横断・文理融合教育」を再考する上で示唆に富む。

□横山広美／著（2022）『なぜ理系に女性が少ないのか』幻冬舎

本書は、女子学生が理系を選択しない理由を、日本特有のジェンダー規範の縛りの強さ（女子学生は数学ができないという誤った認識など）から論じた力作。「文理横断・文理融合教育」をジェンダーの切り口で考える際に役立つ。

12 部活動の地域連携や地域文化クラブ活動への移行

Summary

生徒の自主的、自発的な参加により行われる部活動は、スポーツや文化、科学等に親しませ、学習意欲の向上や責任感等、学校教育が目指す資質・能力の育成に資する学校教育の一環の活動である（中学校学習指導要領「総則」２０１８年）。部活動の地域連携や地域移行がスポーツ庁と文化庁主導で進められている。背景には子供のスポーツ・文化活動の場の維持と教員の働き方改革がある。

部活動の地域連携や地域移行の背景

部活動は、我が国のスポーツや文化、科学の普及発展に寄与しているだけでなく、生徒の側から見ても、スポーツ、芸術文化等の幅広い活動の機会を得られる場となっている。その部活動の地域との連携や地域への移行が、公立中学校の休日の活動を中心に進められている。背景にあるのは少子化による子供のスポーツ・文化活動の場の維持と、教員の働き方改革である。少子化に伴う生徒の活動の維持については「運動部活動の在り方に関する総合的なガイドライン」（２０１８年）において、少子化が進展する中では「従前と同様の運営体制では維持は難しくなってきており、学校や地域によっては存続の危機」と指摘されており、「生徒にとって望ましいスポーツ環境を構築するという観点」から「地域、学校、競技種目等に応じた多様な形で最適に実施されることを目指」すとされていた。教員の働き方改革については「学校の働き方改革を踏まえた部活動改革について」（２０２０年）において、部活動が多様な生徒が活躍できる場であることが確認される一方で「部活動の設置・運営は、法令上の義務として求められるものではなく、必ずしも教師が担う必要のない業務」とされ、教員の長時間勤務の要因となっていることから「休日に教師が部活動の指導に携わる必要がない環境を構築すべき」とされた。

学校単位から地域単位の取組へ

その部活動改革が、学校単位から地域単位の取組へシフトする方向性で進められている。中央教育審議会答申「新しい時代の教育に向けた持続可能な学校指導・運営体制の構築のための学校における働き方改革に関する総合的な方策について」（２０１９年１月）では「地方公共団体や教育委員会が、学校や地域住民と意識共有を図りつつ、地域で部活動に代わり得る質の高い活動の機会を確保できる十分な体制を整える取組を進め、環境を整えた上で、将来的には、部活動を学校単位から地域単位の取組にし、学校以外が担うことも積極的に進めるべき」としている。スポーツ庁の運動部活動の地域移行に関する検討会議は、２０２２年に「運動部活動の地域移行に関する検討会議提言」（以下、検討会議提言２０２２）を取りまとめ、そこで２０２３～２５年を「改革集中期間」と定めて休日の運動部活動の地域移行を進めている。学校単位から地域単位へというフレーズは、部活動の在り方についての方向性を示しているだけでなく、実現すべき政策的課題となっている。

▽学校・地域・家庭との連携・協働

学校単位から地域単位へというベクトルは、部活動を学校から切り離し、将来的に地域へ受け渡すイメージがある。他方で、部活動を学校・地域・家庭の「連携・協働」の関係として捉えようとする側面もある。「第4期教育振興基本計画」（2023年6月閣議決定）では、部活動の地域連携や地域文化クラブ活動への移行について「学校・家庭・地域が連携・協働することにより、地域社会との様々な関わりを通じて子供たちが安心して活動できる居場所づくりや、地域全体で子供たちを育む学校づくりを推進する」とし、その中に部活動を位置付けている。「検討会議提言2022」では「運動部活動の地域移行は、単に運動部活動を学校から切り離すということではなく、子供たちの望ましい成長を保障できるよう、地域の持続可能で多様なスポーツ環境を一体的に整備し、地域全体で子供たちの多様なスポーツの体験機会を確保する必要」（傍線部、筆者）とある。

部活動の地域連携や地域移行を具体的に進めるには①地域での受け皿（運営団体・実施主体）、②指導者及び人材確保、③施設、④大会の在り方、⑤会費、⑥安心安全と事故・保険、⑦地域スポーツクラブ活動――など多岐にわたる課題があるとされる（友添、2023）。また、学校を取り巻く「地域」の状況は、当然各地により様々なので、先行事例の連携や移行の形態やプロセスも多様である。部活動の地域連携や移行の形態やプロセスは、スポーツ庁「部活動改革ポータルサイト」や文化庁「文化部活動改革（部活動の地域移行に向けた実証事業及び地域文化クラブ推進事業）」の各ウェブサイトの先行事例で確認できる。

部活動の地域連携や移行に関する「誰と連携していくのか」や「どのように移行していくのか」といった問いは、連携や移行のマネジメント（方法）上の課題であり、この点の議論が先行している。ただ、先に考えなければならないのは「子供たちの望ましい成長を保障する持続可能なスポーツ・文化の活動環境とはどのようなものか」というビジョンに関する問いである。地域内の多様なアクター（行政・学校・地域・家庭等）がビジョンを共有し、子供たちの望ましい成長の場の構築に向け連携・協働していくことが求められる。

（横山剛士）

References

□スポーツ庁（2022）「運動部活動の地域移行に関する検討会議提言」、文化庁（2022）「文化部活動の地域移行に関する検討会議提言」

地域移行の背景のみならず、今後の地域における新たなスポーツ環境・文化芸術環境についての実施主体や活動内容、場所等が示されている。

□中澤篤史／著（2014）『運動部活動の戦後と現在―なぜスポーツは学校教育に結び付けられるのか』青弓社

戦後から現在までの部活動における「子供の自主性」の扱われ方について政策、理論、実態の観点から分析されている。部活動の地域移行に関わっては、教員の超過勤務や負担の大きさを背景に1970年代から模索されてきたことが明らかにされている。

□友添秀則／編著（2023）『運動部活動から地域スポーツクラブ活動へ―新しいブカツのビジョンとミッション』大修館書店

部活動の地域移行に伴う具体的な課題や地域スポーツクラブの考え方、クラブマネジメント、指導者像等が解説されている。さらに、地域連携や地域移行の先行事例の背景や取組も紹介されている。

13 教育におけるエビデンス

Summary

教育におけるエビデンスは、公共的な教育政策・実践の妥当性を裏付け、担保するための確かな根拠・証拠を意味する。教育の質の向上を志向し、教育学の専門知と研究によって産出されるエビデンスとの統合を目指す〈エビデンスに基づく教育〉は、複数の諸要素との関係性の観点から実践的エビデンスを捉えようとする〈エビデンスに照らした教育〉の見方へと深化している。

教育にエビデンスが求められる背景

「第4期教育振興基本計画」（２０２３年6月）では、「今後の教育政策の遂行に当たっての評価・投資等の在り方」として、「…エビデンスを踏まえた取組により国民の理解が得られるよう、研究者や大学、研究機関など、多様な主体と連携・協力しながら、数値化できるデータ・調査結果のみならず、数値化が難しい側面（幼児、児童、生徒及び学生等の課題、保護者・地域の意向、事例分析、過去の実績等）についても可能な限り情報を収集・分析し、あるべき教育政策を総合的に判断して取り組むこと」を求めている。この言及が表すように、「エビデンス」（evidence）は、教育政策・実践の妥当性を裏付け、担保するために求められる確かな根拠・証拠を意味する。

教育実践においてもエビデンスは重要な位置を占める。教員は教育目標の達成に向けて教育活動を計画、実践し、その実践が適切であったかを判断するために教育評価を行う。教育評価により顕在化する児童生徒の成長の存否は、教育目標の実現度を理解するためのエビデンスの一部となる。教員の主体的なカリキュラムマネジメントの必要性が強調され、ＰＤＣＡサイクルに基づく実践が求められる昨今、エビデンスが実践の改善のために必要とされている。

エビデンスに基づく教育

教育政策・実践への公共財の投入について国民の理解を得るには、配分財に見合う教育の質的向上を、質の高い研究が産出する客観的エビデンスを用いて示すことが妥当である。教育の費用対効果が問われる中、１９９０年代後半から英米において、エビデンスに基づく教育（Evidence-based Education, 以下「ＥＢＥ」）の推進が主張され、現在までにグローバルな広がりをみせている。

エビデンスに基づく実践は、「実践の質を向上させるために、専門家が有する専門知識と研究によって産出された最良の外部証拠とを統合すること」を意味する（Jonathan Sharples (2013) "Evidence for the Frontline"）。こうした志向性は、教育分野に先行して医療分野で起こり、エビデンスに基づく医療（Evidence-based Medicine, 以下「ＥＢＭ」）として確立された。

ＥＢＭは、厳格な実証主義的方法（ランダム化比較試験とシステマティック・レビューの組み合わせ）により産出された研究成果をエビデンスとして価値付け、医療実践に応用していく。臨床判断が実証的裏付けなく権威者の見解で行われてきたことへの反省と反発から推進されたＥＢＭは、質の保証された治療・予防に関する医療情報の管理、及び誰もがアクセス可能な知識マネジメントのネットワークの構築を目指したコクラン共同計画の設立（１９９３年）に結び付いた。これをモデルに築かれた、教育、刑事司法、社会福祉の3領域から構成されるキャンベル共同計画（１９９９年）がＥＢＥの具体である（岩崎、２０１７）。

実践知としての個別の教育的専門知を共有・再構築し、教育研究の有効性の増大を企図するＥＢＥは、教育政策立案に有効なエビデンスを提供する。ただ、教育政策立案者は、教育研究者とは異なり、政策プロセスの文脈での教育予算獲得の裏付けと、費用対効果の視点に基づく政策評価という2つの観点からＥＢＥに注目してきた（岩崎、同上論文）。数値データをエビデンスとして活用する政策立案者は、教育実践の外部に位置する専門家としての説明責任（accountability）にエビデンスを結び付けようとする一方、教育研究者は被教育者に対峙する専門家としての応答責任（responsibility）にエビデンスを結び付けようとする（今井、２０１５）。異なるエビデンス観を抱く両者の間には溝が生じている。

▼エビデンスに照らした教育に向けて

自然科学に基づく医療とは異なり、教育におけるインプットとアウトプットの関係は直線的に理解できるものではない。教育実践の過程に存在する複数の因子がアウトプットにどう影響を与えるかを、諸々の研究を統合し解明しようとする意識の醸成がＥＢＥには求められる。この意識が研究者、実践者、政策立案者で共有されなければ、ＥＢＥは「研究と実践が一体となって政策に役立つことを求めるとき、トップ・ダウンや外在主義の立場を支持して教師や教育研究者の専門職性を脇に追いやり、専門家の自律性を奪」う可能性がある（松下、２０１５）。

いま、ＥＢＥの考え方は、エビデンスを過度に実証的に捉えるのではなく、エビデンスと実践の結び付きをよりゆるやかに、複雑なものとして捉える、エビデンスに照らした教育（Evidence-Informed Education, 以下「ＥＩＥ」）の考え方へと移行してきている（杉田・熊井、２０１９）。教育の質の向上に資するＥＩＥの推進の鍵は、研究者、実践者、政策立案者の問題意識の共有と対話、アクションリサーチのような研究者と実践者の協働的研究の推進、研究成果の蓄積と政策立案者への発信にある。

（平井悠介）

References

□**岩崎久美子／著（2017）「エビデンスに基づく教育」（『情報管理』vol.60, no.1 所収）**

EBE が登場した社会的背景と、エビデンスの供給側（研究者）／需要側（政策立案者）の両側面からみた諸問題を明らかにし、研究と政策の関係を探究した論文であり、EBE の理解の助けとなる。

□**今井康雄／著（2015）「教育にとってエビデンスとは何か」、松下良平／著（2015）「エビデンスに基づく教育の逆説」（ともに『教育学研究』第82巻第 2 号所収）**

EBE に対する批判を、表層レベルではなく原理レベルで展開した両論文には、EBE 推進派と批判派の対立を乗り越えるための思考枠組みが示されている。収録されている機関誌は「教育研究にとってのエビデンス」特集号であり、他の論文も併せて読みたい。

□**杉田浩崇・熊井将太／編（2019）『「エビデンスに基づく教育」の閾を探る』春風社**

EBE の推進派と批判派の対話は進んでいないという問題意識の上で、対立の乗り越えを目指し、教育政策、教育実践、教育研究をめぐる諸議論が、規範的視点をもって展開している。

14 Society 5.0に向けた教育

Summary

ＩＣＴを最大限に活用し、仮想空間と現実空間とを高度に融合させたシステムにより、経済発展と社会的課題の解決を両立する人間中心の社会がSociety 5.0である。Society 5.0の実現に向け、「多様性」「公正や個人の尊厳」「多様な幸せ（well-being）」の価値が両立する「持続可能な社会の創り手」を育む教育・人材育成に関する政策の推進とその基盤の整備が重視されている。

Society 5.0で実現する人間中心の社会

Society 5.0とは、「第5期科学技術基本計画」（２０１６年1月閣議決定）で提唱された、我が国が実現すべき未来社会の姿である。狩猟社会（Society 1.0）、農耕社会（Society 2.0）、工業社会（Society 3.0）、情報社会（Society 4.0）に続く、人類史上5番目の新しい経済社会を表している。ＩＣＴを最大限に活用し、サイバー空間（仮想空間）とフィジカル空間（現実空間）とを高度に融合させたシステムにより、経済発展と社会的課題の解決を両立する人間中心の社会の実現が目指されている。

Society 5.0で実現する社会は、ＩoＴ（Internet of Things）で全ての人とモノがつながり、新たな価値が生まれることで様々な知識や情報が共有され、人工知能（ＡＩ）により必要な情報が必要なときに提供され、イノベーションにより様々なニーズに対応でき、ロボット等の技術で人の可能性が広がるとされている。このような社会の実現により、国内の社会的課題や困難の解決のみならず、世界人類が直面する地球規模課題の解決も見込まれ、国連の「持続可能な開発目標」（ＳＤＧｓ）の達成にもつながると考えられている。

さらに「第6期科学技術・イノベーション基本計画」（２０２1年3月閣議決定）では、我々が目指すべきSociety 5.0の未来社会像について、「持続可能性と強靭性を備え、国民の安全と安心を確保するとともに、一人ひとりが多様な幸せ（well-being）を実現できる社会」であると再定義され、その実現に向けた科学技術・イノベーション政策の方向性が示されている。

Society 5.0において求められる人材像

Society 5.0では、今まで人間が行っていた多くの仕事を、ビッグデータを踏まえたＡＩやロボットが代替することになると指摘されているが、イノベーションを担うのは「人」にほかならない。

２０１8年に文部科学省がまとめた「Society 5.0に向けた人材育成」によれば、人間の強みは「現実社会を理解し、意味づけできる感性、倫理観、想定外と向き合い調整する力、責任を持って遂行する力」であり、人間がＡＩやデータの力を活用することで、自らの強みをさらに伸ばしながら新たな地平を切り開くことができると考えられている。そして、新たな社会を牽引する人材として、技術革新や価値創造の源となる飛躍知を発見・創造する人材、技術革新と社会課題をつなげ、プラットフォームを創造する人材、様々な分野においてＡＩやデータの力を最大限活用し展開できる人材が挙げられている。

さらに、2021年1月に取りまとめられた中央教育審議会答申「『令和の日本型学校教育』の構築を目指して」では、Society 5.0時代が到来しつつある状況の中で、次代を切り開く子供たちに求められる資質・能力として、特に「文章の意味を正確に理解する読解力、教科等固有の見方・考え方を働かせて自分の頭で考えて表現する力、対話や協働を通じて知識やアイディアを共有し新しい解や納得解を生み出す力など」が示されている。

Society 5.0に向けた教育・人材育成政策

Society 5.0に向けた教育・人材育成政策に関しては、「総合科学技術・イノベーション会議」の教育・人材育成ワーキンググループが2022年に示した「Society 5.0の実現に向けた教育・人材育成に関する政策パッケージ」に明示されている。

そこでは、「第6期科学技術・イノベーション基本計画」において、初等中等教育の段階から、好奇心に基づいた探究力と学び続ける姿勢を強化する教育・人材育成システムへの転換が目指されていることに言及した上で、「優れた能力がある者を伸ばせば、どんな個人間・地域間格差を広げてもいいということでは決してなく、『多様性』『公正や個人の尊厳』『多様な幸せ（well-being）』の価値がSociety 5.0の中核であることを踏まえた教育・人材育成政策を示していく」ことが明示されている。

そして、「子供の特性を重視した学びの『時間』と『空間』の多様化」「探究・STEAM教育を社会全体で支えるエコシステムの確立」「文理分断からの脱却・理数系の学びに関するジェンダーギャップの解消」という3本の政策と実現に向けたロードマップが描かれている。さらに、この政策パッケージは、「主体的・対話的で深い学び」による資質・能力の育成を図り、「持続可能な社会の創り手」の育成を目指す2017・18年告示の学習指導要領に対応するものであり、学校だけでなく地域や保護者、企業、行政など社会全体の理解と連携のもとに、社会全体で教育・人材育成政策を推進するロードマップとして示されている。このような、新しい時代に応じた環境整備が求められている。

（山本容子）

References

□文部科学省／編（2021）『令和3年版科学技術・イノベーション白書　―Society 5.0の実現に向けて』インパルスコーポレーション

本書は、人文・社会科学と自然科学の融合による「総合知」に力点を置きつつ、科学技術・イノベーション政策を通じて実現を目指す未来社会とそれを支える研究開発等の取組について、最先端の取組も含めて分かりやすく説明されている。

□総合科学技術・イノベーション会議（2022）「Society 5.0の実現に向けた教育・人材育成に関する政策パッケージ」

Society 5.0の実現に向けた教育・人材育成に関する政策の位置付けや方向性、ロードマップ等について、具体的にまとめられており、現在推進される教育・人材育成に関する政策転換の経緯や今後の政策方針も把握できる。

□文部科学省（2018）「Society 5.0に向けた人材育成―社会が変わる、学びが変わる」

Society 5.0の実現に向け、広く国民にはどのような能力が必要か、社会を創造し先導するためにはどのような人材が必要かについて、「Society 5.0に向けた人材育成に係る大臣懇談会」での議論を基に作成されたものである。文部科学省のビジョンが具体的かつ明解に示されており、参考になる。

15　STEAM教育

Summary

STEAM教育は、科学・技術・工学・数学及び芸術など科学以外の学科の融合教育の略称で、第4次産業革命を推進する教育基盤であり、STEM教育ともいう。学習指導要領においては、教科横断型の学習指導として、総合的な探究の時間、理数探究、情報科学等において追究すべき主題であり、理系人材・リケジョ養成、地球規模課題への挑戦、情報教育を基盤とするデジタルトランスフォーメーション推進等の諸施策と連関する。

第4次産業革命を牽引するSTEAM教育

STEAM教育は、AIロボット、ビッグデータ等により急速に進展する第4次産業革命におけるイノベーションを社会実装するために必須の教育である。

学習指導要領にみる資質・能力の原語コンピテンシーは、OECD（経済協力開発機構）が「成功に満ちた生活」と「相補的に機能する一つの社会」を求めて定義された。イノベーションを機動力にする社会は、せめぎ合う均衡のもと持続発展する。STEAMを駆使し、新たなモノづくりや社会システムを実現することで、価値を生み出そうとする。

STEAM教育は、国際的には温暖化等の地球規模課題（SDGs：持続可能な開発目標）、国内的には少子高齢化・限界集落・産業再編・外国人労働者等の不可避な問題を肯定的・積極的に生かし、相互利益とするSociety 5.0を実現するための人材養成策でもある。

AIを基盤とするSTEAM教育の到来

STEM教育は、オバマ大統領時代、イノベーションにより利潤を生むモノづくりを、アメリカが先導する目的で提唱された。特にオバマ大統領夫人は、女子の収入増を目的に女子STEM教育を提唱した。その後、アメリカは、創造・デザイン力を鍵とみなし、Arts（芸術など科学以外の学科）を構成要素に加えた。その前提は、デジタルトランスフォーメーション（DX）を推進する上で必須の情報科学である。アメリカでその展開を先導したジョン・マエダ（J. Maeda）は、アメリカ最高位の工科大であるマサチューセッツ工科大（MIT）のメディアラボ副所長、同じく最高位の美術大であるロードアイランド・スクール・オブ・デザイン（RISD）の学長を歴任した情報科学者だった。

かような背景から、文部科学省の「第4期教育振興基本計画」（2023～27年度）では、高等教育におけるDX対応施策として、イノベーションを担う人材育成を目標に、探究・STEAM教育の充実、高等専門学校の高度化、理工系分野をはじめとした人材育成及び女性の活躍推進、起業家教育の推進等の施策が掲げられた。

情報科学、先端自然科学の記述言語は統計学を含む数学である。旧来、理学部では、物理では数学を、化学では物理を、生物・農学は化学を学んだ。情報科学は、そこで使える数学モデルをパッケージ化しコンピュテーショナルモデルに改め、DXして諸科学を数理科学化する環境を提供した。モデル上の変数シミュレーションは予想にすぎない。確認実験が実装の本質である。実験具を創ることなど職人芸的創意・工夫も、STEAM教育では必須要素である。

今日のSTEAM教育、特に未知のもの作りでは生成型AIも道具となる。AIの強みは既存知見の提供にあり、それを道具の一つにするのは専門家／技術者／職人／教師／生徒／保護者である。AIを訓練する範例を選べるのは、その道の専門家である。AIに適切な問いかけをし、回答が適切であるかを判断するにも、その領域眼を有するプロンプトエンジニア（技術者）が必要である。AIで表紙画を創るにも、それが本質を反映し、キャッチーかを見極めるのは、先導を狙うデザイナー（技術者）である。

▽STEAM教育への課題

STEAM教育は、問題駆動型かつ実践型、共創型学習をその方法とする。問題は既存教科を超える。教科横断、総合的な探究の時間、理数探究等において生徒が自ら探究するプロジェクト型の探究、アイデアを評価し合い、創意工夫し合う共創型の学習が求められる。AIが正答する考査の域を超える教育目標が求められる。情報科でいえば、コンピュータ思考育成に重点化される。

そこでの第一課題は、成果の優劣・適否評価である。もとより、アメリカの大学入試は、高等学校時代までに本人が何をなしたかを記す志願書と内申書、共通テストSAT（読み・書き・数学）を基盤に、個の将来性評価でなされる。教科オリンピック、サマースクール等の実績は、その証拠である。個別生徒への進学準備とは、生徒に上述のような精進機会を設けて競い探究し、発表する機会である。

第二課題は、前段としての問題駆動型の教科教育実現である。日本の大学入試におけるセンター試験から共通テストへの出題内容の転換はその好例である。スーパーサイエンスハイスクール等でなされる実践が、既存教科内の探究ばかりを志向するならば、それは既存科学へのリクルートにとどまりかねない。

第三の課題は、卓越人材育成への予算傾斜配分である。国際学力調査でトップであることはSTEAM教育の敷衍基盤にすぎない。イノベーションを競う卓越人材育成への充分な投資が必須である。

（礒田正美）

References

□新井紀子／著（2018）「AI vs. 教科書が読めない子どもたち」東洋経済新報社

本書は、次の問いを考える際に役立つ。第4次産業革命とは？　一律の受験教育に代わる次世代教育とは？　イノベーションを生む上で求められる資質・能力とは？　イノベーションを生む者に求められる社会的責任とは？

□江間有沙／著（2019）「AI 社会の歩き方―人工知能とどう付き合うか」化学同人

立ち位置に応じたAI前提情報、教育を考える際の視野を提供してくれる。日本の現状と政府政策も記されている。仕事をタスクに分け、AIにできるタスクをAIで合理化するという考え方は、まさにプログラミング思考、コンピュータ思考である。

□落合陽一ほか／著（2023）「ChatGPT は神か悪魔か」宝島社

□白辺　陽／著（2023）「生成 AI ―社会を激変させる AI の創造力」SB クリエイティブ

日進月歩の生成型AI、その関連書籍は膨大に出版されている。この二書などを参考に、フリーの生成型AIを使ってみる。何ができるのか、その上で教育では何を教えるべきかを考える。その際に参考になる書籍である。

第1章　学校・学習支援機関

1 学校

Summary

学校教育法は、「学校」として認められる教育機関を厳密に規定している。これは、学習者のために学校は継続して安定的に経営されなければならないからである。そのため、学校教育法は学校の設置者を制限し、同時に学校の設置者がその学校を管理することと、その維持に必要な経費を負担することを規定している。

一条学校（一条校）
―法律上の学校

学校教育法第1条には全部で9種類の学校が記されている。すなわち、幼稚園、小学校、中学校、義務教育学校、高等学校、中等教育学校、特別支援学校、大学、そして高等専門学校である。１９４７年の法律制定当初存在していた盲学校、聾学校、養護学校は、２００６年の改正によって特別支援学校として一元化された。また、高等専門学校は１９６２年、中等教育学校は１９９８年、義務教育学校は２０１５年の法律改正によって創設された学校である。

例えば「地方自治は民主主義の学校である」といったように、教育的機能を捉えて比喩的に「学校」という言葉が用いられることがあるが、我が国において法的に正則の学校として認められている教育組織は上記のみである。

このように学校教育法第1条で定められている学校は、一条学校（一条校）と呼ばれることがある。なお、大学院、短期大学、専門職大学、専門職短期大学は大学の範疇として定められているので、この第1条には出てこない。

学校の構成要素

このように学校教育法上、学校は他の教育機関とは峻別されている。しかし、一条学校とされる諸学校は先験的に学校として規定されているにすぎない。学校を学校たらしめている構成要素について少し考えてみよう。

学校教育法は雑則で「学校教育に類する教育を行うもの」を各種学校として規定しているが、その際、専修学校は各種学校から除かれている（第１３４条）。専修学校は、１９７５年に各種学校とは切り離されて規定された学校であり、いわば一条学校に準ずる教育機関である。この専修学校の規定を確認することで、組織的な教育活動を行う施設（＝学校）の構成要素をうかがうことができる。すなわち、専修学校と名乗るためには、①1年以上の修業年限、②一定以上の授業時数（具体的には年間８００時間以上）、③40人以上の在学者――が必要とされている。

ここから、ある教育組織が学校としての体裁を整えるためには、修得に一定の期間を要する知識や技術・技能を、継続的に学ぶための40名（1クラス）程度の学習集団が編成されていることが求められていることが理解される。これは、私たちが考える学校のイメージとおおよそ一致しているであろう。

設置者の限定

一条学校の場合は、このような学校としての体裁を整える主体、すなわち学校の設置者が限定されている。学校は入学させた学習者について責任をもって教育し、卒業まで導かなければならないからである。したがって、学校は安定的かつ継続的に運営されなければならない。

学校教育法第2条では、一条学校の設置者を国、地方公共団体、学校法人の三者に限り、国が設置する学校を国立学校、地方公共団体の場合には公立学校、学校法人の場合には私立学校と呼ぶことを定めている。

私立学校は、一私人の学校ではなく、設立の目的やそれを達成するための資金について、審査と認可を受け設立された学校法人による学校であることに注意したい。また、公立学校はさらに設置する公共団体によって都道府県立、市区町村立に分けられる。複数の公共団体が共同で学校組合を組織して運営する組合立の学校も、公立の一種である。

学校の管理

学校が安定的、継続的に運営されるためには、一定の費用が必要であり、また適切に経営、管理が行われなければならない。学校教育法は第5条で、その設置者が学校を管理することと、経費を負担することを定めている。この考え方を、設置者管理主義、及び設置者負担主義と呼ぶ。

公立学校の場合、自治体が設置者であることから、都道府県や市区町村の教育委員会がその管理に当たることになる。一方、私立学校については、設置者である学校法人によって行われる（都道府県や市町村の教育委員会は、自分たちが設置した学校を管理することはできるが、私立学校を管理することはしない）。

管理には教職員の人的管理のほか、学校の施設設備を整える物的管理がある。学校を安全な環境に整えておくことも設置者の責任といえる。

また、設置者負担主義については、「法律に特別の定がある場合を除」くという例外が設けられている。例えば、「市町村立学校職員給与負担法」は市町村立義務教育諸学校教職員の給与等について都道府県が負担することを定めている（さらに「義務教育費国庫負担法」がそのうち原則3分の1を国が負担することを定めている）。

（大谷　奨）

References

□**鈴木　勲／編著（2016）『逐条学校教育法（第８次改訂版）』学陽書房**

学校教育法について条文ごとに詳細な説明を加えている解説書。関係する政令や省令、通知文書等にも目配りされ、1000頁を越える大著である。

□**日本児童教育振興財団／編（2016）『学校教育の戦後70年史―1945年（昭和20）―2015年（平成27）』小学館**

1945年から2015年までの学校の出来事を、１年ごとに見開き２頁でまとめた年史と、戦後学校教育上、重要なテーマについて解説した手に取りやすい書籍。

□**平田諭治／編著（2019）『日本教育史』（吉田武男／監修「ＭＩＮＥＲＶＡはじめて学ぶ教職４」）ミネルヴァ書房**

なぜ学校に行くのか、学校と地域との関係、学校と戦争、学校と教師、学校と子供など、テーマごとに日本教育史を概観する教職テキスト。

2 学級

Summary

学級は、日本の学校において子供の学習の場であると同時に、生活の場としての役割も担っている。日本の学校では、ほとんどの教育活動が学級を基礎単位として行われている。学級の実態は、日本の学校教育を決定的に特徴付ける。学級規模や学級編制・編成の仕組みは、世界のそれらと比較したときに我々の今日的な教育の課題としても浮かび上がってくる。

学級とは何か

学級とは、学校教育の諸活動を実践するために編制・編成される児童生徒の単位集団を指す。日本の学校では、学習面から生活面にいたるほとんどの活動が学級を基礎単位として行われている。

学習指導要領「特別活動」では、学級活動の目標として「学級や学校での生活をよりよくする」ことが筆頭に記されている。そして、その内容として第一に「学級や学校における生活づくり」が、第二に「日常の生活や学習への適応」が初等・中等教育段階の学校全てに共通して掲げられている。（なお、高等学校では学級はホームルームとよばれる）。

加えて、小学校の教育課程を例に挙げれば、①各教科、②特別の教科道徳、③外国語活動、④総合的な学習（高：探究）の時間、⑤特別活動――の5領域（中学校は①②④⑤の4領域、高等学校は①④⑤の3領域）があるが、これらのうち、⑤特別活動の一部を除き、学校での教育活動は学級を単位集団として実施されている。このことは、日本の学校教育の際立った特徴といえる。

学級編制・編成と学級規模

冒頭で「編制・編成」という2つの表記があった。これらの表記は、一般的に次の通り使い分けられている。まず、学級編制とは、学校（学年）を学級に区分することをいう。もう一つの学級編成とは、区分された学級に児童生徒を配置することをいう。前者の学級編制が学校経営や教育行政的な観点でなされるのに対して、後者の学級編成は教育的な意図をもってなされる。

学年を学級に編制することで算出される学級数に応じて、各学校に学級担任として配置される教職員（基礎定数）の数も算出される。算出された教職員の数の範囲の中であれば、一つの学級を複数の教員が担当する複数担任制を採用することもできる。なお、1891年に「学級編制等ニ関スル規則」（文部省令第12号）が定められてからは、小学校では学級担任制が、中学校や高等学校では教科担任制が一般に採用されている。

次に、一学級当たりの子供の数を学級規模という。学級規模は、法律によってその標準が定められている。例えば公立の義務教育段階の学校については、1958年制定の「公立義務教育諸学校の学級編制及び教職員定数の標準に関する法律」（義務標準法第3条）によって、学級規模は40人（小学校第1学年は35人）を標準とすることが定められている。

OECD（経済協力開発機構）が2021年に公表した学級規模の国別比較調査に

よると、日本は公立・私立ともに小・中学校の学級規模の平均が27人を超えており、これは世界第2位の大きさであることが分かった（2021年調査でのOECD平均は20~21人）。このことについて、教員の間では根強い批判がある。

学級の歴史的変遷と今日的課題

世界に目を向けると、学級の起源は17世紀にその原型を見いだすことができる。コメニウス（J.A. Comenius）は、「あらゆる人にあらゆる事柄を教授する普遍的技法」として「教刷術」（didacographia）を提案した。コメニウスの時代には実現しなかった教刷術であるが、その後ベル・ランカスター法（別名、モニトリアルシステム）としてその確立と普及が図られた。学級は、現在まで続く一斉授業を効率的に実現可能にする学習集団として誕生したのである。

日本の場合、1891年の「学級編制等ニ関スル規則」（文部省令第12号）に学級の誕生を確認できる。同省令には「一人ノ本科正教員ノ一教室ニ於イテ同時ニ教授スベキ一団ノ児童」を指すものとして学級が定義されており、同省令にわれわれの知る学級の誕生を確認できる。

義務標準法が制定されて学級規模の標準が50人となってからは、これまで8次にわたる教職員定数改善計画によって学級規模は縮小されてきている。現在の40人学級は、1980年度からの第5次教職員定数改善計画により実現した。しかし、その後は高止まりを続けている。

これまで見てきた通り、学級の起源は一斉授業を用いた効率的な学習集団にあった。この学習集団としての学級に、生活集団として様々な役割を重ねてきたのが日本の学校の特徴であった。

筆者は、現在の学級規模が学習集団としては大きすぎるし、生活集団としては十分に大きくない、と考えている。学習集団としての学級規模は、個に応じた配慮や支援を提供することを考えると、20名以下が適正であろう。その一方で生活集団としての規模は、多様性に触れ、社会性を涵養するという点からは大きくてもよい。

コミュニティ・スクールを活用した地域との連携・協働を通した教育活動の展開がさらに進めば、学級規模をこれまでより小さく保ちながら、子供たちを多様性に触れさせることができる。これは、社会に開かれた教育課程の下で、地域とともにある学校づくりを推進する学習指導要領の理念にも合致するだろう。

（早坂　淳）

References

□蓮尾直美・安藤知子／編（2013）『学級の社会学―これからの組織経営のために』ナカニシヤ出版

学級の「当たり前」を経営学に加えて社会学や児童福祉学の視座からひも解き、これからの社会の変化に応じた学級の組織経営について議論を展開している。

□早坂　淳（2013）「学級の在り方と学級づくり」（大髙　泉・田中統治／編『新教職教育講座　第3巻　学校教育のカリキュラムと方法』所収）協同出版

日本の学級について、その概要と歴史的な経緯を踏まえ、アメリカの学級制度との比較を通して学級の課題を明らかにしている。

□柳　治男／著（2005）『〈学級〉の歴史学―自明視された空間を疑う』講談社

学級とは何か、どうあるべきかについて歴史的・批判的な考察を通して、学級の「当たり前さ」を相対化して、今ある学級とは異なる可能性の議論を展開している。

3　一貫教育

Summary

幼保―小―中―高の各学校段階を接続する一貫教育は、授業や生徒指導において連続性を生み出すとともに、異年齢交流の場という役割もあり、少子化とともに増加している。中等教育学校は１９９８年、義務教育学校は２０１５年に設置され、幼保小の接続に関しても、5歳児から小学校1年生を「架け橋期」として捉えた一貫カリキュラムが作成されている。

一貫教育の教育的意義

学校の規模縮小とともに統廃合を考える自治体は多いが、地方においては通学距離の問題もあり、人口の都市集中と相反する形で実現が困難になっている。そのような中で、地域の教育施設として幼保―小―中―高の各学校段階を接続して一貫教育を進める事例が増加している。

人格形成や基礎基本の習得を目的とする初等教育と、職業や教養に関する専門的知識・技能の習得と高等教育への準備を目指す中等教育とでは、目的が異なる。その一方で、小・中学校が義務教育となり、高等学校や大学への進学率も上昇するなど、多くの子供たちが単線型学校体系の上級段階まで進むようになった。一貫教育は、学校段階間の違いから来るずれや障壁を乗り越え、授業や生徒指導において連続性を生み出す役割を果たしている。また、家庭や地域生活の中で行われていた異年齢との関わりも希薄化しており、交流の場が学校教育に求められている。教員免許も組織も別々で独立していた各校種が、カリキュラムや実践を通して交流することによって、個人の成長を系統的組織的に働きかけ見とるところに、一貫教育の意義を見いだすことができる。

中等教育学校と高大接続

中学校と高等学校間の中高一貫教育は、私立学校を中心に実施されてきた。中学入学者は無試験で高等学校に入学するとともに、大学附属校の優先進学や先取り学習による受験対策等を行うことで入学希望者を集めていた。これに対して、１９９４年には宮崎県立五ヶ瀬中学校と高等学校が開校した。五ヶ瀬町は県境の山村地区にあり、1学年40名の共学全寮制を採っていた。１９９８年には学校教育法が改正され、新たに中等教育学校が定められるとともに、同一の設置者が中学校と高等学校を設置する併設型や、設置者が異なる場合でも教育課程の編成や教員・生徒間交流等の面で連携を深める連携型も規定された。

学校基本調査（２０２３年度）によれば、中等教育学校は57校（国立4校、公立35校、私立18校）である。これに対して、併設型高等学校は５３７校（国立1校、公立１０５校、私立４３１校）、連携型高等学校は84校（公立79校、私立5校）である。近年では、私立だけでなく都府県立高等学校に附属する中学校を設置する併設型が多いことが特徴である。

高大接続については、中央教育審議会答申「新しい時代にふさわしい高大接続の実現に向けた高等学校教育、大学教育、大学入学者選抜の一体的改革について」（２０１４年12月）において、知識偏重の入学試験から主体性評価、思考力・判断力・表現力を評価するための総合型問題、タブレットを用いたＣＢＴ方式の導入、英語4技能を評価するための民間試験の活用といった改革が提言された。しかし、大学入学共通テスト実施直前の２０１９年には記述式問題や民間試験の活用は断念されて現在に至っている。

義務教育学校と幼保小接続

小学校と中学校とを接続する小中一貫教育は、２０００年に広島県呉市で研究が始まったのを皮切りに、東京都品川区や京都市などで広がった。これは、教科担任制、定期テスト、部活動、友人関係の変化といった中1ギャップと呼ばれる学校種間の違いが、不登校やいじめへつながると考えられたからである。市区町村の教育改革として実践が拡大したのを受ける形で２０１５年に学校教育法が改正され、義務教育学校が定められた。中高一貫教育と同様に、併設型及び連携型の小・中学校とすることも可能である。

義務教育学校は２０７校（国立5校、公立２０１校、私立1校）であり、このうち１８７校は施設一体型である。また、小中一貫型中学校は５８３校（国立2校、公立５６２校、私立19校）あり、施設一体型１５０校、施設隣接型52校、施設分離型３７５校、その他6校となっており、併設型に位置付けられる。いずれも年々増加しているが、小規模自治体の統廃合対策として活用される事例も多く、自治体内で小中一貫校が1校しか存在しない地域もある。

幼保小の接続に関しても、幼児期の教育と小学校教育の円滑な接続の在り方に関する調査研究協力者会議（２０１０年）での議論を踏まえて、２０２３年には「学びや生活の基盤をつくる幼児教育と小学校教育の接続について」が提言された。そこでは5歳児から小学校1年生の2年間を「架け橋期」として捉え、幼保小の協働によるカリキュラムの作成が目指されている。具体的には、期待する子供像や育みたい資質・能力を明確にするとともに、幼児期の遊びを通した学びや、小学校の生活科を中心とした各教科の単元構成等を明確化した実践が目指される。

（樋口直宏）

References

□湯川秀樹・山下文一／監修（2023）『幼児期の教育と小学校教育をつなぐ幼保小の「架け橋プログラム」実践のためのガイド』ミネルヴァ書房

「架け橋プログラム」の内容や、5才児のアプローチカリキュラム、小学校スタートカリキュラムとともに、全国の教育委員会、保育所、幼稚園・こども園における幼保小接続の取組事例が掲載されている。

□伏木久始・峯村均／著（2017）『山と湖の小さな町の大きな挑戦―信濃町の小中一貫教育の取り組み』学文社

義務教育学校である長野県信濃町立信濃小・中学校が統廃合を経て開校するまでの経緯と、開校後4年間の取組について、初代学校長と助言者として関わった研究者によってまとめられた著書である。

□梅原利夫・都筑　学・山本由美／編著ほか（2021）『小中一貫教育の実証的検証―心理学による子ども意識調査と教育学による一貫校分析』花伝社

小中一貫校の児童生徒に対する学習及び生活面での意識調査を行い、児童生徒との関係、学習動機、環境負荷、ソーシャルサポートや心理的適応、疲労感といった面での課題を心理学の観点から示すとともに、小中一貫教育の問題点を批判的に論じている。

4 インターナショナルスクール、日本人学校、補習授業校

Summary

グローバル化に伴い、人がこれまでになく移動する中で、様々な学校の役割が重要になっている。例えば、英語を教授言語とするインターナショナルスクールや、特定の言語や文化を意図した民族学校等が挙げられる。これらの教育へのアクセスの公平性を確保するための整備が重要である。

インターナショナルスクール

日本において、インターナショナルスクールに関する法令上の規定はなく、インターナショナルスクールに子供を通わせたからといって、日本における就学義務を果たしたこととはされない。ただ、中には学校教育法第１条に規定する学校、いわゆる「一条校」として認められたインターナショナルスクールもあり、その場合は就学義務を果たしたことになる。その他の多くの学校は同法第１３４条に規定される「各種学校」として都道府県の認可を受けている。また、無認可の学校も一定数存在する。このようなわけで、一条校ではないインターナショナルスクールに通う義務教育段階の児童生徒の中には、公立の学校に在籍だけして、普段はインターナショナルスクールに通う戦略をとる保護者もいる。

文部科学省のウェブサイトにおいては、一般的に捉えられているインターナショナルスクールの特徴として、主に英語により授業が行われる点、外国人児童生徒を対象とする教育施設である点、などの記述がある。しかし、実際のところ、インターナショナルスクールと名がつく教育施設であっても、大半の児童生徒が日本国籍であるケースもある。

インターナショナルスクールの中には、国際的な機関の認定を受けている学校が多数ある。特に知られている認定機関として、国際バカレロア（ＩＢ：International Baccalaureate）機構がある。ＩＢ機構の公式サイトによると、２０２３年12月現在、約１６０の国と地域の５７７１の学校がＩＢの認定を受けている。日本においても１０９の学校がＩＢの認定を受けており、その数は増加している。ＩＢは大学入学資格の一つであるが、他にもアビトゥア、バカロレア、ＧＣＥＡレベルの大学入試資格が、日本の大学入試資格として認められている。

ＩＢ機構のほかに、ＷＡＳＣ（アメリカの西部学校大学協会、Western Association of Schools and Colleges）、ＣＩＳ（イギリスのインターナショナルスクールの協会、Council of International Schools）、ＡＣＳＩ（アメリカにあるキリスト教学校国際協会、Association of Christian Schools International）等の国際的な評価団体の認定を受けているインターナショナルスクールもある。ＩＢ、ＷＡＳＣ、ＣＩＳ、ＡＣＳＩ等の認定校を修了することで日本国内や海外の大学受験資格を得ることができる。

海外における日本人児童生徒の教育

文部科学省の統計によると、２０２３年12月現在、世界には94の日本人学校があり、１万４４８７人の日本人が在籍している。日本人学校は、海外において、日本国内の小・中学校または高等学校と同等の教育を

行う目的で設置されている全日制の学校で、文部科学大臣が認定した学校である。教員は、日本から派遣されるほか、現地で採用された日本人教員もいる。日本人学校で国内の学校と同等の教育を受けることで、海外においても学習指導要領に基づいた一貫した内容の教育を受けることができ、帰国後もスムーズに日本の教育システムに戻ることができる。

　また、全日制の学校ではなく、現地校等に通学しながら、土曜日や平日の放課後を利用して日本語での教育を受けることができる施設として、補習授業校が設置されている。２０２３年12月現在、補習授業校は２３０あり、１万９３６１人が在籍している。補習授業校は、授業内容こそ日本人学校の基準に満たないが、インターナショナルスクールや現地の学校に通いながら、日本語や日本の文化等について学ぶことができる。日本人学校や補習授業校は、現地の日本人会等によって設立されることが多いが、日本の私立学校が海外で学校を運営しているケースもある。

多様な選択肢へのアクセスの必要性

　児童生徒の社会的背景や、その置かれた状況、今後の生き方等を考慮した際に、個々の児童生徒に合った教育の選択肢を確保することも重要である。

　日本においては、インターナショナルスクール以外の外国人児童生徒の教育施設として、朝鮮学校、ブラジル学校、韓国学校、中華学校等に代表される民族学校が設置されている。特定の民族を対象とした教育施設であることからナショナルスクールと呼ばれることもあり、多くは各種学校として扱われている。児童の権利に関する条約でもうたわれているように、信仰や言語の使用の自由を保障するという点において、民族学校の役割も重要である。

　このように、ナショナルスクールの選択、インターナショナルスクールの選択、滞在先や移住先の現地校の選択など様々な教育の形態があり得る。どれが正解というわけではなく（正解が何か分かるはずもなく）、その児童生徒に合った選択ができることがベストだろう。とはいえ、選択肢をもつ者・もたない者、という教育格差を助長しないよう、行政による補助金の問題など検討すべき課題は多くある。

（梅津静子）

References

□**志水宏吉・中島智子・鍛治　致／編著（2014）『日本の外国人学校―トランスナショナリティをめぐる教育政策の課題』明石書店**

　日本における外国人学校に関する歴史や施策、現状について整理し、「トランスナショナリティ」をキーワードに、国家や国境を越えた教育の在り方や意義について議論した上で、日本の学校教育制度の在り方への提言を行っている。

□**竹田美知／著（2015）『グローバリゼーションと子どもの社会化―帰国子女・ダブルスの国際移動と多文化共生【改訂版】』学文社**

　グローバリゼーションに伴う人の国際移動について、子供に焦点を当て、インタビューを通して子供のアイデンティティ形成がどのようになされるかを分析している。

□**佐藤郡衛ほか／著（2020）『海外で学ぶ子どもの教育―日本人学校、補習授業校の新たな挑戦』明石書店**

　海外で学ぶ子供たちの歴史や現状を概観すると共に、日本人学校や補習授業校で行われている教育実践事例を詳述している一冊。

5　幼稚園、保育所、認定こども園

Summary

幼稚園、保育所、認定こども園では、保育・教育の質の向上が目指されている。２０１７年には、それら施設の教育要領及び保育指針に共通して「幼児期の終わりまでに育ってほしい姿」が示され、施設類型を越えて子供の成長を支える手掛かりが整理された。これを基にして、5歳児から小1までの2年間の教育の充実を図る「幼保小の架け橋プログラム」が実施されているが、制度的課題もある。

幼児期は「生涯にわたる人格形成の基礎を培う」重要な時期と考えられている（「幼稚園教育要領」）。そのため、その時期の子供の保育・教育を担う施設として、幼稚園、保育所、認定こども園には大きな期待が寄せられている。今日では、保育・教育の質向上や幼小接続をめぐる検討が様々になされている。

幼保一元化の展開

幼稚園、保育所、認定こども園はそれぞれ異なる目的の下で誕生した。幼稚園は、１８７６年に東京女子高等師範学校に附属幼稚園が設けられたのが最初であり、そこでは、幼児がもって生まれたものを伸ばすことが目指されていた。幼稚園は、「幼稚園保育及設置規程」（１８９９年）、「幼稚園令」（１９２６年）によって法制化され、戦後には、「学校教育法」（１９４７年）によって、満3歳児から小学校就学の始期に達するまでの幼児を対象とする学校と定められた。今日、幼稚園の教育課程は、文部科学省告示の「幼稚園教育要領」によりその基準が定められている。

一方、保育所は、１８９０年代頃から、女性労働力の確保や貧困対策等を背景にして始まった。保育所は、保育を必要とする０歳から就学年齢に至るまでの乳幼児に対して、養護及び教育を一体的に行う施設であり、戦後、「児童福祉法」（１９４７年）により、児童福祉施設の一つに位置付けられた。保育内容については、厚生労働省告示の「保育所保育指針」にその基準が定められた。

少子化や育児負担、保育ニーズの多様化等の問題が顕在化すると、２００６年には認定こども園制度が開始された。これは、幼稚園と保育所の機能を併せ持ち、さらに子育て支援の提供を行う幼保一体化施設としての試みといえる。もともと教育要領・保育指針は、各省庁で改訂されてきたが、２００８年には、認定こども園創設の動きと合わせて、文部科学省と厚生労働省が足並みをそろえる方針が採られた。２０１７年には、幼稚園、保育所、認定こども園の３つの教育要領・保育指針が同時に改訂されることとなり、その全てに「幼児期の終わりまでに育ってほしい姿」が明記された。これには、幼児の社会性や思考力の芽生えなど、子供の成長にとって重要と考えられる姿が10項目挙げられており、幼稚園、保育所、認定こども園はこれを共通の指針とすることになったのである。

２０２３年には、こども家庭庁が創設され、乳幼児を含む子供に関する政策が一元的に進められることになった。実際に、保育所と認定こども園に関する政策と子育て支援等はこども家庭庁の守備範囲に収められている。しかし、幼稚園については、引き続き文部科学省が管轄することになり、文部科学省とこども家庭庁とは密接な連携をするかたちにとどまった。

実のところ、幼保一元化の議論は、長年繰り返し行われてきている。今日では、認定こども園の創設、教育要領・保育指針の一部共通化、こども家庭庁の新設など、新たな取組が進められている。しかし、異なる目的をもつ幼保の間には、依然として厚い壁がある。

▼小学校教育との接続

これまでにも、幼児期の教育と小学校教育との接続は重視されてきたが、3つの教育要領・保育指針の同時改訂に当たり、その接続が従前にも増して強調された。しかしながら、幼小の円滑な接続を実現するには多くの課題があると考えられたため、2021年5月の経済財政諮問会議において、文部科学大臣が「幼児教育スタートプラン」のイメージを公表することとなった。これを受け、中央教育審議会内に「幼児教育と小学校の架け橋特別委員会」が設置され、「幼保小の架け橋プログラム」が策定された。これは、5歳児から小学校1年生までの2年間である「架け橋期」の子供に、学びや生活の基盤を育めるようにすることを目指したものである。

具体的には、「幼児期の終わりまでに育ってほしい姿」や小学校学習指導要領を参照しつつ、幼保小の教育目標と子供の実態を踏まえて、「期待する子供像」や「育みたい資質・能力」が検討される。それらを基にして、「園で展開される活動」や「小学校の生活科を中心とした各教科等の単元構成等」が具体化されていく。こうした試みは、2022年度から全国のモデル地域において先行して取り組まれている。

今後、「幼保小の架け橋プログラム」が全国規模で展開されるには、制度的課題についても検討しなければならない。特に、幼保小が相互理解を深め、それぞれの教育を一層充実させるためには、それらの施設に精通し、専門的な指導・助言等を行うコーディネーターやアドバイザーの育成が急務とされている。さらに、子供の成長を細やかに把握するには、多忙な保育者と教師が十分な精神的・時間的余裕を確保できるよう、労働環境・条件の改善が必要不可欠となる。さらには、施設類型を超えて相互に話し合えるような体制の構築も求められるだろう。

（後藤みな）

References

□OECD／編著（2019）『OECD保育の質向上白書－人生の始まりこそ力強く：ECECのツールボックス』明石書店

本書は、OECDのStarting StrongⅡ（2012）の邦訳である。保育の質に焦点を当てて、先行研究のレビューや各国の保育比較等を行っている。日本の保育・教育を相対化して捉えるとき、他国の制度とその教育の在り方が参考になり得る。

□小玉亮子／編著（2017）『幼小接続期の家族・園・学校』東洋館出版社

これまで、幼小接続の検討は、主に子供と保育者・教師に焦点が当てられてきた。本書では、その視点のみならず、子供を支える保護者にも目を向け、接続期の家族と学校の関係を問い直している。

□幼児教育史学会／監修　上巻（2021）：太田素子・湯川嘉津美／編、下巻（2022）：小玉亮子・一見真理子／編『幼児教育史研究の新地平』萌文書林

本書は、幼児教育に関する研究成果を基に、近現代の子育ての世界と幼児教育制度の確立の過程について多角的な視点から論じられている。

6 学校安全

Summary

大阪教育大学附属池田小学校事件を機に日本の学校安全は一変し、学校保健安全法の制定にも結実した。学校安全は「安全教育」と「安全管理」に大別され、緊急事態を想定した危機管理の重要性も強調されている。各学校における安全に係る取組を総合的・効果的に推進するため、国は「学校安全の推進に関する計画」を策定している。２０２２年には「第３次」計画が策定された。

学校安全の社会問題化と法制化

２００１年６月８日、大阪の小学校で８人の児童が殺傷される凄惨な事件が発生した。この「附属池田小事件」を機に日本の学校安全は一変、全国的に不審者侵入対策が推し進められた。また２００４〜０５年には下校中の児童の誘拐殺人事件が続発し、登下校の安全確保も喫緊の課題となった。

そして２００９年、学校安全に特化した内容が盛り込まれた初の法律である「学校保健安全法」が制定された（学校保健法からの改正・改称）。重要な点は３つある。第一に、国・地方自治体の責務として、学校安全が確実に、効果的に取り組まれるよう財政上の措置や必要な施策を講じることが明記された。第二に、各学校は、安全点検や指導について計画した「学校安全計画」と、危険発生時の手順等を定めた「危険等発生時対処要領（危機管理マニュアル）」を策定し、職員に対して必要な研修や訓練を実施しなければならないとした。第三に、保護者、地域住民や団体、関係機関（警察・消防・医療機関・教育委員会など）と連携を図る必要性が明記された。

学校安全と危機管理の概要

学校安全とは、具体的にいかなる活動を指すのか。学校安全は「生活安全（事故や犯罪被害の防止など）」「交通安全」「災害安全（防災）」の３領域からなり、これらに対処する活動は、大きく「安全教育」と「安全管理」に分けられる。まず安全教育は、教育課程の全領域で行われる。

① 各教科：保健体育での事故防止や応急手当の学習に限らず、例えば技術・家庭で道具の安全な使い方を学ぶことや、社会科で日本の地理や原子力発電の問題を学ぶことも、安全に関する基礎的知識となる。

② 道徳科：生命の尊重や遵法精神など、安全を創出する態度の形成に関わる。

③ 特別活動：学級活動は不審者への注意や夏休みの安全な過ごし方など、日常的な指導の場である。学校行事としては避難訓練や「交通安全教室」が挙げられる。

④ 総合的な学習（探究）の時間：「街の安全」調査や「安全マップ」の作成がよく行われる。

このように安全教育の射程は、身近に迫る危険を回避する短期的側面だけでなく、安全な行動様式を身に付けさせ、他者や社会全体の安全に貢献する態度を養う長期的側面にまで広がっている。

一方、安全管理は、例えばサッカーゴールの固定、防火扉の作動や外壁の破損の点検、通学路のガードレールや防犯カメラの設置など、多岐にわたる。

附属池田小事件や東日本大震災は、現実

に危険が迫り、被害が生じる緊急事態をも想定した「危機管理」の重要性を十二分に示した。犯罪予告・テロ・熱中症・食物アレルギーなど、ほかにも危機管理の課題が数多く存在する。暴力の抑止や応急手当（止血・心肺蘇生など）、児童生徒の安否確認を即座の判断で行う必要があり、形式的な研修や訓練のみで対応することは困難だろう。池田小学校で事件後から行われてきた不審者対応訓練は、侵入経路等が事前に告知されない。こうした工夫も必要となる。

また、ＰＴＳＤ（心的外傷後ストレス障害）を発症した児童生徒の心のケア、事実と原因を調査・報告して再発防止策を講じ、被害者（家族）への対応・救済に努めることも、危機管理の重要な側面である。

「第3次学校安全の推進に関する計画」

学校保健安全法に基づき、各学校における安全に係る取組を総合的かつ効果的に推進するため、国は学校安全施策の基本的な方向性と具体策を定めた「学校安全の推進に関する計画」を5年に1回策定している。「第3次」は２０２２～２６年度の５年間の計画として策定された。

まず計画策定に向けた課題として、計画やマニュアルが実効的な取組に結び付いていない、取組内容や意識に差がある、大規模災害に備えた実践的な防災教育が必要、学校安全の中核となる教職員の位置付け及び研修について現場が追い付いていない、データや研究成果が現場で活用されていない――などが指摘された。

そこで、計画期間で取り組むべき施策の基本的な方向性として次の6点が示された。①学校安全計画・危機管理マニュアルを見直すサイクルを構築し、実効性を高める。②地域の多様な主体と密接に連携・協働し、子供の視点を加えた安全対策を推進する。③実践的・実効的な安全教育を推進する。④地域の災害リスクを踏まえた実践的な防災教育・訓練を実施する。⑤事故情報や学校の取組状況などデータを活用して「見える化」する。⑥意識の向上を図る（学校における安全文化の醸成）。

②の子供の視点に立ち、意見を反映させることは、２０２２年改訂『生徒指導提要』（特に校則の見直し）や、２０２３年施行「こども基本法」でも中核に据えられ、子供の安全・安心に関わる施策で横断的に目指される点である。③の安全教育に際しては、ＳＮＳに起因する犯罪、性暴力、マスクと熱中症予防など、現代的課題を柔軟に扱うことが重要とされた。

（桜井淳平）

References

□**渡邉正樹／編著（2020）『学校安全と危機管理　三訂版』大修館書店**

子供を取り巻く危険の特徴、実際の学校安全と危機管理の進め方、教職員の役割に至るまで、学校安全の概要をほぼ網羅的に解説する入門書である。

□**文部科学省（2018）『学校の危機管理マニュアル作成の手引』**

学校独自のマニュアルを作成するための現場向けの参考資料だが、危機管理の考え方や最新の動向を学習しやすい入門資料でもある。テロ、熱中症、食物アレルギーなど、最近関心が高まる論題にも多く言及されている。

□**大阪教育大学附属池田小学校／著（2017）『学校における安全教育・危機管理ガイド―あらゆる危険から子供たちを守るために』東洋館出版社**

安全に特化した教科「安全科」の授業実践が記されている。見開きでねらい・授業の流れ・板書・参考資料が示され、情報豊富である。加えて、不審者対応訓練についても詳述されている。

7　学校教育の中のジェンダー

Summary

ジェンダーとは、社会的・文化的につくられた性差である。１９７９年の女子差別撤廃条約批准のため、家庭科の男女共学必修化が実施された。学校では、社会で望ましいとされる男女の行動や思考、振る舞いなどが、教師から子供、子供同士で伝達されている。男女それぞれの特性を尊重するという性別特性論は役割分担を肯定する考えであり、性差別を温存する。

ジェンダーと教育の歴史

ジェンダー（gender）とは、性役割や身体等に対して、社会的・文化的につくられた性差を指している。ジェンダーを学ぶことは、男女という二分化されたジェンダーをつくり出し再生産する社会と文化の仕組みを解明するものであり、男性の立場からジェンダーを研究する男性学も登場した。日本では、戦前の女性参政権獲得運動など制度的な男女平等を求める第一次フェミニズム運動に続き、１９６０年代のアメリカにおける公民権運動に端を発し、実質的な男女平等を求める第二次フェミニズム運動が起こった。公私の区別を問い直し、家族や夫婦関係、恋愛等の性差別も問題とするものであった。男性中心性をラディカルに問い直す視点が学問領域に導入され、女性学が生まれた。この女性学が拡大していく過程で、ジェンダーという概念が新たに認知されていく。男女の先天的な違いとされているものは、社会的・文化的に形成されているのではないかという問題提起であった。

日本の教育にジェンダーの視点が導入される契機になったのは、１９７９年に女子差別撤廃条約（「女子に対するあらゆる形態の差別の撤廃に関する条約」）が国連総会で採択され、１９８１年に発効したからである。この条約を批准するには国内法の整備が必要であったが、その一つが中・高で主に女子が学んでいた家庭科を男女共学必修化することであった。戦後の教育改革は教育の機会均等を重視し、家庭科も男女が共に学ぶ教科として制度化されていたが、内実は小学校でも別教材、中・高では女子生徒が選択して学ぶようにされていた。１９５０年代初めに家庭科の女子必修運動が起こり、中学校では１９５８年に技術・家庭科が設けられ、技術は男子、家庭は女子向きとなった。高等学校では１９６０年に改訂された学習指導要領により、女子必修の家庭科が成立した。こうした動きに１９７０年代に男女ともに家庭科を学ぶことを求める市民運動が起こったが、女子差別撤廃条約の批准がその決着をつけた。

隠れたカリキュラム

隠れたカリキュラムとは、目に見える、決められた内容を学校で学ぶカリキュラムではなく、無意識に、暗黙のうちに、密かに意図しないものが伝わってしまうことを指している。そこで伝わるものは、社会の中で望ましいとされる価値観や期待されている行為等である。教師と子供の関係において、ジャクソン（P.W. Jackson）は、①教師から無視されたり関心をもたれず、自己肯定できない、②他人と競争し、教師からの評価を受け入れる、③教師の権力を意識する――の3パターンを指摘している（大澤真幸他／編（2012）『現代社会学辞典』弘文堂）。ジェンダーについても、その社会で望ましいとされる男女の行動や思考、振る舞いなどが学校の中で気づかないままに生徒に伝達される。例えば、中学校では男性教師が男子生徒と接することが多く、そこでのはたらきかけや親密さが目立つ（直井・村松、2009）。しかし、こうした隠れたカリキュラムは教師と子供の間だけでなく、授業中の児童生徒間の相互行為がジェンダー再生産に重要な意味がある。直井・村松らによると、授業中、男子生徒の方が積極的に挙手をするが、女子生徒の発表を男子生徒が「からかう」ことがある。それを苦痛に思う女子は授業で目立たないように振る舞うようになり、女子による挙手や発言が減っていく。教師が男女間のバランスをとろうとして女子を優先的に指名するようになると、ますますその女子は男子からの攻撃を受けやすくなる。こうして男子は権力を誇示しクラスを支配していくというものである。しかし、授業以外の学校活動ではこうした状況はみられず、男女は対等な位置にあるという。

▼性別特性論

「男女は異なるところがあるのだから、それぞれの特性を尊重していかなければならない」という考えがある。性別特性論といわれるもので、戦前の男尊女卑的な男女の特性論とは異なり、男女平等を認めつつ、性別役割分担を肯定する考えである。すなわち、男女により立場や役割が異なっていても価値として等しいとみなされるのであれば、男女は平等であるというものである。男女の性別役割を肯定する教師ほど、ジェンダー教育や性教育を重視しておらず、また教師の年齢が若ければ若いほど、性別役割を肯定する傾向があるという研究成果がある。また、夫婦共働きでない男性教師が男女の性別役割を強く肯定しており、同じ共働きであっても、男性教師よりも女性教師の方が役割分業観に対して否定的であるという。こうした考えの背景には、自らの家庭の影響が強く現れているとされる。男女の特性は固定化されたものではなく、たとえ男女に分けられるとしてもその中での違いは単純には説明できない。この性別特性論は、性差別を温存するものとして否定されるものである。

（國分麻里）

References

□直井道子・村松泰子／編（2009）『学校教育の中のジェンダー―子どもと教師の調査から』日本評論社

3都市の児童生徒、小・中学校教員、教員養成系大学の教員・大学生への質問紙調査分析より、学校や教室の中のジェンダーの実態やジェンダー意識等を様々な角度から考察した本である。学校や教室の中のジェンダーに関わる「隠れたカリキュラム」も明確にしている。

□広田照幸／監修、木村涼子／編著（2009）『リーディングス日本の教育と社会第16巻　ジェンダーと教育』日本図書センター

ジェンダーと教育に関する論文集である。性別の社会化、学校教育、教育史、教科教育、サブカルチャーとジェンダーなど、2000年代からの代表的な論考が収録されている。

□河野銀子／編著（2017）『女性校長はなぜ増えないのか―管理職養成システム改革の課題』勁草書房

高等学校の女性校長が少ない理由を、校長になった女性のライフヒストリーから分析した本である。近年の「見える化」改革が逆に女性校長増加を阻害する要因にもなりうることを指摘した。

8　ＬＧＢＴＱと学校

Summary

ＬＧＢＴＱは性的指向や性自認に係るマイノリティを表す略語である。トランスジェンダーのうち、医療機関で治療の適用となる際、性同一性障害と診断される。個々人の性をめぐるアイデンティティの如何にかかわらずいかなる児童生徒も安全、安心な環境下で学習でき、社会化の歩みを遂げられるよう、諸環境の整備に取り組むことが重要である。

性を捉える視点とＬＧＢＴＱ

性は、①生物学上の性（からだの性）、②自認している自己の性（こころの性）、③恋愛感情や性的関心を抱く性（好きになる性）、④自己を表す性（表現としての性）――などから捉えられる。③に当たる性的指向（Sexual Orientation）や②に当たる性自認（Gender Identity）の一部の頭文字を組み合わせた略語がＬＧＢＴである。ＬＧは性的指向が同性に向かうレズビアン（Lesbian）、ゲイ（Gay）、Ｂは性的指向が両性に向かうバイセクシャル（Bisexual）、Ｔは性自認が生物学上の性と一致しないトランスジェンダー（Transgender）を指す。

ＬＧＢＴは性的マイノリティを表す略語であるが、実際はより多様かつ複層的なバリエーションとグラデーションがある。ＬＧＢＴＱやＬＧＢＴＱ＋、ＬＧＢＴＩの略語が用いられる場合もある。Ｑは性的指向や性自認が定まっていないクエスチョニング（Questioning）を指す。＋には、表記しきれない性的マイノリティへの配慮の意が込められている。Ｉは性分化疾患（Disorders of Sex Development：ＤＳＤｓ）を有する人々を性的マイノリティに含める場合、インターセックス（Intersex）と冠している。

トランスジェンダーと性同一性障害

トランスジェンダーの中には、二次性徴期の身体の変化を受け入れがたく、自認する性に見合った身体になり、社会生活を送りたいと切望している人々がいる。そうした思いから医療機関を受診し、性同一性障害（Gender Identity Disorder：ＧＩＤ）と診断されると、薬物療法や手術療法の適用となる。「性同一性障害に関する診断と医療のガイドライン（第四版）」（公益財団法人日本精神神経学会）では、思春期の二次性徴抑制及び性ホルモン療法が規制緩和の方向へと改訂された。

なお、国際的な精神疾患の診断分類・基準である現行のＤＳＭ-５には性同一性障害（Gender Identity Disorder：ＧＩＤ）はなく、より広義の一群を指す性別違和（Gender Dysphoria：ＧＤ）という診断名が使われている。だが、日本では「性同一性障害者の性別の取扱いの特例に関する法律」が２００４年７月に施行されており、性別の取扱いの変更の審判や法令上の取扱いはもとより、行政文書等では性同一性障害が用いられている。

ＬＧＢＴＱ、性同一性障害を取り巻く状況と学校等における対応

二次性徴期はアイデンティティの形成において重要な時期である。一部の性的指向

や性自認が冗談やからかいの対象にされるような環境であったり、他者と異なる特徴を周囲からあげつらわれたり、カミングアウトしても「なかったこと」にされるような状況に身を置く当事者はより一層、性をめぐるアイデンティティの危機に直面しかねない。

「LGBTQ子ども・若者調査2022」(認定NPO法人 ReBit)によれば、10代LGBTQは過去1年に、48・1%が自殺念慮、14・0%が自殺未遂、38・1%が自傷行為を経験していた。「LGBTの学校生活に関する実態調査(2013)」(いのちリスペクト。ホワイトリボン・キャンペーン)によれば、約7割のLGBT当事者が身体的暴力、言葉による暴力、性的な暴力、無視・仲間はずれを受けた経験があり、同性の同級生によるものが最も多かった。子供たちの多様な性に関する知識・理解を育むことが重要である。そして特有の生きづらさや生活上の困難を乗り越えながら生の道筋を描くことができるよう、当事者間の共助や各界各所の相談支援機能の拡充、それらをつなぎ合わせるネットワークづくりが大切であろう。

「学校における性同一性障害に係る対応に関する状況調査について」(2014年6月)によれば、「性同一性障害に関する教育相談等」の報告件数は計606件であった。そのうち62・2%が服装や髪型、更衣室やトイレの使用、呼称の工夫など、特別な配慮を講じていた。文部科学省は「性同一性障害や性的指向・性自認に係る、児童生徒に対するきめ細やかな対応等の実施について(教職員向け)」(2016年4月)で対応等の指針をまとめている。『生徒指導提要』(2022年12月改訂)には「『性的マイノリティ』に関する理解と学校における対応」が盛り込まれた。学校教職員は多様な性に関する知識をもち、日頃より児童生徒が相談しやすい環境を整えておくことが対応の前提になる。その上で、いかなる児童生徒も安全・安心な環境下で学習でき、社会化の歩みを遂げられるよう、諸環境の整備に取り組む必要がある。様々な形態の暴力や無視・仲間はずれが生じやすい状況も常に念頭に置き、適切かつ迅速ないじめ対策、対応も欠かせない。

2023年6月には「性的指向及びジェンダーアイデンティティの多様性に関する国民の理解の増進に関する法律」が公布された。今後、学校での取組が広がりをみせ、性の多様性に関する授業実践等もさらに推進されていくことが予想される。

(留目宏美)

References

□中塚幹也(2010)「学校保健における性同一性障害—学校と医療との連携」(『日本医事新報』No. 4521所収)

性同一性障害者を取り巻く諸問題を明らかにするために実施された実態調査である。

□遠藤まめた／著(2016)『先生と親のための LGBT ガイド—もしあなたがカミングアウトされたなら』合同出版

「LGBT の子どもたちの悩みごと」「教師・大人ができること」など、LGBT に関する基本的な知識や対応の在り方等が Q&A 形成で紹介されている。

□三成美保／編著(2017)『教育と LGBTI をつなぐ—学校・大学の現場から考える』青弓社

性的マイノリティの権利保障に関する日本の課題を多角的に論じ、児童生徒や学生が安心して学べる教育環境を創出する手立てを提言している。

9 学校教育の中の宗教

Summary

現在、日本の学校教育は「宗教的中立性」の原則の下、特定の宗教教育を行うことは禁じられている。しかし、21世紀を迎え、人類の叡智や進歩と表裏に繰り出される人間の愚行を前に、宗教教育の必要性を説く声も少なくない。信教の自由を保障しつつ、宗教の本質も損なわない形での宗教教育の可能性はあるのか、現在、学校教育の中の宗教は岐路に立っている。

学校教育の中の宗教

現在、日本の学校教育は、教育基本法第15条第2項「国及び地方公共団体が設置する学校は、特定の宗教のための宗教教育その他宗教的活動をしてはならない」とあるように、いわゆる「宗教的中立性」の原則が保持されている。日本国憲法第19条「思想及び良心の自由」並びに第20条「信教の自由」に基づき、何人も特定の宗教に帰依することを強制されていない。一方で、私立学校はこの理念ゆえに自由参加の形態で宗教教育を行う権利が認められている。一般に宗教教育は、①宗派教育、②宗教的知識教育、③宗教的情操教育——があるとされているが、公立学校で禁じられているのは児童生徒を特定の宗教の信者に育てる宗派教育であり、一般的な宗教知識に関する教育は各教科、諸活動を通して行われている。また、道徳科で取り扱われるべき内容項目の一つに「人間の力を超えたものに対する畏敬の念」という表記があり、宗派を特定しないかたちで、ある種の「宗教的情操の涵養」が行われている。これは「自然や崇高なものとのかかわり」の「生命の尊重」と同枠に置かれている。

教育と宗教の関係

かつては、教育と宗教は不可分の関係にあり、日本においても近代以前は寺院が民衆教化の中心的な役割を担っていた。しかし、明治期に近代的な学校教育制度が発足し、教育と宗教の分離政策がとられるようになり、学校で宗教教育を行うことは禁じられた。他方、教義や儀式を伴わない、いわゆる「宗教的情操の涵養」は人格形成上必要とされ、「宗教教育」と「宗教的情操教育」は別物との論理構成の下で重視されていった。その際、禁止の対象となった宗教は主に「キリスト教」と「仏教」であり、「神道」に関しては「祭祀」であり「宗教に非ず」との解釈により、学校の中で禁止される宗教教育の対象からは外された。そのため、戦時体制下には「超宗教」としての国家神道が「国民精神の涵養」に果たす役割は大きく、極めて宗教色の濃いイデオロギー教育が展開されることとなった。第二次世界大戦後はその反省から、「宗教的情操の涵養」についてもその言葉の使用を避け、徹底して厳格な分離政策を踏襲してきた。しかし、こうした学校教育における宗教の取り扱いをめぐっては現在でも宗教界を中心に批判があり、議論が繰り返されてきている。

２００６年、教育基本法改正の際にも「宗教教育」の条項をめぐる議論がみられた。例えば、旧法第9条第1項「宗教に関する寛容の態度及び宗教の社会生活における地位は、教育上これを尊重しなければならない」に関して、「尊重」ではなく「重視」に変える案や、「宗教的情操の涵養」を明記する案などが浮上した。結局、「宗教的情操の涵養」は使わず、「宗教に関する一般的な教養」が追加されることとなった。

なお、宗教教育の必要性は第1項との関連で論じられることが多いが、第1項に関して注意しなければならないのは、ここで示されている「宗教に関する寛容な態度」とは「他宗教」「他宗派」だけでなく「無宗教」「反宗教」も含意されているという点である。宗教を信じない者、宗教に反する者にも「寛容な態度」が教育上尊重されなければならないことが示されている。

岐路に立つ学校教育の中の宗教

宗教はときに個々人の人生の充実、幸福感に大いに寄与する一面をもっている。何ものにも代え難い生命の存在に気付かせ、この世に生まれたことに感謝し、その喜びをもって日々を大切に生きようとする気持ちを喚起する。その意味では、宗教はあらゆる価値を価値たらしめる「生」の源としての側面を有している。一方で、宗教は「死」に向かうベクトルも内包している。彼岸の彼方へ思いを致させ、そこに真の幸福を見いだすがゆえに、ときとして現実社会に対する執着や社会変革的な意識を後退させたり、逆にラディカルに攻撃させたりする危うさも有している。21世紀を迎え、ＡＩの技術革新や宇宙旅行への可能性など、ある面では人類の叡智とさらなる進歩がうたわれる一方、別の面ではその栄光とは裏腹に、いじめ、自殺、貧困、ブラック企業問題等々、人間がモノのように扱われ消費されていく社会となっている。地球規模で懸念される環境問題も含め、一人ひとりにその生き方が問われている昨今、「宗教教育」への期待が寄せられていくのは必然であろう。しかし、相対化する視点を欠いた宗教教育は、人類にも世界にも脅威となることは歴史からも明らかである。欧米では今日、宗教に関する教育は市民性教育あるいは人権教育の一環として行われ、宗教の多様性を理解することが目指されている。もっとも欧米では、そうした宗教文化理解の教育とは異なる、信仰心の育成が保護者や聖職者を通して行われていることも少なくない。宗教教育の妥当性や可能性、その在り方についてどのように考えていくべきか。現在、「学校教育の中の宗教」は岐路に立っている。

（田中マリア）

References

□下村哲夫／編（1996）『学校の中の宗教―教育大国のタブーを解読する』時事通信社

「宗教」あるいは「宗教的なるもの」に関して、学校教育現場が直面するリアルな問題や判例、実践事例等が具体的な資料とともに豊富に取り上げられており、出版されて20年以上経過した現在も「学校教育の中の宗教」を考える素材を提供してくれる。

□前川理子／著（2015）『近代日本の宗教論と国家―宗教学の思想と国民教育の交錯』東京大学出版会

近代日本が超宗派的な宗教学を樹立し、やがて国家や国体思想と関係を取り結んでいく過程を思想史的観点から解明した学術書。かなりの分量と読み応えはあるが、西欧諸国とは異なる日本の宗教的問題について学ぶところが大きい。

□江原武一／編著（2003）『世界の公教育と宗教』東信堂

公教育と宗教について世界各国の動向について知ることができる。キリスト教圏だけでなくアジア圏や発展途上国など多様な国々まで含まれているのが興味深い。

10 学校経営

Summary

学校経営とは、教育専門機関である学校が、教育目的を効果的に達成するために人的・物的・財的・情報的資源等を整備・活用・運営すること、と定義できる。学校は官僚機構の下に位置しており、教育行政の管理作用を受けるが、「行政」機関ではなく「教育」のための専門機関である。近年では分権化とともに保護者・地域住民を交えた多様な関係者の参画と協働を含めた上で「学校の自主性・自律性」に基づく学校経営が必要とされる。

学校経営における「経営」概念

「経営」という言葉は、民間企業等による利潤追求と結び付けて使われる場合が多いため、公教育機関である「学校」と「経営」を接合した「学校経営」という言葉に違和感を覚える読者は多いだろう。実際に、最近では大学や私立学校が志願者を増やすための戦略を立案・実行することを「学校経営」と呼称するケースが増えている。

しかし、「経営（administration/management）」は利潤追求のための言葉ではない。辞書では「事業目的を達成するために、継続的・計画的に意思決定を行って実行に移し、事業を管理・遂行すること。またそのための組織体」（「デジタル大辞泉」）と説明されている。近代社会は、産業構造の転換により、組織の形成・発展を通じて個人による労働の効果・効率を高める努力を生み出した。組織が単位となって創意を発揮し、その組織目的を達成しようとする営為こそが「経営」の含意である。

学校が公教育の目的を達成するための専門機関であることは疑問の余地がない。学校は教育活動の効果を高めるための組織であることを踏まえて、学校経営とは、教育専門機関である学校が、教育目的を効果的に達成するために人的・物的・財的・情報的資源等を整備・活用・運営すること、と定義することができる。

学校経営の相対的独立性

公教育を成立させる最も重要な概念として、「教育を受ける権利」と「教育の機会均等」がある。日本ではこれらを保障するために様々な制度がつくられ、子供はどの地域で生活しようとも、同一水準の教育を受けられるよう条件整備がなされている。このようにして教育の平等性や統一性を保障することは、現代の公教育制度に欠かせない要素である。他方で、子供は一人ひとりが異なる人格と個性を有し、それぞれの教育ニーズは多様である。各学校を取り巻く環境条件（地域の風土、自然、施設設備、規模等）は多様であり、子供たちの成育条件や生活実態にも違いがある。教育の本質論からみるなら、一人ひとりの子供の個性やニーズを丁寧に受け止めて理解し、それぞれに応じた教育を施すことが重要である。したがって、教育実践の現場である学校は、平等・統一の原理と子供の個別性の原理という異なる方向性をもつ原理の結節点に位置している。

かつて吉本二郎は、学校について、「その本質はあくまで教育活動に置かれ、教育行政機関の管理下にあっても、行政機関と区別された教育機関である点にその特質をもっている」（吉本二郎／著（１９６５）『学校経営学』国土社）と論じた。現代の公教育制度は強固な官僚機構の下に置かれ、教育行政機関の管理作用を受ける。しかし、学校は「行政」機関ではなく、「教育」の専門家である教職員からなる「教育」のための機関である。各学校は、そこに在籍する子供たちの学びの場であり、教職員は子供の学びを創造し実践する位置にいる。したがって、個々の学校では、行政機関からの指示・命令に従属するのではなく、当該学校の子供たちの実態を踏まえて「教育の論理に従った判断と決定の創造的行為」としての経営活動を行う必要がある。吉本はそれを「学校経営の相対的独立性」と表現した（吉本、前掲書）。

学校の自主性・自律性の確立へ

１９９８年９月の中央教育審議会答申「今後の地方教育行政の在り方について」は、公教育の地方分権・規制緩和を推進する契機を形作った。特に、「学校の自主性・自律性の確立」という方向性を明確に示したことで注目された。

本答申は、「教育委員会と学校の関係の見直しと学校裁量権限の拡大」「校長・教頭への適材の確保と教職員の資質向上」「学校運営組織の見直し」「学校の事務・業務の効率化」「地域住民の学校運営への参画」についての具体的施策を提言し、以後、多くの制度改革が行われてきた。職員会議の法制化、学校評議員の制度化、副校長・主幹教諭等の制度化、学校評価の法制化等はその例である。

このようにして、かつて学校経営のあるべき姿として主張された「相対的独立性」は、制度的な裏付けを受けて「学校の自主性・自律性の確立」へと進展してきた。現代の学校経営は、様々な立場で学校に関係する多様な当事者（ステークホルダー）の参画と協働を通じて、公教育の理念を実現するために学校を自律的に運営することと把握されなければならない。２００４年に法制化された学校運営協議会を設置する学校（コミュニティ・スクール）の増加状況や、様々な専門家を交えた「チームとしての学校」をも考え合わせながらこれからの学校経営の在り方を切り拓くことが求められている。

（浜田博文）

References

□日本教育経営学会／編（2018）『講座　現代の教育経営５　教育経営ハンドブック』学文社

過去25年ほどの教育改革の中で、学校経営・教育経営に関連する様々な概念が用いられてきた。日本教育経営学会が現代の教育経営に重要な82項目を選定して、定義、研究・実践上の課題、学会としての取組状況、今後の課題を解説している。初学者の強い味方になる一冊。

□浜田博文／編著（2012）『学校を変える新しい力―教師のエンパワーメントとスクールリーダーシップ』小学館

「学校を変える」プロセスと、それを駆動させる組織的要因について理論と実践を分かりやすく考察している。現実に「よりよい方向へ変わっていった」と思われる４つの学校を取り上げ、学校変革のプロセスを丹念にたどる部分は多くの示唆を含んでいる。

□浜田博文／編著（2019）『学校経営』（吉田武男／監修「MINERVA はじめて学ぶ教職９」）ミネルヴァ書房

教職課程で学ぶべき学校経営に関する基礎的な概念と知識について解説した書。戦後の学校教育の発展と諸政策展開の歴史、現代教育改革の下で学校に要請されている課題を整理した上で、「学校の自律性」をキーワードにしながら今後の学校経営の在り方を検討している。

11 スクールリーダー

Summary

スクールリーダーには大きく２つの意味がある。一つは非管理職の教職員の中で学校組織をリードする役割である。もう一つは、学校管理職を指す場合だが、教育活動の質的改善に向けて教職員をリードする役割に注目している。いずれにしても、教職員の監督や施設等の管理ではなく、教授・学習活動の質保障に向けて学校組織をリードする役割が強く意識されている。特定の職位に限定せず、教育の質を高める校内リーダーという理解が重要である。

２つの異なる意味

スクールリーダーという概念は、用いられる文脈や場面によって主に２つに分類できる。

一つは、組織としての学校が教育活動の質を高めるために様々な改善を図ろうとするとき、その取組をリードする役割を果たす非管理職の役割を指す場合である。学校管理職ではないが、学校組織が目指す方向性を意識して構成メンバーの協働性や意欲を促進すべく組織を引っ張っていく校内教職員が、１９８０年代以降、スクールリーダーとして国際的にも注目されるようになった。その背景には、ＯＥＣＤ－ＣＥＲＩによって進められた国際学校改善プロジェクト（１９８３～８６年）があったとされている。

同プロジェクトのメンバーであった牧昌見が、当時、日本の学校の「主任」について紹介したところ、外国の代表者から注目を集めたという。このことは、教職員が様々な校務を分担して協力しつつ教育活動の質を高めていく上で、非管理職によるリーダーシップが有効であることを意味している。

もう一つは、学校管理職とほぼ同義で用いられる場合である。ただし、従来から委ねられていた管理的職務ではなく、教育活動の質的改善を組織として推進するように教職員の意欲と協働性を高める役割に焦点化されている。英米をはじめとする先進資本主義国では１９８０年代半ば以降、個別学校の裁量権限を拡大する制度改革が推進された。教育の質保障における学校の責任を明確化すると同時に、学校審議会の設置など、各学校の重要な意思決定の共同化施策（アメリカの School-Based Management やイギリスの Local-Management of Schools など）が展開された。そうした過程で、学校管理職（school administrator）には従前と異なる役割が期待されるようになった。それが、教育活動の質を高めるスクールリーダーとしての役割であった。そうした文脈の下で、１９９０年代以降、校長をはじめとする学校管理職がスクールリーダーと呼称されるケースが増えてきた。

例えば、１９９６年にアメリカの州教育長協議会が作成して公表した、州の違いを越えた学校管理職の資格付与のためのスタンダードは、“Interstate School Leaders Licensure Consortium: Standards For School Leaders” とされている。そこには、学校管理職が教育委員会（教育長）の出先機関として各学校の職員・施設・カリキュラム等を管理するという官僚的機能ではなく、学校内部において教授・学習活動の質的改善を進めていくために教職員を協働化し、意欲付けるなどの役割発揮が期待されている。

校内におけるリーダーシップの分散と共有

以上のように、スクールリーダーという言葉は、非管理職を指す場合と管理職を指す場合の両方で用いられてきた。これからの学校の在り方を考えると、むしろ、校内においてリーダーシップを発揮する主体が特定の職や職位には限定されないという認識をもつことが重要だと思われる。

現在の日本でも、個別学校が自律的に教育活動を創造して展開することの重要性が高まっている。学習指導要領で提起されているカリキュラム・マネジメントも、各学校が特色ある教育課程を編成し、児童生徒の学習状況に応じて柔軟に教育活動を展開していくことの重要性を示している。それは、教育実践に携わる教職員が学校の目指すべき方向性（ビジョン）を互いに共有して創意を発揮することでしか実現できない。学校管理職という職位や主任という役割を与えられた者がその権限や責任に基づいてのみリーダーとしての職務を遂行するのではなく、多様な個性と力量をもつ一人ひとりの教職員が力を発揮することで、局面によってリーダーが入れ替わり、多様な教職員が協働しながら適宜リーダーシップを発揮するという姿をイメージすべきである。

児童生徒が抱えている課題は様々な社会的要因によって複雑化しており、それぞれの学校が対応すべき問題は多様化している。よって、地域・家庭との連携を図りながら、学校として実行可能なことに柔軟に取り組んでいくことが求められている。

最近では特に、学校におけるミドル・リーダーへの関心が高まっている。その背景には、団塊の世代の退職と新規採用教員の増加傾向を受けて、教職員構成が全体的に若年化している動向がある。元来、学校という組織は権限に基づく官僚制的な上司—部下関係を基本とはしていない。多様な個性と専門性を有する専門職としての教員が各自の創造性に基づいて教育実践を行い、場面に応じていろいろな教員がリーダーシップを発揮するという組織像とリーダー像が重要となる。

（浜田博文）

References

□**牧　昌見（1986）「教師の資質向上とスクール・リーダーの役割—主任の役割を中心に」（日本教育経営学会『日本教育経営学会紀要』第28号所収）**

国際学校改善プロジェクトでのスクールリーダーへの関心が日本の主任の役割の重要性と深く関係していたことを説いている。日本の学校固有の主任は教職員のリーダーとして重要な役割を担っていることを学ぶことができる。

□**浜田博文／編著（2012）『学校を変える新しい力—教師のエンパワーメントとスクールリーダーシップ』小学館**

学校の自律性確立を標榜する近年の教育改革を概説し、学校組織の特徴を検討した上で４つの公立学校の事例検討を基に、学校が自律的に教育活動の改善に取り組む上でどのような条件が必要かを考察している。

□**浜田博文・諏訪英広／編著（2024）『校長のリーダーシップ—日本の実態と課題』学文社**

全国の小・中・高等学校に対する質問紙調査と小学校長や校長会役員経験者への質問紙調査の結果を基に、現代日本の公立学校における校長のリーダーシップの実態を明らかにし、課題状況について考察している。

12 リーダーシップ、ファシリテーション、コンサルテーション

Summary

リーダーシップとは、ある人物が組織の構成員に対して影響力を発揮することである。ファシリテーションは、ファシリテーターが、様々な目配り、気遣いをすることによって、組織のメンバーが様々な意見を言いやすいように工夫し、意見を集約していくことを意味する。コンサルテーションは、専門性が異なる人や組織が、支援を必要としている人や組織を支援、助言することを意味する。

リーダーシップ

リーダーシップとは、組織において、ある人物が組織全体や組織の構成員に対して影響力を発揮することである（小島・淵上・露口、２０１０）。組織には運営が求められるため、リーダーが配置される。リーダーシップを発揮する主体は、リーダー、言い換えれば管理職が想定されるが、ミドルリーダー等も含めるとその実態は多様になる。学校の場合、まず、校長のリーダーシップの在り方が問われる。次に、学校のミドルリーダーとして、教務主任、生徒指導主事、進路指導主事、保健主事、学年主任、研究主任等が挙げられる。これらのミドルリーダーが担当する職務との関わりでリーダーシップを発揮している。リーダーシップの対象は教職員であり、児童生徒や保護者等も含むといえよう。一方、学級担任は児童生徒に対してリーダーシップを発揮するが、これは、通常、指導力の発揮と表現される。

リーダーシップをめぐっては、様々な論点がある。第一に、リーダーシップの性質である。変革型リーダーシップ、サーバントリーダーシップ、支援的リーダーシップ、管理的リーダーシップ等がある。第二に、状況によって求められるリーダーシップの相違である。日常のリーダーシップと危機発生時のリーダーシップがある。ただし、日常のリーダーシップにおいても、危機の抑制（リスクの低減）を図る必要がある。第三に、リーダーシップの主体である。リーダーシップを発揮する主体を管理職や主任等のいわゆる役付きに限定するのか、場面に応じて、全ての教員にも広げるのかである。例えば、学年主任ではない教員であっても、特定の児童心理に豊富な知識をもつ教員が、課題を解決するためにリーダーシップを学年で発揮することもあるだろう。この考え方は、理論的に、分散リーダーシップと呼ばれる（佐藤・鞍馬・末松、２０１２）。

ファシリテーション

ファシリテーションとは、会議や組織において、納得と合意を促す行為である。職員会議のような議題が多い公式の会議というよりも、小規模なミーティングにおける進め方を意味する場合が多い。組織の活性化や新しいアイデアの創出のために、ファシリテーターが、様々な目配り、気遣いをすることによって、組織のメンバーが様々な意見を言いやすいように工夫し、促進することを意味する。そのイメージは、組織のプロセスと展開を、統制や付与ではなく、共に考えて支援することである。これは「プロセス・ファシリテーター」（小野・淵上・浜田・曽余田、２００４）と呼ばれる。

校内研修等で、優れた外部講師がファシリテーションの効果を発揮する場合がある。もちろん、外部講師だけでなく、教員がファシリテーションの技法を習得し、適宜、ミーティングで発揮することが望ましい。例えば、授業研究の協議会では、ファシリテーションの技法を使うことは有効である。一方で、ファシリテーションを阻害する要素として、組織内の派閥、利害関係等が存在することも認識しておく必要がある。

▼コンサルテーション

コンサルテーションは、協議、相談を意味するが、組織運営の改善を意識した場合、支援や助言の意味合いが強い。すなわち、専門性が異なる人や組織が、支援を必要としている人や組織を支援、助言することを意味する。コンサルテーション概念がどのような文脈で使われているかも留意する必要がある。医療や看護の文脈では、クライアントに対して医療従事者がコンサルテーションを行う。一方、企業経営や行政運営においては、コンサルタント会社が企業経営の在り方や方針について助言を示すことが多い。学校教育において、コンサルテーションは次のように行われている。第一に、臨床心理士、教育相談の専門家が、生徒指導上の課題をめぐって学校に対してコンサルタントを行う。第二に、社会福祉の専門職であるソーシャルワーカーが学校に対してコンサルタントを行う。第三に、日本ではみられないが、海外では、教育経営のコンサルタント会社が学校に対してコンサルタントを行う場合もある。学校が課題を解決するために、コンサルテーションを受けることは意義がある。学校の主体性が担保されている場合は、プロセス・コンサルテーションと呼ぶことができる（小野・淵上・浜田・曽余田、２００４）。適切なコンサルテーションを行うためにも、学校は専門機関とのネットワークを構築しておく必要がある。

（佐藤博志）

References

□小島弘道・淵上克義・露口健司／著（2010）『講座　現代学校教育の高度化７　スクールリーダーシップ』学文社

□佐藤博志／編、鞍馬裕美・末松裕基／著（2012）『学校経営の国際的探究―イギリス・アメリカ・日本』酒井書店

両書とも学校におけるリーダーシップについて解説している。

□小野由美子・淵上克義・浜田博文・曽余田浩史／編著（2004）『学校経営研究における臨床的アプローチの構築―研究―実践の新たな関係性を求めて』北大路書房

研究者の実践への貢献、研究と実践の関係性の再構築の観点から、アクションリサーチ、学校改善過程、フィールドワーク、コンサルテーション等について解説している。

□淵上克義・佐藤博志・北神正行・熊谷愼之輔／編（2009）『スクールリーダーの原点―学校組織を活かす教師の力』金子書房

学校の現実的な課題を見据えて、好ましい未来を想定した学校変革プランの作成方法等について論じている。

□小島弘道・熊谷愼之輔・末松裕基／著（2012）『講座　現代学校教育の高度化11　学校づくりとスクールミドル』学文社

学校におけるミドル、ミドルリーダーシップ、ミドルの職能発達、世界のスクールミドルについて論じている。

□日本教育経営学会／編（2018）『講座　現代の教育経営３　教育経営学の研究動向』学文社

学校におけるリーダーシップ研究を含む教育経営研究の最新動向について論究されている。

13 チームとしての学校

Summary

学校では、教師だけではなく「チームとしての学校」の考えの下、新たな職種としてスクールカウンセラーやスクールソーシャルワーカー、図書館司書等との連携・協働やＮＰＯ、学習支援団体との関係構築が重要になっている。ただし、学校の組織特性を踏まえると、企業組織に比べて組織内外の連携・協働の課題は多く、学校のビジョンや使命の再定義の在り方が鍵を握る。

２０１５年12月　中央教育審議会答申

中央教育審議会は、２０１５年12月、「チームとしての学校の在り方と今後の改善方策について」を答申した。

本答申は、「チームとしての学校」が求められる背景として、①新しい時代に求められる資質・能力を育む教育課程を実現するための体制整備、②複雑化・多様化した課題を解決するための体制整備、③子供と向き合う時間の確保等のための体制整備――を挙げている。

そして、学校で子供が成長していく上で、教員に加えて、多様な価値観や経験をもった大人と接したり、議論したりすることで、より厚みのある経験を積むことができ、本当の意味での「生きる力」を定着させることにつながるとして、そのために「チームとしての学校」が求められると指摘した。

その上で、「チームとしての学校」を実現するために、下記の３つの視点に沿って施策を講じていくことが重要であると述べた。

①　専門性に基づくチーム体制の構築

教員が学校や子供たちの実態を踏まえ、学習指導や生徒指導等に取り組むため、指導体制の充実が必要である。加えて、心理や福祉等の専門スタッフについて、学校の職員として、職務内容等を明確化し、質の確保と配置の充実を進めるべきである。

②　学校のマネジメント機能の強化

専門性に基づく「チームとしての学校」が機能するためには、校長のリーダーシップが重要であり、学校のマネジメント機能を今まで以上に強化していくことが求められる。そのためには、優秀な管理職を確保するための取組や、主幹教諭の配置の促進や事務機能の強化など校長のマネジメント体制を支える仕組みを充実することが求められる。

③　教職員一人一人が力を発揮できる環境の整備

教職員がそれぞれの力を発揮し、伸ばしていくことができるようにするためには、人材育成の充実や業務改善の取組を進めることが重要である。

働き方改革とチーム学校

日本の教師の長時間にわたる勤務時間の問題を受けて、学校における根本的な働き方改革が求められてきた。

２０１７年8月には、中央教育審議会初等中等教育分科会・学校における働き方改革特別部会によって、「学校における働き方改革に係る緊急提言」が公表された。

同提言は、今後、国として持続可能な勤務環境整備の支援を充実させるとして、その際、「チームとしての学校」の実現に向けて専門スタッフの配置促進の在り方を次のように提示した。

- スクールカウンセラー、スクールソーシャルワーカーについて、課題を抱える学校への重点配置を含めた配置の促進、質の向上及び常勤化に向けた調査研究
- 多様なニーズのある児童生徒に応じた指導等を支援するスタッフの配置促進
- 教員の事務作業（学習プリント印刷や授業準備等）等をサポートするスタッフの配置促進
- 部活動指導員の配置促進及び部活動の運営に係る指針の作成
- スクールロイヤーの活用促進に向けた体制の構築

また２０１９年1月には、中央教育審議会が「新しい時代の教育に向けた持続可能な学校指導・運営体制の構築のための学校における働き方改革に関する総合的な方策について」を答申し、学校の働き方改革のための「チームとしての学校」の推進の重要性を改めて確認した。

学校の組織特性から見るチームづくり

働き方改革の推進のほか、「令和の日本型学校教育」の構築においても、チーム学校には多くの期待が寄せられているが、企業組織に比べて、学校の場合はその組織特性を踏まえると、学校内外の連携・協働の課題は依然として多いといえる。

学校の場合、学級活動や各指導場面で個業性が強く、それゆえ、指示・命令に基づくものに限らず、チームワーク等を通しても協業や分業を合理的に行う仕組みが容易に成り立たない。

さらに、学校は、利潤追求のような明確な組織目標をもっておらず、そのため、成果も数値等で客観的に測定できず、合理性や効率性だけでは、その活動の成否を判断できない。

また、教員だけで教育活動が完結することはなく、保護者や地域住民、行政との関係の在り方や各規制、法制度への対応も重要になることから、組織の自律性は強くない。

これらの学校の組織特性を前提としながら、チームとしての学校を機能させるためには、学校や教師集団の自らの理念やビジョンが重要になってくることに加えて、学校の使命の再定義も社会的に行っていく必要がある。

（末松裕基）

References

□加藤崇英／編（2016）『「チーム学校」まるわかりガイドブック』教育開発研究所

「チーム学校」について、押さえておくべきポイントを体系的に整理し、「チーム学校」で学校の問題解決能力等がどのように変わり得るかを論じ、先進の成功事例も紹介されている。

□佐古秀一／編著、森田洋司・山下一夫／監修（2020）『チーム学校時代の生徒指導』学事出版

スクールカウンセラー、スクールソーシャルワーカーをはじめ、学校内外の多様な専門家との連携・協働やチーム援助に関して、特に生徒指導との関係から学校の組織づくりについて理論的視点とともに先進的な実践事例を提示している。

□藤原文雄／編著（2018）『世界の学校と教職員の働き方―米・英・仏・独・中・韓との比較から考える日本の教職員の働き方改革』学事出版

国際的な比較研究を基に、教育・ケアの充実と教職員の勤務負担の軽減の両立を目指した働き方改革の在り方を提示したもの。日本のチーム学校の今後の具体的な課題を、教職員の働き方改革の視点から考えることができる。

14 開かれた学校づくり

Summary

１９８０年代より、学校を地域に「開く」重要性が指摘され、その後、学校・家庭・地域社会の連携・協力に加えて、保護者や地域住民が学校経営に参画することや、地域が学校を支援する一方向の関係だけではなく、子供の成長を軸に、地域と学校が連携・協働し、地域の将来を担う存在の育成を図り、学校を核として地域創生につなげていく地域学校協働活動が期待されている。

▼学校―家庭―地域の連携への注目

学校と家庭、地域の連携の推進に向けて、１９８６年4月の臨時教育審議会答申（第2次答申）において「開かれた学校」が提示された。

学校は地域社会の共通財産との観点から、学校・家庭・地域の協力関係を確立することが重要で、学校施設のインテリジェント化や施設開放をはじめ、学校運営への家庭・地域社会の意見の反映の在り方が模索されなければならないと指摘された。

また、１９９６年7月の中央教育審議会答申「21世紀を展望した我が国の教育の在り方について（第1次答申）」でも、「子供たちの教育は、単に学校だけでなく、学校・家庭・地域社会が、それぞれ適切な役割分担を果たしつつ、相互に連携して行われることが重要である」として、特に「開かれた学校」についての配慮が必要と述べられた。

本答申は、これからの学校が社会に「開かれた学校」となり、家庭や地域社会に対して積極的に働きかけを行い、家庭や地域社会とともに子供たちを育てていくという視点に立った学校運営を心がけることが極めて重要であると述べた。

さらに、学校の教育活動において、地域の教育力を生かし、家庭や地域社会の支援を積極的に受ける必要があるとして、例えば、地域住民の非常勤講師としての採用や学校ボランティアとしての協力の促進が言及された。

以上のように、１９９０年代までに、学校は教育施設としての機能を十分確保することに加えて、家庭や地域社会とともに子供を育てる場、地域の人々の学習・交流の場、地域コミュニティの拠点として、それにふさわしい整備を推進していく必要があると認識されるに至った。

例えば、特別教室等についても地域の人々や保護者への開放を前提とした整備を進めるべきとして、さらに、学校と社会教育施設の複合化や隣接設置についても、学校や地域の実態に応じて検討していくべきとされた。

▼学校経営への参画

その後、さらなる「開かれた学校」の推進に向けて、１９９８年9月の中央教育審議会答申「今後の地方教育行政の在り方について」では、地域住民の学校運営への参画の必要性が述べられた。

学校が地域住民の信頼に応え、家庭や地域と連携協力して教育活動を展開するためには、学校を開かれたものとするとともに、学校の経営責任を明らかにする取組が重要であることがまず指摘された。

そして、今後、より一層地域に開かれた

学校づくりを推進するためには、学校が保護者や地域住民の意向を把握し、反映するとともに、その協力を得て学校運営が行われるような仕組みを設けることが必要であるとした。

これらを受けて、２０００年1月には学校教育法施行規則が改正され、地域住民の学校運営への参画の仕組みを制度的に位置付けるものとして学校評議員制度が導入された。また、２００４年6月には、地方教育行政の組織及び運営に関する法律が一部改正され、同年9月に保護者や地域住民の意見を学校運営に反映する学校運営協議会が設置可能となり、コミュニティ・スクールの動きが加速した。

さらに、２０１５年12月の中央教育審議会答申「新しい時代の教育や地方創生の実現に向けた学校と地域の連携・協働の在り方と今後の推進方策について」では、地域と学校の関係の今後の方向性として、「支援」から「連携・協働」へ、「個別の活動」から「総合化・ネットワーク化」へという視点が提示された。

▼地域学校協働活動の推進

その後、学校を核とした地域づくりを目指して、２０１７年3月には社会教育法が改正され、地域学校協働活動の推進が期待されることになった。

地域学校協働活動とは、地域の高齢者、成人、学生、保護者、ＰＴＡ、ＮＰＯ、民間企業、団体・機関等の幅広い地域住民等の参画を得て、地域全体で子どもたちの学びや成長を支えるとともに、地域と学校が相互にパートナーとして連携・協働して行う様々な活動である。

その推進に当たっては、地域学校協働本部を整備することが有効とされており、教育委員会はその整備の積極的な支援を担うことになる。

また、地域学校協働活動は、従来の地域による学校支援の取組とは異なり、地域による学校の支援から、地域と学校のパートナーシップに基づく双方向の「連携・協働」へと発展させていくことが目指されている。

つまり、地域が学校・子供を応援・支援するという一方向の関係だけではなく、子供の成長を軸として、地域と学校がパートナーとして連携・協働し、地域の将来を担う存在の育成を図り、学校を核として地域住民のつながりを深め、地域創生につなげていくことが期待されている。

（末松裕基）

References

□葉養正明／著（2006）『よみがえれ公立学校―地域の核としての新しい学校づくり』紫峰図書

「開かれた学校」づくりに焦点を当てながら、地域の核としての学校づくりの在り方に公立学校の将来を見いだそうとしたもの。地域社会の変容と開かれた学校づくりの事例を基に、学校と地域の関係を問うている。

□武井哲郎／著（2017）『「開かれた学校」の功罪―ボランティアの参入と子どもの排除／包摂』明石書店

開かれた学校において、特にボランティアに注目して、それらが子供のためにどのような機能を果たしているかについて事例調査を基に分析し、その役割の在り方と開かれた学校づくりの課題を提示している。

□雲尾　周／著（2022）『学校の安全・地域の安心―地域学校協働活動と生涯学習が守る』新潟日報事業社

生涯学習時代におけるこれからの学校と地域の関係について、「災害」「安全管理」「健康」「地域学校協働活動」の４つのテーマを教育行政学の視点から論じている。

15 ＰＴＡ

Summary

ＰＴＡとは、保護者と教師が対等な立場で学び合い、教育現場や地域社会において子供の健全な育成を図ることを目指した「任意団体」である。「自治」によって成り立つ組織であるものの、現実には多様な「規範」によって保護者への負担が生じている。コロナ禍において、不要なシステムが見直されてきた動きを止めることなく、引き続き「自治団体」としての在り方を模索することが求められる。

ＰＴＡという組織

ＰＴＡとは、子供たちの健全育成を目的として、保護者と教師集団が対等な立場で学び、学校と家庭、地域社会が互いに協力し合って様々な活動を行う組織である。ＰＴＡ＝Parents（保護者）、Ｔ＝Teachers（教師集団）、Ａ＝Association（組織）の略であり、学校教育法第1条で規定される学校のうち、高等専門学校と大学を除いた機関に付随する組織である。設立の根拠となる法律をもたない「任意団体」であることが特徴であり、また、社会教育法において「社会教育団体」として位置付けられている。

小・中学校ごとに組織されるＰＴＡは「単位ＰＴＡ」と呼ばれ、一般的に、ＰＴＡ会長、副会長、書記（庶務）等の「本部役員」で構成される。これに加え、各委員会の委員長等で構成される運営委員会があり、1カ月に1回程度、校長や教頭と会合を行う。

ＰＴＡの誕生と「参考規約」の功罪

ＰＴＡについては、２つの歴史的系譜が挙げられる。一つは、終戦後の１９４６年3月、ＧＨＱの民間情報教育局（ＣＩＥ）の指導の下、教育の民主化のために導入が進められた経緯である。１９４７年3月には文部省（当時）より全国の都道府県知事宛てに「父母と先生の会―教育民主化のために」というＰＴＡの手引書が配布された。

一方、アメリカでＰＴＡ運動が始まった翌年の１８９９年には、日本には、すでに学校後援会という親の会が存在した。短い期間に全国的に組織されるようになったＰＴＡは、学校後援会等を発展的に解消することで、組織の結成が図られてきたと考えられる。これがもう一つの系譜である。

「手引書」の配布後、１９４８年4月には、全国で8割以上の小・中学校でＰＴＡが設置された。だが、学校後援会等の旧組織のみが残っている学校や、単にＰＴＡと改称されただけで、その内実は変わらない組織も少なくなかった。学校後援会的性格や非民主的運営への批判が高まる中、１９４７年10月、省内に「父母と先生の会委員会」が設けられ、１年間の研究を経て１９４８年10月、「ＰＴＡ参考規約」が取りまとめられ、ＰＴＡの目的、方針等が示された。

「参考規約」や「父母と先生の会委員会」による取組は、ＰＴＡを学校後援会や「町内会」を媒介した国家や中央集権体制等から切り離す機能を果たした（金　亨善（２０２０）「戦後ＧＨＱ占領期におけるＰＴＡと地域の関係―教育の分権化の観点から」『東京大学大学院教育学研究科紀要』第60巻所収）。しかし、これらにより、ＰＴＡの組織や運営方式が結果的に上から降ろされる形式となり、ＰＴＡの組織理念の背景にあるアソシエーション的な精神を奪うことにもつながった（平井貴美代（２０１３）「初期ＰＴＡにおけるアソシエーション的特性に関する一考察」『日本学習社会学会年報』第9号所収）。このことは、今日のＰＴＡにおける「自治」の課題につながるものであろう（岡田、２０２２）。

▼PTAにおける「規範」にどう向き合うか

今日、ＰＴＡ組織には様々な課題がある。例えば、「専業主婦」がＰＴＡに参加しない「非専業主婦」を「ずるい」「身勝手だ」と非難し、「非専業主婦」が「専業主婦」のようには参加できないことを「申し訳ない」と感じる構図があるという（岩竹、２０１７）。つまり、ＰＴＡの活動負担は母親たちの間で「公平」であるべきだと考えられている（竹尾和子・神野潔（２０１６）「ＰＴＡの現状に関する学術的可視化の試み―教育心理学・法学・歴史学の視点から」（『東京理科大学紀要・教育篇』第48巻所収）。「公平性」の規範に縛られた保護者は、それゆえに、「じゃんけん」や「くじ引き」によって役員を選出する。

また、ＰＴＡでは、活動に消極的に携わるべきだという規範がある（有馬明恵・下島裕美・竹下美穂（２０１８）「ＰＴＡ活動における負担の公平性―母親たちが共有する規範」（『東京女子大学紀要論集』第68巻第2号所収）。活動に参加する多くの母親たちには、学校とＰＴＡは対等である必要はなく、むしろ学校の下働きをすることが理想であると考える文化が存在する。

以上のような気範から、現行のＰＴＡ活動の負担が自己生産されている側面は少なくない。また、既存の活動に意見を述べ、その内容や進め方に変革を試みると「手荒な歓迎」を受けることにもなりかねない（岡田、２０２２）。

だが、２０２０年3月、コロナ禍は、現行のＰＴＡにおける「あたりまえ」がいかに不要なシステムや慣習にあふれていたかということを浮き彫りにした。また、一斉休校を経験した子供たちへのケアという側面から、子供のために活動するというＰＴＡの本来の目的を再確認することになった。ＩＣＴの活用等も進み、前例踏襲ではなく、新たなＰＴＡ組織の運営を可能とした学校も多い。日常が戻りつつある今日、こうした変革の流れを止めることなく、引き続き「自治団体」としての在り方を模索することが求められる。

（鈴木　瞬）

References

□**公益社団法人日本 PTA 全国協議会／著、浜田博文／監修（2016）『今すぐ役立つ PTA 応援マニュアル』ジアース教育新社**

PTA 活動を行うに当たって、そもそも PTA とは何であるのか、学校とどう関わるのかといった課題や、具体的な挨拶文までまとめたマニュアルである。

□**岩竹美加子／著（2017）『PTA という国家装置』青弓社**

PTA に関するこれまでの歴史研究や実態を整理したもの。ここでは、小学校母の会と PTA との関連から PTA の歴史について整理しており、様々な視点から PTA の課題を読み取ることができる貴重な一冊である。

□**岡田憲治／著（2022）『政治学者、PTA 会長になる』毎日新聞出版**

政治学を専門とする大学教員が、PTA 組織に入り込み、悪戦苦闘した日々の記録。決して成功体験とは言えない3年間の経験を後追いすることで、「自治」や「民主主義」という理念と現場とのかみ合わなさをいかに乗り越えるかを考えることになる。

16 校務分掌

Summary

校務とは、学校内で行われる一切の業務である。教育活動のほか、それを適正、円滑に、かつ効果的、効率的に行うために、組織運営上の幅広い業務がある。校長の権限の下で多種多様な教職員がそれらを分担しながら遂行する。このことを校務分掌という。今日の学校は広範で多様な校務を遂行しており、それに対応して配置される職員の種類も多様になっている。幅広い教職員の参画を促しながら効率的・効果的な校務分掌の仕組みを作る必要がある。

「校務」とは何か

学校は、教員が児童生徒を対象として教育活動を行うための機関である。各学校において、教育活動が適正、円滑に、かつ効果的、効率的に行われるために、教職員は様々な業務を遂行している。教育活動を含めて、校内で行われるそれらの業務全てを包括して、校務という概念が用いられている。

学校教育法第37条第4項は、「校長は、校務をつかさどり、所属職員を監督する」と規定している。これは、前掲の校務の一切に対する権限を校長が負うということを意味している。

校務の内容をもう少し具体的に表現すると、①教育課程の管理、②教職員の管理、③児童生徒の管理、④施設・設備の管理、⑤運営事務の管理——のそれぞれに関する業務に分類できる。

①は、教育課程の編成・実施・評価等を意味し、文字通り、校務の中心的内容である。教育課程は各学校において編成され、それが実施される具体的な場面が個々の授業や学級経営等に当たる。教育課程の国家的基準である学習指導要領に基づいて、個々の学校の実態に即した特色ある教育活動を計画的に展開することが必要である。

②は、教職員の人事・服務・健康・厚生等に関わる業務である。出退勤時刻の把握や勤務時間の適正管理、適切な校内人事配置等をはじめとして、働きやすい職場環境整備等もここに含まれる。

③は、学習主体である児童生徒の出欠席の管理、安全・健康の保持や学習・生活状況の評価・把握等に関する業務を含む。

④は、学校の敷地内にあるあらゆる施設・設備の状況把握や安全性の保持、そして教育活動の実施に必要な条件の整備等を含むものである。

⑤は、①において必要となる教材・教具の購入をはじめ、②における教職員の給与や出張経費等の財務を含めて、①～④の広範な業務全体に必要な諸事務の運営業務である。

校務分掌と「チーム学校」「働き方改革」

以上のように、校務の内容は多岐にわたる。これらを教職員が分担しながら協力して担うことを「校務分掌」という。

学校教育法施行規則第43条は「小学校においては、調和のとれた学校運営が行われるためにふさわしい校務分掌の仕組みを整えるものとする」と規定し、学校の組織運営を行うためには適切な校務分掌の仕組みを整備することが重要だとされている。校務分掌の在り方を考えるためには、学校に配置されている様々な職員について理解する必要がある。

「小学校には、校長、教頭、教諭、養護教諭及び事務職員を置かなければならない」（学校教育法第37条第1項）とされているほか、必要に応じて副校長、主幹教諭、指導教諭、栄養教諭という職が置かれることがある。また、教務主任、学年主任、さらに中学校・高等学校では生徒指導主事、進路指導主事が置かれる（指導教諭または教諭をもって充てる）など、校内教職員の職名や肩書きの内訳は多種多様である。ただし、そのほとんどはいわゆる教員である。

他方で、教職員の中で多数を占める教諭の多くは学年・学級を主要な拠点に日常の業務を遂行しているのが一般的である。そのため、大半の学校では、1人の職員が学年組織のほかに1つまたは複数の組織に所属しながら、2~3かそれ以上の数の役割を担うかたちで校務分掌の仕組みがつくられている。このように、学校の教育活動を成り立たせるには教職員が多岐にわたる校務を分担し合う必要がある。他方で、児童生徒の抱える課題状況の困難さが増す中、学校・教員が多くの業務を抱え込むことになり、教員の過重な長時間勤務が社会的関心を集めるようになった。

２０１５年12月の中央教育審議会答申「チームとしての学校の在り方と今後の改善方策について」は、従来の校務分掌のありようを捉え直す契機となった。例えば、「学校や教員が心理や福祉等の専門家（専門スタッフ）や専門機関と連携・分担する体制を整備し、学校の機能を強化」するため、２０１７年の学校教育法施行規則改正でスクールカウンセラーやスクールソーシャルワーカー等が法制化された。また、同年の学校教育法改正では、「事務職員は、事務に従事する」という規定が「事務職員は、事務をつかさどる」（第37条第14項）に改正されている。

その後の「学校における働き方改革」に関する議論では、校務の現状を踏まえて、「基本的には学校以外が担うべき業務」「学校の業務だが、必ずしも教師が担う必要のない業務」「教師の業務だが、負担軽減が可能な業務」に分類して校務の効率化を図る議論が進められてきた。そうした流れの中で、業務支援員等のスタッフが配置され始めている。

（浜田博文）

References

□加藤崇英／編（2016）『「チーム学校」まるわかりガイドブック』教育開発研究所

2015年の中央教育審議会答申が提起した「チームとしての学校」の考え方を受けて、学校組織とそれを構成する多様なメンバーの役割をどのように捉え直すべきか、関係する40個のキーワードを挙げて分かりやすく解説し、さらに、成功事例の紹介も行われている。これからの学校組織の在り方について、様々な観点から見直す際に参考になる。

□中村浩二／著（2020）『全職員が定時で帰る　スクールリーダーの職員室革命』明治図書出版

長時間勤務が慢性化していた公立小学校で教頭として業務改善を推進して長時間勤務の実態を軽減することに成功した実践事例を詳細に紹介している。教員、管理職の意識改革と具体的な校内業務の改善方策は、実践者にとって多くの示唆を含む。

□浜田博文／編著（2019）『学校経営』（吉田武男／監修「MINERVA はじめて学ぶ教職９」ミネルヴァ書房）

学校経営に関する基礎的な概念と知識を解説している。学校組織の特徴、教員職務の特性、そして校務分掌の考え方等の基本を学ぶためのテキストとして活用できる。

17 学校選択

Summary

学校選択とは、保護者と児童生徒が学校を選択することである。公立小・中学校段階では、通学区域が設定され、教育委員会による学校指定が行われている。２０００年頃から、政府の規制緩和の潮流の中、学校選択を自由化する自治体が少しずつ広がった。近年は、学校選択制を取りやめる自治体も現れたため、学校選択制は減少傾向にある。

学校選択の定義と類型

学校選択とは、保護者と児童生徒が学校を選択することである。学校選択をめぐっては様々な次元があるが、概ね次の3点にまとめられる。第一に、私立学校の選択である。私立学校の場合、保護者と児童生徒が選択できるが、入学者選抜に合格できるか、授業料等の納付金を支払うことができるか、といった条件がある。第二に、公立高等学校の選択がある。高等学校においては、保護者と生徒が学校を選択できる。だが、実際には、高等学校入学者選抜があるため、学力に見合った範囲内での選択になる。第三に、公立小・中学校の学校選択制である。各自治体では、通学区域が設定されており、児童生徒は指定された学校に就学することになっている。ただし、文部科学省は通学区域制度の弾力的運用を認めており、実質的に学校を選択できる自治体もある。

公立小・中学校における学校選択

公立小・中学校段階では、通学区域が設定されており、教育委員会による学校指定が一般的である。学校教育法施行令第5条第2項の「市町村の教育委員会は、（中略）当該就学予定者の就学すべき小学校、中学校又は義務教育学校を指定しなければならない」が、その法的根拠になっている。ただし、保護者は就学学校の変更を教育委員会に申立てできる。教育委員会は、地理的・身体的に児童生徒・保護者に著しく負担となる場合、いじめにより児童生徒が深刻な悩みがある場合など、この申立てを相当と認めることができる（同施行令第8条）。教育委員会の承諾を得て居住地以外の市町村の学校に就学させることも可能である（同施行令第9条）。

公立小・中学校の就学校指定制度の背景として、公立小・中学校は義務教育であるため、伝統校・名門校への集中による学校間の学力・階層格差の形成を回避し、市民の間に平等感を維持する意図があった。住居の近隣の学校に通学することは、友人関係の形成、家庭・地域との連携の観点から、子供の発達にとって相応しいとの考えも背景にあったといえよう。

１９９６年に政府・行政改革委員会報告書「規制緩和の推進に関する意見（第2次）―創意で造る新たな日本―」が通学区域の弾力化を提言した。これを受けて１９９７年の文部省（現文部科学省、以下同じ）「教育改革プログラム」で通学区域の弾力化が明記された。同年、文部省通知「通学区域制度の弾力的運用について」によって、自治体における小・中学校選択の機会の拡大が促された。この通知は、市町村教育委員会が、保護者の意向と地域の実情に対応して、通学区域制度の運用を工夫することを求めている。その後、通学区域を弾力的に運用し、実質的な学校選択を認める自治体が出てきた。しかし、通学の安全面の確保、適正な学校規模の維持、地域と学校の連携等に関して、懸念が指摘され、学校選択制の見直しの動きもある。

▼公立小・中学校の学校選択 —東京都品川区の事例—

東京都品川区では、公立小・中学校の選択が可能である。１９９９年に品川区教育長に着任した若月秀夫は「学校経営のベクトルが校内において分散されているため、問題の所在はわかりながらも戦略的な手が打てない結果、社会や保護者、子どものニーズに応えられなくなっているのではないか。校長の意図を総論賛成として受け止め、各論における実践方法はそれぞれの教員任せ、というのが実態に近いのではないだろうか」（若月、１９９９）と学校の実態を分析し、次の結論を導いた。「組織の中で実際には分散されているベクトルを、校長が意図する大きな束としてのベクトルにするには、そうせざるを得ない状況を学校の中に意図的に作り出すことが重要である。この、そうせざるを得ない状況の創出にこそ経営論的発想が必要になってくる。（中略）本区では、このような状況を克服し、学校教育の新たな展望を開くため、従来からの教育論に加えて、経営論的発想に基く指導システムづくりや環境づくりが大切であると考え、「通学区域の弾力化」を含めた「品川の教育改革『プラン21』」を策定したものである」（若月、１９９９）。

このような認識の下、２０００年度から小学校で、２００１年度から中学校で学校選択制が導入された。現在もこの考え方は継承されている。ただし、「学校選択による入学者の減少は、学校の努力とは別の要因が働いている場合もあります。また、人事や予算に関わることなど、学校の努力だけでは改善が困難な場合もあります。そこに、教育委員会の役割があります。本区では、こうした学校の状況を総合的に判断し、学校経営に対する支援を行っています。このように、本区の『学校選択制』は、その数に一喜一憂するのではなく、学校教育の質を高めるきっかけとして効果を挙げています」（品川区教育委員会、２０１７）と述べられている。ここから、公立小・中学校の選択制度は、学校改善の背景的・環境的な要因に位置付けられると指摘できよう。

（佐藤博志）

References

□若月秀夫（1999）「学校選択の自由化とこれからの学校」品川区教育委員会

品川区で学校選択が導入された経緯について説明している。

□品川区（2017）「公立学校の質的転換と信頼回復『学校選択制と教育委員会の役割』」

品川区の現在の学校選択制について解説している。

□若月秀夫／編著（2007）『学校大改革　品川の挑戦―学校選択制・小中一貫教育などをどう実現したか』学事出版

品川区の教育改革について、学校選択や学校評価等をめぐる政策と実態について詳述している。

□黒崎　勲／著（1994）『学校選択と学校参加―アメリカ教育改革の実験に学ぶ』東京大学出版会

ニューヨーク市の学校選択の実際について検討し、日本の学校改革への示唆を述べている。

□黒崎　勲／著（1999）『教育行政学』岩波書店

学校選択の章を設け、学校選択の理念を「市場原理」と「抑制と均衡の原理」に分けて解説している。

18 学校評価

Summary

学校評価とは、学校の目標と計画に照らし合わせて、一定期間の教育活動や組織運営の成果と課題等について点検・評価し、その後の学校経営と教育活動の改善に資する活動である。「Plan（計画）→Do（実施）→Check（評価）→Action（評価結果に基づく改善）」と呼ばれる経営サイクルのCheckに相当する部分が学校評価である。その類型は、自己評価、学校関係者評価、第三者評価である。

▼学校評価の定義

学校評価とは、学校の目標と計画に照らし合わせて、一定期間の教育活動や組織運営の成果と課題等について点検・評価し、その後の学校経営と教育活動の改善に資する活動である。ここで一定期間とは、おおよそ年度単位であるが、第三者評価の場合は、3～4年単位の場合が多い。かつて、経営サイクルは「Plan（計画）→Do（実施）→See（評価）」と呼ばれていたが、現在は「Plan（計画）→Do（実施）→Check（評価）→Action（評価結果に基づく改善）」と呼ばれている。このうちのSeeやCheckの部分が学校評価に相当する。

▼学校評価の法的根拠

日本で学校評価が着目された契機は、1998年9月の中央教育審議会答申「今後の地方教育行政の在り方について」において、学校の自主性・自律性の拡大が理念となり、学校評価（学校の自己評価）、学校の裁量拡大、社会人や地域住民の学校教育への参加が提言されたことである。その後、同答申を受けて、先進自治体で学校評価が進展するとともに、それ以外の自治体においても検討が行われた。2002年施行の小学校設置基準等において、学校自己評価の実施と結果の公表に努めること、保護者等への情報提供を積極的に行うことが規定された。

2007年に学校教育法が改正され、学校評価の法的根拠が設けられた。すなわち、同法第42条では「小学校は、文部科学大臣の定めるところにより当該小学校の教育活動その他の学校運営の状況について評価を行い、その結果に基づき学校運営の改善を図るため必要な措置を講ずることにより、その教育水準の向上に努めなければならない」、第43条では「小学校は、当該小学校に関する保護者及び地域住民その他の関係者の理解を深めるとともに、これらの者との連携及び協力の推進に資するため、当該小学校の教育活動その他の学校運営の状況に関する情報を積極的に提供するものとする」と定めている。これらの規定は、幼稚園、中学校、高等学校、中等教育学校、特別支援学校等に準用される。

学校教育法第42条には、「文部科学大臣の定めるところ」との規定がある。これは、学校教育法施行規則の第66条～第68条を意味する。同施行規則の第66条は「小学校は、当該小学校の教育活動その他の学校運営の状況について、自ら評価を行い、その結果を公表するものとする。2　前項の評価を行うに当たつては、小学校は、その実情に応じ、適切な項目を設定して行うものとする」、第67条は「小学校は、前条第1項の規定による評価の結果を踏まえた当該小学校の児童の保護者その他の当該小学校の関係者（当該小学校の職員を除く。）による評価を行い、その結果を公表するよう努めるものとする」、第68条は「小学校は、第66条第1項の規定による評価の結果及び前条の規定により評価を行った場合はその結果を、当該小学校の設置者に報告するものとする」と規定している。これらの規定は、幼稚園、中学校、高等学校、中等教育学校、特別支援学校等に準用される。

学校評価の類型と領域

学校評価は3つの類型に分けられる（文部科学省、2016）。第一は、自己評価である。自己評価では、学校の教職員が勤務校の教育活動や組織運営について行う。教職員、保護者、児童生徒へのアンケートが基礎データとなる。第二は、学校関係者評価である。学校関係者評価では、保護者、地域住民等の学校関係者によって構成される評価委員会等が、自己評価の結果の妥当性を評価・検証するものである。第三は、第三者評価である。第三者評価では、学校外部の専門家が、自己評価、学校関係者評価を踏まえて、教育活動と組織運営について専門的に評価する。

学校評価の領域は、「教育課程・学習指導、キャリア教育（進路指導）、生徒指導、保健管理、安全管理、特別支援教育、組織運営、研修（資質能力の取組）、教育目標・学校評価、情報提供、保護者・地域住民等との連携、教育環境整備」（文部科学省、2016）である。学校評価の領域については、網羅主義にならないように、学校の目標に応じて重点領域を定めることが望ましい。

学校評価の課題

学校評価の課題として、自己評価の形骸化が挙げられる。これは、日本の学校評価が、児童生徒の集団別データを踏まえた学力データ分析と連動していないことが要因である。今は、エビデンスを基盤とした教育の推進が求められる時代となった。一部の自治体で、スクールダッシュボードなど、個人情報を保護した上で、学力や生徒指導上のデータを可視化できるようにする試みが開発されている。このようなデータと学校評価・学校改善を連動させることも今後の学校の課題になるだろう。

（佐藤博志）

References

□伊藤和衛／著（1968）『学校経営概説』高陵社書店

学校評価の基準と方法について述べられている。

□日本教育経営学会／編『日本教育経営学会紀要』第37号（1995）、『日本教育経営学会紀要』第48号（2006）。

学校評価に関する特集が組まれた日本教育経営学会のジャーナル。第37号は特集「教育経営と評価」、第48号は特集「学校経営の自律化に向けた評価と参加の在り方」である。

□大住莊四郎／著（1999）『ニュー・パブリックマネジメント―理念・ビジョン・戦略』日本評論社

学校評価の背景に位置付けられるマネジメントサイクル、事後の評価、プリンシパル―エイジェント理論等が解説されている。

□文部科学省（2016）『学校評価ガイドライン〔平成28年改訂〕』

現在の学校評価の経緯、制度、仕組みが解説されている。

□日本教育経営学会／編（2018）『講座　現代の教育経営２　現代の教育課題と教育経営』学文社

学校評価を含む自律的学校のマネジメントの諸課題について論究されている。

19 教育課程とカリキュラム

Summary

教育課程は行政や法律、カリキュラムは研究や実践の語と大別できる。両者は一部重なるが基本的に別物で、訳語と原語という素朴な関係にはない。明治期、“curriculum”を訳して「教育課程」とした。この訳語は、１９５０年代初頭に教育行政へ本格導入された。他方、「カリキュラム」の範囲は広がり、個人の経験も含む多層的な語となっている。

教育課程＝カリキュラム？

「教育課程は curriculum の訳語である。だから、教育課程とカリキュラムとは、同じ意味だ」と思い込むと、近年の「カリキュラム・マネジメント」の議論は、何が何やら訳が分からないだろう。カリキュラム・マネジメントを理解する上で、「教育課程」と「カリキュラム」との使い分けは、重要な前提の一つでもある。

少々手荒くまとめれば、「教育課程」は法規や行政の用語、他方「カリキュラム」は研究や実践の用語、となる。それぞれの語の指す範囲は一部重なるが、両者は原語と翻訳といった、単純な対応関係にはない。2つの語の関係を、表Aに示す。表Aは、教職課程のテキストの内容や、これまで各種の教員研修で筆者が用いてきた資料に、加筆修正を施したものである。

表Aの左半分「教育課程」の内容は、科目名等の違いこそあれ、大学の教職課程で必ず学ぶ。大学や担当者により扱いに差はありうるが、学習指導要領の法的性格や変遷をはじめ、教育課程の各種類型や編成手続き、教科書の作成や検定の基準、入学試験等への影響の理解等は、学校種や免許状の種類を問わず、教職課程に含まれうる。

教職課程で「教育課程」について学んでも、表Aの右半分「カリキュラム」の内容は、通常まず扱われることはないだろう。「カリキュラム」はやや応用的な内容を含むし、教科教育に比べれば、専門家も多くない。一方、「カリキュラム」を研究するには、教職課程レベルの「教育課程」が基

＊表Ａ　教育課程とカリキュラムとの対比

	教育課程	カリキュラム
由来	• 明治期、英語 curriculum の訳語として登場。 • 教育行政への本格的導入は、昭和26年版学習指導要領（1951）の頃から。	• ラテン語 curriculum の原義は「走ること」「競争」のほか、「（天体の）運行、軌道」「人生行路」等々。 • 教育への適用は16世紀、欧州の大学から。
特徴	法規、行政の用語。 教科と「教科外」からなる。 かつては「教科課程」。	研究、実践の用語。 例：日本カリキュラム学会 主に英語圏で使用。
範囲	学習指導要領に基づき、各学校が編成する。	①計画・実践・経験、 ②国・地方・学校・教師・学習者の、各水準・範囲にわたる。
重点	計画・立案段階。	実施・評価段階。
関連語	教育課程行政、学習指導要領、教科書検定、ナショナル・スタンダード、入学試験、教育課程実施状況調査、教育課程特例校、等々。	カリキュラム・マネジメント、学校に基礎を置くカリキュラム開発（SBCD）、履歴（CV）、隠れたカリキュラム、研究開発学校制度、SSH・SGH、等々。

主に根津・樋口（2019：第２章―17 の References）を参照し、筆者作成

礎となる。筆者は「カリキュラム」の研究者を名乗る。教職課程で「教育課程」関連科目を担当するが、それは筆者の研究の基礎に当たる。お叱りを受けることは承知で単純化すると、「教育課程」は基礎、「カリキュラム」は応用とみれば、両者の関係が多少分かりやすくなるかもしれない。

カリキュラム概念の拡張と多様化

「カリキュラム」は研究の用語であり、法的な定めはない。表Ａ「カリキュラム」の「特徴」の通り、世界共通の語でもない。日本の場合、「教育課程」や「カリキュラム」の語は、第二次世界大戦後のＧＨＱ（連合国軍総司令部）による占領政策と不可分であり、歴史的な経緯がある（根津・樋口、２０１９：第2章－17 References）。

近年のカリキュラム概念の拡張と多様化に関し、例を挙げる（根津、２０１７：第2章－19 References）。ＴＩＭＳＳ（国際数学・理科教育動向調査）等を実施するＩＥＡ（国際教育到達度評価学会）は、カリキュラムという語を、次の3つに区分する（https://www.iea.nl/studies/ieastudies ２０２３・12・４確認）。すなわち、政策が求める事柄（意図されたカリキュラム）、学校で教えられる事柄（実施されたカリキュラム）、そして学習者が学ぶ事柄（達成されたカリキュラム）である。ＩＥＡが教育の過程や成果を検討し、「学習の機会」という概念を用いるのは、これら3つのカリキュラムの関連性を理解するためとされる。

このように「カリキュラム」の意味は多種多様であり、「教育課程」とは一致しない。ゆえに「教育課程経営」と「カリキュラム・マネジメント」とは、素朴に同一視できない。単にカタカナ語がよいというわけではなく、カリキュラム研究の進展や成果が「カリキュラム・マネジメント」という語に示されたともいえよう。

ただし、文部科学省による教育行政と、学術研究の世界とで、「カリキュラム・マネジメント」という語の考え方には、当然違いがある。「カリキュラム」という語を目にした場合、その文脈や意味は当然であるが、年代や使用者の意図にも留意する必要がある。そもそも学術研究の成果が、そのまま教育行政で採用されるとは限らない。両者には当然、ズレがある。新語に出合った場合、教育行政の用法に加え、学術研究の用例も必ず確認すべきだろう。

（根津朋実）

References

□根津朋実／編著（2019）『教育課程』（吉田武男／監修「MINERVA はじめて学ぶ教職10」）ミネルヴァ書房

教職課程に対応したテキストだが、カリキュラム研究への導入も意識した内容構成とし、教育学部の専門科目でも使用できる。注記や参考文献等の充実に努めた。

□山口　満／編著（2005）『第２版　現代カリキュラム研究―学校におけるカリキュラム開発の課題と方法』学文社

全27章からなり、幅広く「カリキュラム」に関する研究成果を収める。筆者は、「第22章　研究開発学校におけるカリキュラム評価の実態と課題」を執筆した。初版は2001年だが、今日につながる論点が多い。

□日本カリキュラム学会／編（2019）『現代カリキュラム研究の動向と展望』教育出版

日本カリキュラム学会創設30周年の記念出版物。３部構成・全39章・400頁を超える、質量ともに充実した一冊。理論や歴史はもちろん、国際比較や実践例も網羅する。カリキュラム研究の入門編としても有用である。

20 スタートカリキュラム

Summary

「スタートカリキュラムとは、小学校へ入学した子供が、幼稚園、保育所、認定こども園などの遊びや生活を通した学びと育ちを基礎として、主体的に自己を発揮し、新しい学校生活を作り出していくためのカリキュラム」（国立教育政策研究所、２０１５年）であり、幼児期の教育と小学校教育との円滑な接続を目的とした接続期カリキュラムである。

スタートカリキュラムの構想

２００８年1月の中央教育審議会答申「幼稚園、小学校、中学校、高等学校及び特別支援学校の学習指導要領等の改善について」では、子供の発達の段階に応じた学校段階の円滑な接続が課題として提起された。その背景には、幼稚園と小学校段階の接続において、小学校へ入学した児童が学校での授業や生活に馴染めない状態が続き、問題行動を引き起こすといった、いわゆる小1プロブレム等の問題が指摘されていた。

円滑な接続においては、幼児教育では規範意識の育成を目指した個と集団の関わりや小学校教育における教科学習の基盤となる体験の充実等が、小学校低学年教育では幼児教育の成果を踏まえた体験を重視しつつ、小学校生活への適応や基本的な生活習慣の確立と教科学習への円滑な移行が重要であるとされた。

これを踏まえ、２００８年の小学校学習指導要領の改訂では、幼児教育と小学校教育の円滑な接続を目指して具体的な連携が求められた。遊びや生活を通して総合的に学んでいく幼児期の教育課程から、各教科等の学習内容を系統的に学ぶ児童期の教育課程への接続において生活科の役割に期待が高まった。生活科においては、生活科の学習活動を中核としながらも、他教科内容を合科的・関連的に扱い、大きな単元を構成することが考えられた。また大単元から徐々に各教科に分化していくスタートカリキュラムの編成なども効果的であるとして、スタートカリキュラムについて具体的な説明がなされた（『小学校学習指導要領解説　生活編』２００８年）。

スタートカリキュラムの推進

２０１６年12月の中央教育審議会答申「幼稚園、小学校、中学校、高等学校及び特別支援学校の学習指導要領等の改善及び必要な方策等について」では、学校全体で取り組むカリキュラム・マネジメントの組織化や機能化が提起された。また、２０１７年の小学校学習指導要領の改訂では、学校段階等間の接続と連携がこれまで以上に重視された。

低学年における教育全体において、幼児期の教育及び中学年以降の教育との円滑な接続を図る役割が生活科に期待されるとともに、「第1章　総則」では、特に小学校入学当初においては、生活科を中心に合科的・関連的な指導や弾力的な時間割の設定など、指導の工夫や指導計画の作成を行うことが規定され、スタートカリキュラムの編成・実施の必要が示された。これを踏まえ、低学年の各教科等の学習指導要領ではスタートカリキュラムの趣旨が示され、学校全体としてスタートカリキュラムの取組を一層充実させていくことを目的として、スタートカリキュラムの導入と実践のための手引きが作成された。

一方、2017年の幼稚園教育要領等の改訂では、幼児期の教育と小学校教育との円滑な接続を図るための手がかりとして「幼児期の終わりまでに育って欲しい姿」がまとめられた。これを手がかりに幼稚園等の教職員と小学校の教員が連携し、幼児期の教育を通して育まれる資質・能力について共通理解を図るとともに、小学校入学当初のカリキュラムデザインを行うことで、各教科等における学習に円滑に移行していくことが期待された。

▼幼保小の架け橋プログラム

2021年、幼児教育の質的向上及び小学校教育との円滑な接続についての専門的な調査審議を行うため、中央教育審議会初等中等教育分科会の下に「幼児教育と小学校教育の架け橋特別委員会」が設置され、幼児教育施設と小学校（幼保小）の架け橋プログラムの実施に関する手引き及び参考資料が策定され、審議が取りまとめられた。本審議では、義務教育開始前後の5歳児から小学校1年生の2年間を生涯にわたる学びや生活の基盤をつくるための重要な時期として「架け橋期」と定めた。0歳から18歳までの連続性のある学びを構築するため、幼保小接続期の教育の質を確保するための手立てが求められ、架け橋期にふさわしい主体的・対話的で深い学びの実現を図り、一人ひとりの多様性に配慮した上で全ての子供に学びや生活の基盤を育むことが目指された。文部科学省では2022年度から3カ年程度で全国的な架け橋教育の充実を図るとともに、モデル地域における実践を並行して推進している。

また、架け橋期における教育の充実を目指す上で、幼保小の教職員が協働して教育課程や指導計画等を具体化できるよう、架け橋期のカリキュラムを作成することが求められた。小学校においては、架け橋期のカリキュラムの実効性を高めるためにも、幼児教育と小学校教育の円滑な接続において重要な役割を担うスタートカリキュラムの位置付けを再確認すること、架け橋期のカリキュラムを踏まえた教育課程の編成・実施・改善を進める中で、スタートカリキュラムの充実を図ることが必要であるとされた。

（石毛久美子）

References

□文部科学省国立教育政策研究所教育課程研究センター／編著（2018）『発達や学びをつなぐスタートカリキュラム―スタートカリキュラム導入・実践の手引き』学事出版

スタートカリキュラムについての考え方、導入方法、実践事例、カリキュラム・マネジメントなど、スタートカリキュラムの概要を理解するガイドブックである。

□湯川秀樹・山下文一／監修（2023）『幼児期の教育と小学校教育をつなぐ　幼保小の「架け橋プログラム」実践のためのガイド』ミネルヴァ書房

「幼保小の架け橋プログラム」の解説と接続期のカリキュラム作成の手法等が全国の教育委員会、小学校、幼児教育施設等の幼保小接続の取組の事例をまじえつつ紹介されている。

□小玉亮子／編著（2017）『幼小接続期の家族・園・学校』東洋館出版社

小１プロブレムの克服と幼小の円滑な接続の実現について、幼小接続期における幼児教育施設等及び小学校の教職員のほか、保護者の意識や課題を詳説している。また、接続期の子供の保護者と関わる際の教員の課題について論じている。

21 小学校の教科担任制

Summary

教科担任制は、1人または複数の教員が複数の学級を対象に、専門とする特定の教科を教える指導体制を指す。２０２２年度より公立小学校の高学年に本格導入された。昨今の働き方改革を背景に、組織運営上の工夫と教員定数改善が両輪で進められている。中学校や高等学校のような完全教科担任制とは異なり、分業だけでなく、協働の体制を構築することが肝要になる。

高学年への教科担任制導入

２０２２年度より、公立小学校の高学年に教科担任制が本格導入された。教科担任制とは、学級担任制のように、1人の教員が1学級を対象にほぼ全ての教科を教えるのではなく、1人または複数の教員が複数の学級を対象に、専門とする特定の教科を教える指導体制を指す。

２０２１年1月、中央教育審議会が取りまとめた答申「『令和の日本型学校教育』を目指して」により、小学校高学年への教科担任制の導入が提言された。同年7月には、「義務教育9年間を見通した指導体制の在り方等に関する検討会議」が報告をまとめ、方向性を示した。地域・学校の実情に応じた取組が可能としながらも、外国語、理科、算数、体育が、新たに専科指導の対象とすべき教科とされた。加えて専科指導の専門性を担保する方策として、当該教科の中学校・高等学校の免許状の保有、免許法認定講習の受講と活用、教科研究会等の活動実績、といった要件の組み合わせが提示された。

教科担任制の分類とねらい

小学校の教科担任制は、新しい動向ではない。日本では１９６０年代後半から７０年代に、教育内容の高度化を背景とし、小学校の教科担任制が論じられた。当時の理論と実践の中心が、吉本二郎である。小学校教科担任制の特徴を分業と協業にあるとし、協力教授組織として位置付けた（吉本二郎・須藤久幸／編（１９６９）『小学校教科担任制』明治図書）。

また２００６年、中央教育審議会初等中等教育分科会教育課程部会「審議経過報告」では、「小学校高学年における教科担任制について検討することが必要」とされ、小中連携の観点から中学校教員が小学校で指導に当たることにも言及された。

教科担任制は、①全教科で専科指導を行う完全教科担任制、②これまでも一部実施されてきた、特定教科で専科指導を行う教科担任制、③学級担任間の授業交換、④学級担任と専科教員が共に授業を行うチーム・ティーチング、⑤２０００年代以降の動向である、近隣中学校の教員が小学校と兼務する乗り入れ授業――に分類される。小学校の教科担任制は、①完全教科担任制以外の形で行われる。

今日、教科担任制が本格導入された背景には、複数のねらいがある。まず、中学校入学に伴い新しい環境や授業についていけなくなる、「中1ギャップ」への対応である。複数の教員が児童に関わることで、児童理解が深まることも期待される。次に、授業や学びの質の向上である。教える教科を限定することで、特定の教科の教材研究に専念でき、より質の高い授業のための準備が可能になる。授業を複数のクラスで行うため、児童の反応や理解度を確認しながら、改善を図ることもできる。高学年になると学習内容も高度化するため、得意な教科を担当することで、専門性の高い指導が実現しうる。

そして、教員の持ちコマ数の軽減と授業準備の効率化による、働き方改革の推進である。そのためには、不足する教員の増員が必要不可欠になる。

▼教員定数の改善と中学校教員の活用

文部科学省は、小学校の教科担任制の導入に伴い、特定の目的の教育政策に応じて教員を配置する「加配定数」の段階的な引き上げを目指した。しかし、２０２２年度当初予算案では、２千人の概算要求に対し９５０人の増員にとどまった。改善見込総数は当初の８８００人から３８００人に引き下げられ、２０２３年度概算要求では、小中一貫・連携教育の観点から、中学校教員の活用が明記された。教員定数を増やしたい文部科学省に対し、財務省の財政制度等審議会財政制度分科会歳出改革部会が、担任間での授業交換や中学校教員の活用による教科担任制を求めたことによる。

最新の２０２４年度概算要求では、文部科学省は小学校教科担任制に必要な加配人数を、前年度の２倍の１９００人に増やし前倒しを図った。大臣折衝では文部科学省の要求通りで合意し、久々の教員定数純増と報じられている。

▼分業と「協働」の体制

以上、協力教授組織とされる小学校の教科担任制は、昨今の働き方改革の推進や教員不足を背景に、組織運営上の工夫と教員定数の改善が両輪で進められている。

一方で課題もある。例えば、過疎地域や小規模校では、教員数の余裕がなく教科担任制の実施が困難なこと、複数の教科を連携させる視点（カリキュラム・マネジメント）が希薄になること、教員間の情報共有の必要性が高まること、時間割の編成や調整が複雑になること、小学校と中学校の教員が連携する必要があること、などである。単なる分業にとどまらない、協働の体制を構築することが肝要になる。

（小野明日美）

References

□文部科学省（2023）「小学校高学年における教科担任制に関する事例集―小学校教育の活性化に繋げるために」

好実践の特徴や運用上の工夫、教員や児童が感じる効果、課題等をまとめた事例集。全国11の小学校の時間割や実施形態、教育委員会の支援策も紹介されている。

□大塚学校経営研究会／編（2022）「学校経営研究」第47巻

小学校教科担任制に関連する、「現代における小学校教授組織改革の意義と課題」と題した特集論文４本、自由研究１本が掲載されている。政策動向、歴史的経過、実践など、様々な立場から近年の動向が論じられている。

□児島邦宏／編著（2004）「特色ある学校づくりのための新しいカリキュラム開発　第５巻―確かな学力をはぐくむ教育組織の多様化・弾力化」ぎょうせい

小学校教科担任制の可能性を教員の「協同性」の向上に見いだし、学級担任制に教科担任制のよさをいかに組み合わせるかとの発想で、論が進められている。

22 小学校における外国語教育

Summary

小学校における外国語教育は、２０１１年度から第５・６学年において「外国語活動」として導入され、２０２０年度からは第３・４学年で外国語活動、第５・６学年では教科としての「外国語」がスタートした。その指導においては、外国語教育の目標を理解しつつ、言語習得に関する専門的な知識も求められる。そして、これからの小学校外国語教育では、教科化への対応、デジタル教科書の活用、長期的な効果検証等が課題となる。

小学校外国語教育の導入と目標

小学校における外国語教育は２００８年3月告示の学習指導要領によって初めて公立の小学校に導入され、２０１１年度から小学校第５・６学年において年間35単位時間（週1コマ相当）の「外国語活動」が全面的に実施されるようになった。外国語活動では、外国語（英語）を通した⑴言語や文化に対する体験的な理解、⑵積極的なコミュニケーションを図る態度の育成、⑶基本的な音声や表現への慣れ親しみ——という3つを柱として、児童のコミュニケーション能力の素地を養うことが目標とされた。外国語活動は教科ではなく領域であり、検定教科書はなく、また、数値ではなく記述による評価が行われていた。

外国語活動の全面実施から約6年を経て、２０１７年3月に新たな学習指導要領が告示された。この学習指導要領においては、これまで行われてきた外国語活動の一定の成果を認めながらも、「音声中心で学んだことが、中学校での音声から文字の学習に接続されていない」「日本語と英語の音声の違い、発音と綴りの関係、文構造の学習において課題がある」「抽象的な思考力が高まる高学年で、より体系的な学習が必要」等の課題も指摘され、小学校第３・４学年から「外国語活動」を導入し（年間35単位時間）、外国語学習への動機付けを高めた上で、第５・６学年で総合的・系統的な学習を行う教科「外国語」を導入することになった（年間70単位時間）。教科化により、外国語の検定教科書が作成され、数値による評価も行われるようになった。現行学習指導要領は2年間の移行期間を経て、２０２０年度より全面的に実施されている。

現行学習指導要領下での外国語活動では、従来の目標や内容を踏襲しつつ、第３・４学年の発達段階に合わせた指導によって、コミュニケーションを図る素地となる資質・能力の育成を行う。一方、高学年の外国語科では、外国語活動で行われる「聞くこと」「話すこと（やり取り・発表）」に「読むこと」「書くこと」が加わり、これらの言語活動を通してコミュニケーションを図る基礎となる資質・能力を育成することが目標となっている。

外国語としての英語の習得

近年、第二言語習得論（Second Language Acquisition：ＳＬＡ）と呼ばれる学問分野が発展し、第二言語を習得するメカニズムが科学的に明らかにされてきている（白井、２０２３）。例えば、多くの研究者が合意していることに、言語習得におけるインプットの重要性がある。これは、「聞くこと」「読むこと」を通して、理解可能なインプットを大量に、多種多様に受けることで言語が習得されるとする考えである。文字言語よりも音声言語が先に習得されることを踏まえれば、小学校外国語の授業では、児童が英語を「聞く」活動を多様な形で頻繁に行ったり、英語の音声を児童が理解できるように様々な工夫をすることが重要であるといえる。

ＳＬＡは外国語指導に関わる重要な理論であるが、ＳＬＡ研究は日本のように英語を外国語として学ぶ環境ではなく、英語圏の移民等が第二言語として英語を学ぶ環境で行われたものや、教室環境ではなく実験室的な環境で行われたものも多い。そのため、インプットの重要性のような根本的な知見は変わらないものの、必ずしも全ての研究結果が日本の小学校外国語教育に当てはまるわけではないことに留意すべきである。

これからの小学校外国語教育の課題

２０２０年度から新たな局面を迎えている小学校外国語教育であるが、様々な課題があるのも事実である。最も大きな課題の一つは、高学年における教科化への対応である。教科化に伴い、英語の「読むこと」「書くこと」が新たに導入されたと同時に、学習事項が増え、内容も高度化した。このことで、指導者にはより専門的な知識が求められるようになり、児童の学習状況や意欲にも個人差が生まれやすくなっている。現在、外国語の専科教員の配置等が進んでいるものの、学習内容の精選を含めた様々な対応・方策を検討する必要があるだろう。

また、他教科に先駆け、外国語科では２０２４年度から全ての小・中学校を対象にデジタル教科書が提供される。デジタル教科書を使えば、モデル音声や動画を自分のペースで聞いたり、繰り返し視聴したりすることが可能になる。デジタル教科書はこれまでにない新たな学習ツールとなるため、その効果的な活用のために様々な実践や知見の蓄積が求められるだろう。

最後に、小学校外国語教育の導入、そして外国語教育の低学年化と教科化による効果を、長期にわたって検証することも重要である。改革をして終わりではなく、その影響や効果についても、質の高いエビデンス（亘理ほか，２０２１）に基づいて検証・議論することが、これからの小学校外国語教育を考える上で必須である。

（名畑目真吾）

References

□名畑目真吾・松宮奈賀子／編著（2021）『新・教職課程演習　初等外国語教育』協同出版

小学校外国語教育に関する基本的かつ重要な事項を網羅した一冊。Q&A 形式で書かれており、小学校における外国語指導を初めて学ぶ際に役立つ。

□白井恭弘／著（2023）『英語教師のための第二言語習得論入門　改訂版』大修館書店

第二言語習得論の基礎的な内容を分かりやすく紹介している。入門書として最適な一冊。

□亘理陽一・草薙邦広・寺沢拓敬・浦野 研・工藤洋路・酒井英樹／著（2021）『英語教育のエビデンス—これからの英語教育研究のために』研究社

学校英語教育について、これまでどのようなものがエビデンスとして用いられてきたか、そしてどのようなエビデンスが今後必要かを議論している。

23 少人数学級と少人数指導

Summary

少人数学級とは、義務教育標準法が定める学級編制の標準や基準を引き下げて、児童生徒の生活集団である学級を少人数で編制することである。２０２１年に国の定める1学級当たりの上限人数が小学校全学年で35人へと引き下げられ、少人数学級が実現してきている。他方、少人数指導とは、特定の教科の学習集団を少人数に編成することである。これはティーム・ティーチングや習熟度別指導など教科ごとに学校現場の判断で実施できる。

▼少人数学級

少人数学級とは、児童生徒の生活集団である学級を少人数で編制することである。具体的には、「公立義務教育諸学校の学級編制及び教職員定数の標準に関する法律」（以下、義務教育標準法）が定める学級編制の標準や基準を引き下げて少人数の学級編制にすることを意味している。

日本の公立義務教育諸学校の学級編制は、義務教育標準法で定める国の「標準」に基づき、その標準を下回る「基準」を都道府県教育委員会が設定し、市町村教育委員会が実際の1学級当たりの児童生徒数を決める仕組みである。国の標準は1学級の上限人数であり、それを超えた場合は複数学級に編制し直すことを基本としている。

この学級編制の標準に基づいて教職員定数が算出され、その教職員数に応じて県費負担教職員に対する国庫負担額が決まるため、全国的に学級規模縮小を実施するには、学級編制の国の標準を引き下げることが求められている。

戦後、学校に通う子供の数が増える中で「すし詰め学級」を解消するために、１９５８年に義務教育標準法が制定された。１９５９～６３年度の第1次教職員定数改善計画では学級編制の標準を50人と定め、１９６４～６８年度の第２次教職員定数改善計画では「45人学級」、１９８０～９１年度の第５次教職員定数改善計画では「40人学級」へと学級規模縮小を実現してきた。

しかしその後は、公立小・中学校の学級編制の標準は長い間40人のままであった。

そうした中で２００１年以降は、都道府県や市町村が柔軟に学級を編制することができるようになり、都道府県や市町村の予算で少人数学級を実施する傾向にあった。全国的には２００６年度から市町村負担による教職員の任用が可能になり、２０１０年度には全ての都道府県が独自に学級編制の弾力化を実施した。都道府県や市町村が主となって少人数教育を推進してきたが、安定した教職員定数を確保するためには、国の定める学級編制の標準の引き下げが継続的に求められてきた。

２０１１年には約30年ぶりに国の標準が改正され、小学校第1学年のみ35人へと引き下げられた。さらに、２０２１年には小学校全学年で国の標準を一律に35人へと引き下げる法案が成立。Society5.0時代の到来や、子供たちの多様化が進展する中で、個別最適な学びと協働的な学びを実現し、一人ひとりのニーズに応じたきめ細かな指導ができる教育環境を整備するために、小学校全学年で国の定める学級編制の標準が改めて見直されたのである。

OECD（経済協力開発機構）が調査したデータ（2019）によれば、日本の1学級当たりの児童生徒数の平均は、小学校27人、中学校32人であり、OECD各国平均（小学校21人、中学校23人）と比べると、日本の学級規模は大きい（表A）。少人数学級の調査研究によると、児童生徒の学力面や生徒指導、学級経営、教員の実感、保護者の満足度の面で効果があることを示すデータが多数存在している。一方で、多額の予算を要する政策であるため、費用対効果の面から教育効果が十分とはいえないという指摘もある。単に学級規模を縮小するだけではなく、その教育的利点を最大限に引き出す仕組みの構築が必要である。

＊表A　1学級当たりの児童生徒数
（2019年調査、国公私立学校の平均値）

	小学校	中学校
日本	27	32
アメリカ	21	26
イギリス	27	25
ドイツ	21	24
フランス	22	25
フィンランド	20	19
OECD 平均	21	23

出典：OECD, Education at a Glance 2021

▼少人数指導

少人数指導は、特定の教科の学習集団を少人数に編成した中で、教師がきめ細かな指導を行う教育方法である。少人数学級は生活集団である学級内の人数を減らすものであるが、少人数指導は特定の教科の学習集団に限定して少人数に編成する取組である。

少人数指導の学習集団の編成方法は、子供の興味・関心等に応じて学習集団を少人数に分ける方法や、理解度に応じて分ける習熟度別指導、また複数の教員で協力的に指導を行うティーム・ティーチング等がある。一人ひとりの個性に応じてきめ細かな指導を行えるよう、地方自治体や学校現場の判断により様々な方法で少人数指導が進められてきた。

愛知県犬山市では、2001年度から市費負担で小・中学校の非常勤講師を雇用し、少人数指導やティーム・ティーチングを実施した。少人数指導では子供が主体的に学べるように個別学習やグループ学習を積極的に取り入れながら、個に応じた授業づくりを展開してきた。

こうした少人数指導は、学習指導要領の中でも重要な位置付けにある。特にアクティブ・ラーニングの視点に立ち、主体的・対話的で深い学びの実現に向けた授業を推進させるためには、より一層、少人数の教育環境整備が求められる。（星野真澄）

References

□北條雅一／著（2023）『少人数学級の経済学―エビデンスに基づく教育政策へのビジョン』慶應義塾大学出版会

少人数学級の効果を教育経済学の視点から実証的に分析した研究である。

□星野真澄／著（2015）『アメリカの学級規模縮小政策―カリフォルニア州に焦点をあてて』多賀出版

本書は、アメリカの学級規模縮小政策がいかに財源を確保し、教育効果を最大限に引き出す仕組みを構築して1クラス20人の少人数学級を実現したのか、アメリカ独自の「学級規模縮小プログラム」の全貌を明らかにしている。

□桑原敏明／編（2002）『学級編制に関する総合的研究』多賀出版

学級編制と教職員配置の実態と効果を明らかにした研究成果であり、学級編制について、制度原理、歴史、政策、実態、教育効果、外国との比較等の側面から総合的に研究した大著である。

24 高等学校の多様化と普通科改革

Summary

１９８０年代末以降の高等学校の多様化は、様々なニーズや背景をもった生徒への対応、少子化と生徒減に伴う学校再編等と関連しながら現代も進展している。総合学科や「特色ある学科・コース」の設置といった多様化の改革動向は約７割の高校生が在籍する普通科にも及び、「普通教育を主とする学科」として普通科以外の新たな学科を設置することが可能となった。

高等学校の多様化は、例えば１９６６年10月の中央教育審議会答申「後期中等教育の拡充整備について」において15～18歳の青年期を対象とした教育の多様化を図ることが提言されたように、政策としては比較的長い歴史をもち、これまでも繰り返し唱えられてきた。しかし、総合学科、単位制、総合選択制といった「新しいタイプの高校」や特色ある学科・コースが実施に移され、高校改革が本格的に推進されるようになったのは１９８０年代末以降のことである。１９７４年に進学率が90％を超える以前から、ユニバーサル化した高等学校には進路、適性、興味・関心において多様な生徒が在籍するとされてきた。こうした多様な生徒への対応、さらには普通科志向の高まりと学校間の序列化への対処といった観点から、高等学校の多様化はこれまで展開されてきた。現代では、少子化と生徒減に伴う高等学校の再編整備、高等教育への進学率の上昇と高卒就職者の割合の低下等との関連で議論される傾向にある。

「第三の学科」としての総合学科

総合学科は、普通科、専門学科と並ぶ「第三の学科」として１９９４年に開設された。普通科と専門学科という枠にとらわれない多様な選択科目を開講し、履修すべき科目の多くを生徒自身が選択していくシステムをとっている。また、原則必履修科目である「産業社会と人間」において生徒に自らの進路や適性を意識させるなど、様々な取組を導入し、１９９０年代以降の高校多様化のパイオニア的役割を担ってきた。全国７校からスタートし、２０２３年の時点で３８７校に設置されている。

総合学科の取組については、様々な成果と課題が指摘されてきた。例えば、「興味・関心に応じて教科・科目を選択できる」「多様な選択科目が開設されている」といった点を中心に生徒の満足度は高い一方で、コース制のように生徒の「主体的な選択」に対して一定の枠付けが作用しているという指摘や、生徒減に伴う高等学校の再編・統合との絡みで総合学科への改編が行われているとの指摘もなされている。

学科・コースの多様化の進展

総合学科の登場は、主に普通教育を提供する普通科と、専門教育を主たる目的とする専門学科とに大別されてきた日本の高校教育に新たな選択肢を加えた。しかし、高等学校の多様化は、総合学科のような高校教育の制度的枠組の改編にとどまらない。専門学科には「商業」「工業」「農業」といった職業教育を主とする学科のみならず、「理数」「体育」「美術」といった非職業的な学科が存在し、また「国際」「福祉」「環境」など様々な名称を用いた「特色ある学科・コース」の設置が進展してきた。

学校基本調査によると、「その他の学科」に含まれる学科が全体に占める割合は、1980年において2%であったが、2023年には7・2%に上昇している。同じ時期において「農業に関する学科」が12%から8・3%に、「工業」が23・1%から20・0%に、「商業」が12・7%から10・3%に減少しているのとは対照的である。さらに、「その他の学科」のうち、1980年では約半数が「理数関係」であったのに対し、2023年では理数、外国語、音楽・美術、体育のいずれにも該当しない「その他」が35・2%と最も多くを占める。

普通科改革での多様化のさらなる展開

多様化・特色化の動向は、7割以上の高校生が在籍する普通科にも及んでいる。これまでも普通科では、特に1980年代以降、「国際コース」「理数コース」といった特色あるコースや学校設定科目の導入が進められてきたが、中央教育審議会「新しい時代の初等中等教育の在り方特別部会」のワーキンググループは、その「審議のまとめ」（2020年11月）の中で「生徒の能力・適性や興味・関心を踏まえた学びの実現という観点において課題がある」とし、普通科改革の必要性を示した。それを受けて2021年1月の中央教育審議会答申『「令和の日本型学校教育」の構築を目指して』において「普通教育を主とする学科」の弾力化・大綱化が提言され、普通科以外の〝新たな学科〟を設置することが可能となった。新たな学科として例示されているのは、以下の3つである。

① 学際領域に関する学科：学際的・複合的な学問分野や新たな学問領域に即した最先端の特色・魅力ある学びに重点的に取り組む学科。

② 地域社会に関する学科：地域や社会の将来を担う人材の育成を図るために、地域社会が有する課題や魅力に着目した実践的な特色・魅力ある学びに重点的に取り組む学科。

③ その他特色・魅力ある学びに重点的に取り組む学科。

高校教育の多様化は、様々な興味・関心、ニーズ、背景をもつ生徒の受け入れを可能にするという点で一定の意義がある。しかし、こうした多様化が常に垂直的な「序列化」の契機を含んでいる点には注意を払っていく必要があるだろう。

（岡部善平）

References

□**児美川孝一郎／著（2019）『高校教育の新しいかたち—困難と課題はどこから来て、出口はどこにあるか』泉文堂**

現在の高校教育が直面する課題と今後の展望を、職業社会との関連性の視点から検証した一冊。教育課程の細分化とは異なる、「社会とのつながりの回復」を意図した高校教育の多様化の方向性を考える上で示唆に富む。

□**中村高康・中村知世・小黒　恵／編著（2023）『高校生の進路・生活と「教育的カテゴリー」—ゆらぐ高校教育をとらえなおす』ミネルヴァ書房**

2000年代以降の高等学校の多様化が生徒の進路形成と教師の実践に及ぼした影響を実証的に検討した研究書。多様化の進展の中で、学科など既存の枠組みの自明性が揺らいでいる状況を質的・量的なデータに基づき描き出している。

□**本田由紀／著（2020）『教育は何を評価してきたのか』岩波書店**

「能力」「資質」「態度」をキーワードに、日本の教育における序列化と画一化の経緯と現状、課題を豊富なデータを基に検証した一冊。高校教育の序列化に対する多様化の意義を、多角的な視点から指摘している。

25 WWL、COREハイスクール・ネットワーク、マイスター・ハイスクール

Summary

「WWL」は「ワールド・ワイド・ラーニング」のことで、イノベーティブなグローバル人材を高等学校で育成する事業である。「COREハイスクール・ネットワーク」は、地域社会に根ざした高等学校の学校間連携・協働ネットワークを構築する事業である。「マイスター・ハイスクール」は、最先端の職業人材育成を行う専門高校等を指定する事業である。

WWL

WWLは、文部科学省の「WWL（ワールド・ワイド・ラーニング）コンソーシアム構築支援事業」（以下、WWL）のことであり、2019年度より導入された。同事業実施要項（2021年1月改正）によれば、WWLは、高度かつ多様な科目内容を生徒個人の興味・関心・特性に応じて履修可能とする高校生の学習プログラムの開発と実践を担うものとして想定されている。将来的に、高校生6万人当たり1カ所を目安に、各都道府県で国立・公立及び私立の高等学校等を拠点校として整備し、全ての高校生がオンライン・オフラインで参加することを可能とする仕組みをもつことが目指されている。

背景にはSociety 5.0時代の到来がある。世界で活躍できる資質・能力を有したイノベーティブなグローバル人材を高等学校段階で育成するため、高等学校と国内外の大学・企業・国際機関等が協働し、テーマを通じた高校生国際会議の開催など、高校生へ高度な学びを提供する仕組み＝「アドバンスト・ラーニング・ネットワーク」（ALネットワーク）を形成した拠点校を全国に配置することで、将来的にWWLへとつなげることが目指されている。

具体的には次のようなことが実践されている。高等学校等と国内外の大学・企業・国際機関等とが協働し、高校生が主体となって海外をフィールドにグローバルな社会課題の解決に向けた探究的な学びを実現するカリキュラムを開発／これまで訪問できなかった国の高校生や大学生等とのオンライン海外フィールドワークなど、世界規模で生じた豊かなオンライン環境を駆使したカリキュラムを開発／大学等と連携した大学教育の先取り履修により、高度かつ多様な科目等の学習プログラム・コースを開発／学習を希望する高校生へ高度な学びを提供するため、拠点校間及び関係機関との連携の上に個別最適な学習環境を構築／イノベーティブなグローバル人材育成に関心のある高等学校がグローバルな課題探究成果を共有するためのミニフォーラムの開催――である。同事業の指定期間は原則3年間で、2023年度予算額は2億円である。

COREハイスクール・ネットワーク

COREハイスクール・ネットワークは、文部科学省の「COREハイスクール・ネットワーク構想事業」のことであり、2021年度より導入された。「地域社会に根ざした高等学校の学校間連携・協働ネットワークの構築」を目指し、COREはCOllaborative REgional High-school Network の略である。

当該事業の背景として、「中山間地域や離島等に立地する小規模高等学校においては、地域唯一の高等学校として、大学進学から就職までの多様な進路希望に応じた教育・支援を行うことが必要であるが、教職員数が限定的であり、生徒のニーズに応じた多様な科目開設や習熟度別指導が困難」であるとして、「複数の高等学校の教育課程の共通化やＩＣＴ機器の最大限の活用により、中山間地域や離島等の高等学校においても生徒の多様な進路実現に向けた教育・支援を可能とする高等学校教育を実現し、持続的な地方創生の核としての機能強化を図る」ことがねらいとされている（文部科学省「ＣＯＲＥハイスクール・ネットワーク構想」）。

本事業によって、同時双方向型の遠隔授業などＩＣＴも活用した連携・協働により、自校では受けることのできない授業の受講が可能となり、免許外教科担任制度の利用解消が図られるほか、地元自治体等の関係機関と連携・協働する体制の構築により、学校外の教育資源を活用した教育の高度化・多様化、また、地域を深く理解しコミュニティを支える人材の育成が期待される。同事業の指定期間は原則3年間で、２０２３年度予算額は０・８億円である。

マイスター・ハイスクール

マイスター・ハイスクールは、文部科学省の「マイスター・ハイスクール事業」（次世代地域産業人材育成刷新事業）のことであり、２０２１年度より導入された。同事業実施要項（２０２３年１月改正）によれば、第４次産業革命の進展やデジタルトランスフォーメーション、６次産業化など、産業構造や仕事内容は急速に変化し、さらにはアフターコロナ社会においては、こうした変化が一層急激になることが予見されるとして、産業人材育成を担う専門高校と成長産業化に向けた革新を図る産業界等が一体となり、地域の持続的な成長を牽引し、絶えず進化する最先端の職業人材育成を推進し、成果モデルを示すことで、全国各地で地域特性を踏まえた取組を加速化させることが目指されている。

本事業によって、「マイスター・ハイスクール」に指定された専門高校においては、産業界ほか関係者一体となったカリキュラムの刷新・実践（コース、学科改編など）が可能となり、「マイスター・ハイスクールＣＥＯ」を企業等から採用し学校の管理職としてマネジメントが行えるほか、企業等の技術者・研究者等を「産業実務家教員」として採用したり、企業等での授業・実習を多数実施したり、企業等の施設・設備の共同利用が可能となる。専攻科設置や高専化、大学連携等の一貫教育課程導入等の抜本的な改革等も目指されている。同事業の指定期間は原則3年間で、２０２３年度予算額は3億円である。

（川口有美子）

References

WWL、COREハイスクール・ネットワーク、マイスター・ハイスクールについては、いずれも以下の文部科学省のウェブサイトを参照するのがよい。

□ WWL
https://www.mext.go.jp/a_menu/shotou/kaikaku/1412062.htm

□ COREハイスクール・ネットワーク
https://www.mext.go.jp/a_menu/shotou/kaikaku/mext_00025.html

□マイスター・ハイスクール
https://www.mext.go.jp/a_menu/shotou/shinkou/shinko/1366335_00001.htm

第2章 教育行政・教育施策

1 教育政策
2 教育制度
3 教育財政
4 教育の機会均等と公平
5 教育の公共性・中立性と自由
6 文部科学省
7 こども家庭庁
8 教育関係審議会と教育改革
9 教育委員会
10 教育関連の国際機関
11 グローバル化と教育改革
12 法律、政令、省令、通知
13 教育基本法
14 教育公務員特例法
15 こども基本法
16 生きる力
17 学習指導要領
18 「学力の三要素」と「資質・能力の三つの柱」
19 カリキュラム・マネジメント
20 社会に開かれた教育課程
21 主体的・対話的で深い学び（アクティブ・ラーニング）
22 地理総合、歴史総合、公共
23 総合的な学習（探究）の時間
24 特別の教科 道徳
25 教科書と教科書使用義務
26 デジタル教科書とデジタル教材
27 教育情報セキュリティ
28 子どもの読書活動の推進に関する基本的な計画
29 PDCAサイクル
30 学校の情報公開
31 学力調査
32 TIMSS、PISA
33 コミュニティ・スクール
34 奨学金制度
35 大学入試改革
36 ゆとり教育

１　教育政策

Summary

教育政策は、教育の価値や目標を政府が設定し方向付けるもの、また問題解決のために政府が講じる手段である。国の教育政策は、文部科学省のみならず多様なアクターの関係の中で生み出される。地方では教育委員会に加え、首長の影響にも注目する必要がある。近年はエビデンスに基づく政策の趨勢が強まっているが、その限界性も含めた検討が求められる。

教育政策とは何か

政策は一般に、目的（政策目的）とその達成手段（政策手段）で構成される（石橋ほか、２０１８）。すなわち教育政策とは、政府が教育に関して何らかの価値や目標を設定し、方向付けるもの、あるいは教育に関する問題を解決するために講じる手段として理解できる。学校現場にとって政策は、教育活動を枠付け、規制するものにもなりうるし、教育活動に必要な環境条件を整え、支えるものとも捉えられる。

政策について考える際には、政府による立案・策定の局面がもっぱら注目されやすいが、政策はそこで終わりではない。政策は、政策形成・政策実施・政策評価といったプロセスからなるものとして理解される（政策段階論）。これを教育政策に当てはめて考えるならば、政策実施の段階とは、教育委員会や学校へと伝達された政策を、政策担当者や教師が理解・解釈し、ときにそれぞれの教室や学校、地域の実状に合わせて柔軟に組み替えながら実施していく過程として捉えられよう。すなわち、現場の最前線で判断し日々の実践を行う教師は、政策の対象として影響を受ける存在であるのみならず、政策過程における能動的な行為者としての側面を併せ持つともいえる。

教育政策の形成に関わる多様なアクター

教育政策の形成に関わる主要なアクターとしてまず多くの人が思い浮かべるのは、文部科学省であろう。文部科学省は、教育・学術・科学技術・スポーツ・文化等の所掌事務を担っており、国の教育政策の中枢をなす機関といえる。

他方で、国の教育政策は、文部科学省のみならず多様なアクターの関係の中で生み出されていることに留意を要する。例えば、２００１年の中央省庁再編と内閣府発足に伴う影響が挙げられる。内閣府に設置される会議では、教育改革についてもたびたび検討がなされ、最近も２０２２年に同府の「総合科学技術・イノベーション会議」（ＣＳＴＩ）に置かれた「教育・人材育成ワーキンググループ」が「Society 5.0 の実現に向けた教育・人材育成に関する政策パッケージ」をまとめている。また２０００年代以降、首相の私的諮問機関として設置されてきた会議（教育改革国民会議、教育再生会議、教育再生懇談会、教育再生実行会議）も影響力を発揮してきた。文部科学省は、こうした会議の提言をもとに政策を具現化するという、ある種の〈発注―下請け〉的な関係の下に置かれてきた（青木、２０２１）。加えて、教育政策の形成は、他省庁との関係でも理解する必要がある。例えば、もともと学習塾や EdTech などの教育産業を所管し、近年は「未来の教室」実証事業等を起点に学校教育関連の政策にも関与してきた経済産業省や、２０２３年に発足し、子供政策の司令塔機能を担う「こども家庭庁」との関係等にも注目していく必要があるだろう。

　地方レベルの政策はどうだろうか。地方の教育行政は、都道府県や市区町村に設置され、首長（都道府県知事、市区町村長）から独立した執行機関である教育委員会が担う。ただし、２０１４年の地方教育行政の組織及び運営に関する法律（地教行法）の改正に伴い、教育長の任命は首長が行うようになり、さらに首長と教育委員会が大綱策定、重点的な施策、緊急時の措置について協議・調整する総合教育会議が設置されるなど、従前に比べ首長の意向が反映されやすい仕組みとなっている。

エビデンスに基づく教育政策と課題

　近年の教育政策をめぐる潮流の一つとして、エビデンスに基づく教育政策（Evidence-Based Policy Making：ＥＢＰＭ）が挙げられる。ＥＢＰＭとは、学術的・科学的な根拠や知見に基づいて政策の策定や検証・改善を行うという考え方である。これは、十分な根拠や検証を欠いた形で、ときに政策策定に関わる人々の意向や主観、個人的経験に依拠して行われるような政策過程を批判的に問い直すものともいえる。加えて、財政の逼迫による効果的・効率的な政策選択の要請などもあり、ＥＢＰＭを求める趨勢は一層強まっている。

　子供の将来や社会全体の基盤を形作る教育政策の領域において、質の高いエビデンスを生かした政策の決定や改善は重要である。他方でエビデンスは、あくまで「何がうまくいくのか、効果的なのか」を示すものであり、政策決定がエビデンスのみに依拠しすぎると、そもそも「どのような教育が望ましいのか、何を目標とすべきか」という視点が後景化するおそれもある。あるいは教師や保護者、子供など関係当事者の声もまた、政策に対する重要な問題提起を含むことも少なくない。利用可能なデータや効果測定の方法等の制約も踏まえながら、エビデンスを適切に活用した政策の検討が求められている。

（古田雄一）

References

□青木栄一／著（2021）『文部科学省―揺らぐ日本の教育と学術』中央公論新社

　文部科学省という官庁の特徴や内実を浮き彫りにするとともに、同省が官邸や他省庁との関係でどのような立ち位置に置かれており、それが今日の教育政策にいかなる影響を与えているのか、理解が深まる一冊。

□村上祐介・橋野晶寛／著（2020）『教育政策・行政の考え方』有斐閣

　「自由と規制」「集権と分権」「民主性と専門性」など、教育政策・行政の背後にある理念や対立軸に注目し、それらを軸にして構成されたテキスト。教育政策のありようを考えるための理論的視点を学ぶ上で有益な一冊。

□石橋章市朗・佐野　亘・土山希美枝・南島和久／著（2018）『公共政策学』ミネルヴァ書房

　公共政策学のテキスト。教育政策について直接書かれたものではないが、政策とは何か、政策過程をどう捉えるか、政策をどのようにデザインすればよいのかなど、様々な事例を基に理論的解説がされており参考になる。

2 教育制度

Summary

教育制度とは、教育目的を達成するために社会的に公認された組織をいう。この場合、小学校や中学校等の教育組織とこれらの組織が配置される学校体系という2つの意味がある。学校体系については、縦の系統性と横の段階性の2つの原理から構成される。さらに、教育を枠付けるものとして制度を捉えるという見方もできる。

学校体系としての教育制度

教育制度の分かりやすい例は学校体系であろう。日本の場合でみると、小学校があり、それに中学校と高等学校が続き、高等学校卒業後、大学に至る。そして、これとは別に特別な教育ニーズのある子供たちに特別支援学校も設けられている。こうした縦と横に関連する一連の学校の姿は学校体系図として描かれる。

このように、学校体系は縦の系統性と横の段階性とによって成り立っている。学校の系統性は基本的にその目的の違いによって分類される。現在では、例えば、普通教育と職業教育（専門教育）の違い、学校種でいうと、小・中学校と特別支援学校の違いによって分類される。戦前の日本の学校体系は、中等教育段階でいくつもの学校種が並立しており、かつ、中学校を除くと大学に接続することができない仕組みであり、系統性が際立ったものであった（複線型学校体系）。

一方、学校段階は、学校の上下関係を区分するもので、初等教育、中等教育、高等教育といった分類になる。現在の日本の学校体系は段階性が優位の学校体系（単線型学校体系）となっている。ただし、戦後の改革の過程をみると、高等専門学校（１９６１年）、中等教育学校（１９９８年）、義務教育学校（２０１６年）が創設されるなど、「複線化」の傾向がみられる。

また、各学校段階間のつながりを接続（アーティキュレーション）、学校系統間の横のつながりを統合（インテグレーション）という。現在の学校体系では、小学校（6年制）、中学校（3年制）、高等学校（3年制）、大学（4年制）の6・3・3・4制が基本であるが、この学校段階の見直しや入試制度をどうするかといったことが接続（アーティキュレーション）の面での課題となる。一方、普通教育と障害児教育を分けずに統合教育で実施する、あるいは、普通教育と職業教育（専門教育）を含んだ形で総合制高等学校を造るなどは統合（インテグレーション）の課題である。

なお、こうした学校体系として教育制度をみると、例えば、生涯学習の機会、塾やお稽古事等の教育産業は見えなくなる。こうした教育の機会も教育制度に含まれると考えるならば、学校体系として教育制度を捉える見方には限界があるともいえる。

学校組織としての教育制度

一方、学校体系を構成する各学校を教育制度と捉えることもできる。教育組織としての制度という見方である。その場合、学校という教育制度は次のような主な要素から構成されると考えられる。すなわち、①教育目的、②児童生徒、③教職員、④教育内容・方法、⑤施設・設備、⑥教授・学習組織、⑦教職員組織、⑧アクセス制度、⑨教育組織を支えるもの——などである。

学校は意図的な教育機関であるから、必ず目的がある。それは、子供の発達段階によって異なり、普通教育か職業教育かによっても異なる。児童生徒に対しては、学校規模が定められ、学年や学級が編成される。学校は組織的な教育の場であるため、教職員も組織される。教職員の校務分掌組織等がつくられ、職員会議も設けられる。さらに、学びたいと思う者がいて、物理的に校舎等があっても、通うことが妨げられる場合もある。このため、学ぶ者がその教育機関に通える（アクセスできる）仕組みが必要となる。また、教育組織を支えるものとして、文部科学省や教育委員会等の教育行政機関が必要であり、家庭・地域等もこれに当たる。

教育組織としての制度は、以上の主な要素が構成されたものである。そして各要素が有機的に結び付いていないと効果的な教育活動は望めない。

教育を枠付けるものとしての制度

あるいは、教育を枠付けるものとして制度を捉えることもできる。そうした見方に立てば、授業の中にも制度はある。例えば教科書がそれである。日本の場合、学校では主たる教材として教科書を使用しなければならない。しかし諸外国をみるならば、使用義務のない国も多い。例えばフランスでは、教員が教材を自由に選択できる。ある小説だけで1学期の国語の教材をまかなうこともできる。もちろんフランスにも学習指導要領に相当するものがあり、教材はそうした基準を踏まえて選択される。こうした自由と比較すると全ての学校で、しかも個々の教員が選んだわけでもない教科書を使うということが、いかに枠付けられているか分かる。その意味でこれも制度として捉えることができる。ただし、日本の場合、教科書の使用義務は教育の機会均等の原則の一環として理解されており、そうした枠付けが直ちによくないことと評価されるべきものではない。

（藤井穂高）

References

□教育制度研究会／編（2011）『要説　教育制度［新訂第三版］』学術図書出版社

教育制度の代表的なテキスト。教育制度の歴史、公教育や教育権等の基本原理、教育体系の基本問題とともに、乳幼児期から高等教育までの教育制度を体系的に概説している。それぞれのトピックについての資料も充実している。

□藤井穂高／編著（2018）『教育の法と制度』（吉田武男／監修「MINERVA はじめて学ぶ教職 8」）ミネルヴァ書房

学校組織としての教育制度については、本書が参考になる。小学校、中学校、高等学校、大学等の基本的な学校の制度とともに、義務教育、教職員、学校経営や教育行政など学校教育を支える仕組み、幼児期の教育、特別支援教育、生涯学習や才能教育まで多様な学びの場を解説している。法令・データ等も最新のものが用いられている。

□文部科学省／編（2017）『世界の学校体系』ぎょうせい

文部科学省の教育調査シリーズの一冊。世界108カ国・地域の学校系統図を紹介している。これまでこのような資料はなかったので画期的である。見比べるだけでも制度の多様な現実とともに可能性を想像することもできる。取得可能な資格・学位やその国の基本状況も記されており、資料的な価値も高い。

3 教育財政

Summary

教育財政とは、国民の権利保障及び社会的利益の実現を目的として、政府が教育事業の実施、振興のために資金を調達・配分・支出する活動を指す。教育に必要な経費を政府と家計のどちらが負担すべきかには議論があるが、少子化の観点からも家計負担の軽減が課題となっている。現在、幼児教育、後期中等教育、高等教育の分野でも無償化や修学支援の拡充が進められている。

政府の経済活動、すなわち政府運営や公共的事業に必要な資金を調達し、その資金を配分、支出する活動を財政という。教育財政とは、教育に関わる政府の経済活動といえる。国や地方公共団体は、国民の教育を受ける権利を平等に保障するとともに、文化の継承や治安維持、経済発展など公共の利益の実現を目指し、学校教育をはじめとする様々な教育事業への支出を行っている。このように、政府が法令及び一定の政策に基づき教育事業の実施、振興のために負担する費用を公教育費という。

日本の公教育費と費用負担の仕組み

2021年会計年度において、国・都道府県及び市町村の公財政から支出された教育費総額は24兆8938億円で、総行政費217兆2222億円の11・5%に当たる（文部科学省「令和4年度地方教育費調査」）。国内総生産（GDP）に対する比率でみると4・52%である。この教育費総額（文教費）は学校教育、社会教育、教育行政の3つの分野に分けて捉えられているが、うち学校教育費は総額の72・4%を占める。学校教育費のみを対GDP比でみると3・27%である。

支出の内訳としては、地方の教育費を例にとると、教員給与等の人件費や教材費等の教育活動費、施設設備の修繕や事務経費、光熱費等の管理費、就学援助や補助活動費といった経常的に支出される消費的支出が約8割を占める。その他には土地購入費や建築費、設備備品費等の資本的支出、債務償還費等がある。

公教育費は、国と地方公共団体が分担して支出している。例えば義務教育では、公立学校の教員給与については都道府県が3分の2を（県費負担教職員制度）、残り3分の1を国が負担している（義務教育国庫負担制度）。また、施設整備については原則3分の1を国が負担している（公立学校施設整備費国庫補助）。教材についても、教科書費用は国の負担である（義務教育諸学校用教科書購入費）。そのほか、家計への経済的支援として、市町村が就学援助費を支出しているが、国がそれを補助している（要保護児童生徒援助費補助）。また、私立学校の運営、施設整備についても都道府県が助成を行っており、国もその一部を補助している（私学助成）。

教育費の負担原則

そもそも教育費を政府（公）と家計（私）のどちらが負担すべきかには議論がある。公私の負担区分に関わる原則には大きく受益者負担主義と公費教育主義という2つの考え方があるが、どちらの考え方が強く反映されるかは、社会経済状況、政府の財政事情や政策、教育の自由や平等といった権利保障に関する国民の意思にも左右され、教育段階等でも異なる。

　前者は、どのような教育を受けるのかは個人や家庭の選択により、結果として享受する利益は個人的なものであるとして、そのために必要な費用は個人や家計の自己負担とすべきという立場である。これに対し後者は、教育は社会全体の利益となるものであり、また個人や家庭に委ねては得られる教育機会等に差が生まれることから、平等な権利保障のために国家が一定の責任を果たす必要があるとして、教育に要する諸経費を公費で賄うべきという立場である。

　実際の教育費負担は、「公私混合型」といわれており、例えば、最低限身に付けるべき基礎的・一般的な内容を教授し、全ての国民に教育を受ける機会を保障しようとする義務教育も、授業料が無償（公費負担）となっている一方で、給食や学用品、交通費等は家計の負担である。

無償化政策の推進

　特に、就学前教育、高等教育については、国際的にみても家計負担が大きいことが指摘されてきたが、近年では、少子化対策（子育て支援）及び貧困対策の観点から、家計負担の軽減に向けて義務教育以外の教育の無償化が進んでいる。

　２０１０年度には、民主党政権下で、いわゆる高等学校授業料無償化（公立高等学校授業料無償制・高等学校等就学支援金制度）が実現した（２０１４年度より所得制限のある「高等学校等就学支援金制度」）。

　また、自民党政権下では、２０１４年以降の段階的な幼児教育・保育の無償化が進められ、２０１９年10月より全面実施となっている（３～５歳児と０～２歳児の住民税非課税世帯の保育料が無償）。その後、高等教育についても授業料・入学金の免除または減額と、返還を要しない給付型奨学金の拡充により、大学・短期大学・高等専門学校・専門学校の無償化の方針を決定。２０２０年4月より住民税非課税世帯及びそれに準じる世帯の学生を対象とし、「高等教育の修学支援新制度」をスタートさせた。なお、これらの支出は内閣府の社会保障関係費として計上されており、財源には消費税10％への増税分が充てられている。

　少子高齢化が進む現在、政府がどれだけ教育に支出できるのか、公費は国民の税金等であり、その使用については国民的な議論が必要である。将来の市民である子供や子育て世帯を社会全体で支えるという国民の意思が重要といえよう。（内山絵美子）

References

□苅谷剛彦／著（2009）『教育と平等－大衆教育社会はいかに生成したか』中央公論新社

　義務教育に関わる教員給与や学校の施設設備の地方間格差を是正するために進められた「標準化」について、それを可能にした財源配分の仕組みと日本的平等化システムの問題点を指摘した一冊。

□末冨　芳／著（2010）『教育費の政治経済学』勁草書房

　日本における「公私混合型」の教育費負担構造について、いつどのように構築されてきたのか、なぜ家計が大きな役割を果たしてきたのかを実証的に明らかにした研究書。公正な公私分担の実現に必要な条件が提示されている。

□橋野晶寛／著（2017）『現代の教育費をめぐる政治と政策』大学教育出版

　本書は、教育財政に関わる意思決定において「民主性」と「効率性」という２つの価値がどのように実現されてきたのかを実証的に明らかにしている。限られた資源をどのように配分していくのか、その決まり方に焦点を当てた研究書。

4 教育の機会均等と公平

Summary

日本国憲法は、全ての国民が、「ひとしく教育を受ける権利を有する」と定めている（第26条第1項）。この平等は教育の基本原則の一つであるが、その実現が難しいものの一つでもある。教育の平等を図るにはいくつかのアプローチがある。教育の「機会」を保障しようとするもの、結果の平等までを追求しようとするもの、そして教育の公平・公正を求めるものである。

教育の機会均等

教育の機会を平等に保障しようとする考え方は、日本では「教育の機会均等」の原則として、教育基本法にも次のように明記されている。「すべて国民は、ひとしく、その能力に応じた教育を受ける機会を与えられなければならず、人種、信条、性別、社会的身分、経済的地位又は門地によって、教育上差別されない」（第4条第1項）との規定がそれである。そのために、国及び地方公共団体に対して、障害のある者がその障害の状態に応じ、十分な教育を受けられるよう、教育上必要な支援を講じる義務と、能力があるにもかかわらず、経済的理由によって就学が困難な者に対して、奨学の措置を講じる義務を課している（同法第4条第2項、第3項）。同様に、国及び地方公共団体には、へき地における教育を振興する義務も課されている。

こうした意味での教育の平等は、日本では一定程度公的に保障されているといえるかもしれない。しかし、ここには原理的な問題をみることができる。例えば、憲法第26条の規定は、「ひとしく」の前に、「その能力に応じて」という限定が付けられている。ここに能力と平等という問題が伏在している。日本では特別な教育的ニーズのある子供には「特別」支援学校や学級が用意されている。しかし、統合教育の考え方が進んでいる国ではそうした子供の多くも通常学級に通っている。反対に、日本では「特別」な能力のあるいわゆる「才能児」の特別な教育的ニーズに対応する公的な教育機関はない。また、憲法で権利が保障されているのは、「国民」であり、義務教育の段階ですら、外国人の子どもたちの教育を法的に保障する規定がない。

教育の結果の平等

一方、平等な教育を保障しようとする場合、機会の均等だけで十分なのかという問いも生じる。教育の結果についても平等化を図ることができないか、という問いである。分かりやすく言えば、「全ての子どもが１００点を取れる」ようにすることである。特に義務教育の場合、保護者等に義務を課してまで教育を保障しているのは、単に授業を受けていればよいというものではなく、国民として共通の知識や技能を身に付けてほしいとの期待からである。しかし、この結果の平等の実現は容易ではない。

アメリカで２００２年に「一人の子どもも落ちこぼれさせない法律」（通称ＮＣＬＢ法）が制定されている。同法は、全米の公立学校で各州が定める学力テストを実施し、２０１４年までに「全ての生徒」が州の定める基準に到達することを目指したものである。法律の名称に明確に表されているように落ちこぼれを一人たりとも出さないという理想を掲げたものであった。その結果、全米の学力調査を見る限り、一定程度の学力の向上は達成されたものの、人種間の学力格差は縮まることなく、2011年からは州によるNCLB法の放棄も認められるに至っている。

教育の公平・公正

今日では、世界的にも、教育の公平（equity）が課題となっている。公平とは、具体的には、最も恵まれない人々に優先的に教育資源を割り当てることを意味する。OECD（経済協力開発機構）の『図表でみる教育―OECDインディケータ（2018年版）』によると、高等教育を受けていない親の子供は、高等学校段階で普通教育よりも職業教育のコースに進み、かつ卒業率も低くなっているというデータがあり、後期中等教育で修了した者の賃金は高等教育修了者の6割程度にとどまり、所得が最も低い層の家庭の子供が平均水準の所得を得られるようになるには平均で4～5世代かかるとされる。したがって、最も恵まれない層に教育資源を優先して投入すべきであるということになるのである。

日本でも、学力に対する家庭の規定力についてはデータがある。例えば、『平成21年度文部科学白書』には保護者の子供への接し方や普段の行動と、学力との関係を示したものが掲載されている。単純に言ってしまえば、本（雑誌や漫画を除く）をよく読み、美術館巡りをするような親の子供の学力は高く、スポーツ新聞や女性週刊誌をよく読み、テレビのバラエティ番組を見ている親の子供の学力が低い、ということになる。ただし、スポーツ新聞をよく読み、バラエティ番組をよく見る保護者が、一時それを我慢し、本を読み美術館に出かけると子供の学力が高まるかというとそういう問題でもない。この問題がやっかいなのは、そうした行動に象徴される、これまで本人に長年蓄積された「普段の行動」（一種の「文化」）はなかなか変えられるものではなく、それが子供の学力を規定している点である。

（藤井穂高）

References

□文部科学省／編（2010）『平成21年度文部科学白書』佐伯印刷株式会社

あまり新しいとは言えない白書ではあるが、特集「我が国の教育水準と教育費」の中で、全国学力調査を基に、親の子供への接し方と子供の学力の関係や親の普段の行動と子供の学力の関係など、興味深い分析データが紹介されている。日本ではこれまでこうした研究がなかっただけに重要である。

□経済協力開発機構（OECD）／編『図表でみる教育―ＯＥＣＤインディケータ（2021年版）』明石書店

OECD 加盟国他の教育制度について、その構造や財政、成果に関するデータを掲載している。同書は2001年版からあるが、2021年版は特に公平性に焦点を当て、性別や社会経済的背景が学習の成果や労働市場での成果にどのような影響を及ぼしているかを分析している。

□宮寺晃夫／編（2011）『再検討 教育機会の平等』岩波書店

教育の平等については様々なテーマがありうるが、本書は教育の費用、自由な選択、個性の尊重、能力や差別、多様性と人権等の問いに対し、「平等の理由」と「平等の条件」を理論・実践の両面から追究している論文集である。少々難しいが、今日の教育の平等論を考えるための代表的な一冊。

5　教育の公共性・中立性と自由

Summary

親にはその子の教育について自由がある。しかし、子供に教育をしないという意味での自由は認められない。また、法律に定める学校は、公の性質を有するものであり、ここに教育の公共性が認められる。学校教育は一部の者の利益のためではなく、社会公共の福利のために行われるからである。教育の中立性も教育の公共性の一環として理解される。

教育の自由と公共性

教育の自由から考えてみよう。例えば、私が自分の娘にピアノを習わせたいと思った際に、Yピアノ教室にしようがK楽器の教室にしようが私の自由である。私には教育の自由がある。あるいは娘をスイミングスクールに通わせようとする場合も同様であり、誰からも妨げられることはない。もちろん、私の教育の自由は無制限ではない。例えば、私の娘が6歳になり小学校に通う年齢になっても、小学校に通わせず、しかも家庭での教育もしない場合、つまり、子供に教育をしないという意味での自由は認められない。この意味で親の教育の自由は内在的に制約される。民法には、監護教育権の規定があるが、「親権を行う者は、子の利益のために子の監護及び教育をする権利を有し、義務を負う」（第820条）と定めているように、子供の教育は親にとって権利＝自由であるとともに「義務」でもある。

一方、親の教育の自由は外在的にも制約される。例えば、私が現在の教育界の現状を憂い、崇高な理念を掲げ、勝手に私立学校をつくろうとした場合、そうは問屋が卸さない。少なくとも日本では、その自由は制約される。具体的には、法的に、「学校は、国、地方公共団体及び別に法律で定める法人のみが、これを設置することができる」（学校教育法第2条）と定められており、私人が学校を設置することを許していないからである。さらにその前提として、教育基本法は、「法律に定める学校は、公の性質を有するものであって、……」（第6条第1項）と定めている。教育の自由を掣肘するものが、この公の性質＝公共性である。

教育の公共性の諸問題

一般に社会を維持していくためには、その社会を成立させるために不可欠な知識や価値がある。そうした知識や価値を共有するために教育があり、それが教育の公共性の根拠となる。民主的な社会を維持していくために必要な知識や価値を否定し、あるいは打倒するような価値観は認められない。日本では、先の教育基本法第6条に定める「公の性質」について次のように説明される。すなわち、学校教育は一部の者の利益のためではなく、社会公共の福利のために行われるということである。また、学校教育は家庭教育や私的団体による私教育ではなく、社会の公共的課題として、公教育として行われるということである（田中、2007）。

日本の場合、教育基本法第6条の「法律に定める学校」には私立学校も含まれている。本来、私立学校は公教育ではなく私教育であり、私人や私的機関が責任をもって行う教育を指すが、日本の場合は異なる。私立学校は、教育基本法において「私学の自主性」が認められつつも、一方では、私立学校法によって「私学の公共性」を高めることも求められている。

その一方で、高等学校や大学の段階では、「株式会社立学校」もできている。民間企業＝営利を目的とする会社が、社会の公共的課題としての公教育を担いうるのか、疑問の余地なしとしない。

あるいは、海外に目を転じてみると、例えばオランダ等のように、憲法に教育の自由が明記されており、一定の条件を満たせば私人であっても学校を設置する自由が認められている国もある。こうした法制度はオランダという国の独特の歴史的背景から生まれてきたものであるが、翻って日本の法制度を見たときにも、その教育の自由の制約の仕方は日本の歴史と社会の在り方に規定されている点も留意する必要がある。

▼教育の中立性

一方、教育の中立性は教育の公共性の一環として理解することができる。教育の公共性が、教育は一部の者の利益のためではなく、社会公共の福利のために行われるものであるならば、そこでの教育については一部の者のための偏りがあっては望ましくないからである。

日本では三重に中立性に関して規定されている。第一は、政治的中立性であり、教育基本法（第14条第2項）は、法律に定める学校は党派的な政治教育・政治的活動をしてはならないと定めている。第二は、宗教的中立性であり、同法（第15条第2項）は、国公立学校は特定の宗教のための宗教教育及び宗教的活動をしてはならないと定めている。第三は、行政的中立性であり、同法（第16条第1項）は、「教育は不当な支配に服することなく、教育行政は公正かつ適正に行われなければならない」と定めている。

ただし、ここにも原理的問題が内在している。例えば、有名なエホバの証人事件のように、公教育と信教の自由の調整はそれほど簡単な問題ではない。

（藤井穂高）

References

□**田中壮一郎／監修、教育基本法研究会／編著（2007）『逐条解説 改正教育基本法』第一法規株式会社**

教育基本法は文字通り教育の基本を定めた法律であるが、2006年に全面改正された。本書は本文で取り上げた教育基本法の第６条も含めて、教育基本法の逐条解説書である。教育の「基本」を定めた法律がどのような立法者の意思によってつくられたのか、その審議過程が整理されている。資料編も充実している。

□**中澤　渉／著（2018）『日本の公教育―学力・コスト・民主主義』中央公論新社**

本書は、公費で運営される学校教育がそもそも何のためにあるのかという問いを出発点として、学校とそれを取り巻く環境を歴史的背景や統計等のエビデンスを通して論じることにより、公教育の経済的意義や社会的役割を検討している。現在の日本の公教育の在り方を考えるための一冊。

□**リヒテルズ直子／著（2004）『オランダの教育―多様性が一人ひとりの子供を育てる』平凡社**

諸外国の教育をみると、当然ながら日本とは異なる姿が浮かび上がり、翻って日本の教育を考え直す機会ともなる。本書は教育の自由の国としてしばしば参照されるオランダの教育について日本語で書かれた代表的な一冊であり、日本と比較してみると興味深い。

6 文部科学省

Summary

文部科学省は、教育、学術、科学技術を中心に幅広い分野を担う国の行政機関である。関係予算は約5兆３０００億円（２０２３年度）であり、負担金や補助金の支出を通じた支援・助成活動が多い。社会構造や教育を取り巻く環境の急速な変化を背景に、客観的根拠に基づく総合的・横断的な教育政策の推進が図られている。

文部科学省の仕事

国家行政組織法第3条第2項は「行政組織のため置かれる国の行政機関は、省、委員会及び庁とし、その設置及び廃止は、別に法律の定めるところによる」と規定している。これに基づいて、国の教育行政を所管する機関として文部科学省が設置されている。

文部科学省の仕事には、国の教育政策の企画立案や全国的な基準の設定（学習指導要領等）、規制―権力活動（許認可等）、支援・助成活動（情報提供、負担金・補助金等）などがあり、同省の任務と具体的な所掌事務は、文部科学省設置法に規定されている。同法第3条では、文部科学省の任務を「教育の振興及び生涯学習の推進を中核とした豊かな人間性を備えた創造的な人材の育成、学術の振興、科学技術の総合的な振興並びにスポーツ及び文化に関する施策の総合的な推進を図るとともに、宗教に関する行政事務を適切に行うこと」と規定し、所掌事務については、同法第4条に95項目が列挙されている。

これらの項目を見れば分かるように、文部科学省が担当する行政の範囲は教育行政に限定されているわけではない。一方で、経済産業省がキャリア教育や「未来の教室」実証事業、環境省が環境教育、デジタル庁が教育のデジタル化、こども家庭庁が子育てに関する事務を担うなど、文部科学省以外の機関も教育に関する事務を担当している。

沿革と組織

旧文部省は１８７１年に設置され、その長である文部卿には大木喬任が任命された。１８８５年の内閣制度創設により、初代文部大臣に森有礼が就任し、文部省官制が制定された。戦後、１９４９年には文部省設置法が制定されたが、文部省の名称に変更はなく、初めて省名が変更されたのは２００１年である。同年1月の中央省庁再編に伴い、文部省は科学技術庁と統合して新たに文部科学省となった。省庁再編の目的は、戦後型行政システムから簡素化・効率化を目指す新たな行政システムへの転換である。これと地方教育制度の見直しが図られたことで、文部科学省の役割は重点化され、政策官庁としての機能が強化された。そしてこの頃から、教育政策については、官邸（内閣府）が大きな方針を提示し、これに文部科学省が受け身的に対応する形で立案・実施されるようになった（政治主導・官邸主導の教育政策決定）。

文部科学省には文部科学大臣、文部科学副大臣（2名）、文部科学大臣政務官（2名）が置かれる。この３つのポストを「政務三役」という。文部科学省の組織は、本省と外局（スポーツ庁と文化庁）に分かれている。本省の内部部局は、大臣官房と「教育三局」（総合教育政策局、初等中等教育局、高等教育局）、「研究三局」（科学技術・学術政策局、研究振興局、研究開発局）の6局に分かれており、さらに国際統括官（1名）が置かれている（文部科学省組織令第2条）。このうち、総合教育政策局は、2018年10月の組織再編により、それまでの生涯学習政策局に代わって新しく設置された部局である。社会構造や教育を取り巻く環境の急速な変化を背景に、客観的根拠に基づく総合的・横断的な教育政策の推進を目指してこの組織再編が行われた。また、自然災害の頻発化・甚大化等を踏まえ、文教施設の防災対応を一層強化するため、大臣官房に文教施設企画・防災部が新たに設置された。

スポーツ庁は、「スポーツの振興その他のスポーツに関する施策の総合的な推進を図ること」（文部科学省設置法第15条）、文化庁は、「文化の振興その他の文化に関する施策の総合的な推進並びに国際文化交流の振興及び博物館による社会教育の振興を図るとともに、宗教に関する行政事務を適切に行うこと」（同法第18条）が任務である。また、本省には、文部科学大臣の諮問機関として、重要事項について調査・審議し、答申等を行う各種の審議会（中央教育審議会、教科用図書検定調査審議会等）が設置されている。

▼文部科学省の予算

2023年度の文部科学関係予算（一般会計）は5兆2941億円である。その内訳を見ると、負担金や補助金が多いことが分かる。例えば、「義務教育費国庫負担金」（1兆5216億円）は都道府県・指定都市が負担する公立義務教育諸学校の教職員給与費の3分の1を負担するものであり、これだけで予算全体のおよそ3割（28・7%）を占める。これに「国立大学法人運営費交付金等」（1兆784億円）と「私学助成関係予算」（4086億円：重複計上あり）の費目を加えると全予算の半分を超える。

このように、文部科学省については負担金や補助金の支出を通じた支援・助成の割合が高い。これが教育行政の安定的な運用を支えている側面はあるものの、国による財政的統制の影響が強いことから、地方自治体や学校による自律的な活動を抑制しているという指摘もある。

（藤田祐介）

References

□文部科学省／編（毎年刊行）『文部科学白書』日経印刷

教育、科学技術・学術、スポーツ、文化芸術にわたる文部科学省全体の施策を広く国民に紹介することを目的として、同省が毎年刊行している白書。同省による施策の動向や内容の理解に役立つ。

□青木栄一／編著（2019）『文部科学省の解剖』東信堂

文部科学省の幹部職員に対する初のサーベイや、同省と官邸・他省庁・地方自治体関係、庁舎内の部署配置分析といった行政学的分析を通じて、同省の組織構造を明らかにした学術書。同省の「知られざる実態」を解明した先駆的研究として、示唆に富む。

□青木栄一／著（2021）『文部科学省―揺らぐ日本の教育と学術』中央公論新社

本書は、文部科学省についての理解と議論が十分でない状況を踏まえ、同省の「内部に分け入り」、「外部との関係から、その真の姿を明らかにしていく」ことをねらいとしたもの。新書でありながら内容は充実しており、学術的な見地から、同省について網羅的かつ分かりやすく論じている。

7 こども家庭庁

Summary

「こどもまんなか社会」の実現を目指し、２０２３年4月に発足したこども家庭庁は、子供の健やかな成長や家庭の子育て支援、子供の権利利益の擁護等に関する事務の遂行を任務とする。子供を取り巻く深刻な課題を解決するため、縦割り行政の打破、子供政策の「司令塔」機能の発揮が求められている。

こども家庭庁の創設とその経緯

こども家庭庁は２０２３年4月1日に発足した。同日には「こども基本法」が施行されており、これ以降、同法の理念に基き、こども家庭庁を中心に日本の子供政策が立案・実施されることとなった。同庁創設の背景には、少子化の進行、貧困、虐待、いじめ、自殺など、子供を取り巻く深刻な状況がある。このような状況を踏まえ、政府・与党において、子供政策を強く推進するための省庁が必要という認識が広まり、同庁創設に向けた動きが加速化した。

２０２１年2月には、自由民主党国会議員の有志が「Children First の子ども行政のあり方勉強会」を立ち上げ、「こども庁」創設に向けた議論が重ねられた。同年7月には、内閣官房に設置された「こども政策の推進に係る作業部会」が新たな行政組織の創設に向けて検討を開始し、12月に「こども庁」の創設を提言した基本方針（原案）をまとめた。政府は同月、「こども政策の新たな推進体制に関する基本方針～こどもまんなか社会を目指すこども家庭庁の創設～」を閣議決定したが、新組織の名称は同方針原案の「こども庁」から「こども家庭庁」に変更されている。そして、２０２２年6月、同方針に基づく「こども家庭庁設置法」及び「こども家庭庁設置法の施行に伴う関係法律の整備に関する法律」がこども基本法とともに、第２０８回国会で成立した。

こども家庭庁の仕事

こども家庭庁の任務と具体的な所掌事務については、こども家庭庁設置法（令和4年法律第75号）に規定されている。同法第3条では、こども家庭庁の任務を「心身の発達の過程にある者（以下「こども」という。）が自立した個人としてひとしく健やかに成長することのできる社会の実現に向け、（中略）こども及びこどものある家庭の福祉の増進及び保健の向上その他のこどもの健やかな成長及びこどものある家庭における子育てに対する支援並びにこどもの権利利益の擁護に関する事務を行うこと」と定めている。所掌事務については同法第4条に27項目が列挙されているが、従来、内閣府や厚生労働省の所管であった事務の多くが同庁に移管されている。

初代こども家庭庁長官の渡辺由美子によれば、こども家庭庁の役割は、①子供政策の司令塔として総合調整機能を果たすこと、②省庁の縦割りを打破し、新しい政策課題や隙間事案に対応していくこと、③保健・福祉分野を中心に自ら事業を実施すること――の3つに大別される。また、同庁の基本姿勢として、子供や子育て当事者の視点に立った政策立案、地方自治体との連携、民間団体等とのネットワークの強化を掲げている（末冨、２０２３）。

特に、同庁による司令塔機能の発揮や縦割り行政の打破は重要であろう。子供政策については同庁が中心的役割を果たすものの、文部科学省や警察庁など複数の省庁が対応すべき課題も少なくない。同庁の子供政策を担当する内閣府特命担当大臣は、関係行政機関の対応に問題があった場合等に、その長に対して改善を求める「勧告権」を有している。「勧告権」は「伝家の宝刀」であり、その実効性は未知数であるものの、これを一つの拠り所として同庁が司令塔機能を発揮することが期待される。

▼組織体制・予算

こども家庭庁は内閣府の外局として設置されている。したがって主任の大臣は内閣総理大臣であり、他に同庁の所掌事務を掌理する内閣府特命担当大臣が内閣府に置かれている。同庁は内部部局（定員350名）と施設等機関（定員80名）からなる組織で、内部部局は長官官房、成育局、支援局の1官房2局体制である。施設等機関とは2つの国立児童自立支援施設（きぬ川学院、武蔵野学院）を指す。また、子供政策に関する重要事項等を審議するこども家庭審議会や特別の機関として、こども政策推進会議が設置されている。

内部部局のうち、子供政策全体の企画立案や総合調整（「こども大綱」の策定、少子化対策、子供の意見聴取と政策への反映等）などを行うのが長官房である。成育局は全ての子供の育ちの支援、具体的には、妊娠・出産の支援、母子保健、就学前（保育所や認定こども園等）の子供の育ちの保障、子供の居場所づくり、子供の安全等を担当する。支援局は様々な困難を抱える子供や家庭の包括的支援を担っており、児童虐待防止対策、子供の貧困対策、いじめ・不登校対策、社会的養護、ひとり親家庭の支援、障害児支援等に取り組む。

こども家庭庁の予算額は約4・8兆円（2023年度）であり、このうち約半分（47％）の約2・2兆円が保育所や放課後児童クラブの運営費等に、約4分の1（25％）の約1・2兆円を児童手当に充当している。今後、同庁の予算は「こども・子育て支援加速化プラン」の実施等に伴って拡大することが見込まれ、抜本的な充実が図られることになる。

（藤田祐介）

References

□内閣府／編（2022）『令和4年版子供・若者白書』日経印刷

「子ども・若者育成支援推進法」に基づく法定白書。令和4年版は「こども政策の新たな展開」を特集しており、この中でこども家庭庁創設の動き等について記述している。なお、こども家庭庁の発足に伴い、同白書は『少子化社会対策白書』等とともに『こども白書』に一本化され、今後は同庁から公表される予定。

□山田太郎／著『こども庁―「こども家庭庁創設」という波乱の舞台裏』（2023）星海社

国会議員である著者が菅義偉総理（当時）への「こども庁」の提案から、「こども家庭庁」が誕生するまでの約1年半にわたる軌跡を描いたもの。同庁の創設に関与した当事者として、その舞台裏を含めて記録しており、同庁創設の意味と背景が理解できる。

□末冨芳／編著、秋田喜代美・宮本みち子／監修（2023）『子ども若者の権利と政策1　子ども若者の権利とこども基本法』明石書店

子供政策等をどのように進めるべきかという観点から、現在の状況と今後の取組の充実を展望することを目的として編まれたシリーズの一つ。こども家庭庁初代長官・渡辺由美子のコラム「こども家庭庁について」が収載されている。

8 教育関係審議会と教育改革

Summary

文部科学大臣の諮問機関である中央教育審議会は教育、学術、文化に関する有識者で構成され、文部科学大臣から諮問された教育に関する重要方針を審議し、文部科学大臣に答申を行い、文部科学省はその答申に基づき教育政策を実施している。

中央教育審議会とは

文部科学大臣の諮問機関で、「中教審」と略称される。文部科学省が教育改革や学習指導要領の改訂など、新しい政策や施策を行おうとする場合、教育、学術、文化に関する有識者で構成されるこの中央教育審議会に意見を求め、その結論を基に制度作りや政策の実施を行う。

中央教育審議会の主な所管事務は、①文部科学大臣の諮問に応じて教育の振興及び生涯学習の推進を中核とした豊かな人間性を備えた創造的な人材の育成に関する重要事項を調査審議し、文部科学大臣に意見を述べること、②文部科学大臣の諮問に応じて生涯学習に係る機会の整備に関する重要事項を調査審議し、文部科学大臣又は関係行政機関の長に意見を述べること、③法令の規定に基づき審議会の権限に属させられた事項を処理すること――である（文部科学省組織令第76条）。

①にある「諮問」とは有識者等に意見を求めることであり、この場合、文部科学大臣が中央教育審議会に対して、教育、学術、文化に関して意見を求めることを指す。これに対し、中央教育審議会は審議を重ね、その結論を取りまとめ、文部科学大臣に意見を具申することになるが、これを「答申」という。「中央教育審議会答申」や「中教審答申」として紹介されることが多い。

中央教育審議会の構成

中央教育審議会は30人以内の委員で構成され、任期2年であり、臨時委員や専門委員を置くことができる。

また、次の４つの分科会が設置されている。①教育改革に関する重要事項を審議する教育制度分科会、②生涯学習・社会教育・視聴覚教育・青少年の健全な育成を審議する生涯学習分科会、③初等中等教育の振興に関する重要事項・初等中等教育の基準に関する重要事項・学校保健、学校安全及び学校給食に関する重要事項・教育職員の養成並びに資質の保持及び向上に関する重要事項を取り扱う初等中等教育分科会、④大学及び高等専門学校における教育の振興に関する重要事項を審議する大学分科会。

教育課程審議会答申と学習指導要領改訂

文部科学省が担う国レベルの教育行政の中で非常に重要なもの一つに教育課程の基準である学習指導要領の改訂がある。最近の改正では、２０１４年11月に「初等中等教育における教育課程の基準等の在り方について」諮問が行われ、中央教育審議会は２０１６年12月に「幼稚園、小学校、中学校、高等学校及び特別支援学校の学習指導要領等の改善及び必要な方策等について」答申を行った。この答申を踏まえ２０１７年以降、文部科学省は学習指導要領の改訂を行っている。このように、文部科学省は学習指導要領の改訂など重要な事項を中央教育審議会に諮り、その答申に基づいて法令の改正や政策の立案を行っている。

近年の中央教育審議会答申

コロナウイルス感染症による長期の休校措置以降の主な答申として、「『令和の日本型学校教育』の構築を目指して」（２０２1年1月）と「『令和の日本型学校教育』を担う教師の養成・採用・研修等の在り方について」（２０２２年12月）がある。前者はICT環境の普及と子供の多様化に対応する学びとして「個別最適な学び」という新しいキーワードを提示したものであり、後者は教員の働き方改革と教員不足に対応する方針を示したものである。

教育関係審議会と教育改革

国レベルの教育に関する行政を担うのは文部科学省であるが、教育の基本理念や、方針等を検討する場合、上述の中央教育審議会等の答申や提言を基に法整備や予算事業化を行い、制度化を行っている。戦後の教育改革については、中央教育審議会のほか首相官邸に置かれる審議会や会議等が答申、提言を行ってきた。

内閣直属の調査審議機関には戦後すぐに発足した教育刷新委員会があるが、１９８4年に発足した臨時教育審議会（「臨教審」）は特に有名で、政府全体の責任で教育改革を推し進めるために内閣総理大臣の諮問機関として設置された。臨教審は、１９８５年から4回にわたり答申を行い、個性重視の原則、生涯学習体系への移行、国際化、情報化等変化への対応という21世紀に向けた教育改革の方向性を打ち出した。

２０００年に設置された教育改革国民会議では、その最終報告書で新しい時代にふさわしい教育基本法の在り方を提言し、そこで提案された教育振興基本計画の策定、教育基本法の改正、コミュニティ・スクールの設置等はのちに制度化され、今日に至る。

近年では、２０１３年に安倍晋三内閣総理大臣（当時）の私的諮問機関として官邸に設置された教育再生実行会議は、内閣総理大臣、内閣官房長官、文部科学大臣と15名の有識者で構成され、いじめ問題への対応、教育委員会の抜本的な見直し、グローバル化に対応した教育などを審議し、２０２１年６月までに、12回にわたり提言を行った。

（平田敦義）

References

□徳永　保／編著（2019）『現代の教育改革』（吉田武男／企画「MINERVA はじめて学ぶ教職」別巻）ミネルヴァ書房

教育改革の総論として、学制にまでさかのぼって日本の教育の発展と改革について解説を行い、1917年の臨時教育会議、1971年の中央教育審議会四六答申、1984年の臨時教育審議会の内容を紹介している。さらに本書では教育改革の主要テーマとして、教育課程政策や大学改革といった文部科学省主導の教育改革と教育基本法改正、公立学校運営への地域住民の参画など政治主導教育改革に大別して解説を行っている。

□日本教育経営学会／編（2018）『講座　現代の教育経営１　現代教育改革と教育経営』学文社

1990年代後半から現在にかけての教育改革に焦点を当て、分権と規制緩和という方向性を特徴とした教育改革が進展した背景について解説している。また、教育改革の具体的内容を詳述するとともに教育制度改革が教育経営に与えた影響について論じている点は、日本教育経営学会が編集した特徴がよく表れている点である。なお、第３部では各国における教育改革について詳解がなされている。

9 教育委員会

Summary

教育委員会は教育長と4名の教育委員で構成され、教育行政に関する重要事項や基本方針を決定する役割を担う。この決定を実行する責任者が教育長であり、教育長が教育委員会事務局を指揮監督して教育に関する事務を執行する仕組みである。

教育を担う合議制の執行機関

教育委員会は、各自治体において、公立学校の管理をはじめとする全ての教育に関する行政を行う機関である。教職員の人事、教育内容、教科書の取り扱いをはじめ、学校や公民館の設置・管理、児童生徒の就学・入学・転学・退学、学校の組織編制、教職員の研修、教職員や児童生徒の保健・安全、学校の衛生管理、学校給食、社会教育、文化財の保護、生涯学習、学校教育、文化、スポーツ等の幅広い施策を所管している。教育委員会については、地方教育行政の組織及び運営に関する法律（以下、地教行法）が法的根拠になっている。

より正確にいうと、教育委員会は、全ての都道府県及び市町村等に置かれる合議制の執行機関である。合議制とは多数決により基本方針が決定される仕組みをいい、執行機関とは決定機関である議会の決定や条例等に基づき地方公共団体が行う事務を管理・実行する機関をいう。通常、地方公共団体には執行機関として、地方公共団体の長である知事や市町村長及び行政委員会が置かれるが、教育委員会はこの行政委員会の一つである。

なお、行政委員会とは、政治的中立性や公平性が求められる分野、慎重な手続きが求められる特定の分野に置かれるもので、教育委員会のほかに、選挙管理委員会、人事委員会、公安委員会（都道府県）等がある。

教育委員会の組織

教育委員会は教育長と原則4名の教育委員で構成される。この教育委員会は年間12回から30回程度、1回当たり2時間弱程度開催され（文部科学省「教育委員会の現状に関する調査（平成29年度間）」）、教育行政に関する重要事項や基本方針を決定し、これらに基づいて教育長が具体的な事務を執行する仕組みである。

教育長は教育委員会を代表し、会議を主宰し、具体的な事務執行の責任者であり、教育委員会事務局の指揮監督者である。教育委員会事務局には学校教育課、教職員課、生涯学習課など役所でよく目にする部署があり、教育長の指揮監督の下、教育に関す

＊図A　教育委員会の組織のイメージ

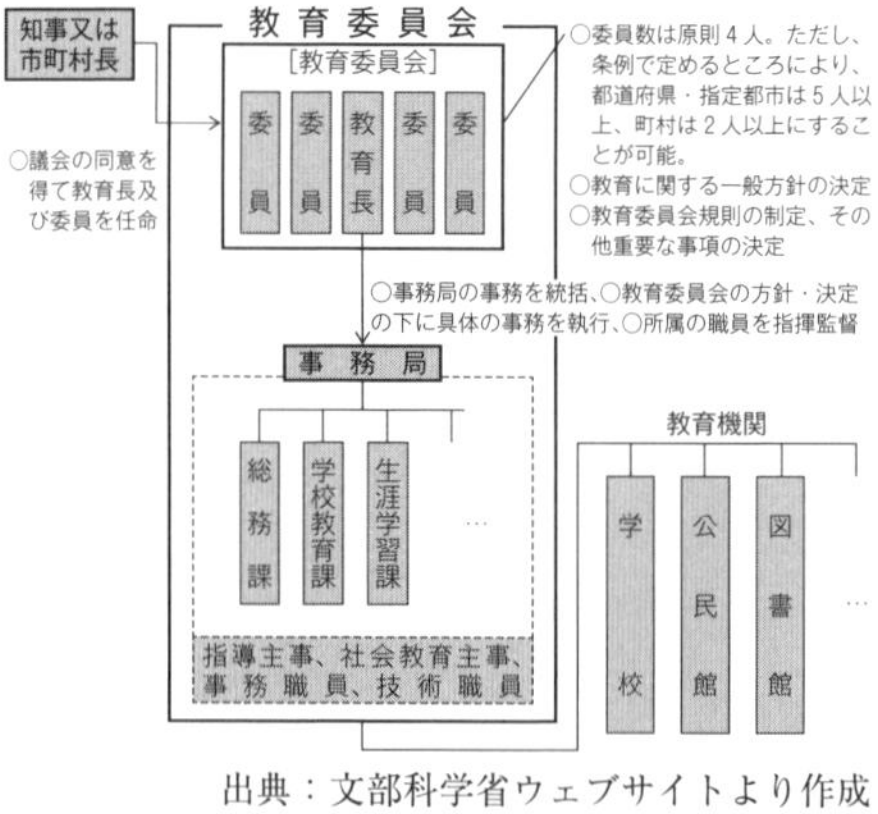

出典：文部科学省ウェブサイトより作成

る事務が行われる。

教育長は、首長（知事や市区町村長）が議会の同意を得て任命し、任期は3年であり、常勤の職である。教育長は一般行政経験者や教職経験者であることが多い。一方、教育委員も首長が議会の同意を得て任命するが、任期は4年で非常勤の職であり、児童生徒の保護者であったり、会社役員、商店経営、農林漁業、医師・大学教授等の専門職など様々な仕事をしている人が任命される。

教育委員会制度の理念

教育は政治的中立性を確保し、継続性と安定性が確保され、地域住民の意向が反映することが必要であり、それを実現するため、教育行政には3つの特性が求められる。

第一が首長からの独立性であり、行政委員会として独立した機関に教育行政を担わせることで首長への権限の集中を防止し、中立的かつ専門的な教育行政を実現しようとしている。

第二に合議制であり、多様な属性の委員による合議制をとることにより、多様な意見や立場を集約した中立的な意思決定が期待されている。

第三に住民による意思決定であり、専門的な行政官で構成される教育委員会事務局を住民が監督する、いわゆるレイマンコントロールの仕組みにより、広く地域住民の意向を反映した教育行政を実現しようとしている。

２０１４年の法改正による新しい教育委員会

２０１４年に地教行法を改正し、教育長と教育委員長の併存により責任者が分かりにくい構造を改革し、教育委員長と教育長を一本化した新教育長を置き、教育行政の責任者が教育長であることを明確化した。また、首長との連携強化のために総合教育会議が設置され、首長部局と教育委員会が一致して教育事務の執行ができるようになった。

（平田敦義）

References

□**青木栄一／編著（2019）『教育制度を支える教育行政』（汐見稔幸・奈須正裕／監修「アクティベート教育学5」）ミネルヴァ書房**

大学の教職科目で使用する教科書であるが、現代公教育制度の意義、原理、実際の構造等について、法的・制度的仕組みを解説している。各章冒頭に事例や図表が掲載され、議論や学びのきっかけを提供している。

□**日本教育行政学会研究推進委員会／編（2014）『首長主導改革と教育委員会制度─現代日本における教育と政治』福村出版**

政治的中立性の確保など教育委員会制度が導入された理念と首長主導の教育行政体制への変化がどう関係するかについて検討している。変化する教育委員会について日本教育行政学会の会員が考察を加えている。なお、同学会によるシリーズ書籍として、行財政改革をテーマとした「地方政治と教育行財政改革─転換期の変容をどう見るか」と、教育機会均等の現状と課題を検討した「教育機会格差と教育行政転換期の教育保障を展望する」がある。

□**坪井由実・渡部昭男／編（2015）『地方教育行政法の改定と教育ガバナンス─教育委員会制度のあり方と「共同統治」』三学出版**

教育委員会の根拠法である地方教育行政の組織及び運営に関する法律の改正に当たり、教育委員会の原理、現状、それらがどう改革されようとするのかについて考察されている。

10　教育関連の国際機関

Summary

国際連合（以下、国連）の枠組みでは、ユネスコ（ＵＮＥＳＣＯ：国連教育科学文化機関）、ユニセフ（ＵＮＩＣＥＦ：国際連合児童基金）、世界銀行（World Bank）が教育分野で活動する主な国際機関である。教育の量的拡大、質向上に向けて、教育関連の調査の実施、調査に基づく教育実践、政策提言、資金供与など、様々な取組を推進している。国連の枠組み以外では、ＯＥＣＤ（経済協力開発機構）が国際比較可能な調査を実施しているほか、地域機関も多数存在する。

国際連合の枠組みにおける教育の国際機関

国連では、教育分野に関連する専門組織が複数設けられており、ユネスコがその中心的な役割を担っている。ユネスコは、教育、科学及び文化を通じて平和及び安全に貢献することを目的として１９４６年に創設された。ユネスコの主導により１９６０年にパキスタンのカラチで開催された教育会議を皮切りに、１９６０年代初頭にアジスアベバやサンティアゴで地域教育会議が実施された。その後、ユネスコが中核となり、１９９０年にタイのジョムティエンで開催された「万人のための教育世界会議（The World Conference on Education for All）」では、初等教育の完全普及を国際目標とするなど、世界各国の教育政策に多大なる影響を与えた。また、ユネスコが実施する調査及び研究は包括的かつ継続的に世界の教育を概観する上で大きな貢献を果たしており、例えばユネスコ統計研究所による教育データや２００２年から刊行されている「教育のグローバルモニタリングレポート」は国際的に比較可能なデータ、及び開発目標の達成状況と進捗を検証する資料として活用されている。また、世界１８２カ国で開校されているユネスコスクールでは、ＥＳＤ（Education for Sustainable Development：持続可能な開発のための教育）やＳＤＧｓ（Sustainable Development Goals：持続可能な開発目標）教育を実践する取組が推進されている。

ユニセフは、子供の生命、生活、権利と尊厳の保障と向上を目的に１９４６年に設立された国連機関である。教育のみならず、保健、栄養、水・衛生、子供の保護（児童労働、性的搾取、暴力等からの保護）など、多岐に渡っている。教育分野に関しては、児童の権利に関する条約に定められた「教育への権利」を確保すべく世界各地で活動している。ユネスコが「知的協力機関」として機能してきた一方、ユニセフは「開発援助機関」として、社会的に脆弱な障害者や女子など世界の子供たちの命と健康を守るという使命を帯びている。そのため、教育分野における事業はジェンダー平等の実現や緊急支援時の教育を中心に幅広い領域において多様な支援を行っている。

世界銀行も、教育分野では多岐にわたる取組を実施している。例えば、加盟国の教育的支出に対する国際資金援助の枠組み設計や、世界銀行グループの国際金融公社（ＩＦＣ）を通じて、教育関連のプロジェクトや民間の取組に対して投融資やアドバイザリーサービスの提供を行っている。また、世界銀行に所属する教育エコノミストや研究者は主に教育経済学における研究発表を通じて理論的及び学術的な発展に貢献するほか、2011年には世界銀行の教育戦略2020を策定し、その意思決定のための基礎データとして各国の教育政策と学習達成度との関係を検証するデータや情報を提供するSABER（Systems Assessment and Benchmarking for Education Results）を構築し外部に公表している。

ほかにも、国連開発計画（UNDP）は国連の下で開発援助を主管する専門組織であり、持続可能な人間開発を理念とし、特に教育分野では開発途上国における人材育成等に携わっている。1990年以降「人間開発報告書」を刊行し、1人当たりのGDP、平均寿命、就学率の3つの基本要素と独自の数式に基づく人間開発指数（HDI）を発表している。世界食糧計画（WFP）は学校給食キャンペーンを広く実施しており、世界保健機関（WHO）は学校保健の充実に尽力している。

▼国際連合の枠組み以外の教育の国際機関

国連の枠組み外の教育の国際機関として、OECD（経済協力開発機構）がある。OECDは、国際経済全般について協議することを目的とした国際機関であり、現在は世界38カ国が加盟する。OECDは経済発展を主な活動領域とする一方で、教育関連では、PISA（Programme for International Student Assessment：学習到達度調査）や学校の学習環境と教員の勤務環境に焦点を当てたTALIS（Teaching and Learning International Survey：国際教員指導環境調査）と呼ばれる国際調査を実施している。両調査はOECD非加盟国を含む世界各地において実施され、国際比較可能なデータを収集・報告しており、各国の教育政策の分析・検討に用いられるなど少なからず影響を与えている。また、OECDは国際調査以外でも、社会を生きる上で必要となる能力概念「キー・コンピテンシー」の定義付けを研究するプロジェクトとしてDeSeCo（Definition and Selection of Competencies）を立ち上げるなど、教育分野での学術的及び実務的な発展に寄与している。

そのほか、地域機関としてはアジア開発銀行や米州開発銀行等が教育分野にも関与しており、また、常設の機関ではないものの多国間の取組も多数あり、日本が主催するアフリカ開発会議（Tokyo International Conference on African Development：TICAD）もその一つである。（川口　純）

References

□北村友人（2016）「国際機関による教育協力」（小松太郎／編『途上国世界の教育と開発―公正な世界を求めて』上智大学出版・ぎょうせい所収）

教育分野で活動する国際機関の概要や特徴について整理されている。現在の協力内容、方針について述べられているだけでなく、これまでの教育協力の歴史的変遷を概観し、国際的な教育協力施策の策定に向けた国際機関の役割と課題について多角的に検討がなされている。

□最上敏樹／著（2006）「国際機構論　第2版」東京大学出版会

国際機構が創設された歴史的背景から、様々な国際機構の活動、特徴、そして現代社会における国際機構の存在意義について論じられている。国連発足60年を受けて活発化する国連改革論議や、EUをはじめとした地域的国際機構、NGOの動向など、多様な国際的アクターの展開、複雑化した国際機構の在り方についても示されている。

11 グローバル化と教育改革

Summary

グローバル化とは、ヒト・モノ・カネの国境を越えた移動と自由競争を意味する概念である。このような国際移動と競争に対応するために取り組んでいる多くの国の教育改革には、３つの共通の取組がみられる。それらは、国際的に通用する学力（ＰＩＳＡ型学力）の形成を重視した教育課程の編成、英語でのコミュニケーション能力の育成を目指す英語教育の早期開始と、大学の国際化である。

グローバル化とは何か

グローバル化（Globalization）は、一国内を超えて地球（Globe）の規模で進展している一連の経済的（商品とサービスの売買、金融の流れ）、技術的（情報通信技術の発展に伴うコミュニケーションの時間的、空間的圧縮）、社会的（人々の国内外移動の規模拡大）現象とそれに伴う経済的、社会的、環境的変化を指す。その一連の現象は、１９８９年のベルリンの壁の崩壊に伴う東西ドイツの統合と１９９１年のソ連解体以降の冷戦終焉以降、いわゆる社会主義と資本主義による世界の二極化（対立）が消え、多国籍企業が出現しグローバル経済の主導力になってから激化し、現在に至る。また、１９８０年代後半からは新自由主義の原理が浸透し、各国が国家予算の支出の最適化・合理化を目指し、公共支出の削減、分権化、民営化が進行した。ところが、多国籍企業がより安価の材料と労働力を求め産業を途上国に移転させることによって、国内・国家間の格差が拡大し、貧困、環境汚染（温暖化、気候変動）といったデメリットが強いと批判されるようになった。さらに、２０１９年に発生した新型コロナウイルス感染症が全世界規模のパンデミックに拡大した原因の一つには、グローバル化によって促進された国境を超えた人々の移動や貿易、急速な都市化等があり、グローバル化の絶え間ない進行が一層警戒されるようになった。

グローバル化対応の教育改革

このようなグローバル化の流れに対応するために、各国は自国民の国際的な競争力の向上を目指し教育改革に取り組んでいる。多くの国に共通してみられる改革動向は次の3点である。

① ＰＩＳＡ型学力の形成

ＯＥＣＤ（経済協力開発機構）が２００0年から3年ごとに実施している国際学力調査（ＰＩＳＡ：Programme of International Students Assessment）は、義務教育修了段階（15歳）においてそれまで習得した知識と技能を実生活の中で直面する課題にどの程度活用できるかを測っている。読解力、数学的リテラシー、科学的リテラシーといった3つの分野におけるスキルを測定している。また、各ラウンドには特定のテーマを加えて学習者らの態度、状況等を調査する。例えば、２０２２年調査では数学的リテラシーにおける創造的思考が測られた。当初はＯＥＣＤ加盟国を対象としていたが、非加盟国からも自国の教育制度の競争力を図るとともに、向上に向けた示唆を得るという目的で参加国が増えている。２０２２年調査には85カ国が参加し、そのうち42カ国は非加盟国・地域である。

　ＰＩＳＡ型学力を重視した教育課程の編成とは、実生活の問題解決に直結する思考力、判断力、表現力の育成、学習者の主体的な学びを促すアクティブ・ラーニングを取り入れた学習を促す教育内容の開発である。ＰＩＳＡの結果が低い国々では、ＰＩＳＡで高い結果をみせる国や地域の教育制度・教育内容をベストプラクティスとして参考にするところがある。一方、ＰＩＳＡの問題内容はアメリカを中心とした教育学者らが開発し、調査参加国の言語・文化的特徴を考慮しない、参加者の学力は偏った尺度で測られると批判し、ＰＩＳＡへの参加を拒否する国々もある。

② 英語教育の早期開始

　英語でコミュニケーションできることは、国内外の労働市場における競争力の重要な要素とされている。多くの国では就学前教育段階や小学校第1学年から導入し、読む・書く・聞く・話すの4技能のバランス、または聞く・話すといった口頭でのコミュニケーション能力の育成に重点的に取り組んでいる。また、英語教育の早期開始は教員の高い英語能力を求めており、英語を第一言語とする外国人教員の採用を積極的に行っている国もある。一方、英語教育の早期開始は学習者の第一言語（母語）での思考能力の確立を妨げるという批判も多くみられる。

③ 大学の国際化

　大学の国際化は、端的には大学で行われている教育と研究の国際的な通用性を向上させ、大学の国際ランキング（例：Times Higher Education, Quacquarelli Symonds など）の順位を上げることを意味する。それは教育・研究内容を英語で発信し、より多くの外国の大学との学術交流を促し、より多くの優秀な留学生、外国人教員と研究者を受け入れることによって達成されるとされている。留学生の受け入れのみならず、送り出しも促進させるために、国際的に通用する単位互換制度の導入、外国の大学と共同で出すダブル・ディグリー（2つの学位）やジョイント・ディグリー（複数の大学の連携学位）プログラムが導入されている。大学の国際化では、留学生や英語での科目、研究プロジェクトの量的な急増化が質の低下につながることや、世界的に注目されている教育・研究分野のみに物的・財政的支援が集中し、その他の分野の発展が遅れるという批判がある。

（タスタンベコワ・クアニシ）

References

□松塚ゆかり／編著（2016）『国際流動化時代の高等教育―人と知のモビリティを担う大学』ミネルヴァ書房

　本書は、グローバル化に対応できるための自国民の競争力の向上と優秀な留学生の獲得に取り組んでいる大学に何が求められているかという観点から、アジア、ヨーロッパ、アメリカの国と地域の取組の国際比較を行い、高等教育の標準化の課題を論じたものである。

□今尾康裕・岡田悠佑・小口一郎・早瀬尚子／編（2017）『英語教育徹底リフレッシュ―グローバル化対応と21世紀型の教育』開拓社

　本書は、英語教育の理論と実践、英語教育政策の課題について、他国と外国語の教育とも比較して広範囲で論じており、21世型の英語教育の在り方を検討したものである。

□東京大学教育学部教育ガバナンス研究会／編（2019）『グローバル化時代の教育改革―教育の質保証とガバナンス』東京大学出版会

　本書は、東京大学教育学の教員らが教科教育、教師論、教育行政、国際比較など、それぞれの専門分野からみるグローバル化時代の教育改革の現状を提示し、展望を描き、諸問題を提起したものである。

12 法律、政令、省令、通知

Summary

日本では教育に関する重要事項は、全て法律に基づくことになっている（法律主義）。法律は唯一の立法機関である国会で制定される。さらに法律の規定を実施するため、または法律の委任に基づき、政令や省令が定められる。政令は内閣が定める命令、省令は各省大臣が定める命令である。通知は新しく成立した法律の解釈等を広く知らしめるものである。

組織を動かす数多くのルール

例えば、あなたが大きな会社で働いているとしよう。仕事をする上であなたは社長が決めたルールに従わなければならない。しかし、大きな会社の場合には、社長が全てのルールを決めることは難しい。そこで社長は大まかな方針を定め、それを踏まえて、部長や課長が具体的なことを決めたりする。

別の例を挙げると、ある巨大な遊園地を運営する会社では、「安全性」の確保が最優先事項である。しかし実際に「安全性」を確保するには、もう少し具体的なマニュアルが必要であり、それらは部署ごとに異なる。アトラクション（乗り物）運営部門では事故が起こらないように安全確認の手順、レストラン部門では食中毒を起こさないように衛生管理の方法、商品販売部門ではゲストが怪我をしないように割れ物や壊れ物の取り扱い方等を決めておく必要がある。

こうして、現場には数多くのルールができあがる。ただし、それらは全て「安全性」の確保を最優先するという会社の大きな方針から外れることはない。網の目のように張り巡らされた数々のルールが適切に遵守されることによって、人々は安全な遊園地で楽しい時間を過ごすことができる。

一般に、組織は数多くのルールによって動かされている。このことは日本の教育も同じである。教育はたくさんのルールによって支えられている。それらは理念的なものから、個別・具体的なものまであり、ピラミッド構造を成している。

国会で制定される法律

現代の日本で最も優先されるべきルールは、いうまでもなく日本国憲法である。憲法では教育に関する規定として、「すべて国民は、法律の定めるところにより、その能力に応じて、ひとしく教育を受ける権利を有する」（第26条第1項）と定められている。戦前の日本では教育に関する事項は天皇の命令（勅令）で規定されていたが、戦後は全て法律に基づくこととなった（法律主義）。

憲法の規定に基づき、日本では教育に関する数多くの法律が定められているが、中でも準憲法的性格を付与されている重要な法律が、教育基本法（１９４７年制定、２００６年改正）である。教育に関するその他の法律には「学校教育法」「教育職員免許法」「地方公務員法」「教育公務員特例法」「学校保健安全法」「地方教育行政の組織及び運営に関する法律」等がある。法律はタイトルに続く法令番号に「法律第○号」と記される。

法律は唯一の立法機関である国会で制定

される。国会に提出された法律案は、原則として衆議院及び参議院の両議院で可決されて初めて法律として成立する。法律を改正する際にも同様の手続きをとる。法律の制定や改正には多くの時間と手間がかかるのであり、一度成立した法律は簡単に変えることができない。

法律に基づいた政令、省令、通知

そこで、法律では原則を定めておき、さらに個別・具体的なことは別に定める仕組みとなっている。ここでは法律に基づき、それを補うものとして、政令、省令、通知について説明する。

まず、政令は内閣が定める命令のことである。政令には、憲法や法律の規定を実施するためのもの（執行命令）と、法律の委任に基づいて制定されるもの（委任命令）がある。特にその法律の委任がある場合を除き、政令には罰則を設けることができず、また、法律の委任がなければ、義務を課したり、権利を制限したりする規定を設けることができない。つまり、法律から独立した命令を制定することはできないのである。

教育に関する政令には、「学校教育法施行令」「教育職員免許法施行令」「学校保健安全法施行令」等がある。政令はタイトルに続く法令番号に「政令第○号」と記される。

次に、省令は各省の大臣が定める命令のことである。省令には、法律や政令の規定を実施するためのもの（執行命令）と、法律や政令の委任に基づいて制定されるもの（委任命令）がある。省令は政令より下位に位置付く。政令と同様、法律の委任がなければ、義務を課したり、権利を制限したりする規定を設けることはできない。

教育に関する省令には「学校教育法施行規則」「教育職員免許法施行規則」「学校保健安全法施行規則」等がある。また、「小学校設置基準」も省令である。省令はタイトルに続く法令番号に「省令第○号」と記される。

最後に、法律が改正された際に改正の趣旨や留意事項を説明したり、法律の解釈や運用を補足したりするために発出されるのが通知である。教育に関する通知には、「学校教育法等の一部を改正する法律の公布について（通知）」や「体罰の禁止及び児童生徒理解に基づく指導の徹底について（通知）」等がある。通知は正確には法規に位置付くものではないが、法律の解釈等を広く知らしめる役割を果たしている。

（福野裕美）

References

□**坂田　仰・黒川雅子・河内祥子・山田知代／共著（2021）『新訂第４版　図解・表解　教育法規』教育開発研究所**

最新の法改正に対応し、教育法規の内容について図表を用いて分かりやすく解説している。学校現場における具体的な実務の流れや手続き等が理解できる。

□**佐藤晴雄／監修、学校運営実務研究会／編（2014）『新・教育法規解体新書　ポータブル』東洋館出版社**

教育法規を読み解くコツが詳しく説明されている。また、本書の後半では「教育法規トラブルシューティング」と題して、学校現場で想定されるトラブルへの対処法を、関連法規を示しながら解説している。

□**菱村幸彦／著（2015）『新訂第５版　やさしい教育法規の読み方』教育開発研究所**

法令用語の意味や法解釈の原則など、法律を読む際のノウハウが記されている。さらに、教育法規の重要なポイントが一問一答形式で106問にわたって解説されている。

13 教育基本法

Summary

教育基本法は、第二次世界大戦後の日本の教育理念を示した教育に関する基本法である。１９４７年に公布・施行され、約60年後の２００６年に初めて改正された。教育基本法の前文には、日本国憲法の精神にのっとり、我が国の未来を切り拓く教育の基本を確立し、その振興を図るために教育基本法を制定することが記されている。

旧教育基本法の制定と法的性格

戦前の大日本帝国憲法下においては、教育に関する法的な定めは教育財政を例外としてほかには存在せず、教育理念や教育目的は「教育勅語」の中で示され、教育は天皇の大権事項として勅令主義がとられていた。

戦後の日本は、１９４６年に日本国憲法を制定して戦前の勅令主義を改め、法律主義へと転換した。日本国憲法と同時に制定の準備が進められた教育基本法は１９４７年に公布・施行され、教育はすべて法律によって規定するようになったのである。

教育基本法は日本国憲法と密接な関係にあり、教育の諸法令の根拠となることから「教育憲法」といわれたり、教育法体系においては日本国憲法に次ぐことから「準憲法的性格」を有すると捉えられたり、教育の基本原理を示していることから「基本原理的法律」と解釈されたりすることもある。このように教育基本法の有する性格は諸説あるものの、教育基本法は教育制度を築く際の基本的な理念を示しており、戦後日本の教育政策の在り方を方向付けた重要な法律である。

現行の教育基本法の内容

教育基本法の改正の契機となったのは、２０００年に内閣直属の諮問機関である教育改革国民会議が、21世紀を迎えるに当たり、新しい時代にふさわしい教育の基本像を明示しようと見直し案を提示したことである。その後の審議を経て、２００６年に初めて改正が実現した。

改正後の教育基本法は、旧法同様に「本則」の前に「前文」が記されている。通常、法律には前文は付されていないが、教育基本法は他の教育法令の根拠法となる性格を有しており、日本国憲法と関連して教育上の基本原則を示した重要な法律であることから、前文を付して教育基本法制定の趣旨と目的を宣明している。現行法の前文には、日本国憲法の精神にのっとり、我が国の未来を切り拓く教育の基本を確立し、その振興を図るために教育基本法を制定することが示されている。

本則は全18条あり、４つの章で構成された。第１章（第１条～第４条）は「教育の目的及び理念」について定めている。第１条が示す「教育の目的」は、人格の完成を目指すことと、平和で民主的な社会をつくる心身ともに健康な国民を育成することである。教育の目的を実現するために第２条「教育の目標」では、５つの目標として、①知・徳・体、②自主自律の精神、③社会形成に参画する態度、④生命・自然・環境を保全する態度、⑤伝統と文化を尊重する態度――を養うことを定めた。第３条が規定する「生涯学習の理念」は２００６年の改正で新設された条文であり、生涯にわたって学習することができる社会の実現を目指している。第４条は「教育の機会均等」について規定しており、日本国憲法第14条「法の下の平等」や第26条「教育を受ける権利」の規定を受けた重要な基本理念である。

第２章（第５条～第15条）は「教育の実施に関する基本」について定めている。旧法では、初等・中等教育を対象とする基本理念が中心であったが、現行法では第５条「義務教育」や第６条「学校教育」の規定に加えて、第７条「大学」で高等教育の在り方を示し、第11条で「幼児期の教育」を規定したことにより、就学前教育から高等教育までの全体像を描いた基本理念が示された。第９条では学校教育の直接の担い手である「教員」の在り方を規定している。公教育の範囲でいえば、第８条に「私立学校」の規定を新設したことにより、公教育における私立学校の位置付けが明確化した。

現行法では、学校教育に限らず、第10条で「家庭教育」、第12条で「社会教育」を含めて方針を示し、第13条では「学校、家庭及び地域住民等の相互の連携協力」について新設し、国民全体の理解を得て教育改革を推進しようとする趣旨が示された。第14条「政治教育」、第15条「宗教教育」は、公教育の中立性について規定した条文である。

第３章（第16条・第17条）は「教育行政」について定めている。第16条「教育行政」では、教育は不当な支配に服することなく、法律の定めるところにより行われるべきものであることを明記した。現行法では、教育行政における国や地方公共団体の役割を明確にしつつ、教育が円滑に実施されるよう財政上の措置を講じなければならないことも示している。第17条「教育振興基本計画」は新設項目であり、教育基本法の理念を実現するために政府は教育の振興に関する基本的な方針を示し、地方公共団体はその基本的な計画の策定に努めることを規定している。

第４章（第18条）は「法令の制定」の規定であり、教育基本法が示す教育理念を実現するために必要な法令が制定されなければならないことを示している。

以上のように、国の教育制度の根幹となる教育の理念は、教育基本法の中に記されているのである。

（星野真澄）

References

□**田中壮一郎／監修、教育基本法研究会／編著（2007）『逐条解説 改正教育基本法』第一法規株式会社**

改正後の教育基本法の条文を解説した本書は、文部科学省生涯学習政策局長として改正に携わった田中壮一郎が監修を務め、改正の内容を広く国民に示すために、各条文の趣旨、概要、ポイントを分かりやすく解説している。

□**伊藤良高・大津尚志・中谷 彪／編（2010）『新教育基本法のフロンティア』晃洋書房**

旧教育基本法の歴史的意義と教育基本法改正の動きを踏まえた上で、新しい教育基本法の逐条解説を行っている。解説にとどまらず、各条文に関わる現代教育をめぐる論点と課題を提示している。

□**佐々木幸寿／著（2009）『改正教育基本法―制定過程と政府解釈の論点』日本文教出版**

改正教育基本法の制定過程と政府解釈を、新聞報道や国会議事録等を資料としながら分析した学術書。改正審議の与党議事録が非公開の中、他の議会資料を重ね合わせて政府解釈を明らかにしている。

14 教育公務員特例法

Summary

１９４９年1月に制定された教育公務員特例法は、「教育を通じて国民全体に奉仕する教育公務員の職務とその責任の特殊性に基づき、教育公務員の任免、人事評価、給与、分限、懲戒、服務及び研修等について規定」したものである。地方公務員法の特別法であり、公立学校教員には一般法である地方公務員法に優先して、教育公務員特例法が適用される。

制定の経緯

教育公務員特例法（以下、教特法）の前身は、教育基本法制定段階で構想されていた「教員身分法案」である。戦後直後の日本の教育改革に関する重要事項を調査・審議した教育刷新委員会は、１９４７年4月に「教員の身分待遇及び職能団体に関すること」を内閣総理大臣に建議し、「教員身分法」の制定を提唱した。

教員身分法によれば、教員は国公私立の別なく、「特殊の公務員としての身分」を有するものとされていた。同法は、司法権の独立と同じように教育権の独立を唱え、教員にも裁判官と同様の身分保障が必要であると主張した田中耕太郎（第一次吉田内閣の文部大臣）の構想に基づくもので、大学教員であるか初等中等学校の教員であるかを問わず、教員に対して高度な身分保障を行おうとするものであった。

しかし、教員身分法の構想に対しては連合国軍最高司令官総司令部（ＧＨＱ）が反対した。同年10月には国家公務員法（以下、国公法）が制定され、国公立学校の教員には国公法が適用されることになった（当時、公立学校教員は戦前と同じ「官吏」の身分であったので、国公法の適用を受けた）。つまり、教員身分法の構想は実現しなかったのである。

翌１９４８年6月には、「教育公務員の任免等に関する法律案」が上程されたものの、審議未了で撤回され、同年12月に改めて教特法案が上程された。このような経緯を経て、１９４９年1月に教特法が制定されるに至った。

教特法の概要

教特法は、「教育を通じて国民全体に奉仕する教育公務員の職務とその責任の特殊性に基づき、教育公務員の任免、人事評価、給与、分限、懲戒、服務及び研修等について規定」（第1条）した法律である。具体的には「第1章　総則」「第2章　任免、人事評価、給与、分限及び懲戒」「第3章　服務」「第4章　研修」「第5章　大学院修学休業」「第6章　職員団体」「第7章　教育公務員に準ずる者に関する特例」の全7章35条により構成されており、一般の公務員とは異なる取り扱いを定めている。

「特例法」という名称からうかがえるように、国家公務員全体に適用される国公法、地方公務員全体に適用される地方公務員法（以下、地公法）に対し、教特法は教育公務員に限定して適用される特別法である。公立学校教員には一般法である地公法と特別法である教特法の両法が適用されるが、両法が同じ事項を規定している場合、原則として特別法が一般法に優先して適用される。これを特別法優先の原則という。

教特法と地公法で異なる規定としては、公立大学教員の定年（教特法第8条、地公法第28条の6）、条件附任用（教特法第12条、地公法第22条）、兼職及び他の事業等の従事（教特法第17条、地公法第38条）、政治的行為の制限（教特法第18条、地公法第36条）、研修（教特法第21条〜第28条、地公法第39条）等がある。このうち、政治的行為の制限について述べておくと、地方公務員の場合、当該職員の属する地方公共団体の区域外において、一部の政治的行為を行うことができるとされているが、国家公務員の場合、政治的行為の制限は全国に及ぶ（国公法第102条）。教特法の規定によれば、教育公務員は地方公務員であるにもかかわらず、その政治的行為については国家公務員と同様に制限されることになっており、一般の地方公務員よりも制限が厳しい。

これまでの主な法改正

教特法は制定以降、これまでたびたび改正されてきた。特に注目されるのは、公立学校の教育公務員の政治的行為の制限が強化された1954年の改正（「教育公務員特例法の一部を改正する法律」（昭和29年法律第156号）。なお、これと「義務教育諸学校における教育の政治的中立の確保に関する臨時措置法」の2つを併せて「教育二法」と呼ぶ）、初任者研修制度を導入した1988年の改正、国立大学法人法制定による国立大学等の教職員の非公務員化に伴う2003年の改正、指導が不適切な教員の人事管理の厳格化を図るため、指導改善研修制度を導入した2007年の改正、公務員制度改革に伴い、人事評価と退職管理に関する規定を加えた2014年の改正等である。

近年では、教員の資質向上に関わる2つの改正が重要である。一つは、2016年11月の改正であり、校長及び教員の資質の向上に関する指標の全国的整備（文部科学大臣による必要な指針の策定、教員等の任命権者による指標と教員研修計画の策定など）が図られるとともに、それまでの10年経験者研修に代わって中堅教諭等資質向上研修が導入された。もう一つは、2022年5月の改正である。この改正では、教員免許更新制の廃止に伴い、任命権者等による研修記録の作成及び校長・教員に対する資質の向上に関する指導助言等が義務化された。

（藤田祐介）

References

□藤田祐介・貝塚茂樹／著（2011）『教育における「政治的中立」の誕生―「教育二法」成立過程の研究』ミネルヴァ書房

「教育二法」の制定過程を実証的に検討し、その歴史的意義を考察した研究書。教育公務員の「政治的行為の制限」の在り方だけでなく、広く「教育の政治的中立」とは何かを考える上で参考になる。

□荒牧重人・小川正人・窪田眞二・西原博史／編（2015）『別冊法学セミナー　新基本法コンメンタール　教育関係法』日本評論社

主要な教育関係法の一つとして教特法が扱われており、同法を解釈・運用する上で有用な一冊。編者による総説に加え、詳細な逐条解説がなされている。

□高橋寛人／著（2019）『教育公務員特例法制定過程の研究―占領下における教員身分保障制度改革構想』春風社

教特法の制定過程を解明した研究書。一次資料に基づく本格的な実証的研究であり、教員の身分保障を軸に同法の制定過程を明らかにしている点に特色がある。

15 こども基本法

Summary

２０２３年４月に施行されたこども基本法は、日本国憲法と児童の権利に関する条約の精神にのっとり、「こども施策」を総合的に推進することを目的としており、同法の基本理念は児童の権利に関する条約の４つの基本原則を反映している。教育施策も同法の理念の下に置かれ、同法第11条が規定する子供の意見反映についても、教育行政でも適切な取組が求められる。

こども基本法の背景と概要

こども基本法は、こども家庭庁設置法、こども家庭庁設置法の施行に伴う関係法律の整備に関する法律とともに２０２２年６月に成立し、２０２３年４月より施行された。同法成立の契機になったのは、少子化対策の柱として、従来の縦割り行政を打破するような新たな子供行政の体制整備が必要という政府内の議論の高まりであったが、そこに、後述する子供の権利保障の促進への要請も合流する中で形作られていった。

第1条では、この法律の目的について、「日本国憲法及び児童の権利に関する条約の精神にのっとり、次代を担う全てのこどもが、生涯にわたる人格形成の基礎を築き、自立した個人としてひとしく健やかに成長することができ、心身の状況、置かれている環境等にかかわらず、その権利の擁護が図られ、将来にわたって幸福な生活を送ることができる社会の実現を目指して」「こども施策に関し、基本理念を定め、国の責務等を明らかにし、及びこども施策の基本となる事項を定め」「こども施策を総合的に推進すること」としている。

こども基本法が対象とする「こども施策」には、教育施策も含まれると解される。学校教育をはじめとした教育行政は、こども家庭庁発足後も引き続き文部科学省の所管に残ることになったが、こども家庭庁との緊密な連携の確保を図ることとされており（２０２２年６月14日参議院附帯決議第２号）、教育の分野においてもこども基本法の理念に照らした政策の策定・実施・評価が求められる。

なお、同法における「こども」（平仮名表記）とは、「心身の発達の過程にある者」と定義されており（第２条）、年齢で一律に区切ることはしていない。これは、必要なサポートを18歳や20歳といった特定の年齢で途切れさせないためとされる（ただし本項では、書籍全体の表記の統一の観点から基本的に「子供」表記を用いている）。

児童の権利に関する条約とこども基本法の基本理念

日本は、子供の権利に関する世界的な条約である「児童の権利に関する条約」（１９８９年締結）を１９９４年に批准したが、政府は現行法で子供の権利は守られているとし、当時の文部省も教育関連の法令等の改正は不要との認識を示すなど、子供の権利を基盤に据えた国内法の整備は進んでこなかった。こうした中で、第1条に「児童の権利に関する条約の精神にのっとり」と掲げたこども基本法が成立したことは、子供の権利保障を進めていく重要な一歩といえる。

同法の第3条では、「子ども施策」の基本理念として、①個人としての尊重、基本的人権の保障、差別的取扱いの禁止（第1号）、②福祉に係る権利の保障と教育を受ける機会の保障（第2号）、③自己に直接関係する全ての事項に関して意見を表明する機会と、多様な社会的活動に参画する機会の確保（第3号）、④子供の意見の尊重と最善の利益（第4号）――を掲げている。これらは、児童の権利に関する条約で示されている4つの原則（あらゆる差別の禁止、生命・生存・発達への権利、子供の最善の利益の尊重、子供の意見の尊重）の趣旨を踏まえた内容となっている。

子供の意見反映

基本理念でも示されていたように、こども基本法は、政策に対する子供の意見表明機会を確保し、その意見を適切に反映することを求めている。

同法第11条では、「国及び地方公共団体は、こども施策を策定し、実施し、及び評価するに当たっては、当該こども施策の対象となるこども又はこどもを養育する者その他の関係者の意見を反映させるために必要な措置を講ずるものとする」と定めている。先に確認した通り、ここでの「こども施策」は教育施策も含み、また第11条が対象とする「地方公共団体」には教育委員会も含まれている。つまり、教育行政においても、文部科学省や教育委員会は、教育政策の策定・実施・評価において、子供等の関係当事者の意見を聴き、反映させるための取組が求められることになる。その方法としては、例えば各種会議等への子供・若者の参画、パブリックコメントやアンケート、SNS等を通じた意見募集、子供との意見交換の場づくり、さらには子供の側からの提案機会など幅広く考えられるが、多様な子供の声をすくい上げられるよう、様々な手法を組み合わせていくことが期待されている。

なお、こども基本法は、学校での取組に関して直接規定はしていない。しかしながら、児童生徒が多くの時間を過ごす場所である学校において、意見表明や意思決定への参加機会を充実させていくことは、意見表明権の保障として肝要であるとともに、子供が自身の権利に気づき、教育行政・政策に声を届けていくための土台となるであろう。

（古田雄一）

References

□**末冨　芳・秋田喜代美・宮本みち子／監修、末冨　芳／編著(2023)『子ども若者の権利とこども基本法』明石書店**

こども基本法や関連政策の整理とともに、子供の権利保障をめぐる現状と課題をまとめた様々な論考を収めた一冊。

□**日本弁護士連合会子どもの権利委員会／編(2023)『子どもコミッショナーはなぜ必要か―子どものSOSに応える人権機関』明石書店**

こども基本法やこども家庭庁の動向のポイントに加え、子供の権利擁護のための「子どもコミッショナー」の制度について現状と展望をまとめている。

□**こども政策決定過程におけるこどもの意見反映プロセスの在り方に関する検討委員会(2023)『こども政策決定過程におけるこどもの意見反映プロセスの在り方に関する調査研究報告書』株式会社エヌ・ティ・ティ・データ経営研究所**

国や自治体で子供の意見反映をどのように進めていくか、国内外の事例や有識者ヒアリング、モデル事業等を基に検討し、ポイントをまとめた報告書。

16 生きる力

Summary

1996年に、「①自分で課題を見つけ、自ら学び、自ら考え、主体的に判断し、行動し、よりよく問題を解決する資質や能力、②自らを律しつつ、他人とともに協調し、他人を思いやる心や感動する心など、豊かな人間性、③たくましく生きるための健康や体力」として提示された「生きる力」は、学力低下を懸念した批判を受けて変容し、今日では①の要素の冒頭に「基礎・基本を確実に身に付け、」が付加されたものとなっている。

初めて提示された「生きる力」

「生きる力」を初めて提唱したのは、1996年7月に中央教育審議会（以下、中教審）が取りまとめた「21世紀を展望した我が国の教育の在り方について（第1次答申）」であった。本答申は当時の重大な教育課題について次のように述べている。

> 過度の受験競争は、子供たちの生活を多忙なものとし、心の「ゆとり」を奪う、大きな要因となっている。子供たちは、過度の受験勉強に神経をすり減らされ、青少年期にこそ経験することが望まれる様々な生活体験、社会体験、自然体験の機会を十分に持つことができず、精神的に豊かな生活を行うことが困難となっている現状がある。（第1部(4)）

> 現在、憂慮すべき状況にあるいじめや登校拒否の問題の背景については、家庭・学校・地域社会のそれぞれの要因が複雑に絡み合っていると考えられるが、深く現代社会の在り方そのものともかかわっており、この問題は、我々の社会全体に投げかけられた大きな課題と言っても、過言ではない。（第1部(5)）

このような課題認識に基づいて取りまとめられた当該中教審答申は、「生きる力」を次のように提示したのである。

> 我々はこれからの子供たちに必要となるのは、いかに社会が変化しようと、自分で課題を見つけ、自ら学び、自ら考え、主体的に判断し、行動し、よりよく問題を解決する資質や能力であり、また、自らを律しつつ、他人とともに協調し、他人を思いやる心や感動する心など、豊かな人間性であると考えた。たくましく生きるための健康や体力が不可欠であることは言うまでもない。我々は、こうした資質や能力を、変化の激しいこれからの社会を「生きる力」と称することとし、これらをバランスよくはぐくんでいくことが重要であると考えた。（第1部(3)）

ここに示された「生きる力」は、

①　自分で課題を見つけ、自ら学び、自ら考え、主体的に判断し、行動し、よりよく問題を解決する資質や能力

②　自らを律しつつ、他人とともに協調し、他人を思いやる心や感動する心など、豊かな人間性

③　たくましく生きるための健康や体力

の3要素から構成される。

学力低下懸念と「生きる力」の変容

このような「生きる力」を基盤として、「ゆとりの中で生きる力をはぐくむ」との方針を掲げた学習指導要領の改訂の方向性を示したのは教育課程審議会答申（1998年7月）である。しかし、本答申が、完全学校週5日制の導入に基づく授業時数の削減と、教育内容の3割程度削減の方針を明示すると、各方面から、学力の低下を懸念する強い批判が出されることとなった。

これらの批判を重く見た文部科学省は、2002年1月、文部科学大臣名による「確かな学力の向上のための2002アピール『学びのすすめ』」を公表した。当該アピールは、「新しい学習指導要領のねらいとその実現のための施策とを今一度明確に示す」とした上で、「一人一人の児童生徒に『確かな学力』を身に付けることが重要となる」と述べている。

具体的には、「生きる力」は、「基礎・基本を確実に身に付ける」ことを当初より包含する概念であり、それが十分に理解されてこなかったことによって、学力低下懸念が生じたとする見解を示したのである。

このような捉え方の変化は、文部省（当時）発行の『平成12年度我が国の文教施策（教育白書）』が、「知育偏重の風潮や知識詰め込み型の教育を改め、子どもたちに『ゆとり』を持たせ、その中で自ら学び、考え、行動する『生きる力』をはぐくむことが重要」（教育改革の動向　第1節2）としていたこととは対照的に、省庁改編後の文部科学省が発行した『平成13年度文部科学白書』では、「基礎的・基本的な内容を確実に身につけさせ、それを基にして豊かな人間性や自ら学び自ら考える力などの『生きる力』を育成する」（第2部第2章第1節1）という表現に変容していることにも表れている。

このような変容を経て、今日の「生きる力」の特質は、「変化が激しく、新しい未知の課題に試行錯誤しながらも対応することが求められる複雑で難しい次代を担う子供たちにとって、将来の職業や生活を見通して、社会において自立的に生きるために必要とされる力」（中教審答申「幼稚園、小学校、中学校、高等学校及び特別支援学校の学習指導要領等の改善について」2008年1月、5(2)と説明され、簡潔には「『確かな学力』、『豊かな心』、『健やかな体』の知・徳・体のバランスを重視した『生きる力』」（『平成29年度文部科学白書』第2部第4章第1節）と示されている。

（藤田晃之）

References

□文部省／編（1997）『平成９年度我が国の文教施策』大蔵省印刷局

本書は絶版であるが、文部科学省ウェブサイトにおいて全文を読むことできる。「第Ⅱ部　文教施策の動向と展開」、特に「第３章　初等中等教育の一層の充実のために」において、「生きる力」が初めて提唱された時期の教育状況が示されている。

□梶田叡一／著（2008）『新しい学習指導要領の理念と課題－確かな学力を基盤とした生きる力を』図書文化社

「生きる力」の要素に「基礎・基本を確実に身に付ける」が付加された後に改訂された学習指導要領の解説書。著者は当時、中央教育審議会副会長、初等中等教育分科会長であった。

□国立教育政策研究所／編（2016）『［国研ライブラリー］資質・能力［理論編］』東洋館出版社

2015年３月に国立教育政策研究所が取りまとめた「資質・能力を育成する教育課程の在り方に関する研究報告書」を書籍化したもの。「生きる力」を含む幅広い資質・能力論が包括的に整理されている。

17 学習指導要領

Summary

アメリカの〝course of study〟の訳語である「学習指導要領」は、教育課程の編成基準である。両者の関係は、テレビの番組編成のガイドラインと番組一覧との関係に似る。我が国では、被占領期を除き、学習指導要領は約10年おきに改訂（改正）されてきた。学校教育の内容を定めるため、教科書、各種入学試験、教員免許状など、多方面に影響を及ぼす。

教育課程と学習指導要領

現行法制下で学校の教育課程を編成する際、学習指導要領に基づく必要がある。教育課程は「テレビの番組一覧」、学習指導要領は「テレビ番組」編成の「ガイドライン、ルールブック」にたとえられる。日本国憲法第21条で言論や表現の自由は保障されるが、テレビ番組はやりたい放題では作成できない。事実、「放送法」をはじめ、各種のガイドラインや基準がある。同様に学校教育も、勝手気ままに教えたり計画がなかったりしては、無法状態となる。そこで、学校教育の計画や中身に当たる教育課程が編成される。さらに、教育課程のガイドラインや基準として、学習指導要領がある。学習指導要領は、通常の書籍と同じく冊子体で出版される。文部科学省のウェブサイトから、PDF等でも入手できる。学校教育法第1条に規定された〝学校〟である幼稚園には、学習指導要領に相当する「教育要領」がある。

学習指導要領は、文部科学大臣が告示する。冊子体の表紙や背表紙に「文部科学省」とあり、奥付の「著作権所有」も「文部科学省」であるが、告示は「文部科学大臣」による。根拠は学校教育法第33条「小学校の教育課程に関する事項は、第29条及び第30条の規定に従い、文部科学大臣が定める」や、学校教育法施行規則第52条等である（傍線は筆者）。

学習指導要領が変わると、何が変わるのか

学習指導要領が変わると、学校に新しい教科や領域ができたり、教える内容が変わったりする。筆者が小学生の頃、「生活科」も「総合的な学習の時間」もなかった。高等学校の「家庭科」は女子のみ必修で、男子はその分、保健体育が多かった。いずれも学習指導要領の改訂（改正）で、大きく変わった。過去の学習指導要領はデータベース化され、オンラインで手軽に読める。

学習指導要領が変わると、教科書も変わる。教科書は「教科の主たる教材」（教科書の発行に関する臨時措置法第2条）で、検定は学習指導要領を基準とする（義務教育諸学校教科用図書検定基準等）。入学試験も変わる。「大学入試共通テストの出題は、高等学校学習指導要領に準拠して行う」（令和6年度大学入学者選抜に係る大学入学共通テスト実施要項）からである。学習指導要領、検定教科書及び入学試験は、いわば「三項関係」にある。指導要録、大学の教職課程や教員採用試験も、学習指導要領とともに変わる。

学習指導要領の「法的拘束力」

ここまで学習指導要領を「ガイドライン、

ルールブック」にたとえ、教科書や入学試験との関係等を述べた。これらの関係は、昔から確立していたわけではない。また、学習指導要領に書かれていないことは実践できない／してはいけないのか、書かれてあることを守ればほかは自由でいいのか、今日でも見解の相違が生じる。学習指導要領の影響力の変遷や見解の相違は、専門用語で「法的拘束力」の問題と呼ばれる。

学習指導要領の法的拘束力には、歴史的な経緯がある。最初の学習指導要領（昭和22年版（1947年））には「（試案）」の文字が付され、教育基本法及び学校教育法の公布より数日前に「出版」された。当時の日本は終戦後の被占領期で、現在とは教育行政の状況が異なった。占領を終えて再独立した後、昭和33年版（1958年）が官報で「告示」された。「（試案）」の文字は消え、形式的には法規の扱いとなったが、なお議論は続いた。

1976年のいわゆる「旭川学テ」（旭川学力テスト事件）の最高裁判決は、昭和33年版の「効力」について、「教育の機会均等の確保及び全国的な一定水準の維持の目的のために必要かつ合理的と認められる大綱的な遵守基準を設定したものとして、有効」（裁判要旨）とした。「大綱的」「水準の維持」は、平成29年版（2017年）の「前文」にも、同様の趣旨が引き継がれている。

References

□高見　茂・田中耕治・矢野智司・稲垣恭子／監修、西岡加名恵／編著（2017）『教職教養講座　第４巻　教育課程』協同出版

教職課程のテキスト。教育目標や教育接続への言及など、意欲的な構成に特色がある。この本を含め、教職課程のテキストを複数読み比べることをお薦めする。

□根津朋実・樋口直宏／編著（2019）『教職シリーズ３　教育内容・方法［改訂版］』培風館

教育内容（教育課程）と教育方法とを一冊にまとめ、中・高の教職課程を想定したテキスト。2010年の初版以降の諸変更を反映させ、「教職課程コアカリキュラム」（2017年11月）にも対応済。

□水原克敏・髙田文子・遠藤宏美・八木美保子／著（2018）『新訂　学習指導要領は国民形成の設計書―その能力観と人間像の歴史的変遷』東北大学出版会

戦前から戦後の広い時間軸で、日本の教育内容や方法を丁寧に扱う。各時代の世相にも触れ、豊富な図版や資料を備える。

原則と例外

原則として学習指導要領は、国公私立の全ての学校にとって、教育課程編成の基準である。学校教育法施行規則第50条は「小学校の教育課程は、国語、社会、（略）並びに特別活動によって編成するものとする」（第1項）とし、国公私立の別はなく、中学校や高等学校等も同様である。この原則を組織的に歪めた例が、高等学校の「未履修」問題（2006年）といえる。

「原則として」という以上、「例外」が当然ある。同条第2項は、「私立の小学校の教育課程を編成する場合は、前項の規定にかかわらず、宗教を加えることができる」と、特例を設ける。また、同施行規則の第55条（研究開発）、第55条の2（地域の特色）、第56条（不登校）、第56条の2（日本語指導）、第56条の4（夜間中学）は、いずれも前述第50条等によらなかったり、特別の教育課程を認めたりした条文と読める。

珍しい実践例を目にした場合、学習指導要領の範囲内なのか、何らかの例外措置を受けたのか、確認するべきである。

（根津朋実）

18「学力の三要素」と「資質・能力の三つの柱」

Summary

「生きる力」の一部としての「確かな学力」は、「①基礎的な知識及び技能、②これらを活用して課題を解決するために必要な思考力、判断力、表現力その他の能力、③主体的に学習に取り組む態度」の3要素によって構成される。一方、学習指導要領が求める「資質・能力」は、この「学力の三要素」と密接な関連を前提に構想され、「①知識及び技能、②思考力、判断力、表現力等、③学びに向かう力、人間性等」――の「三つの柱」に整理されている。

「生きる力」と「学力の三要素」

今日、学校の教育活動を通して育成が目指される「生きる力」について、文部科学省は簡潔に「『確かな学力』『豊かな心』『健やかな体』」であると述べる（『平成29年度文部科学白書』第2部第4章第1節）。ここで、「生きる力」の第一の要素、すなわち「確かな学力」については、学校教育法第30条第2項が次のように定めていることを確認しておこう。

> 生涯にわたり学習する基盤が培われるよう、基礎的な知識及び技能を習得させるとともに、これらを活用して課題を解決するために必要な思考力、判断力、表現力その他の能力をはぐくみ、主体的に学習に取り組む態度を養うことに、特に意を用いなければならない。

本規定は、「確かな学力」を、以下の3要素によって示したものである。

① 基礎的な知識及び技能
② これらを活用して課題を解決するために必要な思考力、判断力、表現力その他の能力
③ 主体的に学習に取り組む態度

今日求められる「資質・能力」

一方、「育成を目指す資質・能力の明確化」を重要な課題の一つとして改訂された学習指導要領は、全校種に対する総則事項として、以下の「三つの柱」に整理される資質・能力の育成を求めている。

① 知識及び技能の習得
② 思考力、判断力、表現力等の育成
③ 学びに向かう力、人間性等の涵養

なお、これらの「資質・能力の三つの柱」について、文部科学省が次のように指摘していることは極めて重要である（『小学校学習指導要領（平成29年告示）解説　総則編』第3章第1節3）。

> 資質・能力の三つの柱は、学校教育法第30条第2項や第1章総則第2の2(1)（＝言語能力、情報活用能力（情報モラルを含む。）、問題発見・解決能力等の学習の基盤となる資質・能力の育成［引用者注］）に示された要素と大きく共通するとともに、確かな学力に限らず、知・徳・体にわたる「生きる力」全体を捉えて、共通する重要な要素を示したものである。

同時に、このような「資質・能力の三つの柱」は、次のような社会的な認識に基づいて構想されたものであることを踏まえておく必要がある（中央教育審議会答申「幼稚園、小学校、中学校、高等学校及び特別支援学校の学習指導要領等の改善及び必要な方策等について」２０１６年12月、第1

部第2章)。

> 社会や産業の構造が変化し、質的な豊かさが成長を支える成熟社会に移行していく中で、特定の既存組織のこれまでの在り方を前提としてどのように生きるかだけではなく、様々な情報や出来事を受け止め、主体的に判断しながら、自分を社会の中でどのように位置付け、社会をどう描くかを考え、他者と一緒に生き、課題を解決していくための力の育成が社会的な要請となっている。

▼「生きる力」「学力の三要素」「資質・能力の三つの柱」の関係

上述のように、「学力の三要素」は、「生きる力」のうちの「確かな学力」の内容を具体的に示したものであるし、学習指導要領が育成を求める「資質・能力の三つの柱」は「生きる力」の「全体を捉えて、共通する重要な要素を示したもの」である。では、「生きる力」「学力の三要素」「資質・能力の三つの柱」の三者の関係はどのように理解すべきなのだろうか。

この点については、学習指導要領改訂の方針を示した前述の中央教育審議会答申が、次のように述べている点は特筆に値する(第1部第5章2)。

> 海外の事例や、カリキュラムに関する先行研究等に関する分析によれば、資質・能力に共通する要素は、知識に関するもの、スキルに関するもの、情意(人間性など)に関するものの三つに大きく分類されている。
>
> 前述の3要素は、学校教育法第30条第2項が定める学校教育において重視すべき三要素(「知識・技能」「思考力・判断力・表現力等」「主体的に学習に取り組む態度」)とも大きく共通している。

「資質・能力の三つの柱」は、「知識」「スキル」「情意」の3要素を議論の出発点としながら、「学力の三要素」との共通性も考慮しつつ構築されたものといえよう。以上の議論を踏まえれば、「生きる力」「学力の三要素」「資質・能力の三つの柱」の関係は上図のように整理できる(図中「●」が「資質・能力の三つの柱」を示す)。

(藤田晃之)

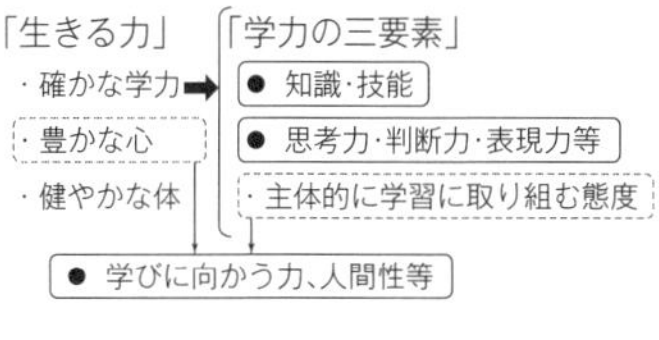

References

□奈須正裕/著(2017)『「資質・能力」と学びのメカニズム—新学習指導要領を読み解く』東洋館出版社

学習指導要領改訂に深く関わった著者が、「育成を目指す資質・能力」「知識基盤社会の到来」「社会に開かれた教育課程」等の観点から、改訂の背景と趣旨を丁寧に解説している。

□日本教育方法学会/編(2017)『学習指導要領の改訂に関する教育方法学的検討—「資質・能力」と「教科の本質」をめぐって』図書文化社

学習指導要領が求める資質・能力の策定に至る文部科学省内の議論をリードしてきた安彦忠彦氏による総論をはじめ、多様な論考が掲載されている。

□C. ファデル・M. ビアリック・B. トリリング/著、岸 学/監訳(2016)『21世紀の学習者と教育の4つの次元—知識、スキル、人間性、そしてメタ学習』北大路書房

現在の資質・能力論の国際的な潮流としての「知識」「スキル」「情意」の3要素を明快に含み、日本における議論にも影響を与えた能力論が詳述されている。

19 カリキュラム・マネジメント

Summary

文部科学省による「カリキュラム」の使用は異例。学習指導要領中、第1章「総則」に登場した新語。「教育課程に基づき組織的かつ計画的に各学校の教育活動の質の向上を図っていくこと」を指す。教育課程に関し、各種実態の把握、教科等横断的な視点、評価と改善、及び人的物的な体制確保と改善を重視する。

教育課程経営とカリキュラム・マネジメント

1950年代以降、わずかな例外を除き、教育行政上は一貫して「教育課程」の語が用いられてきた。2017・18年告示の学習指導要領に「カリキュラム・マネジメント」が新たに登場した事実は、学校教育やカリキュラム研究にとって「大事件」である。これまで用いられてきた「教育課程経営」と、カタカナ語の「カリキュラム・マネジメント」との違いは、「教育課程」と「カリキュラム」との違いを前提にもつ。本書の第1章―19「教育課程とカリキュラム」も参照してほしい。

「カリキュラム・マネジメント」は、学習指導要領の解説はもとより、市販の概説書等にも豊富な事例や説明がある。そこでここでは、やや変わった角度から説明を試みる。第2章―17「学習指導要領」で述べた通り、学習指導要領が変わると、大学の教職課程も変わる。これに関し、学習指導要領の改訂と連動して、『教職課程コアカリキュラム』（2017年11月）が導入された。従来の経緯とは明らかに異質で、批判も少なくない。

これまで各大学では、「教育課程論」や「教育内容論」等の名称により、教職科目「教育課程の意義及び編成の方法」に関する科目が開講されてきた。『教職課程コアカリキュラム』は、その内容に「(カリキュラム・マネジメントを含む。)」を、新たに追加した。次ページの表Aに示す。

表中の(1)や(2)は、これまで教職科目で扱われてきた内容である。これらに対し、(3)の「カリキュラム・マネジメント」は、明らかに新しい。その一般目標として、「教科・領域・学年をまたいでカリキュラムを把握し、学校教育課程全体をマネジメントすることの意義を理解する」とある。「教科・領域・学年をまたいで」という表現は、学習指導要領の文言「教科等横断的な視点」と通ずる。マネジメントの対象は「学校教育課程全体」とされるが、やや冗長な表現かもしれない。さらに到達目標が2つあり、1)は学習指導要領そのままという書きぶりだが、2)の「カリキュラム評価の基礎的な考え方を理解している」は注目すべきである。「カリキュラム評価」はカリキュラム研究の専門用語だが、学習指導要領には記されていない。「学校評価」との整合性も、なお課題である。

「分業の陥穽」をどう克服するか

ここまでの記述から想起しやすいのは、学校全体で各種行事や総合的な学習（探究）の時間の運営に当たる場合である。加えて、「部分の総和は全体ではない」という認識や前提があるように思われる。各分掌、各

References

□田村知子／著（2022）『カリキュラムマネジメントの理論と実践』日本標準

書名に「・」がないのは意味があり、誤植ではない。2017・18年告示の学習指導要領の「カリキュラム・マネジメント」を含め、それ以前からの研究成果や知見をまとめた一冊。

□田村知子・村川雅弘・吉冨芳正・西岡加名恵／編著（2016）『カリキュラムマネジメントハンドブック』ぎょうせい

タイトルを「カリキュラム・マネジメント…」としなかった理由は、「はじめに」で明記されているので、一読されたい。豊富な事例も興味深い。

□天笠　茂／編著（2017）『平成29年改訂　小学校教育課程実践講座　総則』ぎょうせい

2017年告示の学習指導要領の解読を試みた。編著者による「はじめに」は、短いが本書の性格が凝縮されている。筆者は「第11章　新教育課程のカリキュラム・マネジメント」を担当した。

＊表A　『教職課程コアカリキュラム』の「カリキュラム・マネジメント」

教育課程の意義及び編成の方法（カリキュラム・マネジメントを含む。）

全体目標：学習指導要領を基準として各学校において編成される教育課程について、その意義や編成の方法を理解するとともに、各学校の実情に合わせてカリキュラム・マネジメントを行うことの意義を理解する。

(1)　教育課程の意義

一般目標：学校教育において教育課程が有する役割・機能・意義を理解する。

到達目標：

1）学習指導要領・幼稚園教育要領の性格及び位置付け並びに教育課程編成の目的を理解している。

2）学習指導要領・幼稚園教育要領の改訂の変遷及び主な改訂内容並びにその社会的背景を理解している。

3）教育課程が社会において果たしている役割や機能を理解している。

(2)　教育課程の編成の方法

一般目標：教育課程編成の基本原理及び学校の教育実践に即した教育課程編成の方法を理解する。

到達目標：

1）教育課程編成の基本原理を理解している。

2）教科・領域を横断して教育内容を選択・配列する方法を例示することができる。

3）単元・学期・学年をまたいだ長期的な視野から、また幼児、児童及び生徒や学校・地域の実態を踏まえて教育課程や指導計画を検討することの重要性を理解している。

(3)　カリキュラム・マネジメント

一般目標：教科・領域・学年をまたいでカリキュラムを把握し、学校教育課程全体をマネジメントすることの意義を理解する。

到達目標：

1）学習指導要領に規定するカリキュラム・マネジメントの意義や重要性を理解している。

2）カリキュラム評価の基礎的な考え方を理解している。

『教職課程コアカリキュラム』（2017：16）を一部改変

教科、各学年、各教員でマネジメントできても、全体として不都合が生じる場合は、十分ありうる。これは学校教育に限ったことではなく、広く「分業の陥穽」（かんせい、落とし穴）と呼ばれる問題に属する。長期的かつ組織的な業務は、「分担を割り振れば終わり、あとはお任せ」だと、危うい。組織としてのまとまりを維持するには、定期的にビジョンや進捗状況を共有し、確認する手続きを要するだろう。

▼PDCAサイクルは万能か

目標管理の一手法として、いわゆるPDCAサイクル（Plan—Do—Check—Action）、計画—実施—評価—改善に向けた活動）があり、カリキュラム・マネジメントにも用いられる。これは「一手法」に過ぎないため、研究の世界では賛否両論ある。文献は略すが、PDCAサイクルの変種として、現状の評価と改善活動から着手する「CAPDサイクル」や、実践の成立を重視する「DCAP」サイクルも提唱されている。どのサイクルにせよ、「C」、すなわち「評価」が鍵を握るだろう。

（根津朋実）

20 社会に開かれた教育課程

Summary

学習指導要領で、新設の「前文」に登場した語。「よりよい学校教育を通してよりよい社会を創るという理念を学校と社会とが共有」し、学校と社会とをつなぐ一種の媒体として、教育課程を捉える。教育課程は学校内で完結せず、学校外の社会との連携や協働が不可欠とされるため、「社会」の内容や範囲が鍵となる。

「前文」の創設と「社会に開かれた教育課程」

２０１７年から順次告示された学習指導要領には、新たに「前文」が置かれた。語「社会に開かれた教育課程」は、「前文」に登場する。以下、引用する（傍線は筆者）。

> 教育課程を通して、これからの時代に求められる教育を実現していくためには、よりよい学校教育を通してよりよい社会を創るという理念を学校と社会とが共有し、それぞれの学校において、必要な学習内容をどのように学び、どのような資質・能力を身に付けられるようにするのかを教育課程において明確にしながら、社会との連携及び協働によりその実現を図っていくという、社会に開かれた教育課程の実現が重要となる。

この引用は、「教育課程を通して、これからの時代に求められる教育を実現していくためには、（略）社会に開かれた教育課程の実現が重要となる」という構造をもつ。すなわち、略した箇所は、次の３つに区分できる。(1)「よりよい学校教育を通してよりよい社会を創るという理念を学校と社会とが共有し」、(2)「それぞれの学校において、必要な学習内容をどのように学び、どのような資質・能力を身に付けられるようにするのかを教育課程において明確にしながら」、(3)「社会との連携及び協働によりその実現を図っていく」と。いずれも、「社会に開かれた教育課程の実現」の内容や手段と考えられる。

よって「前文」の「社会に開かれた教育課程」を実現するには、要約すれば(1)′学校と社会とで理念を共有する、(2)′各学校が教育課程で学習内容や方法と資質・能力を明確化する、(3)′各学校が社会と連携・協働して(2)′を実現する——という手続きを要する。

「社会に開かれた教育課程」の背景

「社会に開かれた教育課程」の背景を、学習指導要領の前に出された、中央教育審議会答申（２０１６年12月）で確認する。

本答申は学習指導要領等の課題として、次の３点を挙げた。大要、(a)子供たちが変化の激しい社会を生きるために必要な資質・能力の明確化と育成、(b)社会とのつながりを重視しながら学校の特色づくりを図ること、(c)現実の社会との関わりの中で子供たち一人一人の豊かな学びを実現していくこと——である。いずれも教育課程を通じた課題とされた。

これらの課題の解決には、「学校が社会や世界と接点を持ちつつ、多様な人々とつながりを保ちながら学ぶことのできる、開かれた環境となること」が不可欠で、「学校教育の中核となる教育課程もまた社会とのつながりを大切にする必要がある」という。「社会に開かれた教育課程」の前提は、「社会に開かれた学校」と考えられる。

さらに「社会に開かれた教育課程」で重要になる点として、以下の３点が示された（第4章1）。

① 社会や世界の状況を幅広く視野に入れ、よりよい学校教育を通じてよりよい社会を創るという目標を持ち、教育課程を介してその目標を社会と共有していくこと。

② これからの社会を創り出していく子供たちが、社会や世界に向き合い関わり合い、自らの人生を切り拓いていくために求められる資質・能力とは何かを、教育課程において明確化し育んでいくこと。

③ 教育課程の実施に当たって、地域の人的・物的資源を活用したり、放課後や土曜日等を活用した社会教育との連携を図ったりし、学校教育を学校内に閉じずに、その目指すところを社会と共有・連携しながら実現させること。

続けて、「この『社会に開かれた教育課程』の実現を目標とすることにより、学校の場において、子供たち一人一人の可能性を伸ばし、新しい時代に求められる資質・能力を確実に育成したり、そのために求められる学校の在り方を不断に探究する文化を形成したりすることが可能になるものと考えられる」という（同）。この一文は、「目標」や「仮説」を含むと解釈できる。実際、学習指導要領の解説によれば、「社会に開かれた教育課程」は、「理念」や「実現」といった語と関連付けられる（文部科学省、２０１７年）。

枠内①②③は、前述の⑴⑵⑶と、そのまま対応する。つまり、学習指導要領「前文」の「社会に開かれた教育課程」は、中央教育審議会答申で示された社会や教育、及び教育課程に関する認識を、忠実に反映させた内容からなる。是非はさておき、「社会に開かれた教育課程」を理解するには、本答申、さらに答申に至った審議の経過にも、目を向ける必要がある。

一体、「社会に閉ざされた教育課程」はありうるのか。教育は社会をつくる営みである一方、社会が教育をつくる関係にもある。同様に、現在の社会の要請が教育課程に反映される一方で、教育課程が今後の社会をつくる。このとき「社会の要請」と「つくられる社会」という、２つの見方が成り立つ。学習指導要領や解説に加え、他の資料も参照し、「社会に開かれた」の前提や内実を吟味すべきだろう。

（根津朋実）

References

□**天笠　茂／編著（2017）『平成29年改訂　小学校教育課程実践講座　総則』ぎょうせい**

「社会に開かれた教育課程」は、編者による「はじめに」と序章、及び牛渡淳による「第３章　学校教育目標と教育課程編成の新基準」で扱われている。

□**中央教育審議会（2016）「幼稚園、小学校、中学校、高等学校及び特別支援学校の学習指導要領等の改善及び必要な方策等について（答申）」**

全243頁。文部科学省のウェブサイトから、PDF ファイルで入手できる。「社会に開かれた教育課程」は、「第４章　学習指導要領の枠組みの改善と『社会に開かれた教育課程』」に詳述されている。

□**文部科学省（2017）『小学校学習指導要領（平成29年告示）解説　総則編』**

文部科学省のウェブサイトから、PDF ファイルで入手できる。別途、東洋館出版社から、約100頁分の付録や資料を収めた冊子体（2018）も刊行されている。

21　主体的・対話的で深い学び（アクティブ・ラーニング）

Summary

2017・18年告示の学習指導要領では、「主体的・対話的で深い学び」の実現に向けた授業改善（アクティブ・ラーニングの視点に立った授業改善）を推進することが重視されている。学習指導要領告示から6年余りが過ぎ、その間、新型コロナウイルス感染症の流行等もあり、ICTを効果的に活用して「主体的・対話的で深い学び」を実現しようとする取組が進んだ。

▼2014年の諮問文が求めたこと

2014年11月、文部科学大臣は、中央教育審議会に「初等中等教育における教育課程の基準等の在り方について」諮問した。この諮問文において、アクティブ・ラーニングが「課題の発見と解決に向けて主体的・協働的に学ぶ学習」と定義され、社会の中で習得した知識・技能を活用しながら、自ら課題を発見し、解決に向かっていく人間の育成において重要な学習の在り方だと宣言された。

これに先立ち、高等教育では、知識の伝達・注入型の授業から「学生が主体的に問題を発見し解を見いだしていく能動的学修（アクティブ・ラーニング）」への転換が必要だと指摘されていた（中央教育審議会答申「新たな未来を築くための大学教育の質的転換に向けて」2012年8月）。高等教育で確認された「アクティブ・ラーニング」の意義について、初等中等教育でも議論することが求められたのである。

▼2016年の答申が求めたこと

2016年12月、中央教育審議会は、前述の諮問を受けて行われた議論を答申「幼稚園、小学校、中学校、高等学校及び特別支援学校の学習指導要領等の改善及び必要な方策等について」に取りまとめた。

まず、「アクティブ・ラーニング」について、第7章1節の中で「子供たちの『主体的・対話的で深い学び』を実現するために共有すべき授業改善の視点として、その位置付けを明確にすることとした」点が注目できる。特に、「高等学校における教育が、小・中学校に比べて、知識伝達型の授業に留まりがちであること」を課題とし、「卒業後の学習や社会生活に必要な力の育成」のために「アクティブ・ラーニング」による授業改善が重要だと述べる。

ところで、本答申ではアクティブ・ラーニングが「授業改善の視点」として位置付けられており、ある特定の指導法を指すものではない点に注意したい。諮問文の3では、「『アクティブ・ラーニング』などの新たな学習・指導方法」と指導法の一つとして位置付けられていた。中央教育審議会答申「新たな未来を築くための大学教育の質的転換に向けて」（2012年8月）の中でもアクティブ・ラーニングの具体的な姿としてディスカッションやディベートが挙げられていた。しかし、本答申では、「主体的・対話的で深い学び」を実現するための指導法は「限りなく存在し得る」と断り、アクティブ・ラーニングが「授業改善の視点」として位置付け直されている。

では、「主体的・対話的で深い学び」とは何か。答申では、以下3つの視点に立った授業改善を行い、質の高い学びを実現することだと述べる（第7章2節）。

①　学ぶことに興味や関心を持ち、自己のキャリア形成の方向性と関連付けながら、見通しを持って粘り強く取り組み、自己の学習活動を振り返って次につなげる「主体的な学び」

②　子供同士の協働、教職員や地域の人との対話、先哲の考え方を手掛かりに考えること等を通じ、自己の考えを広げ深める「対話的な学び」

③　習得・活用・探究という学びの過程の中で、各教科等の特質に応じた「見方・考え方」を働かせ、知識を相互に関連付けてより深く理解したり、情報を精査して考えを形成したり、問題を見いだして解決策を考えたり、思いや考えを基に創造したりすることに向かう「深い学び」

学習指導要領が求めたことと、その後

先の答申を踏まえて2017・18年に公示された学習指導要領では、「『主体的・対話的で深い学び』の実現に向けた授業改善（アクティブ・ラーニングの視点に立った授業改善）を推進する」ことを求める（『小学校学習指導要領（平成29年告示）解説　総則編』第1章1⑵③）。その際、

ア　全く異なる指導方法を導入しなければならないと捉える必要はないこと

イ　授業の方法や技術の改善のみを意図するものではないこと

ウ　言語活動の質を向上させること

エ　単元や題材などのまとまりの中で実現を図っていくこと

オ　深い学びの鍵として「見方・考え方」を働かせることが重要になること

カ　基礎的・基本的な知識及び技能の確実な習得を図ること

以上、6点に留意して取り組むこととされている。

ところで、2019年12月、閣議決定された補正予算案で「児童生徒向けの1人1台端末と、高速大容量の通信ネットワークを一体的に整備するための経費」が盛り込まれた。その後、新型コロナウイルス感染症対策のために小・中・高等学校の一斉臨時休業があった。このような状況を経て、私たちが考える「主体的・対話的で深い学び」のありようは学習指導要領が公示された時点とは大きく変化した。ICTを効果的に活用して「主体的・対話的で深い学び」を実現しようとする取組が蓄積されつつある。

（勝田　光）

References

□**松下佳代・京都大学高等教育研究開発推進センター／編著（2015）『ディープ・アクティブラーニング』勁草書房**

本書は、「大学での学習は単にアクティブであるだけでなく、ディープでもあるべきだ」という主張の下、編まれた論集。アクティブ・ラーニングの実現に伴う課題、学生を主体的な学びや深い学びに誘うための手立て等を確認できる。

□**大滝一登／著（2018）『高校国語新学習指導要領をふまえた授業づくり　理論編』明治書院**

本書は、文部科学省初等中等教育局視学官である著者が主体的・対話的で深い学びの実現に向けたポイント等について解説したものである。学習指導要領が定義する「主体的な学び」「対話的な学び」「深い学び」について国語科の授業を例にして理解できる。

□**野中　潤／編著（2021）『学びの質を高める！　ICTで変える国語授業2』明治図書株式会社**

本書は、国語科におけるICTを活用した授業の事例集。小学校から高等学校までの実践が収録され、教材も文学的文章、説明的文章、古典と多岐にわたる。ポストコロナ時代における主体的・対話的で深い学びについて考えることができる。

22 地理総合、歴史総合、公共

Summary

2018年の学習指導要領の改訂において、高等学校地理歴史科に「地理総合」「歴史総合」、公民科に「公共」が新設された。これらの新科目には、科目構成、主体的・対話的で深い学び、社会参画力の育成といった点に意義を見いだすことができる。一方で、科目間の関係性、大学入試、教員の力量形成という点では課題も残されている。

「地理総合」「歴史総合」「公共」の新設

2018年3月に告示され、2022年より全面実施となった学習指導要領で、高等学校の地理歴史科に「地理総合」「歴史総合」、公民科に「公共」が新科目として設置された。1989年告示の学習指導要領で、社会科が地理歴史科と公民科の2教科に分けられて以来、その内に設定された科目には30年近くにわたって変化はなかったが、今回の改訂でその科目構成が大きく変化したことになる。

「地理総合」「歴史総合」「公共」を新設する背景には、これまでの社会科、地理歴史科、公民科に係る5つの課題があった。すなわち、①主体的に社会の形成に参画しようとする態度の育成が不十分である、②資料から読み取った情報を基にして社会的事象の特色や意味などについて比較したり関連付けたり多面的・多角的に考察したりして表現する力の育成が不十分である、③社会的な見方や考え方の全体像が不明確で、それを養うための具体策が定着するには至っていない、④近現代に関する学習の定着状況が低い傾向にある、⑤課題を追究したり解決したりする活動を取り入れた授業が十分に行われていない。中央教育審議会答申（2016年12月）で整理されたこれらの課題の解決を目指して、新科目が設置された。

「地理総合」「歴史総合」「公共」の意義

現在、地理歴史科には5つの科目、公民科には3つの科目が設置されている。

地理歴史科の科目構成は、必履修科目として「地理総合」「歴史総合」（各2単位）、選択履修科目として「地理探究」「日本史探究」「世界史探究」（各3単位）である。公民科の科目構成は、必履修科目として「公共」（2単位）、選択履修科目として「倫理」「政治・経済」（各2単位）である。また、地理歴史科にも公民科にも、必履修科目を履修した後に選択履修科目を履修するという順序が定められている。ここから分かることは、「地理総合」「歴史総合」「公共」には基礎的な学習が求められ、選択履修科目には必履修科目での学びを踏まえた発展的な学習が求められていることである。

では、「地理総合」「歴史総合」「公共」の新設には、どのような意義があるのか。

第一に、科目構成についてである。地理歴史科では、必履修科目が「世界史」から「地理総合」と「歴史総合」に変更となった。この背景には、地理歴史科で空間認識と歴史認識を総合的に学習させるという意図がある。また、特に歴史では、日本史と世界史を関連付けて成立する「歴史総合」において、グローバルな歴史的思考を養い、「日本史探究」や「世界史探究」の学習を充実させようとしている。このように、体系的かつ系統的に科目間の関係性を考慮して、新科目は設置された。

　第二に、主体的・対話的で深い学びについてである。知識詰め込み式の授業を乗り越える手立てとして、主体的・対話的で深い学びが注目されている。それを地理歴史科及び公民科で実現するために、新科目が果たす役割は大きい。ここで注目すべきが「見方・考え方」である。各教科及び科目に固有な見方・考え方を働かせ、主体的・対話的で深い学びを実現することができれば、「公民としての資質・能力」の育成も実現可能となる。

　第三に、社会参画力の育成についてである。18歳選挙権及び18歳成人が実現する中で、社会参画の重要性が改めて注目されている。高校生にも国や社会の問題を自分の問題と捉え、自ら考え、自ら判断し、行動していくことが求められる。このような主体性を育成するためには、「公共」に限らず「地理総合」や「歴史総合」でも、現代の諸課題を取り上げ、その解決策を検討させることが必要になる。新科目において、課題解決的な学習を充実すべきである。

▼残された課題

　3つの新科目が実施に移行して、数年が経過したにすぎないが、現状で考えうる課題について述べてみたい。いずれも検討中の課題である。

　第一に、科目間の関係性についてである。地理歴史科に設置される必履修科目であるなら、本来は「地理歴史総合」の設置が望ましい。仮にそれが難しいと考えるのであれば、「地理総合」と「歴史総合」の関連性に係る議論を、今以上に深めて展開する必要がある。

　第二に、大学入試についてである。大学入試の内容に改善がみられなければ、知識詰め込み式の授業は変化しないであろうし、それはひいては新科目の趣旨が実現されないことになる。新科目に対応した大学入試改革は避けて通ることのできない重大な課題である。

　第三に教員の力量形成についてである。「地理総合」が必履修科目となったことで、それを担当できる教員の不足が指摘されている。「歴史総合」や「公共」も、その趣旨を理解して授業を実施できる教員がどれだけいるか疑問である。教員養成及び研修の充実は喫緊の課題といえよう。（唐木清志）

References

□井田仁康／編著（2021）『高校社会「地理総合」の授業を創る』明治図書出版

　「地理総合」について、地理的な見方・考え方、主題的アプローチ、SDGsといった観点より、授業づくりの具体的なポイントが提案されている。数多く提示された授業モデルから、学べる点も多い。

□小川幸司／著（2023）『世界史とは何か―「歴史実践」のために』岩波書店

　本書には、「シリーズ 歴史総合を学ぶ③」という副題もある。世界史が中心の内容であるが、「歴史総合」について、学習指導要領とは異なる角度より、その授業実践についての具体的な提案がなされている。

□全国民主主義教育研究会／編（2021）『民主主義教育21 Vol.15 「公共」で主権者を育てる教育を』同時代社

　主権者教育を軸に、「公共」でどのような授業づくりが求められるのか、識者の声とともに、実践家による具体的な提案が数多く掲載されている。「公共」の概説書として読むこともできる。

23 総合的な学習（探究）の時間

Summary

「総合的な学習の時間」は、児童生徒が個性を生かして主体的に考え、問題解決に取り組む時間である。学んだことと生活との関わりを実感し、知識や技能の総合化を図るため、体験的な学習と「探究のプロセス」を中核とする。そこで学んだ知識や経験を基に展開される「総合的な探究の時間」は、生徒が自ら問題を発見し人々と協働する中で、より深い学びに誘うことをねらいとする。

総合的な学習の時間の背景とその理念

1990年代、激動の時期を迎えた世界情勢の中、日本はバブル経済の崩壊や阪神・淡路大震災といった困難に直面した。そのような時代を背景に、中央教育審議会は1996年7月、「子どもたちの個性を生かしながら、学び方や問題解決などの能力の育成を重視するとともに、実生活との関連を図った体験的な学習や問題解決的な学習にじっくりとゆとりをもって取り組むことが重要である」（第15期中央教育審議会第1次答申）とする、総合的な学習の理念を表明した。

1998・99年の学習指導要領改訂は、この理念に基づき、小・中・高等学校全ての「第1章　総則」に総合的な学習の時間を位置付けた。総合的な学習の時間とは、教育課程における時間種別を表す用語であり、各学校の時間割に組み込む際の名称は、独自に定めることが認められた。

総合的な学習の時間の学習活動

小・中学校の総合的な学習の時間では、「児童生徒の興味・関心等に基づく学習」を「学校の実態に応じた学習活動」として実践するために、「体験的な学習、問題解決的な学習を積極的に取り入れること」が求められた。その一方、高等学校の総合的な学習の時間では、学科の特殊性に鑑み、「知識や技能の深化、総合化を図る学習活動」が必要とされた。具体的には、国際理解、情報、環境、福祉・健康、ボランティア、自然体験等である。現在はコンピュータ等の活用を含めて、さらに多様なものへと発展している。

このように多様な学習活動の実践に当たり、学校や地域の実態に応じて、各学校の創意工夫が望まれている。学校や教師が自由な発想で柔軟に展開できる総合的な学習の時間は、児童生徒のみならず、教師一人ひとりの問題関心や学校の特性を生かせる貴重な時間となる。

総合的な学習の時間における探究のプロセスと課題

総合的な学習の時間は、教科等の枠を超えた横断的・総合的な学習とすることに加えて、探究的な学習と協働的な学習を重視する。このうち探究的な学習は、次の4つのプロセスを繰り返す学習活動である（文部科学省『今、求められる力を高める総合的な学習の時間の展開（小学校編）』2021、図A参照）。

① 課題の設定：体験活動などを通して、課題を設定し課題意識をもつ

② 情報の収集：必要な情報を取り出したり収集したりする

③　整理・分析：収集した情報を、整理・分析して思考する

④　まとめ・表現：気づきや発見、自分の考えなどをまとめ、表現する

＊図A　探究的な学習における児童の学習の姿

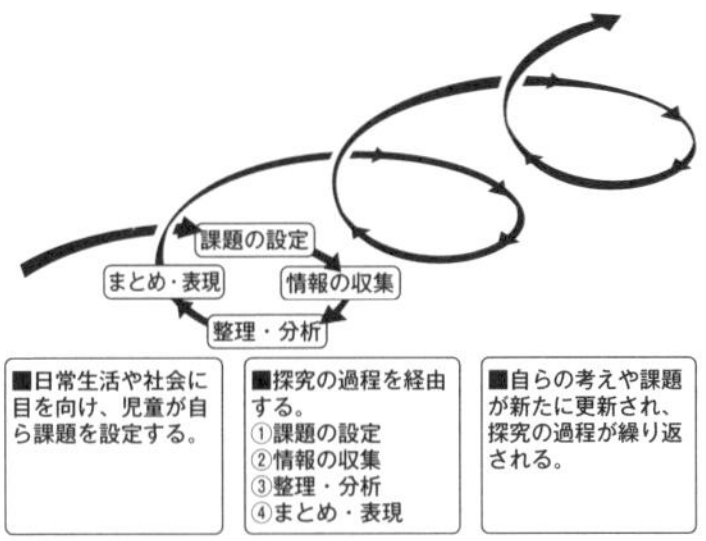
課題の設定
情報の収集
整理・分析
まとめ・表現
■日常生活や社会に目を向け、児童が自ら課題を設定する。
■探究の過程を経由する。
①課題の設定
②情報の収集
③整理・分析
④まとめ・表現
■自らの考えや課題が新たに更新され、探究の過程が繰り返される。

出典：文部科学省（2021）『今、求められる力を高める総合的な学習の時間の展開（小学校編）』

これら「探究のプロセス」を明示し、学習活動を発展的に繰り返していくことが、総合的な学習の時間の中核である。

この探究のプロセスを含め、総合的な学習の時間に関わる改訂が示されたのが、2016年12月の中央教育審議会答申「幼稚園、小学校、中学校、高等学校及び特別支援学校の学習指導要領等の改善及び必要な方策等について」である。答申では、総合的な学習の時間の課題として、どのような資質・能力を育成するのかを明確化すること、各教科等との関連を明らかにすること、そして探究のプロセスの中でも、「③整理・分析」と「④まとめ・表現」の充実が求められた。

総合的な学習の時間から総合的な探究の時間へ

高等学校では2018年告示の学習指導要領から、「総合的な探究の時間」となり、2022年度より開始された。目標には「実社会や実生活との関わりから問いを見いだし、自分で課題を立て、情報を集め、整理・分析して、まとめ・表現することができるようにする」ことが掲げられ、総合的な学習の時間の課題を念頭に置く様子がうかがえる。その特徴は、「生徒が自ら問いを発見し、解決のプロセスで新たな課題を見出すサイクルの中で、「深い学び」へと誘う点にある。

このような学びを実現するために、立場の異なる多様な人々と協働し、信頼関係を築きながら、課題解決に取り組むことが必要となる。そのためには、「教育課程の編成と実施のサイクル」を意識した校長のリーダーシップと、教職員の連携が期待される。

（早瀬博典）

References

□文部科学省／編（2021）『今、求められる力を高める総合的な学習の時間の展開（小学校編）』株式会社アイフィス

文部科学省による「総合的な学習の時間」に関する解説書。創設以来の理念、それに基づく探究的なプロセスと実践例、2016年の改訂の趣旨等を概説している。

□広岡義之・林　泰成・貝塚茂樹／監修、釜田　聡・松井千鶴子・梅野正信／編著（2023）『総合的な学習の時間の新展開』ミネルヴァ書房

「総合的な学習の時間」の理論と実践を紹介した第Ⅰ部、グローバル時代の教育課題との関係を示した第Ⅱ部、「総合的な探究の時間」との関連に触れた第Ⅲ部からなる。3つを総合することで、総合的な学習（探究）の時間の全体像をつかむことができる。

□佐藤　真・安藤福光・緩利　誠／編著（2023）『総合的な学習の時間』（吉田武男／監修「MINERVA はじめて学ぶ教職13」）ミネルヴァ書房

「総合的な学習の時間」の意義と歴史を踏まえ、学習の事例を示すことで「理論と実践の還流」を可能とする一冊。理論を実践へと具現化する際に必携の書。

24 特別の教科　道徳

Summary

「特別の教科　道徳（道徳科）」は、２０１５年の学校教育法施行規則及び学習指導要領の一部改正により誕生した。道徳科の授業においては、答えが一つではない課題について「考え、議論する道徳」を実施することが求められている。この理念の実現に向けて、質の高い授業方法を確立していくことに加え、他教科等との連携方法や評価の在り方を検討していくことが必要である。

「特別の教科　道徳」の誕生

「特別の教科　道徳（以下、道徳科）」は、小学校、中学校、及び特別支援学校の小学部・中学部において、２０１５年３月の学校教育法施行規則の一部改正により誕生した。同時に学習指導要領が一部改正され、道徳科の目標や内容等が示された。また、教科化に伴い、検定教科書が導入されることとなり、小学校では２０１８年４月から、中学校では２０１９年４月から道徳科の授業が全面実施されている。

この改正に関する議論の発端にあったのは、いじめの問題への対応であるとされている。２０１３年２月の教育再生実行会議第１次提言「いじめの問題等への対応について」においては、いじめの問題が深刻な事態にある中で、道徳を新たな枠組みによって教科化し、人間性に深く迫る教育を行うという提言がなされている。

この第１次提言を踏まえて文部科学省に設置された道徳教育の充実に関する懇談会の報告「今後の道徳教育の改善・充実方策について」においては、道徳教育を忌避したり軽んじたりする風潮や、教員の指導力といった課題が存在しており、期待される道徳教育の姿には遠い状況にあると指摘された。

さらにこの懇談会の提言を踏まえて中央審議会が審議を行い、２０１４年10月に答申「道徳に係る教育課程の改善等について」が提出された。ここでも、例えば学校や教員によって指導の格差が大きいといった課題が指摘され、学校における道徳教育が全体としては不十分な状況にあることが述べられている。加えて、道徳の時間が各教科等に比べて軽視されがちで、道徳教育の要として有効に機能していないことが多いという現状が指摘されている。

すなわち、こうしたいじめの問題と、道徳教育をめぐって生じている教員の意識や指導力等の課題への対応が、道徳の教科化に託されているのである。

「考え、議論する道徳」

さらなる充実が求められる道徳教育において、読み物の登場人物の心情の読み取りが中心の授業から、発達の段階に応じ、答えが一つではない課題を一人ひとりの児童生徒が道徳的な問題と捉え向き合う「考え、議論する道徳」へと転換することが求められている。

道徳教育に係る評価等の在り方に関する専門家会議の報告「『特別の教科 道徳』の指導方法・評価等について」（２０１６年７月）においては、こうした質的転換のために、質の高い多様な指導方法の確立が求められると提起されている。ここでは、その方法として、登場人物に自分を投影させて考えることにより、道徳的価値の理解を深める「読み物教材の登場人物への自我関与が中心の学習」、児童生徒が生活の中で直面する道徳的な問題の解決のために必要な資質・能力を養う「問題解決的な学習」、読み物の問題場面における登場人物の言動を演じ、葛藤や行為の難しさを理解する役割演技のような体験的な学習を通して、道徳的価値を実現するための資質・能力を養う「道徳的行為に関する体験的な学習」が挙げられている。

これら3つの指導方法のほかにも、哲学対話を取り入れた道徳授業の提案や、児童生徒の議論を活発化させる発問の工夫の紹介など、様々な取組が共有されている。指導に当たる各教員が、児童生徒の発達の段階を踏まえながら、「考え、議論する道徳」を実現するために指導方法を工夫していくことが求められる。

「特別の教科　道徳」の課題

道徳科の実施においては、適切な指導方法の工夫のほかにも、様々な課題が課せられている。

他教科等との連携方法の探究は、それらの課題の一つである。道徳が教科になってからも、学校における道徳教育は学校の教育活動全体を通じて行うものであるという方針に変わりはなく、道徳科はその「要」としての役割を果たすことが求められている。したがって、「カリキュラム・マネジメント」の視点からも、学習指導要領に示された道徳科の内容項目を取り扱いながら、各教科や総合的な学習（探究）の時間、及び特別活動における学習と連携させていくことが必要である。

これに関連して、日本学術会議の哲学委員会哲学・倫理・宗教教育分科会における報告「道徳科において『考え、議論する』教育を推進するために」（２０２０年６月）において、道徳教育を市民性教育の一環として位置付けることが提起されるなど、道徳科とシティズンシップ教育との関わりを模索していくことも、看過できない課題となっている。

このほかにも、「数値などによる評価は行わない」とされている評価を、児童生徒の道徳性に係る成長を促す指導に生かすために、具体的にどのように行うのが効果的であるのか検討することや、児童生徒の発達の段階を把握するための評価方法について議論することも、道徳科に託された課題の達成のために求められるだろう。

（川上若奈）

References

□田中マリア／編著（2018）『道徳教育』（吉田武男／監修「MINERVA はじめて学ぶ教職12」）ミネルヴァ書房

日本の道徳教育の歴史から諸外国の価値教育まで、道徳教育の基礎理論から新たな時代の道徳教育の在り方までまとめられた、道徳教育に関する入門書。

□日本道徳教育学会全集編集委員会／編著（2021）『新道徳教育全集』全５巻、学文社

日本における道徳教育関連の最大規模の学会である日本道徳教育学会により構想され、学会員をはじめ様々な研究者、実践者により執筆され刊行された、全５巻からなる道徳教育に関する網羅的な案内書。

□田沼茂樹／編著（2020）『道徳科重要用語事典』明治図書出版

道徳科の内容や授業づくりに関わる用語をはじめ、道徳教育に関わる重要人物等を取り上げた事典的解説書。

25 教科書と教科書使用義務

Summary

教科書は正式には「教科用図書」といい、法により使用義務が課せられている。編集・出版は民間の教科書会社でもできるが、文部科学大臣の検定を経なければならない。検定を経た教科書は、単一あるいは複数の市町村によって共同で採択され、採択地区内で同一の教科書を使用することになっている。義務教育諸学校において教科書は無償で児童生徒に給与される。

教科書の定義と制度の歴史的変遷

教科書とは、一般には学校で使用するテキスト全般を指すこともあるが、厳密には「文部科学大臣の検定を経た教科用図書又は文部科学省が著作の名義を有する教科用図書」を指す（学校教育法第34条第1項）。すなわち教科書と副教材は区別される。

現在、小・中・高等学校で使用する教科書は、国の検定を経たものでなければならない。この仕組みを教科書検定制度と呼ぶ。なぜ教科書は検定が必要なのか。その理由は、「国民の教育を受ける権利を実質的に保障するため、全国的な教育水準の維持向上、教育の機会均等の保障、適正な教育内容の維持、教育の中立性の確保などが要請されて」いるために、「教科の主たる教材として重要な役割を果たしている教科書について検定を実施している」と文部科学省は見解を述べている。教科書の著作・編集が広く民間にも委ねられるため、創意工夫ある教科書の製作が期待される。

歴史を振り返ると、教科書が発行・採択される仕組みは、自由発行・採択制、検定制、国定制の3つに大別される。始まりは自由発行・採択制であった。当時は、使用禁止または使用が望ましくない図書以外は、学校の裁量で使用する教科書を採択できた（自由発行・採択制）。1886年の「小学校令」の改正で、検定を経た図書以外は教科書として使用できないように変更された（検定制の導入）。

その後、1890年の「教育勅語」発布、日清戦争の勃発等を背景に国威発揚が図られ、その手段の一つとして教科書の国定化が議論された。そして、1903年の小学校令改正によって教科書は国定とされた。

国のみが著作・編集の権限をもつ国定教科書制度は、国家の教育への直接的な介入を可能にするため、政治から距離を置いて教育の中立性を保つことが難しくなる。また、国家の中央統制が強まる時代における教科書の国定化は、教科書「で」教える授業（教科書を教材の一つとする考え）を、教科書「を」教える授業（教科書を金科玉条とする考え）に変えてしまった。教師のもつ裁量は、皇国民の錬成を目的とした指導方法の工夫に矮小・限定されていった。

戦後、国定教科書制度は改められ、検定制度が再整備された。1947年・51年の学習指導要領は「試案」とされ、法的拘束性をもたなかった。しかし、国家による教育統制は徐々に強まっていった。1949年の時点では「同一学年の各組ごとに、異なる教科書を採択できる」（教科用図書展示会実施要領）と、教科書採択の裁量は学校長に委ねられていたが、教科書の採択は教育委員会が行うことになり、学校は教科書採択の権限を失った。

教科書の採択制度と無償措置

現在、教師や公立の義務教育段階の学校は独自に教科書を採択できる権限をもっていない（ただし、中等教育学校のように高等学校と一貫した教育を施す学校の場合や私立・国立の学校の場合、学校ごとに教科書の採択が認められている）。

「義務教育諸学校の教科用図書の無償措置に関する法律」（第12条及び第13条）の定めにより、都道府県教育委員会が設定する「教科用図書採択地区」ごとに同一の教科書が採択される。複数の市町村によって共同の採択地区が構成される場合は「採択地区協議会」を設け、そこでの協議の結果に基づいて同一の教科書を採択しなければならない（同法第13条第4項及び第5項）。また、採択した教科書については、その種類及び採択の理由を公表しなければならない（同法第15条）。この採択制度によって、同じ教科書を全県的に採択する地域も出ており、歴史的に教科書採択の範囲は徐々に広域化していることが指摘できる。

教科書無償制と教科書使用義務

現在、義務教育諸学校の児童生徒が使用する教科書は、国から義務教育諸学校の設置者に無償で給付されている（同法第3条）。設置者は無償で給付された教科書を、学校の校長を通じて児童生徒に給与する（同法第5条）。これを「義務教育教科書無償給与制度」と呼ぶ。この制度は、日本国憲法第26条が掲げる「義務教育無償の精神」をより広く実現するものであり、1963年から実施され1969年度には小・中学校の全学年に無償給与が完成した。

学校教育法は、「小学校においては、文部科学大臣の検定を経た教科用図書又は文部科学省が著作の名義を有する教科用図書を使用しなければならない」（第34条第1項）と、教科書の使用義務を規定している。この規定は、中学校、高等学校、義務教育学校、中等教育学校、特別支援学校にも準用されるが、大学等の高等教育機関には教科書の使用義務はない。

教科書以外の教材を一般に副読本や副教材と呼ぶが、これらは学校教育法によって「有益適切なものは、これを使用することができる」（第34条第2項）とその使用を認められている。ただし、「地方教育行政の組織及び運営に関する法律」によって「あらかじめ、教育委員会に届け出させ、又は教育委員会の承認を受けさせることとする」（第33条第2項）とされている。

（早坂　淳）

References

□長谷川　榮／著（2008）『教育方法学』協同出版

教科書よりも広範な概念である教材について、その重要性、概念、教材研究の方法等を包括的に説明している。

□桂　直美（2010）「教材とその研究」（根津朋実・吉江森男／編著『教育内容・方法』所収）培風館

教材についての伝統的な教育課程の概念（授業に先立ってあらかじめ目的・目標が決定され、そのために最も効果的な文化的材料から教材が構成される）ことを批判的に再考している。

□佐藤　公／著（2019）「教材と教科書」（樋口直宏／編著『教育の方法と技術』吉田武男／監修「MINERVA はじめて学ぶ教職11」所収）ミネルヴァ書房

教材を単なる学習素材としてではなく、学習者の有する経験や学習環境、学習指導要領等に示された学習目標及び内容との関連から見直し、教材及び教科書の基本的性格とその在り方について授業実践や教材研究との関わりから解説している。

26 デジタル教科書とデジタル教材

Summary

情報化の進展や学習者の多様化を背景に、デジタル教科書やデジタル教材は「主体的・対話的で深い学び」の視点からの授業改善や特別な配慮を必要とする児童生徒等の学習上の困難低減を目指して普及が進んでいる。デジタル教科書は２０１９年度から教科書として正式に位置付けられ、２０２４年度からは段階的に本格導入予定であり、今後の活用が期待されている。

▼多様な教育を実現するためのデジタル化

近年の教育を取り巻く状況は多様化している。高度情報社会の進展は教育の情報化を推進し、学校現場では様々なＩＣＴが活用されるようになった。学習者も多様化し、障害をもっていたり文化的背景が異なっていたりする様々な児童生徒が学校で学んでいる。そうした多様な児童生徒に対応した多様な教育を実践するため、様々な教材が開発されてきた。教科書や教材のデジタル化も、その流れの一つとして位置付けることができる。

近年では、ＧＩＧＡスクール構想の推進によって１人１台端末の整備・活用が進んでいる。学習者が自分専用の端末で学ぶことができる環境において、学びの個別最適化の観点からも、デジタル教科書やデジタル教材は今後ますます活用が期待される。

▼教材のデジタル化

デジタル教材の多くは、ＣＤ－ＲＯＭ等のメディアまたはインターネット経由で提供されている。前者の先駆的なものとしては、掛図をデジタル化した「デジタル掛図」等がある。後者は様々な団体がコンテンツを提供しており、例えばＮＨＫによるウェブサイト「NHK for School」では、ＮＨＫＥテレ（教育テレビジョン）で放送している教育番組を無償でネット配信するなど、教育現場で活用しやすい教材が多数そろっている。

また、最近では多くの教科書会社が教科書準拠のデジタル教材を提供しており、教科書内に掲載されたＱＲコードを読み込むことで、教科書とデジタル教材を併用した学習ができるようになっている。

▼デジタル教科書の登場と普及

教科書のデジタル化は当初、指導者用のものが主であったが、２０１０年代以降は学習者用デジタル教科書が登場し、紙の教科書との併用や置換を検討する気運が高まっていった。こうした中、「主体的・対話的で深い学び」の視点からの授業改善や、障害等により教科書を使用して学習することが困難な児童生徒の学習上の支援を実現するため、デジタル教科書を教科書として使用できるようにする改正学校教育法が２０１８年５月に成立した（施行は２０１９年４月）。なお、紙の教科書とデジタル教科書は併用制であり、紙の教科書は引き続き給付される。

文部科学省は、検定済教科書の内容を電磁的に記録したデジタル教科書がある場合には、教育課程の一部において、通常の紙の教科書に代えてデジタル教科書を使用できるとしている。ただし、視覚障害、発達障害等の事由により通常の紙の教科書を使用して学習することが困難な児童生徒に対しては、学習上の困難の程度を低減させる必要がある場合には、教育課程の全部において、通常の紙の教科書に代えてデジタル教科書を使用できる。紙の教科書と同一内容をデジタル教科書に含め、それらを併用することで、基礎的・基本的な教育内容の履修を保障している。

デジタル教科書の提供について文部科学省は、２０２４年度から全ての小・中学校等を対象に、小学校５年生から中学校３年生に対して英語のデジタル教科書を提供し、次に導入する算数・数学やその他の教科については、学校現場の環境整備や活用状況等を踏まえながら段階的に提供することを予定している。

導入する際の課題

デジタル教科書やデジタル教材の導入は利点だけでなく、問題点もある。導入に際しては両面を意識すべきである。

デジタル教科書やデジタル教材を導入するためには、利用者はコンテンツとＩＣＴ機器を併せて整備しなければならない。ＩＣＴ機器は１人１台端末の整備が進んでいるが、コンテンツであるデジタル教科書については、教科書無償措置の対象にはなっておらず、購入には費用がかかる。家庭の経済状況により、デジタル教科書やデジタル教材の利用において格差が生じることが懸念される。

また、卒業・退学・転校等で当該学校を離れた後の扱いにも留意したい。一般に電子メディアはモノとしての売買ではなく使用権を売買しており、デジタル教科書やデジタル教材についても同様に考えることができる。契約が「在学中の利用」の権利だけであれば、卒業後は契約が切れて利用できなくなり、せっかくの学びの成果が失われてしまうことにつながる。

さらに、デジタル教科書やデジタル教材、そしてＩＣＴ機器は、紙の教科書と比較して故障等のトラブルが増えることが予想される。トラブル発生時に学校（教員）や児童生徒は適切に対応できるだろうか。

デジタル教科書やデジタル教材は、「主体的・対話的で深い学び」の視点からの授業改善や特別な配慮を必要とする児童生徒等の学習上の困難低減を考えれば、非常に価値あるものである。併用制で紙の教科書も健在であるからこそ、紙とデジタルのそれぞれのメリットを生かした授業実践が求められる。

（中園長新）

References

□文部科学省「学習者用デジタル教科書について」

デジタル教科書の活用について、実践事例やガイドブック、研修動画等を掲載したウェブサイト。行政における最新の動向が掲載されるので定期的にチェックしたい。

□赤堀侃司／著（2015）『タブレット教材の作り方とクラス内反転学習』ジャムハウス

デジタル教材の中でも特に、タブレット端末を用いた様々な教材の開発及び、それを活用した授業デザインを提案している。筆者の提案する「クラス内反転学習」という授業スタイルも興味深い。

□日本教育方法学会／編（2011）『デジタルメディア時代の教育方法』図書文化

デジタル教科書やデジタル教材の在り方とその活用について、教育方法学の立場から専門的に論じている一冊。実践的視点だけでなく、学術的視点をもって考察するときの参考となるだろう。

27 教育情報セキュリティ

Summary

学校内外での児童生徒のＩＣＴを活用した学習の機会を確保するために、教育情報セキュリティが求められる。教育情報セキュリティには、情報資産の分類に基づく対策の決定や物理的な管理、モバイル端末の管理等の特性がある。またセキュリティを確保する方法を定期的に見直し、教育情報を扱う全ての人が対策の意図や方法を適切に理解することが求められる。

学校で扱う様々な情報は、漏えいを防ぎ適切に管理されることが求められるが、毎年学校や教育機関における個人情報の漏えい事故が少なからず生じている。また、学校内でのアプリやシステムの利用制限による不便が起きているという話を聞いたことがある人もいるだろう。このような問題の解決に向かうとき、教育情報セキュリティの観点を踏まえた考えは、非常に重要な役割を果たす。ここでは、まず一般的な情報セキュリティについて説明する。その上で、教育情報セキュリティの特性を概説する。

情報セキュリティとは何か

情報セキュリティの基本要素には、認められた人だけが情報にアクセスできる「機密性」(confidentiality)、情報にいつでもアクセスできる「可用性」(availability)、情報が改ざんされたり壊されたりしない「完全性」(integrity)の3つがある。これら3つの基本要素を維持し、情報を脅威から守り安全な状態を保つことが情報セキュリティを確保することを意味する。

組織内の情報セキュリティを確保するための規定(文書)を、情報セキュリティポリシーと呼ぶ。組織によって情報セキュリティポリシーは様々であるが、一般的には基本方針、対策基準、実施手順という3つの階層で構成されており、情報セキュリティの3つの基本要素の観点から、情報の管理方法、利用方法、取り扱う際の決まり、問題が生じた際の対処方法等が整理されている。組織によって扱う情報や費用が異なるし、どのように扱い管理するのかも異なる。そのため、具体的な情報セキュリティポリシーは、各組織が策定する。

教育情報セキュリティを保つことによる児童生徒の学習機会の確保

学校での情報セキュリティの在り方を考える際には、各教育委員会等が示した教育情報セキュリティポリシーを参考にする。また、文部科学省は「教育情報セキュリティポリシーに関するガイドライン」(2024年1月改訂)を公表している。名称の通り「ガイドライン」であり、各教育委員会が教育情報セキュリティポリシーを策定したり見直したりする際に参考にするものである。また、「改訂」という表現から分かるように、本ガイドラインはもともと2017年10月に、学校の情報に対する不正アクセス事件をきっかけに策定された。その後、クラウドの活用等の観点も踏まえ内容の充実が図られてきた。当時の資料において、地方公共団体が設置する学校を対象とする情報セキュリティポリシーのことを、教育情報セキュリティポリシーと呼称している。

地方公共団体の規定、つまり行政事務等

における規定をそのまま適用せずに、「教育情報セキュリティ」と題して新たに規定しているのにはいくつか理由がある。その一つに、GIGAスクール構想の実現に基づき、児童生徒が学校内外で日常的に学校のアカウントでクラウドを活用する機会が増えていることが挙げられるだろう。教育情報セキュリティには、クラウド・バイ・デフォルト原則に基づく児童生徒のICTを活用した学習の機会に支障が出ないようにする、という観点が含まれているのである。

教育情報セキュリティの特性

教育情報セキュリティは、「学校で扱う重要な情報資産を、外部や内部の脅威から、技術やルール、扱う人の意識を総合して守る」という考えが基盤にある。また、その特性を主に3点挙げることができる。

1点目は、情報資産を分類し、それに応じた取り扱いを定めていることである。情報セキュリティの3つの基本要素の観点から情報資産は重要性別に分類され、それに応じて具体的な対策方法を決定するのである。2点目は、物理的な管理である。学校は、児童生徒が自由に生活する場所であるため、入室の制限を徹底することが難しい。またオンプレミスで校務系の情報資産を管理している場合もあるため、サーバの設置方法や定期保守など物理的セキュリティの確保を意識しなければならない。3点目は、モバイル端末の管理（Mobile Device Management：MDM）である。児童生徒は学校外でもモバイル端末を利用することが想定されているため、MDMを採用して利用状況や接続の可否を判断して問題の発生を防ぐように努める必要がある。

情報セキュリティにおいては、そのときの具体的な対策が今後も有効であるとは限らない。また、新しい技術の登場によりその対策が最善とも限らない。そのため、教育情報セキュリティを確保する方法は定期的に見直す必要がある。また、「こういう対策をしてください」のような指示だけでは、なぜその対策が必要なのか理解されず、重要性が認識されない可能性がある。その結果、処置を怠りインシデントにつながることもある。つまり教育情報セキュリティは、特定の教員がその必要性を理解しているだけでは十分ではない。学校で情報を扱う全ての人がその対象となり、情報の在り方を考えることが求められるのである。

（古賀竣也）

References

□文部科学省（2024改訂）「教育情報セキュリティポリシーに関するガイドライン」

情報セキュリティポリシーの3つの階層における基本方針や対策基準について、詳細に説明されている。改訂版は、パブリッククラウド活用における適切なセキュリティ対策の必要性や、最新版の用語定義等が示されている。

□NTT ラーニングシステムズ株式会社／著（2018）『学校の情報セキュリティ 実践マニュアル』翔泳社

学校での情報セキュリティの考え方等を理解できる。また、情報の扱いや管理を「教職員編」と「管理者編」として整理しており、組織体制の確立や運用についても言及している。

□宮地充子・菊池浩明／共編（2022）『情報セキュリティ 改訂2版』オーム社

インターネットセキュリティやネットワークセキュリティなど、情報セキュリティの方法やシステムを幅広くまとめている。普段利用するサービス等がどのようなバックグラウンドで成り立っているのかを深く理解できる。

28 子どもの読書活動の推進に関する基本的な計画

Summary

「子どもの読書活動の推進に関する法律」に基づき策定される「子どもの読書計画の推進に関する基本的な計画」は、概ね5年間の施策の基本的方針と具体的な方策を示すものであり、この基本計画を踏まえて、地方公共団体は子ども読書活動推進計画の策定に努めることとされている。第5次基本計画の特徴は、これまで以上に、多様な「全ての子どもたち」を明確に対象としている点にある。

2023年3月、政府は「子どもの読書活動の推進に関する法律」（以下、「子ども読書活動推進法」）の第8条に基づき、第5次「子どもの読書活動の推進に関する基本的な計画」（以下、「基本計画」）を策定した。今回の第5次基本計画は、2023～27年度までの5年間が対象期間となっている。この基本計画は、対象期間の施策の基本的方針と具体的な方策を示すものである。同計画を踏まえて、地方公共団体は子ども読書活動推進計画の策定に努めることとされている。

第5次基本計画までの経緯

山下直（2019）は『読書教育の未来』の中で、「1990年代から活発となった学校図書館改革の動きが、2000年以降の読書推進の政策にも引き継がれ、子どもを中心とした国民の読書環境を整えることが盛んに進められるようになり現在に至っている」と示す。読書推進の動きが活発化する中で、2000年が「子ども読書年」に定められ、「国際子ども図書館」が部分開館されることとなる。そのような気運の中で、超党派の議員らによる議員立法により「子どもの読書活動の推進に関する法律」は成立し、2001年12月に公布、施行された。

基本計画の策定は、子ども読書活動推進法の第8条第1項に定められている。同法に従って、第1次基本計画（2002年）、第2次基本計画（2008年）、第3次基本計画（2013年）、第4次基本計画（2018年）、そして第5次基本計画が策定された。これら基本計画の策定は、1次前（例えば第5次の場合は第4次）の基本計画の対象期間内に制定された法律、策定された計画、情勢の変化を受けてなされるものである。なお、第4次基本計画及び第5次基本計画の策定に向けて、文部科学省は有識者からの意見を伺う「子供の読書活動推進に関する有識者会議」を設置している。

第5次基本計画の内容

第5次基本計画は、「はじめに」と第1章～第4章の構成で成り立つ。

第1章「近年における子どもの読書活動に関する状況等」では、取組の現状、読書活動を取り巻く情勢の変化、読書活動の現状が示される。

第2章「基本的方針」では前章を踏まえ、「不読率の低減」、「多様な子どもたちの読書機会の確保」、「デジタル社会に対応した読書環境の整備」、「子どもの視点に立った読書活動の推進」が掲げられている。

第3章「子どもの読書活動の推進体制等」では、国及び地方公共団体の推進体制に対する具体的な言及がなされている。

　そして最も紙幅が割かれる第4章「子どもの読書活動の推進方策」では、「子どもの読書活動の推進に当たっては、家庭、地域、学校等が中心となり、社会全体で取り組む必要がある」という理念のもと、どのような場にも当てはまる「共通事項」、そして「家庭」、「地域」（ここでは特に図書館に焦点が当てられる）、「学校等」、「民間団体」におけるその役割や取組、取組の促進等が示されている。

▼多様な「全ての子どもたち」のための計画

第5次基本計画の特徴を、第2章「基本的方針」を中心に読み取るとすれば、これまでの基本計画以上に多様な「全ての子どもたち」を対象とした基本計画となっている、といえよう。「多様な子どもたちの読書機会の確保」においては、様々な背景を抱える子供たちに対する明確な言及があり、読書バリアフリー法を踏まえた読書環境の整備が不可欠だとされる。

　そしてそのような多様な「子どもの視点に立った読書活動の推進」が重要だとされる。基本計画はあくまでも子供のためのものである。多様な子供たちが主体的に読書活動を行えるよう、意見聴取の機会を確保し、意見を取組に反映させて読書活動の推進を行うことの重要性が明記されている。

　一方でコロナ禍の際に直面したように、全ての子供たちが十全に読書環境にアクセスできない場合があることが再認識された。多様な子供たちの読書機会の確保、非常時におけるアクセスを可能とする「デジタル社会に対応した読書環境の整備」も強調されている。これらの指針は一貫して全ての子供たちの「不読率の低減」につながる。鈴木育乃が『学校図書館』（２０２３年８月号）で指摘するように、これらの基本的方針は、有識者会議の報告書の『全ての子供たちの読む喜びを育む読書活動の推進』という副題に通じている。

　『学校図書館』（同右）では、「第五次『子どもの読書活動の推進に関する基本的な計画』を読み解く」という特集が組まれており、読書に関わる国や自治体、多様な教育現場の人々の「読み解き」が示されている。この観点に立てば、本稿もある立場からの一つの「読み解き」である。それぞれが「基本計画」を読み解き、活用するとき、より豊かで包摂的な読書環境を創り上げることにつながるだろう。

（宮澤優弥）

References

□日本読書学会／編（2019）『読書教育の未来』ひつじ書房

　学会設立60周年を記念して編まれた研究・実践の論考集。これまで様々な分野で示されてきた研究・実践を概観することができ、最新の研究動向や教育実践の考察など、読書に関わる人々にとって「未来に向けた」価値ある情報が記載されている。

□汐﨑順子／編（2023）『子どもの読書を考える事典』朝倉書店

　本を「つくる」、本を「読む」、そして特徴的なのが子供と読書を「つなぐ」、この３つの観点から理論と実践がまとめられている事典である。タイトルの通り、子供の読書を「考える」事典として役立てることができる。

□文部科学省「子ども読書の情報館」

　文部科学省が「子どもの読書応援プロジェクト」の一環として2008年に開設し、運営しているウェブサイトである。子供の本を探すためのサービスや、全国の推進計画、優れた読書活動、その他各種情報が掲載されており、子供の読書活動の推進を考え、実施する際に活用することができる。

29 ＰＤＣＡサイクル

Summary

ＰＤＣＡサイクルとは、Plan（計画）―Do（実施）―Check（進捗確認／評価）―Action（改善／更新）という一連のプロセスに沿ってマネジメントを進める考え方である。２０００年代以降、学校教育をめぐる様々な場面で、ＰＤＣＡサイクルの考え方が紹介され、導入されてきた。しかし現実の学校経営場面では、表面的な理解と実践にとどまっている例も少なくない。

ＰＤＣＡサイクルとは

ＰＤＣＡサイクルとは、Plan（計画）―Do（実施）―Check（進捗確認／評価）―Action（改善／更新）の頭文字をとって名付けられた、マネジメントを一方向のプロセスとしてではなく循環（サイクル）として捉え、個人あるいは組織の活動の継続的な改善を図ろうとする発想であり実践である。一般に、シューハート（W. A. Shewhart）あるいはデミング（W. E. Deming）が工業製品の品質管理のために創案したといわれている。また、ドラッカー（P. F. Drucker）が提唱した「目標による管理（Management By Objectives and Self-Control：ＭＢＯ）」もＰＤＣＡのプロセスに基づいたマネジメント・サイクルの重要性を指摘する。このように、ＰＤＣＡサイクルの発想は、企業経営の分野で誕生・発展してきた。

日本の教育分野では、後述のように、２０００年代以降の、学校の自主性・自律性の確立（校長の裁量権限・リーダーシップの拡大など）と教育アカウンタビリティを重視する政策（学校評価・教員評価制度など）の展開を通じて、ＰＤＣＡサイクルを意識した学校経営のスタイルや考え方が次第に浸透していった。

なお、類似の用語に、ＰＤＳ（Plan―Do―See）やＲ―ＰＤＣＡ（Research―Plan―Do―Check―Action：ＰＤＣＡの前段階に「調査」を位置付ける）等が存在する。これらが循環型のマネジメント・プロセス（ＰＤＣＡＰＤＣＡ…）を説明する限りにおいて、そのつながりや細分化はいかようにも設定可能である。その意味で、これらは概念上の特性の違いというよりも、何をマネジメント・プロセスにおいて重視しているかの違いとして理解できる。

ＰＤＣＡサイクルを重視する政策展開

２０００年の「教育改革国民会議報告―教育を変える17の提案」は、それまでの学校運営体制を批判するとともに、これからの学校運営及び教育行政に「組織マネジメント」の発想を取り入れていく必要性を提起した。組織マネジメントとは「学校内外の能力・資源を開発・活用し、学校に関与する人たちのニーズに適応させながら、学校教育目標を達成していく過程または活動」を意味する。その後、文部科学省は、組織マネジメント研修のモデルカリキュラムを校長・教頭・主任クラス対象（２００４年）、すべての教員対象（２００５年）として作成し、現場への導入・浸透を図ってきた。同時期に学校評価・教員評価の制度が整備・導入されたことも相まって、ＰＤＣＡやＰＤＣＡサイクルという用語そのものは、教職員にとって今や日常的に接する用語になったといえるだろう。

学習指導要領の特徴の一つに、カリキュラム・マネジメントの重視がある。「教育課程の編成、実施、改善は教育活動や学校運営の中核となることを踏まえ、教育課程を中心として教育活動の質の向上を図るカリキュラム・マネジメントは学校評価と関連付けて実施することが重要である」（『小学校学習指導要領（平成29年告示）解説総則編』）との指摘は、ＰＤＣＡサイクルの確立を通じて、教育課程の改善と学校の組織活動の改善の一体的達成を目指すものと理解しておきたい。

PDCAサイクルに基づく学校経営に向けて

ＰＤＣＡサイクルに基づく学校経営の要点は、①学校における組織活動とりわけ学校改善の取組について、単発ではなく継続的な観点・姿勢を持って取り組む、②適切な現状把握と全員参加型の目標設定にある——と考える。しかし、学校現場における現状に目を向けると、ＰＤＣＡサイクルという用語の浸透度に比べて、その実践は多くの「誤解」に基づいている。

一例を挙げると、ＰＤＣＡの各過程を４月から順を追って対応させていくという理解と実践がある。ＰＤＣＡは年間を通して一方向に進んでいくものではない。組織活動の各段階においても小さなＰＤＣＡは生じているのである。ＰＤＣＡを年間スケジュールのように固定化するのではなく、教育や組織活動の各過程で循環型のマネジメントを構築していくことが、学校改善を実現する鍵となる。

また、ＰＤＣＡサイクルに基づく学校改善の成否は、全教職員がＰＤＣＡの起点となるＰ（計画）に納得し、自分事として取り組む土台が作れるかによるところが大きい。そのためにも、適切な現状把握とその結果を生かした計画づくりに全教職員が参加できることが重要である。例えば、学校経営の見取り図となるグランドデザインの内容を教職員は把握し、そこに掲げられた重点目標に沿った各自の目標設定や実際の教育活動は展開されているだろうか。これらが各年度において見直されることなくルーティンとして進んでしまっている学校も少ない。ＰＤＣＡをお題目にせず、組織活動のプロセスとして実動させる取組が求められている。

（照屋翔大）

References

□木岡一明／編著（2007）『ステップ・アップ学校組織マネジメント―学校・教職員がもっと“元気”になる開発プログラム』第一法規株式会社

全国各地で組織マネジメント研修を担当した執筆者が、組織マネジメントの考え方とPDCAサイクルに基づく学校づくりの事例を解説している。

□佐古秀一／著（2019）『管理職のための学校経営R―PDCA　内発的な改善力を高めるマネジメントサイクル』明治図書出版

学校組織が抱えている課題（個業型組織としての学校）を乗り越えるための方策ととなる共創ビジョンの作成と、R―PDCAによる組織マネジメントの在り方について具体的な実践例を示しながら解説している。

□喜名朝博／著（2022）『校長がOODA（ウーダ）ループで考えたら学校の課題がみるみる解決した』教育開発研究所

変化の激しい学校環境下において、近年OODA（観察―判断―決定―実行）ループへの関心が高まっている。PDCAとは異なる特徴をもつマネジメントの思考・実践法として参考になる。

30 学校の情報公開

Summary

社会状況や子供の変化を背景として、学校が抱える課題も一層、複雑化してきており、学校に自己評価の努力義務が課され、保護者や地域住民が学校運営に参画する仕組みが整備されてきた。また、学校の説明責任や学校−家庭−地域の連携・協力、学校間交流の推進のために学校の情報公開が鍵を握るとともに、個人情報保護の観点も同時に重要になっている。

学校の自己点検と評価

２００２年度からの平成10年版学習指導要領の全面実施や完全学校週5日制の実施を受けて、学校が保護者や地域住民等の信頼に応えていくことが求められた。

また、学校が家庭や地域と連携・協力し、一体となって児童生徒の成長を図るには、教育活動やその他の学校経営状況について自己評価を実施し、その結果を公表するとともに、それに基づいて改善を図っていくことが期待された。

さらに、開かれた学校づくりを推進し、学校としての説明責任を果たしていく上で、小学校等が保護者・地域住民に対して積極的に情報提供することが必要とされた。

こうしたことを一層推進していくために、小・中学校設置基準に、自己評価及び情報の積極的な提供に関する規定が設けられた。

自己評価については「小学校は、その教育水準の向上を図り、当該小学校の目的を実現するため、当該小学校の教育活動その他の学校運営の状況について自ら点検及び評価を行い、その結果を公表するよう努めるものとする」（第2条）とされ、情報の積極的な提供については「小学校は、当該小学校の教育活動その他の学校運営の状況について、保護者等に対して積極的に情報を提供するものとする」（第3条）とされた。なお、これらについては、２００７年の学校教育法改正により法律規定に格上げされ、学校設置基準からは削除された。

学校評価の実施については、２００７年改正の学校教育法施行規則で詳細に規定されることになり、自己評価とその公表が実施義務として求められている（第66条）。また「保護者等による学校評価」として学校関係者評価の実施・公表が努力義務として示されている（第67条）。その上で、それらの結果については、学校設置者への報告義務が規定されている（第68条）。

その他、２０１０年に改訂された文部科学省「学校評価ガイドライン［平成22年改訂］」では、専門的視点により、学校経営について診断的評価を行い、学校支援の充実を図るための専門家等による第三者評価が追加された。

学校ホームページ開設の普及

また、公立学校によるホームページ開設も２０００年代に入って、急速に増加してきた。文部科学省の「学校における情報教育の実態等に関する調査結果」によると、２０００年に約3割であったものが、２００２年には約6割にまで達している。

実際に、学校のビジョン、児童生徒の状況、学校の特色ある取組とその成果、学校の運営状況に関して、学校による広報やＰ

Rの方法に対して、保護者や地域住民が概ね満足していることが、学校評価結果から明らかとなってきた。

なお、全国学力・学習状況調査結果の情報公開における取扱いについては、２００７年８月文部科学省通知で「序列化や過度な競争につながらないよう特段の配慮が必要である」ことが確認されている。

▼個人情報の保護との関係

以上のように情報公開が推進されてきたのに対して、２００３年には個人情報の保護に関する法律が制定され、２００８年に改正された。

同法は、個人情報が個人の人格と密接な関連を有するもので、国民が「個人として尊重される」ことを定めた日本国憲法第13条の下、慎重に取り扱われるべきとし、その基本理念を示している（第３条）。個人情報を取り扱う者は、その目的や態様を問わず、個人情報の性格と重要性を十分認識し、その適正な取り扱いを図らなければならない。

また、２００４年の文部科学省告示第１６１号では「学校における生徒等に関する個人情報の適正な取扱いを確保するために事業者が講ずべき措置に関する指針」（以下、「指針」）が示されている。この「指針」は、個人情報の保護に関する法律に定める事項に関連して、学校における生徒等に関する個人情報の適正な取り扱いを確保するために事業者が講ずべき措置について、その適切かつ有効な実施を図るために必要な事項を定めたものである。なお、学校における生徒等に関する個人情報については、「指針」によるほか、地方公共団体等が講ずる措置にも留意するとしている。

個人情報の取り扱いにおいては、個人データの漏えい、滅失、棄損の防止、その他、個人データの安全管理に必要かつ適切な措置とその監督が求められており、また、「生徒等に関する個人データを取り扱う従業者およびその権限の明確化」等の各措置を講ずること、及び当該措置の内容公表に努めるものとしている。

また、同法第16条及び第23条１項の本人の同意に関する事項について、「指針」は本人の同意を得るに当たっては、利用目的を通知または公表した上で、当該本人が口頭、書面等により承諾する意思表示を行うことが望ましいとしており、個人情報保護の観点とともに、学校の情報公開の在り方は検討される必要がある。

（末松裕基）

References

□北神正行／編（2005）『学校の情報提供・外部評価アイデア事例集―学校情報の発信・公開と外部評価のアイデア』教育開発研究所

学校設置基準導入後において、学校だより、ホームページ、授業公開、学校説明会、アンケート調査とその結果の公表、保護者・地域住民による学校評価等の事例を紹介したもの。

□兼子　仁・蛭田政弘／共著（2007）『学校の個人情報保護・情報公開』ぎょうせい

学校の情報公開を個人情報保護の観点から、実務に即して解説したものである。文部科学省が策定した「教育情報セキュリティポリシーに関するガイドライン」や同ハンドブックを検討する際にも参考にしたい。

□木岡一明／著（2004）『学校評価の「問題」を読み解く―学校の潜在力の解発』教育出版

学校の情報公開を学校評価に焦点を当てて考えるための視点を得られる。学校評価の基本問題をはじめ、制度改革の背景と文脈を検討し、学校評価をどのように学校経営に生かせるのかを検討できる。

31 学力調査

Summary

近年は「学力テスト時代」と呼ばれるほど、多種多様な学力調査（学力テスト）が実施されている。これらの結果は参加者・グループの順位付けをもたらすが、その結果を適切に読み取るためには、順位だけではなく、どのような「学力」がどのように測定された結果であるのかを丁寧に分析する必要がある。併せて、教育評価そのものの捉え方も再考することが重要である。

学力テストの種類

近年は「学力テスト時代」と呼ばれるほど、多種多様な学力調査が実施されている。特に規模が大きく、影響力や注目度が高いものとしては、「全国学力・学習状況調査」や、ＩＥＡ（国際教育到達度評価学会）による「ＴＩＭＳＳ（国際数学・理科教育動向調査）」、ＯＥＣＤ（経済協力開発機構）による「ＰＩＳＡ（生徒の学習到達度調査）」がある。そのほかにも、自治体レベルで実施される学力テストや、各学校内で実施される実力テスト等もある。

以上のような学力テストに共通していることは、何らかの意味での「学力」を、児童生徒がどの程度身に付けているかを測定していることである。その一方で、この「学力」をどのように定めているか、どのような手法でこの「学力」を測定しようとしているか（つまり、どのような手法で測定できるものを「学力」と定めているか）等によって、学力テストの結果がもつ意味は異なってくる。

大規模調査で測定される「学力」

２００７年度から実施されている「全国学力・学習状況調査」では、「身につけておかなければ後の学年等の学習内容に影響を及ぼす内容や、実生活において不可欠であり常に活用できるようになっていることが望ましい知識・技能など（『知識』）」と「知識・技能等を実生活の様々な場面に活用する力や、様々な課題解決のための構想を立て実践し評価・改善する力など（『活用』）」が「学力」として定められ、選択式・短答式・記述式の問題形式が用いられている。２０１９年度以降は、２０１７年3月告示の学習指導要領の目標における育成すべき資質・能力が念頭に置かれ、『知識』と『活用』を一体化した調査問題が用いられている。また、学習意欲等が質問紙調査で測定されている。調査結果を「学校における児童生徒への教育指導の充実や学習状況の改善等に役立てる」ことが調査の目的に挙げられていることや、この目的のために悉皆調査で実施されていること（民主党政権時代の２０１０・１２年度を除く。２０１１年度は震災の影響で、２０２０年度は新型コロナウイルスの感染拡大の影響で未実施）が大きな特徴であり、4月の実施から結果を公表する7～8月までの短期間で、調査結果が分析されている。したがって、「全国学力・学習状況調査」で測定される「学力」は、このような短期間で分析可能なものという制約を受けた「資質・能力」であると捉える必要がある。

ＩＥＡのＴＩＭＳＳは、１９９５年から4年ごとに実施されている国際比較調査であり、学校で学習した内容に児童生徒がどの程度習熟しているかを測定するものである。ここで「学力」は「学校の教科で学ぶ内容（内容領域）」と「児童生徒が教科内容に取り組んでいるときに示すと期待される行動（認知的領域）」で捉えられ、選択式・自由記述式の問題形式で測定される。調査は項目反応理論（ＩＲＴ：Item Response Theory）に基づいて設計されており、異なる時期に異なる児童生徒を対象に実施した調査の結果を、高い信頼性をもって比較できるようになっている。標本調査で実施され、その結果は実施の翌年末に公表されている。

ＯＥＣＤのＰＩＳＡは、２０００年から3年ごとに実施されている国際比較調査であり、それまでに身に付けてきた知識や技能を、実生活の様々な場面で直面する課題にどの程度活用できるかを測定するものである。ここで「学力」は、「読解力」「数学的リテラシー」「科学的リテラシー」として捉えられている。さらにこれらは、例えば「数学的リテラシー」は、「内容領域」「プロセス」「文脈」によって分析的に捉えられている。また、２００３・12年には「問題解決能力」、２０１５年には「協同問題解決能力」も測定されている。問題形式は選択式・論述式・求答式等があり、２０１５年の調査からはコンピュータ使用型調査へと移行した。調査はＩＲＴに基づいて設計され、標本調査で実施された結果は、実施の翌年末に公表されている。

学力テストの結果を解釈するための視角として、以上のような「『学力』の捉え方」以外に、田中（２００８）は、順位の基になる当該集団の平均値である「学力水準」、学力の分散を意味する「学力格差」、「学習意欲」を挙げている。

学力テストに関する批判的な論点

学力テストに対して、多くの教育関係者やメディアから、批判的な意見も表明されている。それらを大別すると、実施上の費用や人的負担に関することと、調査結果の利用に関することがある。

特に後者に関しては、調査結果を児童生徒が上位学校へと進学を希望する際の選抜用資料として用いることや、学校や教員の評価に用いることが論点となっている。このような用いられ方の弊害として、調査で不正が行われた過去の事例も指摘されている。

調査結果を利用する際には、上記のような多様な視角による丁寧な分析や、その結果をブルーム（B. S. Bloom）のいう「総括的評価」ではなく「形成的評価」として捉えることが重要であろう。（花園隼人）

References

□田中耕治／編著（2008）『新しい学力テストを読み解く―PISA／TIMSS／全国学力・学習状況調査／教育課程実施状況調査の分析とその課題』日本標準

学力テストを分析するための視角を明示した上で、大規模調査を対象に、調査問題にまで踏み込んだ分析が教科ごとに行われている。

□北野秋男・下司　晶・小笠原喜康／著（2018）『現代学力テスト批判―実態調査・思想・認識論からのアプローチ』東信堂

主に「全国学力・学習状況調査」を対象に、批判的な意見を集約し、論点を提示している。

□キャロライン・V・ギップス／著、鈴木秀幸／訳（2001）『新しい評価を求めて―テスト教育の終焉』論創社

教育評価について広汎で詳細な解説がされている。「評価とは何か」といった評価観の転換についても解説されている。パフォーマンス評価についても詳しい。

32 ＴＩＭＳＳ、ＰＩＳＡ

Summary

ＴＩＭＳＳとＰＩＳＡは、教育の到達度に関する国際的指標としてしばしば参照される2つの大規模国際学力調査の略称である。前者は、第4、8学年を中心に算数・数学及び理科の達成度を4年に1回調査し、後者は義務教育修了時の15歳児を対象に、読解リテラシー、数学的リテラシー、科学的リテラシーの評価を3年に1回行う。これまでの調査結果から、日本の児童生徒の認知面での好成績とともに、情意面での課題等が指摘されてきた。

学習到達度に関する国際的指標

学習指導要領改訂の根拠となる教育改革の議論では、児童生徒の学習状況等について、国際的指標を用いた他国との比較によって、日本の教育における課題が指摘されることがある。

ＩＥＡ（国際教育到達度評価学会）による「国際数学・理科教育動向調査」（略称：ＴＩＭＳＳ、ティムズ）、及びＯＥＣＤ（経済協力開発機構）による「生徒の学習到達度調査」（略称：ＰＩＳＡ、ピザ）という2つの大規模国際学力調査は、そのような教育の到達度に関する国際的指標として参照されることが多い。２０１７・18年告示の学習指導要領改訂の方向性を示した、中央教育審議会の答申でも、これらの調査結果からみた日本の教育課題について言及されている。

これら2つの調査結果は、我が国の算数・数学や理科、国語等の教科の現状と課題や学習者の環境等を、異なる2つの国際的尺度によって浮き彫りにする。その結果は、マスメディアでも大きく取り上げられることが多い。例えば、２００3年度に実際された2つの調査では、日本の順位や平均得点を基に、「学力黄信号」や「学力トップ陥落」等の新聞の見出しで、危機感が訴えられた。しかし、これらの調査は、基本的な調査のねらいや調査枠組み、調査対象等において大きく異なっており、結果の解釈には注意が必要である。

ＴＩＭＳＳの枠組みと調査結果

ＩＥＡが実施する「国際数学・理科教育動向調査」（Trends in International Mathematics and Science Study：ＴＩＭＳＳ）は、学校で学習する知識や技能の定着の度合いを調べるために、小学校第4学年と中学校第2学年を対象として行われている。このＩＥＡの調査は、１９６４年の第１回国際数学教育調査や、１９７０年の第１回国際理科教育調査に由来するが、１９９５年以降は4年に一度継続的に実施されている。

ＴＩＭＳＳの調査の枠組みは、「内容領域」と「認知的領域」の２つの領域からなる。前者は、算数・数学及び理科の教科領域の内容に対応し、後者は「知識」「応用」「推論」のカテゴリーで、児童生徒がこの教科の学習に取り組んでいるときに示すと期待される行動を調査する。

最新の調査（ＴＩＭＳＳ２０１９）には、小学校は58カ国・地域（約31万人）、中学校は39カ国・地域（約23万人）が参加した。この結果では、日本は小学校、中学校ともに、全ての教科において国際的に上位の位置を維持しており、ＴＩＭＳＳ２０１５に比べ、中学校数学では平均得点が有意に上昇していることが明らかになった。一方、小学校・中学校いずれも、算数・数学、理科ともに「勉強は楽しい」と答えた児童生徒の割合は増加しており、小学校理科では「勉強は楽しい」と答えた児童の割合は、引き続き国際平均を上回っているが、小学校算数、中学校数学及び中学校理科については「勉強は楽しい」と答えた児童生徒の割合は、国際平均を下回った状態が続いている。

▼PISAの枠組みと調査結果

OECDによる「生徒の学習到達度調査」(Programme for International Student Assessment：PISA)は、生徒が学校で学んだ知識や技能が実生活の様々な場面で生かせるようになっているかどうかを評価するために、義務教育終了時の15歳児(我が国の高校1年生に相当)を対象に、2000年から3年に一度実施されてきた。

調査は、「読解リテラシー」「数学的リテラシー」「科学的リテラシー」の3領域の評価を中心に実施され、PISA2003では、「問題解決」についても調査された。3領域のうち1つは、調査の「主領域」となり、3年ごとに変更される。また、2015年からはコンピュータを利用する形で調査が実施されている。

最新のPISA2022は、コロナ禍の影響により当初の計画より1年延期の上で実施され、世界81カ国・地域から約69万人が参加した。主領域は「数学的リテラシー」であった。

PISA2022で、日本の生徒の平均得点は、3つの領域全てで、国際的にトップレベルであった。また、OECDの平均得点は前回調査より低下した一方で、日本では、コロナ禍を経たにもかかわらず、全ての領域で平均得点が上昇した。そのうち、読解リテラシーと科学的リテラシーについては、低得点層の全体に占める割合が有意に減少し、数学的リテラシーと科学的リテラシーでは、高得点層の割合が有意に増加したことも明らかになった。さらに、保護者の学歴や家庭環境に関する「社会経済文化的背景」という指標の数値の高低が、習熟度レベルの高低に対応している傾向が明らかになっている。

PISAの評価の枠組みは、「キー・コンピテンシー」という汎用的な資質・能力の考え方に基づいており、この汎用性をもつ学力構造の考え方は、内外の学力論にも大きな影響を与え、「資質・能力」論に基づく現行学習指導要領による教育課程の考え方を先導するものとなった。(清水美憲)

References

□文部科学省・国立教育政策研究所(2023)「OECD生徒の学習到達度調査PISA2022のポイント」

「読解リテラシー」「数学的リテラシー」「科学的リテラシー」の3領域の評価を行ったPISA2022の結果のポイントを速報的に提供した資料である。

□国立教育政策研究所／編(2021)『TIMSS2019 算数・数学教育／理科教育の国際比較―国際数学・理科教育動向調査の2019年調査報告書』明石書店

小4と中2の算数・数学と理科の学力を国際的尺度で評価し、到達度の経年変化や学習環境条件等の要因との相関を説明した調査報告書。

□ドミニク・S・ライチェン、ローラ・H・サルガニク／編著、立花慶裕／監訳(2006)『キー・コンピテンシー―国際標準の学力をめざして』明石書店

コンピテンシーの定義と選択のプロジェクト(DeSeCo)によるキー・コンピテンシーの構成と理論的背景、PISAが評価する学力の意味を説明。

33 コミュニティ・スクール

Summary

コミュニティ・スクールとは、学校運営協議会を設置した学校である。２０１７年の地方教育行政の組織及び運営に関する法律の改正に伴い、教育委員会による学校運営協議会の設置が努力義務となり、全公立学校のコミュニティ・スクール化が目指されている。「地域とともにある学校」の実現に向けて、地域学校協働活動との一体的推進への期待も大きい。

コミュニティ・スクールとは

コミュニティ・スクール（以下、ＣＳ）とは、保護者や地域住民が一定の権限と責任をもって、学校運営や学校にとって必要な支援について協議する「学校運営協議会」を設置した学校のことである。

学校運営協議会は、２００４年の地方教育行政の組織及び運営に関する法律（以下、地教行法）の改正によって制度化された。地域保護者や地域住民の代表者のほかに、地域学校協働活動推進員（社会教育法第9条の7）や学校教職員などで構成される（地教行法第47条の5第2項）。

法制化された当初は、学校運営協議会の設置について「置くことができる」というように、制度導入そのものを各教育委員会の判断に委ねていたが、２０１７年の法改正によって、教育委員会は、その所管に属する学校ごとに、学校運営協議会を置くように「努めなければならない」と規定が改められ、設置が努力義務となった。また近年では、地域と学校が相互にパートナーとして連携・協働して行う「地域学校協働活動」との一体的推進が目指されている。

なお、戦後教育改革期に参照されたアメリカの教育学者エドワード・オルゼン（E.G. Olsen）が提唱する「コミュニティスクール（地域社会学校）」と、現在政策展開しているＣＳとは意味の異なる概念であることには注意しておきたい。

ＣＳの制度的特徴

ＣＳが導入される以前にも、保護者や地域住民が学校運営に参加・参画する制度としてはすでに、２０００年の学校教育法施行規則改正によって導入された学校評議員制度が存在していた。しかし、両制度の特徴は大きく異なっている。学校評議員制度は、学校評議員が個人として、校長の求めに応じて、学校運営について意見を述べることができることを可能にした制度（学校教育法施行規則第49条）であるのに対して、学校運営協議会は次の3点について権限をもつ。①校長が作成する学校運営の基本方針を承認する、②学校運営に関する意見を教育委員会または校長に述べることができる、③教職員の任用に関して、教育委員会規則に定める事項について、教育委員会に意見を述べることができる。とりわけ①は必須事項とされ、学校運営にかかわる意思決定において学校運営協議会は重要な役割を果たすことになる。これは、校長の求めに応じて意見を述べることができるという役割に限定された学校評議員制度よりも、はるかに大きな権限を認めるものである。

ＣＳは、２０００年の「教育改革国民会議報告―教育を変える17の提案」において、新しい時代における新しい学校づくりの一つとして、「新しいタイプの学校（〝コミュニティ・スクール〟等）の設置を促進する」が提案されたことを制度導入の契機とする。当初は、イギリスの学校理事会制度やアメリカのチャータースクールといった海外の政策動向を参考に、学校における意思決定の透明性を高め、保護者や地域住民の意見を尊重・反映しながら学校運営を進めていこうとする、学校のガバナンス（統治）改革施策として期待されていた。しかし、２０１７年の法改正によって、学校運営への必要な支援について協議することという規定が加えられたことに象徴されるように、現在では、ガバナンスの仕組みという以上に、学校と保護者・地域住民の連携・協力や協働を促進し、学校をサポートする仕組み、いわば「学校の応援団」としての役割期待は大きい。

CS展開の現状と今後の課題

最新の統計（２０２３年５月）によると、全国の公立学校のうちCSとして運営されている学校は、１万８１３５校で全体の52・３％を占めている。義務教育諸学校に限れば、導入率は58・３％に上る。当初は、小学校や中学校を中心に制度導入が進んでいたが、「第３期教育振興基本計画」において２０２２年までに全ての公立学校をCS化することが政策目標として掲げられると、幼稚園や高等学校、特別支援学校でも導入が進められていった。しかし、導入率をめぐっては、今なお各地方自治体間に偏りがみられる。学習指導要領が掲げる「社会に開かれた教育課程」の実現に向けて、今後さらなる設置促進が予想される。

CS化に向けた具体的方策として、既存の学校支援活動、学校評議員、学校関係者評価等の取組を発展させる方法が提案されているが、現実には課題も多い。既存の取組との違いが理解されず、全く新たな取組の導入として受け止められ、負担感あるいは拒否感を感じやすいなどは、その一例である。

その一方で、すでにCS化した学校への質問紙調査等の結果を見ると、CS化が学校と保護者・地域住民等とのコミュニケーションを活性化し、相互理解が進んだというようなポジティブな声も多い。学校、保護者、地域住民が自分たちの学校としてのCSの共有イメージを創造し、「地域とともにある学校」にしていく知恵と工夫が求められている。

（照屋翔大）

References

□佐藤晴雄／著（2019）『コミュニティ・スクール〈増補改訂版〉「地域とともにある学校づくり」の実現のために』エイデル研究所

筆者らが実施した全国調査の結果から、CSの成果と課題について明らかにしている。また、Q&Aは CS 運用実務上の疑問にも答えてくれる。

□浜田博文／編著（2020）『学校ガバナンス改革と危機に立つ「教職の専門性」』学文社

1990年代末以降の「民による共同統治」を目指す学校ガバナンス改革は教職にいかなる変化をもたらすものだったのか、国内外の事例分析から論究した図書。その一例としてCSが取り上げられている。

□熊谷愼之輔・志々田まなみ・佐々木保孝・天野かおり／著（2021）『地域学校協働活動のデザインとマネジメント―コミュニティ・スクールと地域学校協働本部による学びあい・育ちあい』学文社

現在、その一体的推進が目指されているCSと地域学校協働活動はどのように連携しうるのかについて、アンケート調査の経年変化から明らかにしている。地域学校協働のマネジメントをめぐる理論についても学ぶことができる。

34 奨学金制度

Summary

奨学金制度とは、意欲と能力があるにもかかわらず、経済的な理由によって修学困難な生徒や学生に対して、学費を支給する仕組みである。日本では２０２０年４月以降、高等教育の修学支援新制度の一環として、大学生を対象とする国の給付型奨学金が支給されている。対象者は家計の経済状況に関する要件と学業成績・学修意欲に関する要件を満たす必要がある。

経済的に修学困難な生徒への援助

奨学金制度とは、意欲と能力があるにもかかわらず、経済的な理由で修学困難な生徒や学生に対して、学費を援助する仕組みである。日本では通常、大学進学に多額の費用がかかる。一部の生徒にとっては経済的な問題が、大学進学への障壁となりうる。

奨学金制度について考える際には、いくつかの論点がある。まず奨学金の受給基準には、ニードベース（奨学）とメリットベース（育英）の２つがある。ニードベースは、個人の必要性に応じて奨学金の受給や受給額を決定する基準であり、一般的に用いられるのは家計所得である。メリットベースは、個人の能力や特性に応じて奨学金の受給や受給額を決定する基準であり、一般的に用いられるのは学業成績である。

次に、奨学金の種類を大別すると、給付（グラント）と貸与（ローン）の２つがある。給付は返済の必要がない。貸与は返済の必要があり、利子がない場合とある場合に分かれる。貸与では返済困難に陥るケースがあることが、問題として指摘されている。

日本における給付型奨学金の創設

日本の奨学金制度は国、地方公共団体、学校、民間団体等によって運営されている。国による奨学金は、２００４年に設立された日本学生支援機構が担当している。

日本学生支援機構による国内の大学生を対象とした奨学金は、従来、返済が必要な貸与型のみであった。具体的には利子の付かない第一種奨学金、利子の付く第二種奨学金、これらと合わせて入学時の一時金として貸与する入学時特別増額貸与奨学金が支給されてきた。

しかし、２０１７年に「独立行政法人日本学生支援機構法を改正する法律」が成立し、低所得家庭の大学生を対象とした返済不要な給付型奨学金が新たに創設された。大学生を対象とする国の奨学金が貸与型のみであった日本において、給付型奨学金の新設は画期的な出来事であった。その後、２０１９年に「大学等における修学の支援に関する法律」が成立し、２０２０年４月以降は高等教育の修学支援新制度の一環として給付型奨学金が支給されている。

現在の給付型奨学金の概要

給付型奨学金の対象者は、２つの要件を満たす必要がある。一つは家計の経済状況に関する要件である。具体的には住民税非課税世帯及びそれに準ずる世帯であり、３段階の区分が設けられている。実際の金額は世帯構成によって異なるが、例えば本人・両親・中学生の４人家族の場合、年収の目安は第Ⅰ区分（住民税非課税世帯）が270万円まで、第Ⅱ区分が300万円まで、第Ⅲ区分が380万円まで、となっている。

もう一つは学業成績・学修意欲に関する要件である。高等学校在学中に申し込むケースでは、①高等学校における全履修科目の評定平均値が5段階評価で3.5以上であること、②将来、社会で自立し、及び活躍する目標をもって、進学しようとする大学等における学修意欲を有すること――のいずれかに該当することが必要である。学修意欲の確認は、面談またはレポートの提出によって行われる。つまり、学業成績の基準のみで判断されることはなく、学ぶ意欲があれば給付型奨学金の対象となる。

支給月額は、第Ⅰ区分（住民税非課税世帯）では国公立大学が2万9200円（自宅通学）と6万6700円（自宅外通学）、私立大学が3万8300円（自宅通学）と7万5800円（自宅外通学）である。これが上限額となり、第Ⅱ区分では上限額の3分の2、第Ⅲ区分では上限額の3分の1が支給される。

先述したように、給付型奨学金の対象者となる際に学業成績の基準のみでは判断されないが、大学進学後は学業成績に関する一定の基準を満たすことが求められる。大学在学中に次のいずれかに該当すると、奨学生の資格を失う「廃止」処置となる。①修業年限で卒業できないこと（卒業延期）が確定した場合、②修得単位数の合計数が標準単位数の5割以下の場合、③出席率が5割以下など学修意欲が著しく低いと学校が判断した場合、④連続して「警告」に該当した場合。

「警告」とは、①修得単位数の合計数が標準単位数の6割以下の場合、②GPA（平均成績）等が下位4分の1の場合、③出席率8割以下など、学修意欲が低いと学校が判断した場合――のいずれかに該当する者が受ける処置である。このうち、「GPA（平均成績）等が下位4分の1」という基準は相対評価であり、必ずしも本人の努力不足による成績不振とは言い切れないことが問題として指摘されてきた。これについて2023年10月より運用が緩和され、連続して「警告」となっても、2回目の事由が「GPA（平均成績）等が下位4分の1」のみの場合は「廃止」ではなく、支援再開の可能性がある「停止」という処置が採られることになった。経済的な理由で修学困難な生徒を援助するために、奨学金制度の充実が図られている。

（福野裕美）

References

□小林雅之／編著（2012）『教育機会均等への挑戦―授業料と奨学金の8カ国比較』東信堂

本書では日本の奨学金制度の現状や問題点を明らかにし、今後の在り方を検討するため、諸外国との比較を行っている。比較対象国はアメリカ、イギリス、スウェーデン、ドイツ、オーストラリア、中国、韓国である。

□末冨　芳／編著（2017）『子どもの貧困対策と教育支援―より良い政策・連携・協働のために』明石書店

本書では子供の貧困問題やその対策についてまとめられている。「第9章　貧困からの大学進学と給付型奨学金の制度的課題」の中で、給付金奨学金制度の概要や課題が指摘されている。

□給付型奨学金研究会／編（2022）『大学進学のための“返さなくてよい”奨学金ガイド［第2版］』産学社

本書では大学進学のための給付型奨学金の概要がまとめられている。日本で利用可能な給付型奨学金の一覧が掲載されている。

35 大学入試改革

Summary

大学入試は、一般選抜、総合型選抜、学校推薦型選抜等に大別される。近年、国公立大学でも、学力試験のみではない総合型選抜、学校推薦型選抜の導入が進んでいる。入試に対しては、学力を求める考え方と多様性を重視する考え方があり、両者をどう調整するかという議論が続いてきた。入試改革にはそれが高等学校や大学の教育をどう変えるのかという視点も重要である。

大学入学試験の現在

文部科学省は毎年「大学入学者選抜実施要項」を示しているが、この要項は大学入試を一般選抜、総合型選抜、学校推薦型選抜等に分けている。国公立大学の場合、一般選抜は、大学入試センターが実施する大学入学共通テスト（以下、共通テスト）と、その後統一した日程で各大学が実施する個別学力検査等の結果を総合して判定することが多い。私立大学の一般選抜は、独自に学力検査を課したり、共通テストの得点を利用したりするなど、国公立大学に比べ多様であり、また日程もまちまちである。

学校推薦型選抜は文字通り、学校長の推薦を受けた志願者から選抜する入試である。調査書を主としながらも、面接や小論文を課すなど選抜方法は大学によって様々である。また、総合型選抜は、公募制の入試で、書類審査や丁寧な面接等を組み合わせ、志願者の能力、適性、意欲等を総合的に評価する選抜で、従来はＡＯ入試と呼ばれていたものである。

一般選抜が学力試験中心であるのに対し、総合型や学校推薦型といった特別な選抜は、学力以外に、面接や小論文を課したり、学修計画書や高等学校での活動内容の提出を求めたりするなど、大学ごとでその選抜方法は大きく異なっている。

従来、私立大学は一般選抜と特別な選抜方法を併用し、多様な入学ルートを提供する一方、国公立大学は学力を重視する一般選抜で大半の入学者を確保してきた。しかし、１９９０年代後半から、知識偏重の入試や大学の序列化が、高等学校における教育や進路指導に悪影響を及ぼしているとして、国公立大学でも一般選抜以外の選抜方法が試みられるようになった。

この傾向は、ＡＯ入試が学力不問の入試につながっているという批判を浴び、いったん後退する。しかし、文部科学省が先の「実施要項」で、総合型選抜や学校推薦型選抜では、知識・技能、思考力・判断力・表現力といった学力を適切に評価することを求めており、近年はいわゆる難関国立大学でも学力を担保した総合型選抜や学校推薦型選抜の導入が進んでいる。

繰り返される入試改革

現在に至るまでどのような議論が展開されてきたであろうか。実は入試の弊害として指摘されてきた諸事項は、以前から批判の対象となり、改善が試みられてきた。知識偏重の批判は終戦直後の大学受験雑誌でもみられるし、そこでは同時に、思考力や科学に対する態度の評価が重要であることがすでに指摘されていた。

しかし、国立大学でも戦後しばらくは個別に選抜試験が行われ、たびたび入試問題に対しては暗記主義である、些末な知識を要求しているといった批判が絶えなかった。現在の大学入学共通テストの前身である大学共通第1次学力試験（以下、共通1次）はこれに応えるために1980年度入試から導入された。すなわち、国公立大学は、基礎的な良問を課す共通1次の成績で教科に関する学力を確認し、個別試験では小論文や面接等で記述力や表現力、人間性と評価するという改革が試みられたのである。

しかし、このような選抜方法はコストがかかる一方、評価方法について公平性の観点から疑問が示され、結局は再び個別試験でも学力検査を課す大学が増えていった。

一方で、共通1次の導入によって1点刻みで合否が決まる事態が生じ、それに伴い大学の序列化が進行していったのである。

1990年代には中央教育審議会を中心に、従来の1点刻みで合否を決める矮小な公平さを克服するような受験機会の複数化、選抜尺度の多様化が強く叫ばれた。ＡＯ入試の導入は、これに呼応するものであった。しかし、先述のようにＡＯ入試の拡大による学力低下が懸念され、選抜基準が曖昧という指摘もなされてきた。この批判が高まれば、大学受験は再び学力を重視する方向に回帰することにもなる。

References

□佐々木　享／著（1984）『科学全書14　大学入試制度』大月書店

入試制度史の第一人者による大学入試の歴史書。これを読むと、入試にまつわる諸問題は繰り返し発生し、論議されていることが理解できる。

□中井浩一／著（2007）『大学入試の戦後史―受験地獄から全入時代へ』中央公論新社

上記の佐々木が扱わなかった、センター試験以降の大学入試改革についても網羅して戦後の大学入試を概観している。また、1990年代から選抜方法として注目されたAO入試についても詳述している手頃な新書版。

□宮本友弘／編（2020）『変革期の大学入試』（倉元直樹／監修「東北大学大学入試研究シリーズⅢ」）金子書房

現行の大学入学共通テストが導入される直前に著された、大学入試の変革が、社会や高校教育にどのような影響を与えるのかについての、大学入試研究者や高校教員による論文集。

高大接続としての大学入試

このように、大学入試は絶えず改革の対象であった。1点刻みが批判され、入試の多様化が進むと、今度は選抜基準が曖昧であり学びの成果をきちんと見るべきだという反論が生じ、再び学力重視が主張される。

そして、大学入試という入口に手が加えられるたびに、高校教育は翻弄される。学力重視の入試に対応するには知識の獲得を優先する授業をせざるを得ず、総合型選抜や学校推薦型選抜の機会が増えれば、面接や小論文の指導が求められる。大学入試の改革は、高校教育に大きな影響を与える。

一方で、近年、高等学校では探究的な活動が盛んとなっており、その活動を評価するような大学入試も登場しつつある。高校教育の変容が、逆に大学入試改革を促す事例として注目される。

大学入試は、選抜としての側面だけではなく、高等学校と大学に影響を与える重要な接点であるという認識が大切であろう。

（大谷　奨）

36 ゆとり教育

Summary

「ゆとり教育」とは、小学校・中学校の1998年改訂、高等学校の1999年改訂学習指導要領で実施された教育を呼ぶ言説である。いわゆる「ゆとり教育」は学力低下を招くと批判されたが、その批判には根拠がない。「ゆとり教育」批判の再来を懸念し、2017年改訂の学習指導要領では、授業時数の維持、増加、教育内容の高度化、教科書の頁数増加等が行われた。その結果、現在、様々な問題が学校現場で起こっている。

「ゆとり教育」の定義

「ゆとり教育」の定義は諸説あるが、最も一般的な定義は、小学校・中学校の1998年改訂（2002年4月実施）、高等学校の1999年改訂（2003年4月実施〈学年進行〉）の学習指導要領で実施された教育を意味する（以下、この時期の改訂を略して、1998年改訂と呼ぶ）。1998年7月に教育課程審議会答申が出され、同年に学習指導要領が改訂された。完全学校週5日制が導入され、生涯学習社会への移行が重視される中で、学校だけが教育を担うという考えから脱却することが目指された。そして、教育内容の厳選（3割削減）、授業時数の縮減が提案され、学力の理念は、単なる知識の量ではなく、自ら学び自ら考える力などの「生きる力」と捉えることになった。

このような学力の考え方は、もともと、1989年改訂学習指導要領で、新学力観として提示されたものを継承している。この意味で、1998年改訂学習指導要領は、その前の学習指導要領と連続性があり、突如出てきたものではない。にもかかわらず、教育内容の厳選と授業時数の縮減が批判の矢面に立たされ、「ゆとり教育」として批判されるようになった。「ゆとり教育」という名称やそれに対する批判が妥当だったのかは、再検討される必要がある。そもそも、「ゆとり教育」という言葉は、実は文部科学省は使用していない。この言葉は評論家やマスコミによる造語であり、1998年改訂学習指導要領に対する批判的な意味をもっている。この批判は、2000年代に世間に流布し、雑誌、図書等で頻繁に使われた。

「ゆとり教育」と「ゆとり世代」

「ゆとり世代」という言葉は、2000年代中葉によく使われるようになった。これは、「ゆとり教育」を受けた若者を一括りにして、学力が低い、協調性に欠ける、といった根拠のない批判を併せ持つ言葉である。特に、平成生まれ（平成元年、2年、3年生まれなど）の若者たちは、「ゆとり教育」を受けた「平成生まれ」のイメージとワンセットにされ、高校生や大学生のときに批判を受けている（佐藤・岡本，2014）。1998年頃から「ゆとり教育」批判が開始され、それを土台にして、2000年代中葉から「ゆとり世代」批判が行われるようになった。いわゆる「ゆとり」批判は二重構造の言説である。建物に例えると、「ゆとり教育」批判が1階（1998年～）、「ゆとり世代」批判が2階（2000年代中葉～）である。かなり堅牢な言説構造といえよう。

しかも、国の教育政策である学習指導要領が裏付けとして1階部分で使われており、あたかも公的なお墨付きがあるかのような錯覚が抱かれやすい。また、義務教育は誰もが経験しているため、自分の経験を踏まえた主観的な比較や推定（憶測）を行いやすく、かつ共通の話題として理解されやすい。実は、テレビ番組や世間話で、「ゆとり」を話題とするとき、誰も「ゆとり」の定義など行っていないのではあるが、話や理解は進展するのである。そもそも「ゆとり教育」の批判だったのか、「ゆとり世代」の批判だったのか、話のすり替えもいつの間にか行われてしまう。「ゆとり」批判は、とても強力な言説だといえる。

なお、近年、新聞等では、１９９８年改訂学習指導要領（全教科）に基づいた大学入試を受験する世代（１９８７年4月2日～１９９６年4月1日生まれ）を「ゆとり世代」と呼ぶようになっている。小学校と中学校のときに、１９９８年改訂学習指導要領で学んでいても、大学入試の時点で、２００８年改訂学習指導要領で受験してれば、「ゆとり世代」ではないわけである。このような意味付けが次々に生成するところも、言説の成せる業であろう。

「ゆとり教育」批判の曖昧性と残された課題

「ゆとり教育」批判の理由は、「ゆとり教育は学力低下を招く」という主張だった。しかしながら、ＩＥＡ（国際教育到達度評価学会）の「国際数学・理科教育調査」（ＴＩＭＳＳ）では、「ゆとり世代」と呼ばれる人たちが児童生徒の時代も含めて、日本の成績は上位であった。ＯＥＣＤ（経済協力開発機構）による「生徒の学習到達度調査」（ＰＩＳＡ）では、２０１２年の調査で日本は世界トップクラスであった。２０１２年のＰＩＳＡを受けた生徒は、１９９８年改訂学習指導要領（「ゆとり教育」と批判された学習指導要領）で学んだ世代である。つまり、「ゆとり教育」による学力低下は存在しなかった（佐藤・岡本、２０１４）。だが、文部科学省は「ゆとり教育」批判の再来を懸念し、学習指導要領の授業時数の維持、増加、教育内容の無理な高度化、教科書の頁数の増加を図った。その結果、「分厚い教科書問題」をはじめ、様々な問題が引き起こされている。今こそ、「ゆとり」言説から私たちが自由になることが求められている。

（佐藤博志）

References

□佐藤博志・岡本智周／著（2014）『「ゆとり」批判はどうつくられたのか―世代論を解きほぐす』太郎次郎社エディタス

「ゆとり教育」批判を包括的に問い直した書である。同時代に生まれた人々を世代に一括りすることに無理があると指摘し、「世代フリー」概念を提唱している。「ゆとり世代」当事者による座談会や著者の対話も収録されている。

□尾木直樹／著（2012）『生きづらいのは「ゆとり世代」だから、と思っている君たちへ』ブックマン社

「ゆとり教育」の理念は間違っていないと指摘し、「ゆとり」批判を受けたときの対応についても述べている。

□水原克敏・髙田文子・遠藤宏美・八木美保子／著（2018）『新訂学習指導要領は国民形成の設計書―その能力観と人間像の歴史的変遷』東北大学出版会

学習指導要領の改訂について詳細に書かれており、教育課程の変遷を理解するために役に立つ。

第3章　教師

1 教員養成の歴史

Summary

教員を養成するという思想は近代特有のもので、国民的な学校教育の発足とともに制度化された。日本では、師範学校制度を中核としながらも重層的な戦前のシステムを経て、敗戦後は開放制による大学での教員養成を原則とするようになったが、その後は大学レベルの師範学校化が進行しながら政策が展開する。それは国家の統制と学問の軽視を招来し、教職の魅力とその担い手を減退させている。

教員を養成するという思想と制度

教員を「養成」する――養い育てる・つくり出すという考えは、歴史的にみれば決して自明なものではなく、近代に発条したアポリアに満ちた営みである。近世は塾の時代であったから、手習塾にしても学問塾にしても、学びたい者が師匠を求めて門人となり、稽古に励むというのが基本だった。そこには模倣と習熟による学びの論理が貫かれ、教職（ティーチング・プロフェッション）という発想はない。ところが明治維新を経て近代学校の時代に入ると、「はじめに学校ありき」で教えることを生業とする、大量の教員が永続的かつ安定的に必要になる。明治新政府は中核的なモデル校として１８７２年に師範学校を立ち上げ、お雇い外国人スコット（M. M. Scott）の下で一斉教授など新たな授業法を採り入れたが、これは「師匠」から「教師」へ、「稽古」から「教育」への転換を意味した。

まずは普及すべき小学校に求められる教員の養成が急務だったが、こうした大きな転換とその制度化がスムーズに進んだわけではない。そこに画期的な方向性を与えたのは、初代文相・森有礼の師範教育政策である。教職を重んじる森文相の下、１８８６年に師範学校令が公布され、尋常（府県立各1校）と高等（官立1校）に大別された、他の学校制度とは異なる独自の体系が創出された。森は「順良」「信愛」「威重」の三気質を備えた、教師にふさわしい「人物」を育成しようとした。この師範学校は純粋かつ完全な目的養成機関であって、国家に献身する「教育ノ僧侶」たる教師の計画的配置が目指された。

とはいえ師範学校を卒業して正規の教員になるのは、全体の一部にすぎない。戦前には教員養成の通則法令が存在せず、この服務義務が課される特権的な学校をさしあたり正系として、教員になるための傍系的・補完的なルートと免許・資格による教員社会のヒエラルキーを後追い的に発達させたのが、近代日本の特徴である。（尋常）師範学校が担った小学校の教員にしても、高等師範学校が担う中学校・高等女学校・師範学校といった中等諸学校の教員にしても、その免許を取得することができる検定制度（無試験検定と試験検定）等からも供給しているが、代用教員や資格・免許を持たない者も少なくなかった。

戦後の大学における教員養成

いかなる教員をどこで・どのように養成するのか。戦前のシステムは複雑で多様だったが、敗戦後は全て教員は大学で養成することが原則になり、所定の単位を修得すれば免許が取得できるようになった。これはアメリカの影響が強い戦後教育改革の中で制度化されたが、そこでは戦前の師範教育が厳しく断罪され、「師範タイプ」といわれる偏狭・従順な教員像を批判しながら、「学識ある専門職」としての教員が求められた。けれども教職を専門職と捉え、「養成」という制作的な思想にこだわれば、「開放制」による大学での教員養成は消極的で不確実、危ういものとみなされる。実際のところ、師範学校を母体とする新制大学の教育学部は、国家的な統制と抱き合わせで目的養成機関化していく。

高度経済成長を経て消費社会と情報社会が進展し、1970年代から高等教育が大衆化すると、教員は倒錯的で危機的な状況を経験する。もはや学校は文化的な先取りが困難となり、その内と外から異議申し立てが噴出する中で、教員は現代的というべき教育問題への対応を迫られる。その中で展開された教員養成政策は、意図的・計画的な「養成」＝制作思想の徹底である。「現場」「実践」に偏重した教職課程の国家基準の強化や大学院を重点化した制度的再編など、どれもその一環とみてよい。いうならばポストモダン的な現実を、モダンのさらなる追求と深化によって乗り越えようとしているのだ。それは国家による統制の進行と学問による陶冶の後退を深刻なものにしており、教職課程は「考えない教員」の輩出がねらいかと疑うほど、過重な必要単位の履修を義務付けている。

問われる教員養成の歴史的現在

そもそも学校制度は、組織的に養成・配置・管理される教員の存在を前提としたシステムである。教員養成という思想と制度は、そのため質と量という二分法的なイシューを抱え込み、社会変動の中で両者の調整をどう図るかが難しい課題となる。すでに教員の「成長・発達」を視野に入れた、トータルな「教師教育」という概念も定着しているが、議論の焦点となるのはいつも教員養成といってよい。そこで大事なのは、語られる未来を従順に先取りするような、受動的な教員を養い育てる・つくる制度ではなく、学問に基づいて未来と知的に行き来し、主体的に探究・経験しながら、自らが教師へと育つ制度の在り方である。ブラックと揶揄・敬遠されて教員志望者が減少し、お仕着せの教職の魅力向上を懸命に図っているが、歴史を踏まえた根本的な省察こそが必須であろう。(平田諭治)

References

□**船寄俊雄／編著（2014）「論集現代日本の教育史第2巻『教員養成・教師論』」日本図書センター**

これまでの日本の教員養成史・教員史研究から重要な論考を精選したリーディングスで、編者による解説を巻末に付す。歴史的に展開した教員養成制度の在り方を「開放制と閉鎖制」「アカデミズムとプロフェッショナリズム」の対立軸で整理している。

□**山田恵吾／著（2010）『近代日本教員統制の展開―地方学務当局と小学校教員社会の関係史』学術出版社**

「自由」と並走する「統制」の概念を中心に据えながら、近代日本の小学校教員社会の動向を地方学務当局との関係から検討・考察した研究書。1920～40年代を主な対象とした教育史研究の成果であり、現代の教員社会の閉塞感がどこからきているのかが分かる。

□**ジャック・ランシエール／著、梶田　裕・堀　容子／訳（2019）『無知な教師〈新装版〉―知性の解放について』法政大学出版局**

19世紀の教師ジョゼフ・ジャコトをモデルとして、人間の知性と教師の本質を論じたフランスの哲学者の思想書。教員政策は「学び続ける教員」を求めているが、生徒に説明・理解させるのではなく、「自分の知らないことを教えられる」のが教師であるという。

2　教員免許

Summary

現在、日本の学校教員は、勤務する学校や担当する教科に相当する免許状を有する（相当免許状主義）。しかし、教員不足に対応するため免許状制度の柔軟な運用が求められている。２０２２年には教員免許更新制が廃止され、教員の資質・能力の向上の在り方について改革が進められている。

教員免許とは

教員免許とは、公教育を担う教員の専門職性や職能を公証する資格制度である。現在の日本では、学校教員は「各相当の免許状を有する者でなければならない」（教育職員免許法第３条第１項）。勤務する学校種と担任教科に相当する教員免許状を必須とする原則を相当免許状主義という。

教員免許状には、普通免許状、特別免許状及び臨時免許状がある。普通免許状は、専修免許状、一種免許状、二種免許状（高等学校は除く）の種類がある。普通免許状は、大学もしくは文部科学大臣の指定する指定養成機関において所定の単位を修得した者に対して都道府県教育委員会（授与権者）より授与される。あるいは独立行政法人教職員支援機構が実施する教員資格認定試験に合格した者に授与される（同試験では幼稚園二種、小学校二種、高等学校一種（情報）の取得が可能）。普通免許状は全ての都道府県において効力がある。

特別免許状と臨時免許状は、授与権者が実施する教育職員検定に合格した者に授与される。双方とも授与権者の置かれる都道府県内で効力が認められる。特別免許状は、普通免許状を有していないが、担当教科に関する専門的な知識、経験・技能を有し、かつ社会的信望、教員の職務に必要な熱意と識見を有する者に対し授与される。臨時免許状は、普通免許状を有する者を採用できない場合に限られる免許状である。また臨時免許状の有効期限は3年間である。

相当免許状主義の例外の一つとして免許外担任制度がある。中学校・高等学校において、相当免許状を有する者を教科担任として採用できない場合に、校内の他教科の教員免許状を所有する教師が、1年に限り、免許外教科の担任をすることができる制度である。２０１９年度の免許外教科担任の許可件数は、1万２０３件に上る（最多は北海道の１０２３件）。相当免許状主義の原理を維持しながら、学校現場の現実への対応が急がれている。

教員免許更新制の廃止

教員がその時々で必要な資質・能力を保持し、定期的に最新の知識や技能を身に付け、自信と誇りをもって教壇に立ち、社会の尊敬と信頼を得ることを目指すため、２００７年の教育職員免許法改正により教員免許更新制が導入された。しかしながら、教育公務員特例法及び教育職員免許法の一部を改正する法律（令和4年法律第40号）の成立により２０２２年7月1日に廃止された。

教員免許更新制については、導入当初より都道府県や市区町村が実施する研修との重複等の負担感が課題として指摘されてきた。中央教育審議会「令和の日本型学校教育」を担う教師の在り方特別部会「『令和の日本型学校教育』を担う教師の養成・採用・研修等の在り方について（中間まとめ）」（２０２２年10月）において「10年に１度、２年間の間に全ての教師に一定の学習を求める教員免許更新制は、教師が常に最新の知識技能を学び続けていくという『新たな教師の学びの姿』と整合的とはいえず、かつ、更新しなければ職務上の地位の喪失を招きかねないという制約の上での学びは形式的なものとなりかねない」とされ、教員免許更新制の「発展的解消」が提言されている。

これまで教員免許更新制において企図されてきた教員の最新の知識技能の修得に関しては、国の指針を基にして教育委員会が作成する教員育成指標に基づく体系的な研修の導入やオンライン教育の充実、これに加えて新たに教育委員会が教員の研修履歴の記録を作成し、それらを利活用した資質・能力の向上に関する指導助言のための諸制度を導入する（教育公務員特例法第４章）ことにより代替し得るという考え方が示されている。さらには、教職員支援機構の機能強化による教員研修の充実等が企図されている。

教員は、自分の資質・能力を高めるために、教育委員会の担当者や校長等の管理職、そして同僚とこれまで以上に「対話」を重ねて自らの実践を省察し、資質・能力を向上するために主体的に研修の機会を「自分事化」していくことが重要になる。

教員免許状の失効について

教員免許状は、以下の場合に失効する（教育職員免許法）。まず禁固刑以上の刑に処せられた者、日本国政府を暴力で破壊することを主張する政党やその他の団体の参加者となった場合である。次に、公立学校の教員であって懲戒処分を受けた場合である。そして、人事評価または勤務の状況に示す事実に照らして勤務実績がよくない場合や教職に必要な適格性を欠くとして分限処分を受けた場合である。この場合の分限処分とは、具体的には児童生徒に対する指導が不適切であると認定された教員に対して、その能力や適性等に応じて指導の改善を図るために必要な事項に関する研修（指導改善研修）が任命権者によってなされた後も、児童生徒に対する指導の改善が不十分であると認める教員に対してなされる処分である（教育公務員特例法第25条、第25条の２）。

（小野瀬善行）

References

□今津孝次郎／著（2012）『教師が育つ条件』岩波書店

教員に求められる資質や能力について、社会的な文脈から読み解くために参考になる。そもそも教員が育つとはどのようなことであるのかを考えるためにも必要な書。

□シナプス編集部／著（2017）『教員養成・免許制度はどのような観点から構築されてきたか—制度の趣旨と方向性の考察』ジダイ社

教員養成制度、教員免許制度の趣旨とこれまでの歩みや改革の方向性を確認するために参考になる。今日の教員免許制度がどのような政策の中で改革されようとしているのかを理解するために重要である。

□日本教師教育学会／編『日本教師教育学会年報』学事出版

教員免許制度に限られるものではないが、教員（その他の関連する専門職）の養成、採用、研修、といったものを含む教師教育の最新動向を知るために重要な書。日本教師教育学会が毎年刊行しており、収録されている特集や研究論文、研究実践論文を読むことで、教員を取り巻く状況を理解することができる。

3　教職大学院

Summary

教職大学院は、高度職業人としての教員の育成を目指し、２００８年に創設された。実務家教員を数多く配置し、実践的な教育を展開するなど、従来の教員養成系大学院が抱える課題を解消する可能性をもっている。他方で、多様な院生が混在していることや、教職大学院自体の位置付けが不明確であることなど、数多くの課題が依然として残されている。

教職大学院は、①実践的な指導力を備えた新人教員の育成、②現職教員を対象とするスクールリーダーの養成——という2つの目的を掲げ、２００８年度より制度化された。制度創設から15年以上が経過した２０２３年5月現在では、全国で54大学が教職大学院を設置している。

大学院における教員養成の展開

大学院における教員養成が開始されたのは、１９６０年代にまでさかのぼる。東京学芸大学（１９６６年）と大阪教育大学（１９６８年）が教員養成を目的とした修士課程を開設したことが、その端緒であった。

また、１９７０年代には教育系の新構想大学と呼ばれる大学が新設される。具体的には、兵庫教育大学、上越教育大学、鳴門教育大学が該当する。これらの大学は、現職教員の研究・研鑽の機会を確保することを主たる目的とした大学院と、初等教育教員の養成を行うための学部を備え、学校教育に関する実践的な教育研究を推進することを目的としていた。

さらに、修士課程における教員養成を推進する制度改革として、修士課程修了を基礎資格とする専修免許状制度が創設された（１９８８年）。

しかし、大学院における教員養成に対しては、様々な課題が指摘されていた。例えば、現職教員に対する再教育の場として期待されていたのにもかかわらず、各自治体の財政のひっ迫などの影響もあり、各自治体からの現職教員の派遣数が伸び悩んだ。また、実践的な指導力の育成を目的とする新構想大学に関しては、カリキュラムが学術的な内容に傾斜しているとの指摘もなされていた。

これらの課題への対応を目指し、２００６年7月の中央教育審議会答申「今後の教員養成・免許制度の在り方について」の提言を受け、教職大学院制度が創設された。

専門職大学院としての教職大学院

教職大学院は、制度上は専門職大学院の一種として位置付けられる。専門職大学院とは、科学技術の発展や社会のグローバル化を踏まえ、社会で活躍できる高度専門職業人養成を担うことを目的として、２００３年に創設された制度である。

従来の修士課程制度は、大学院博士課程の前段階として研究者を養成するという役割に重きが置かれていた。それゆえ、標準修業年限が2年であり、修了要件として修士論文が必須とされていた。さらに、教員には研究能力が重視されていた。

以上のような特徴は、高度専門職業人を養成するには、必ずしも適切ではなかった。そこで、専門職大学院では、標準修業年限を1年以上2年未満に短縮することを認め、修士論文を必須とせず、さらには、実務家教員を必要専任教員の3割以上配置することなどを要件とした。

教職大学院については、他の専門職大学院と同様に短期間での修了を認めつつも、45単位以上の単位を修得することを修了の要件としている。また、そのうちの10単位以上は学校における実習とすることが義務付けられている。なお、必要とされる専任教員に関しては、実務家教員の割合を4割以上としている。

このように、短期間での修了が可能となることで、現職教員の派遣数の増加が期待されている。また、研究者養成に傾倒しがちな教育内容について、実務家を多く配置することで、実践的な視点を反映させることが期待される。

教職大学院の課題と今後の展望

他方で、教職大学院には、依然として課題が山積していることも指摘されてきた。

第一に、背景が異なる院生に対する教育を同時に行わなければならない点が挙げられる。すなわち、教職大学院には、大学卒業後に直接進学した院生と、現職教員である院生が混在することとなる。それゆえ、学習ニーズが異なる院生に同時に対応することが求められる。

第二に、教職大学院への進学が、教員としてのキャリアに対して、どのような意義をもつのか、必ずしも明確ではない。

近年、教職大学院修了者に対する教員初任者研修等の一部免除を行うなどの取組が、各自治体によって進められている。しかし、「養成・採用・研修」という一連の過程に、教職大学院での学びをどのように位置付けるのかについて、トータルに考慮した制度設計はなされていない。

なお、このような制度上の位置付けの不明確さは、教職大学院ではない教員養成系の大学院修士課程が併存していることにも由来している。文部科学省は、現在、各大学が設置している教員養成系の大学院を、教職大学院へと一本化するという方針を示しており、国立大学を中心に対応がなされている。これにより、教職大学院の位置付けは、以前より明確になりつつあるが、戦後の教員養成制度の基本理念である「開放制」の形骸化など、新たな課題も指摘されている。

省察的実践家としての教員を育成する上で、教職大学院はいかなる役割を果たしうるのか。その真価が問われている。

（橋場　論）

References

□三石初雄・川手圭一／編（2010）『高度実践型の教員養成へ―日本と欧米の教師教育と教職大学院』東京学芸大学出版会

高度化を志向する教員養成制度に対する、16名の教育学者による分析。教職大学院を含めた教員養成制度をトータルに捉えることに加え、日本や諸外国における教員養成の取組事例について知ることができる。

□市川昭午／著（2015）『教職研修の理論と構造―養成・免許・採用・評価』教育開発研究所

教員の能力開発に関わる諸制度について、研修も含めた養成、免許、採用、評価という全体像を視野に収めつつ論じている。教職大学院については、教職系修士課程からの移行に焦点を当て、現状や課題を整理している。

□吉田　文／編著（2014）『「再」取得学歴を問う―専門職大学院の教育と学習』東信堂

専門職大学院の現状と課題について、在学者への質問紙調査を基に論じている。法科、公共政策、MBA など各種の専門職大学院との比較から教職大学院の特徴を理解することができる。

4 教員採用選考試験の早期化・複数回化

Summary

２０２３年５月、文部科学省より「公立学校教員採用選考試験の早期化・複数回実施等について」方向性が提示された。その背景には、教員採用選考における採用倍率の低下と、それにより質の高い教師を十分に確保できなくなるとの懸念があった。しかし、その効果を疑問視する論者も少なくない。質の高い教師を確保するために教員養成・採用・研修の在り方を広く検討する必要がある。

早期化・複数回実施に至る背景

２０２２年10月、「教員採用選考における採用倍率の低下という状況を受け、質の高い教師を十分に確保できなくなるのではないかという懸念」の下、文部科学省と各都道府県・指定都市教育委員会等を構成員とする協議会が立ち上げられ、全８回の議論が行われた。この議論を踏まえて、２０２３年５月、今後の教員採用選考試験の改善の方向性が同省より文書にて提示された。本文書では、質の高い教師を十分に確保するために、「教員採用選考試験の早期化や複数回実施を含め」た工夫改善に積極的に取り組むことを求めている。なお、これに先立ち２０２２年12月に取りまとめられた中央教育審議会答申「『令和の日本型学校教育』を担う教師の養成・採用・研修等の在り方について」の中でも「教員採用選考試験の早期化・複線化を含めた多様な入職ルートの在り方について研究を行う」必要性が確認されていた。

文部科学省による「近年の教員採用試験をめぐる状況」の整理によれば、校種を問わず、公立学校の教員採用試験の採用倍率は低下傾向にある。これは「大量退職等に伴う採用者数の増加」のみならず、「他の職種に流れる層も相当数いるのが現状」だという。特に、高等学校を希望する新卒受験者は、一般大学・学部の出身者が多いことを理由に「他の公務員や民間企業と併願する者が多い」と推測する。

教員ではなく民間企業や他の公務員を選ぶ学生の理由として、教員採用試験の実施時期は、20年以上大きな変化が見られないのに対し、民間企業の就職活動や国家公務員・地方公務員の採用試験は年々早期化していることが指摘された。つまり、「就職活動を不安に思い、少しでも安定した就職先を早期に決めたいと考える学生は、教師を目指していても先に民間企業に就職先を決めてしまう」というのである。

教員採用選考試験の早期化・複数回化の課題と対策

文部科学省は、同文書において、教員採用選考試験の早期化・複数回化に伴う課題を整理した。すなわち、早期化に伴う課題として、①問題作成の負担増、②採用辞退者の予測が困難、③臨時講師等をしながら受験する者が不利になる、④教育実習を実施する時期との重なり、⑤教師になる意思が固まらない時期での受験——の５点を挙げた。一方、複数回化に伴う課題として、①不合格者が繰り返し受験するだけ、②会場確保や問題作成の負担増、③大学４年生を想定した試験問題を大学３年生に課すこと——の３点が挙げられた。

これに対し、文部科学省は以下の対策を

挙げた。すなわち、早期化に伴う課題については、①同省が教員資格認定試験の問題を参考提供する、②地域ブロックで統一して試験実施日を早期化する、③1次試験を免除したり特別選考を導入したりする、④教育実習の時期を見直す――の4点である。一方、複数回化に伴う課題については、①追加試験の対象者を限定する、②限定した受験者に見合った会場を確保する、③同省の委託事業により作成予定の教養試験問題を活用する――の3点である。

▼質の高い教師の確保に向けて

質の高い教師を確保するための方策として教員採用選考試験の早期化・複数回化の効果を疑問視する研究者は少なくない。

例えば、津田成輔（２０２３）は、２０００年代の競争率の低下には年齢人口の減少や大量採用といった人口論的現象が大きく関与しており、教職の魅力低下等を含むその他の要因による教職志願者の減少は限られていると指摘した（「２００２年から２０２０年における教員採用試験競争率の推移の背景」『筑波大学教育学系論集』47(2)）。

古賀一博（２０２３）も「教員採用試験を巡る動きの起点である『優秀な教員確保』にとって（引用者注：試験の早期化・複数回化は）弥縫策にすぎず、本質的解決策にはなり得ない」と指摘し、教員の待遇や教員定数の改善こそが重要だと主張した（『教職課程』２０２３年10月号）。

一方、金井利之（２０２３）は、少子化・人口減少が進み、日本の各種業界において採用困難の問題が生じる中、たとえ日本社会全体では無意味にせよ教育業界も早期化・複数回化の動きに追随せざるを得ないと一定の理解を示した（同）。

ところで、現在、教員採用選考試験の志願者数減は「問題」であることを前提に議論が行われているが、前田麦穂（２０２３）は、戦後、「教員採用試験」の存在は「当たり前」でなかったことを描き出す。津田（２０２３）の指摘も踏まえるならば、質の高い教師を確保するために教員採用選考試験の志願者を増やすべく「教員採用選考試験の早期化・複数回化」を行うだけでなく、教員養成・採用・研修の在り方を広く検討する必要がある。

（勝田　光）

References

□前田麦穂／著（2023）『戦後日本の教員採用―試験はなぜ始まり普及したのか』晃洋書房

本書は、戦後日本の教員採用において、なぜ「選考」の法規定の下で、選考試験による量的統制が行われるようになったのかを分析する。選考試験以外の量的統制の手段を経て選考試験が導入される過程の詳細な分析は、現状を相対化できる。

□「特集3　文部科学省が主導する教員採用試験の早期化・複線化・共通問題化を問う」（『教職課程』2023年10月号）協同出版

教員志望者を主な読者とする雑誌において特集が組まれた。教育行政学を専門とする研究者や朝日新聞編集委員による見解に加えて、座談会や対談など多様な声が収められており、教員採用試験の早期化・複数回化をめぐる論点を確認できる。

□服部憲児／著（2022）『フランスの教員養成制度と近年の改革動向―今後の日本の教員養成を考えるために』ジアース教育新社

本書は、フランスの教員養成制度を近年の改革動向とともに整理・紹介する。公立学校教員の成り手不足が深刻化する中、質の高い教師を確保するために教員養成・採用・研修はどうあればよいか、諸外国の取組に学ぶことができる。

5 教員の専門性

Summary

教員には、多様な子供と現場の状況に応じて実践を展開する自律性が認められる一方、公共性の高い職務の特性上、一定の制限を受ける。このような自律性と公共性を調整する高度で複雑な「教員の専門性」は、「省察的実践家」という専門家像を想定している。ただし省察を深め、広げるためには個人的な知識・技能だけでなく、省察を追究する態度と思考様式、協働する力が必要である。

教員の実践を支える専門性

教員になろうとする者は、養成機関で所定の単位と課程を修め教員免許を取得した後、身に付けた資質能力が教員としてふさわしいか否かを採用試験によって問われる。さらに教職に就いた後も、研修を通じてそれらを磨いていかなければならない。このような長期にわたる専門的訓練を受ける必要があるのは、教員がその他の職業や人材によって代替できない高度な実践を担っているからにほかならない。さらに教員の実践は、目の前の多様な子供たちと関わり合いながら、社会的・時代的に変化していく公教育への要請にも応えていかなければならない、複雑さを有している。このような高度かつ複雑な実践を支える知識・技能が「教員の専門性」といえる。教員の専門性は、学校における教科指導、生徒指導、進路指導、学級経営など、多岐にわたる教育活動を支える理論と、多様な人格を有する子供たちの発達段階と実態に合わせてそれらを適用したり、変換したりする実践から成り立っている。したがって、単に理論を知っているだけではなく、個々の教員が遭遇する個別の状況や場面に対応しなければならない点で、教員の専門性は実践的であり、教員には各々の裁量による自由な判断が認められる「専門的自律性」が認められている。

公教育における専門的自律性の制限

学校教育は、全ての子供の教育を受ける機会と学習の権利を保障する、公教育の一環として制度化されている。そのため教員の実践において認められるべき自由な判断、すなわち「教育的裁量」と「専門的自律性」は、完全に個人的なものではなく常に公教育の理念に照らして発揮されなければならない。例えば全ての人々が「人種、信条、性別、社会的身分、経済的地位又は門地」（教育基本法第４条第１項）によって差別を受けず、教育の機会均等が保障されなければならない点に鑑みれば、教員は自らの政治的信条から特定の政党や候補者に投票する（あるいはしない）ように子供たちを教育する自由は制限される（地方公務員法第36条、教育公務員特例法第18条）。このような政治的中立性に基づいて、教員の実践と専門性は一定の制限を受ける。

さらに学校における教員の実践では、子供の教育機会均等だけでなく、一定水準の教育内容と方法を確保するために学習指導要領が定められ、それに準拠し、検定を受けた教科用図書（教科書）が使用される。教員はこの「教科書」を「主たる教材」として使用する義務があり、学校教育法第34条第１項において「文部科学大臣の検定を経た教科用図書又は文部科学省が著作の名義を有する教科用図書を使用しなければならない」と定められている。また「その他の教材」や「副教材」を無断で使用することは許されず、教育委員会に所定の届出を行う必要がある（地方教育行政の組織及び運営に関する法律第33条第2項）。このように、公教育における教員の専門的自律性が一定の制限を受けることは、教員の専門性が教育の公共性との相互関係の中で規定されることを表している。

▽省察的実践家としての教員

教員の実践には2つの困難がつきまとう。一つは、学校教育が展開される「現場」の状況に対応しながら、子供・教職員・保護者・地域住民との関係の中で、理論と実践を調整していく難しさである。いま一つは、「現場」の個別具体性に固執することなく、広く社会的な視点から、実践的判断を規定する自律性と公共性との関係を調整していく難しさである。「板挟み」ともいえるこれらの困難に対峙する教員は、特定の知識・技能を身に付け、いつでも同じように適用できればよいわけではなく、実践が展開される状況や文脈を的確に捉えながら、必要に応じて自らの専門性を更新していかなければならない。

アメリカのドナルド・ショーン（Donald A. Schön）は、既知の問題に対して科学的技術を適用する「技術的熟達者」に対して、文脈依存的な状況の中で解決すべき問題自体を設定し、意識的・無意識的な「省察」（reflection＝振り返り）を通じて、その問題を解決していく「省察的実践家」を現代の専門家像として提起した。この専門家像は、教員の実践につきまとう困難をむしろ積極的に受け入れ、そこで形成される「実践的知識」や「見識」を重視する点で、教員の実践を踏まえた専門性の基盤をなしている。ただし、ここでいう「省察」の対象は知識、技能や実践現場の状況にとどまるものではなく、教育を取り巻く政治・政策動向、社会的公正ひいては人類の幸福（well-being）にも及ぶ。このように省察の対象や方法を広げ、深めるためには、他者との対話や協働が欠かせない。したがって「教員の専門性」には、知識・技能だけではなく、省察の在り方を追究していく態度や思考様式、それらを支え促すために協働する力が含意されている。

（朝倉雅史）

References

□今津考次郎／著（2017）『新版変動社会の教師教育』名古屋大学出版会

本書では「教員の専門性」に関わる歴史的変遷と現代的な課題がまとめられ、学校組織を視野に入れた教員の発達過程が論じられている。「教員の専門性」について理解を深めるための好著。

□浜田博文／編著（2020）『学校ガバナンス改革と危機に立つ「教職の専門性」』学文社

教育改革・学校改革によって多様な人材が学校教育に関わる現代において、「教員の専門性」をいかに捉え、どのように位置付けていくかを理論的・実証的に論じた書である。

□山﨑準二・高野和子・浜田博文／編（2024）『省察を問い直す―教員養成の理論と実践の検討』学文社

「教員の省察」が注目され、世界的にも「教員の専門性」の中核をなす概念となった現在の状況を客観的に捉え直した挑戦的な書であり、「省察」を広げ、深めることができる。

6 教員に求められる資質能力

Summary

１９９０年代後半、教員として普遍的で職務上、求められる力量を前提として、「生きる力」を育むために地球的視野に立つとともに、変化の時代を生きるために求められる資質能力が指摘された。この基盤に立ち、２０００年代以降の議論では、「学び」そのものの重視とその「質の転換」が求められ、同時にキャリアを通じた「学び続ける教員像」が志向されている。

時代の要請と求められる中身

近年までの議論をさかのぼるならば、１９９７年７月、教育職員養成審議会の第１次答申における指摘が着目できる。すなわち変化の激しい時代にあって、子供たちに「生きる力」を育む教員の資質能力である。

上記の答申では以下のように指摘された。第一に「いつの時代にも求められる資質能力」であり、普遍的な資質能力に対する視点である。教育者としての使命感、人間の成長・発達についての深い理解、幼児・児童・生徒に対する教育的愛情、教科等に関する専門的知識、広く豊かな教養などを基盤とした実践的指導力等である。第二に「今後特に求められる資質能力」として、「地球的視野に立って行動するための資質能力（地球、国家、人間等に関する適切な理解、豊かな人間性、国際社会で必要とされる基本的資質能力）」「変化の時代を生きる社会人に求められる資質能力（課題探求能力等に関わるもの、人間関係に関わるもの、社会の変化に適応するための知識及び技術）」「教員の職務から必然的に求められる資質能力（幼児・児童・生徒や教育の在り方に関する適切な理解、教職に対する愛着、誇り、一体感、教科指導、生徒指導等のための知識、技能及び態度）」である。第三に「得意分野を持つ個性豊かな教員」の必要性を挙げ、基礎的・基本的な資質能力の確保を前提に「積極的に各人の得意分野づくりや個性の伸長を図ることが大切である」とした。

指導力不足教員に対する厳しい批判

他方で資質能力の不足、つまり指導力不足教員の議論にも注意を要する。指導力不足教員については、公立学校でいえば公務員の身分保障の問題もあり、事実上、分限処分を行うことも難しく、適切な措置が講じられていないことがたびたび指摘されていた。だが、指導力不足教員に対する批判は、特に「学級崩壊」問題が顕在化した１９９０年代末頃から一層強まった。そうした中で指導が不適切な教員の他の職への転任を可能とする「地方教育行政の組織及び運営に関する法律」の改正（２００２年１月施行）がなされた。以後、全国の都道府県及び政令指定都市の教育委員会では、指導力不足教員の人事管理システムの構築が進められた。

さらに教育再生会議「社会総がかりで教育再生を～公教育再生への第一歩～（第１次報告）」（２００７年１月）では、「子供は教員を選ぶことができません」「日々、直接に子供と接する教員は、保護者や住民の信頼を損なうことのないよう、一般の職員等以上に厳しく自らの身を律することは当然」とされ、よって「不適格教員は教壇に立たせない」と厳しく指摘された。そのために養成・採用・研修の充実のほか、教員評価を実効あるものとし、指導力不足教員の認定や分限を厳格化すべきであるとした。

学力観の重視とキャリアを通じた向上

２０００年代以降の議論では「学び」そのものが一層重視され、その「質の転換」が求められてきた。同時にキャリアを通じた資質能力の向上が求められてきた。

中央教育審議会答申「教職生活の全体を通じた教員の資質能力の総合的な向上方策について」（２０１２年8月）では、今後の求められる人材像を踏まえた教育を展開するためには「社会からの尊敬・信頼を受ける教員、思考力・判断力・表現力等を育成する実践的指導力を有する教員、困難な課題に同僚と協働し、地域と連携して対応する教員が必要である」と指摘した。その上で「教職生活全体を通じて、実践的指導力等を高めるとともに、社会の急速な進展の中で、知識・技能の絶えざる刷新が必要であることから、教員が探究力を持ち、学び続ける存在であることが不可欠」とし、「学び続ける教員像」の確立を強調した。

また中央教育審議会答申「これからの学校教育を担う教員の資質能力の向上について」（２０１５年12月）では、「キャリアステージ」に応じ、「資質能力を生涯にわたって高めていくことのできる力」や「情報を適切に収集し、選択し、活用する能力や知識を有機的に結びつけ構造化する力」の必要性が指摘された。これにより、「アクティブ・ラーニングの視点からの授業改善、道徳教育の充実、小学校における外国語教育の早期化・教科化、ＩＣＴの活用、発達障害を含む特別な支援を必要とする児童生徒等への対応」など、新たな課題への対応の必要性を指摘した。なお、教育委員会（任命権者）は、文部科学大臣の定める指針を踏まえ、「教員育成指標」を策定するとされた（２０１７年4月、教育公務員特例法の一部改正）。今後、この教員育成指標等を踏まえ、教員研修や教員養成が進められていくとされている。

今日、こうした資質能力の育成は、校内研修等を生かした現場におけるＯＪＴ（オンザジョブトレーニング）と、教育委員会による研修等の校外におけるＯｆｆＪＴ（オフザジョブトレーニング）という内外の機会を活用することが期待されている。

（加藤崇英）

References

□亀井浩明／著（2017）『教師の見識―変革期に求められる教師の資質・能力』学事出版

時代の変化の中で悩み、取り組んできた自身の教師や行政の経験を踏まえ、これまでの歩みを伝えるとともに教師のこれからの在り方を導いてくれる書。

□諸富祥彦／著（2013）『教師の資質―できる教師とダメ教師は何が違うのか？』朝日新聞出版

教師に求められる資質を分かりやすく丁寧に説明している。その上で「できる／ダメ」の区別ではなく、全ての子供、そして全ての教師を支えてくれるメッセージが込められた書。

□今津孝次郎／著（2012）『教師が育つ条件』岩波書店

著者のこれまでの調査にも立脚しながら、的確に教師の抱える問題を分かりやすく論じ、現状の課題を指し示した書。また、「評価の時代」にあって、「査定」と「評価」を混同しないことなど、教師の構えるべきスタンスについても大変参考になる。

7 教員の職務

Summary

日本の教員は、学習指導に加え、生徒指導等の面においても主要な役割を担い、子供たちの状況を総合的に把握して様々な指導を行うなど幅広い職務を担ってきた。しかし、学校組織のマネジメントの重要性が唱えられて新しい職種が導入されたり、長時間勤務の是正が唱えられたり、教員の職務の組織化やスリム化についての実践や議論が進んでいる。

教員とは

教員とは、教育公務員特例法によれば、「公立学校の教授、准教授、助教、副校長、教頭、主幹教諭、指導教諭、教諭、助教諭、養護教諭、養護助教諭、栄養教諭、主観保育教諭、指導保育教諭、保育教諭、助保育教諭及び講師」をいう（第2条第2項）。さらに教育職員免許法では、「教育職員」と同義とされ、「主幹教諭、指導教諭、教諭、助教諭、養護教諭、養護助教諭、栄養教諭、主観保育教諭、指導保育教諭、保育教諭、助保育教諭及び講師」を指す。ここでは、これらの法律に規定されている職種のうち、「主幹教諭、指導教諭、教諭、養護教諭、栄養教諭」に関する職務についてまとめていく。

教諭・主幹教諭・指導教諭の職務

学校教育法によれば、教諭は「児童の教育をつかさどる」（第37条第11項）ことを職務とする（幼稚園の場合には、「幼児の保育をつかさどる」（第27条第9項））。ここでいう教育とは、単に知識や技能の教授のみを指すのではなく、義務教育の目的が「各個人の有する能力を伸ばしつつ社会において自立的に生きる基礎を培い、また、国家及び社会の形成者として必要とされる基本的な資質を養うこと」（教育基本法第5条第2項）となっており、さらに学校教育では「教育を受ける者が、学校生活を営む上で必要な規律を重んずるとともに、自ら進んで学習に取り組む意欲を高めることを重視して行われなければならない」（同法第6条第2項）ことから、人間性の指導までも含まれている。事実、これまで日本では、教諭が、学習指導に加え、生徒指導等の面においても主要な役割を担い、児童生徒の状況を総合的に把握して様々な指導を行ってきており、学校において中核的な役割を担ってきた。そのような中で「校務分掌」として学校内外の業務が教員によって分担されてきた。

このような教員の幅広い職務を背景として、学校では校長等の管理職を除いて教員の権限や責任に大きな違いはないと認識されてきた。しかし、１９９０年代以降、子供や子供を取り巻く環境が大きく変化する中で、学校が責任をもって教育を行うために「組織マネジメント（学校内外の能力・資源を開発・活用して、学校に関与する人たちのニーズに適応させながら、学校教育目標を達成していく過程）」がより重要とされた。そのため、校長のリーダーシップの強化とともに新しい管理職やそれらをサポートする教員が配置されることとなった。２００７年6月に学校教育法が改正され、２００８年4月より、「主幹教諭」「指導教諭」を各学校に置くことができるようになった。主幹教諭は、「校長（副校長を置く小学校にあっては校長及び副校長）及び教頭を助け、命を受けて校務の一部を整理し、並びに児童の教育をつかさどる」（第37条第9項）。また、指導教諭は「児童の教育をつかさどり、並びに教諭その他の職員に対して、教育指導の改善及び充実のために必要な指導及び助言を行う」（第37条10項）（幼稚園の場合には、校長、副校長、校務、教育を園長、副園長、園務、保育と読み替える（第27条第7項、第8項）。

これらの新しい職種に加え、学校において食育の推進に中核的な役割を果たす教諭として「栄養教諭」が２００５年度から導入されている。給食管理に加えて食に関する指導を一体的に行うことで食育の効果を上げることが期待されている。

「日本型学校教育」の転換と教員の職務

様々な業務に献身的に従事する日本の教員の姿は、国内外において高い評価を得ており、日本の学校教育の長所とも捉えられてきた。しかしながら、保護者や地域社会からの多様な期待の高まりは、教員の長時間勤務という形に表れている。教員勤務実態調査や２０１３年及び２０１８年に実施されたＯＥＣＤ（経済協力開発機構）のＴＡＬＩＳ（国際教員指導環境調査）等により、日本の教員の勤務時間は国際的にみても長く、10年前と比較しても増加傾向にあることが明らかになった。このような環境の中で心身に不調をきたす教員の増加も問題となり、改めて公教育の中で教員が何に責任をもち、どのような業務を受けもつべきなのかについての議論が必要となっている。

中央教育審議会答申「新しい時代の教育に向けた持続可能な学校指導・運営体制の構築のための学校における働き方改革に関する総合的な方策について」（２０１９年1月）では、学校が担うべき業務として、学習指導要領に基づいた学習指導、児童生徒の人格形成に不可欠な生徒指導・進路指導、保護者・地域等と連携した学級経営や学校運営業務が挙げられている。このほか、教員が担ってきた業務（例えば、登下校に関する対応）は地方公共団体、教育委員会、保護者、ボランティアといった学校以外が受け持つべきだと提言されている。今後は「チームとしての学校」の導入を念頭に、このような整理を踏まえて各地域や市町村、学校ごとに教員の職務について議論を深めていくことが重要になろう。

（小野瀬善行）

References

□浜田博文／編著（2012）『学校を変える新しい力―教師のエンパワーメントとスクールリーダーシップ』小学館

学校の組織力を向上させる観点から、教員の職務はどのように見直されている（いくべきか）を考えるための好著。

□日本教育法学会／編（2014）『教育法の現代的争点』法律文化社

教員のもつ権利と自由に関する議論の全体像をつかむために適した書。あわせて教員が置かれた「新自由主義的」な今日の政治的・政策的な環境を批判的に評価することもできる。

□アンディ・ハーグリーブス／著、木村　優・篠原岳司・秋田喜代美／監訳（2015）『知識社会の学校と教師―不安定な時代における教育』金子書房

知識社会における教職には、どのようなことが求められるのか。教職は、知識社会における変化へ対応できる専門職であることが期待されている。その難しさにどのように取り組めばよいのかについて考えるための好著。

8 教員の服務とコンプライアンス

Summary

教員の非違行為が社会的に問題となる中、文部科学省や教育委員会は、コンプライアンスの徹底を繰り返し求め、研修を強化するなどの対応に追われている。公立学校の教員の場合、服務義務は、主に地方公務員法に規定されている。これらの服務義務に違反した場合には、地方公務員法上の懲戒処分を受ける可能性がある。

教員のコンプライアンス

教員の法令違反をはじめとする非違行為が社会的に問題となっている。これに対し、文部科学省や教育委員会は、コンプライアンスの徹底を繰り返し求め、研修を強化するなどの対応を行っている。

コンプライアンスとは、もともと企業経営の分野で使われ始めた言葉である。狭義には法令遵守を意味し、広義には法令遵守に加えて、倫理に則りその組織に対する社会的要請に応えていくという意味がある。

もちろん公の性質を有する学校は、営利の追求を第一義的な目的とする企業とは組織の目的が異なるため、同一に語ることはできない。しかし、コンプライアンスの考え方を学校の文脈に応用してみると（スクール・コンプライアンス）、教員が法令を遵守するのは当然のことであり、学校に対する児童生徒や保護者、地域住民からの信頼を損なわないよう倫理的な行動を心がけるべきことは、社会の多数派が支持する考え方といえるだろう。

なお、地方公務員としての身分を有する公立学校の教員の場合、「全体の奉仕者として公共の利益のために勤務」する存在である（地方公務員法第30条）という点を考慮する必要がある。さらに、その給料は住民の税負担によって賄われているのであるから、一般市民や私立学校の教員に比べて、より高いコンプライアンス意識が求められると考えられる。

教員の服務

公立学校の教員の場合、教員の服務は、主に地方公務員法に規定されている。一方、私立学校の教員の場合は、学校法人の定める就業規則によることになる。以下では、公立学校の教員の服務義務について概観することにしたい。

地方公務員法には、第3章第6節に服務に関する規定が置かれている。これらは講学上、職務上の義務（職務を遂行する上で遵守すべき義務）と、身分上の義務（勤務時間の内外を問わず遵守すべき義務）に大別される。

一般に、服務の宣誓（第31条）、法令等及び上司の職務上の命令に従う義務（第32条）、職務に専念する義務（第35条）は「職務上の義務」に該当するとされる。そして、信用失墜行為の禁止（第33条）、秘密を守る義務（第34条）、政治的行為の制限（第36条）、争議行為等の禁止（第37条）、営利企業への従事等の制限（第38条）は、「身分上の義務」に該当すると整理されている。政治的行為の制限、営利企業への従事等の制限については、教育公務員特例法第18条、

第17条がそれぞれ優先的に適用される点に留意が必要である。

これら服務義務のうち、「信用失墜行為の禁止」についてみると、「職員は、その職の信用を傷つけ、又は職員の職全体の不名誉となるような行為をしてはならない」と定められている（第33条）。「その職の信用を傷つける行為」とは、職務に関連して非行を行った場合を意味し、「職員の職全体の不名誉となるような行為」とは、必ずしも直接的に職務とは関係のない行為も含まれる（橋本、２０２３）。すなわち、飲酒運転や児童買春など、職員が公務を離れて私的領域で犯した行為はここに該当する。

公立学校の教員は、地方公務員としての身分を有する限り、常に地域住民の信頼を前提に自らの行動を律することが求められており、広義のコンプライアンスの考え方が法令上に含まれているといえるだろう。

▼地方公務員法上の懲戒処分

公立学校の教員が服務義務に違反した場合、地方公務員法上の懲戒処分を受ける可能性がある。

地方公務員法は、懲戒事由として、次の３つを定めている（第29条第1項）。①「この法律若しくは第57条に規定する特例を定めた法律又はこれらに基づく条例、地方公共団体の規則若しくは地方公共団体の機関の定める規程に違反した場合」、②「職務上の義務に違反し、又は職務を怠った場合」、③「全体の奉仕者たるにふさわしくない非行のあった場合」――である。地方公務員法、教育公務員特例法に定める服務規定に違反した場合は、①に該当することになる。

文部科学省の調査によれば、２０２２年度に、当事者責任により懲戒処分を受けた教育職員は７４５人で、訓告等を含めると４５７２人にのぼる（「令和4年度公立学校教職員の人事行政状況調査について」）。これは、公立学校の教育職員全体の０・４９％に当たる人数である。

処分事由別に見ると、「その他の服務違反等」を除き、「性犯罪・性暴力等」による懲戒処分者数が最多で２１９人、これに「交通違反・交通事故」が１６２人（うち、飲酒運転を理由とするものは37人）、「体罰」が91人と続く。懲戒処分の中でも、「性犯罪・性暴力等」と「飲酒運転」の場合には、他の処分事由に比べて被処分者に占める「免職」の割合が高く、重い懲戒処分が行われる傾向がある。

（山田知代）

References

□橋本　勇／著（2023）『新版 逐条地方公務員法〈第６次改訂版〉』学陽書房

地方公務員法の服務規定（第30条～第38条）や懲戒処分に関する規定（第27条、第29条）等について、逐条解説が行われている。行政実例や裁判例についても紹介されている。

□山田知代・坂田　仰（2012）「公立学校教員に対する懲戒処分の規定要因―飲酒運転裁判における「信用失墜行為」に焦点を当てて」（日本教育制度学会紀要編集委員会／編『教育制度学研究』第19号所収）

公立学校の教員に対する懲戒処分を規定する要因を、「信用失墜行為」に関わる裁判例の分析から抽出することを目的とした論文である。主として飲酒運転による懲戒処分取消請求訴訟に焦点を当てて、一般市民、地方公務員一般との比較からその要因を明らかにしている。

9 教員研修

Summary

教員研修には、各学校で行う校内研修、初任者研修や中堅教諭等資質向上研修といった法定研修等の種類がある。教員は児童生徒の教育を直接つかさどることから、その資質能力を向上させるための教員研修は不可欠なものである。教育基本法、教育公務員特例法に則っていえば、教員研修の実施は教員の（努力）義務であると同時に、その機会が保障されているのである。

＊表Ａ　教員研修の種類

実施主体	名称等	内容
国	学校経営研修	各地域で学校教育において中心的な役割を担う校長、副校長・教頭、中堅教員及び事務職員等に対する学校経営力の育成を目的とする研修。
	指導者育成研修	各学校や地域における研修のマネジメントを推進する指導者の養成等を目的とする研修。
	海外派遣研修	英語教育等の海外の教育実践を体験することを通して、実践的指導力の育成や他の教員への波及を目的とする研修。
任命権者（都道府県教育委員会）	初任者研修（法定研修）	新規採用された教員に対して、採用の日から１年間、実践的指導力と使命感を養うとともに、幅広い知見を得させるため、学級や教科・科目を担当しながらの実践的研修。
	中堅教諭等資質向上研修（法定研修）	各学校においていわゆるミドルリーダーと呼ばれる中堅教諭が、学校運営の中核を担うための役割を果たすため、必要な資質の向上を目指す研修。
	職能に応じた研修	各学校で生徒指導主事、教務主任、教頭、校長等を担うための資質の向上を目指す研修。
	専門的な知識技能に関する研修	教科指導、生徒指導、キャリア教育、教育の情報化等に関する専門的な知識・技能の向上を目指す研修。
	長期派遣研修	企業活動の考え方や取組を体験し、研修で習得した内容を児童生徒や学校運営に活用することを目的とする研修。
その他	校内研修	学校の課題の解決や教員の資質能力の向上を目指して、学校全体で計画的・組織的に取り組む研修活動を指す。そのため、教科指導のみならず、生徒指導、進路指導、学校安全、教育の情報化等、内容は多岐にわたる。
	教員個人の研修	教員が個人、もしくは複数人集まり行う自主的な研修。

教員にとっての研修とその種類

教員は、「自己の崇高な使命を深く自覚し、絶えず研究と修養に励み、その職責の遂行に努めなければならない」（教育基本法第９条第１項）。また、教員は「研修を受ける機会が与えられなければならない」（教育公務員特例法第22条第１項）。つまり、教員研修は、（努力）義務であると同時に、その機会が保障されている。

教員研修を国、任命権者（主に都道府県教育委員会）、その他と、それぞれ実施主体ごとに分け、内容例を挙げると表Ａのようになる。

教員研修の実際

表Ａで整理したように教員研修は、対象となる教員の職位や経験年数、実施主体、受講が義務なのか任意かなどによって分類され、種々様々な研修が実施されている。研修内容が公開されている岐阜県では、例えば法定研修の一つである中堅教諭等資質向上研修は、表Ｂのように実施されている。

岐阜県で行われる同研修の特徴は２点挙

＊表B　岐阜県における中堅教諭等資質向上研修の実際

研修の対象	教職経験が満６～11年を経過した教員のうち、教職経験が満11年を経過した教員及び前年度までの該当者で当研修を未受講の教員
研修の日数	○校外研修：７日間 （共通研修２日、選択研修５日） ○校内研修：18日間
研修の内容	【校外研修】 ○共通研修：教員の服務、教育相談、中堅教諭に求められる資質・能力、キャリア教育、生徒理解、教科の専門性・実践力向上 ○選択研修：地域貢献活動、自己課題に応じた研修（教育委員会が主催する研修講座受講、研究校や近隣校の授業参観及び研究会への参加、異校種の学校を訪問して行う研修） 【校内研修】 自己課題に沿って校長等から指導を受けながら日常の実践に立脚した研修を行い、教科指導や生徒指導等に関する実践的な指導力の向上を図る。

岐阜県教育委員会「令和５年度『中堅教諭等資質向上研修（小・中・義）』実施要項」をもとに筆者作成

げられる。第一に、校外で行われる共通研修2日間のうち、1日は総合教育センターとTV会議でつないだオンライン形式で行われることである。岐阜県では同研修に限らず、対面ではなくオンライン形式で行われる研修を多く開催している。これは「ポストコロナ期」の教員研修の特徴の一つであり、他の自治体でも看取できる。第二に、1日の地域貢献活動を選択研修として認めている点である。福祉施設での高齢者や障害のある人と関わる活動、地域の外国人を支援する施設での活動、伝統文化を継承する行事等への参加・運営等が具体的な地域貢献活動の例として示されている。

「ポストコロナ期」の校内研修

全ての教員が「学び続ける教員像」の視点から、自律的かつ生涯にわたってその資質能力を高めることが求められている。「教員の働き方改革」や「GIGAスクール構想」に加え、新型コロナウイルス感染拡大を背景として、教員研修はオンライン・オンデマンド型の研修が広がったといえる。これは、これまで実施されてきた対面・集合型の研修が廃止されたということではなく、対面・集合型の研修とオンライン・オンデマンド型をミックスさせ、より効果的な研修内容・方法を検討しようとするものである。

新潟市教育委員会ではオンライン研修を推進しており、オンライン形式で行われる研修を校内研修に位置付け、校内の教職員全体で参加しようとすることも検討している。このように、対面・集合型の研修とオンライン・オンデマンド型の「ベストミックス」による新たな形の教員研修が実施され、広がりを見せている。

（田邉良祐）

References

□**名須川知子・渡邊隆信／編、兵庫教育大学教員養成カリキュラム改革委員会／著（2014）『教員養成と研修の高度化―教師教育モデルカリキュラムの開発にむけて』ジアース教育新社**

本書では、教員養成と研修の高度化のためのモデルカリキュラムとして「４＋αスタンダード」「教師のキャリアステージに則した研修カリキュラム」「多様な教師のニーズにこたえるためのICT活用を含む機動的な教育システム」の３つを開発、提言を行っている。

□**市川昭午／著（2015）『教職研修の理論と構造―養成・免許・採用・評価』教育開発研究所**

教師の資質・能力の向上に関わる「教職研修」について、「教師とは何か」「教職とは何か」といった基本的な問いを立て、課題と展望を示している。養成、採用等の段階についても触れており、「教員研修」を中心に教師の資質能力の向上について考える際の基本書となる一冊。

10 教員評価

Summary

今日、従来の勤務評定制度とは異なる「新しい教員評価」が定着しつつある。背景には、従来の勤務評定の形骸化と、２０００年以降の教育改革及び公務員制度改革がある。現行の教員評価制度は人材育成の側面が強調され、自治体ごとに違いはみられるものの、学校経営目標（方針）等を踏まえた自己目標の設定と管理並びに能力と業績の評価等の点が共通している。

「新しい教員評価」の展開

これまで、勤務評定は、１９５０年制定の地方公務員法第40条「勤務成績の評定」を根拠として、校長により各教員の勤務態度が評価され、教育委員会に提出されていた。しかし、当時の政治状況の下で、導入時に激しい反対闘争が展開されたこともあって、のちにほとんどの都道府県において形骸化の一途をたどることとなった。

近年、全国に展開する「新しい教員評価」の嚆矢となったのが、２０００年に導入された東京都の教職員人事考課制度である。それまで行政職員に実施していた人事考課の対象を全公立学校教職員へ拡大し、従来の勤務評定に代わる新たな能力開発型人事考課制度を導入した。

国レベルでは、教育改革国民会議「教育を変える17の提言」（２０００年12月）が、教師の意欲や努力が報われ評価される制度の設計を提起し、評価と処遇を連動させる方針を示した。２００２年2月には中央教育審議会答申「今後の教員免許制度の在り方について」が、教員の資質向上に向けた新しい教員評価システムの導入を提言した。他方で、公務員制度改革として、２００1年12月に「公務員制度改革大綱」が閣議決定された。ここでは、公務員への成果主義的な賃金体系の導入がうたわれ、現行の勤務評定制度に代わる能力評価と業績評価からなる新たな評価制度の導入が提案された。

こうした流れを受け、文部科学省は、２００3年度から3年にわたり、都道府県・政令指定都市教育委員会に「教員の評価に関する調査研究」を委嘱し、新たな制度の開発と導入を進めた。これを契機として、「新しい教員評価」が全国へ波及した。

２０１4年5月には地方公務員法が改正され、能力本位の任用制度の確立（職員の任用を人事評価等の実証に基づき行うこと）と、人事評価制度の導入（任用、給与、分限等の人事管理の基礎とするために、「発揮した能力」と「挙げた業績」を把握した上で行う評価制度）が明示された。２０１6年4月の同法の施行によって、従前の教員評価制度が目指す能力開発や人材育成の視点に加えて、今後は、人事管理への活用が期待されている。同様の考えは「第4期教育振興基本計画」（２０２3年6月閣議決定）へ反映されており、指導体制の整備を図るために、教員の能力や業績を適切に評価し、人材育成等に活用する人事評価の実施と、結果の処遇等への適切な反映を目指している。

教員評価の取組状況

文部科学省は毎年、都道府県及び政令指定都市の教育委員会を対象に教職員の人事行政の状況を調査、公表しており、中には人事評価システムの取組状況も含まれている（文部科学省「公立学校教職員の人事行政の状況調査について」）。同調査（２０２３年10月１日現在）では、教諭等に対する人事評価の結果について、60県市が「昇給・降給」「勤勉手当」に（２０１８年はそれぞれ44県市、45県市）、50県市が「人材育成・能力開発・資質向上」に（同42県市）、それぞれ活用している。先の通り、改正地方公務員法の施行以降に、任用、給与等の人事管理の基礎としての活用を目的として導入する自治体が増加している。また、39県市が人事評価と学校評価を連動させて運用している。

調査によると、評価の実施に当たり、評価者の負担軽減（面談時間や授業観察時間の確保）や評価能力の向上、評価のプロセス及び結果の透明性・公平性・客観性・納得性の担保等が課題として挙げられている。

▼よりよい教員評価を目指して

「新しい教員評価」の導入には、近年の教育改革の基底にあるアカウンタビリティの追求と専門職たる教師の職能成長・資質能力向上の２つの系列があった。こうした中で、教員評価制度は、自己申告による目標管理と勤務評価を学校経営改革の手段とし、学校組織の活性化と教員個人の資質能力の向上を目指してきた。

今後は、教員評価が本来の目的に適ったものとなっているか、教員評価制度の恒常的な点検と改善が必要である。その際は、教職の専門職性を踏まえながら、評価者と被評価者の双方が納得できる評価制度の運用についても考究しなければならない。

なお、一部の自治体では、全国学力・学習状況調査の結果を教員評価へ反映し、教員の処遇と連動させる動きがみられる。論点は多数挙げられるが、教育の評価には、学校・家庭・地域の諸条件を的確に踏まえた上で、子供自身の成長（＝変化の量）に配慮することが最低限求められる。真正かつ公平・公正な教員評価制度の設計、運用が問われ続けている。

（牧瀬翔麻）

References

□苅谷剛彦・金子真理子／編著（2010）『教員評価の社会学』岩波書店

教員評価制度を社会学的分析対象に据え、「教職の社会学」を志向した一冊。特に、宮崎県の教員評価制度改革に着目し、制度導入の過程や政策導入のインパクトを詳細に分析する。「評価制度の成否は、その運用を通じて、実際に教師の能力向上の機会に生かされているかどうか、それを不断に反省的にとらえ直せるかどうかにかかってくる」とする本書の指摘は、今後の教員評価制度の運用にとって重要な視点であろう。同じ著者らによる岩波ブックレット『教員評価』はより読みやすい。

□全国高等学校教頭・副校長会／編（2017）『全国高等学校教員評価集―制度導入前後の都道府県別実施実態』学事出版

各都道府県の教員評価の導入に至る経緯や実態等について網羅的かつ簡潔にまとめた一冊。教員の管理組織を大きく変えた高等学校の教員評価について、制度導入前後の実施実態を収録している。内容は地方公務員法改正前の2013年時点のものだが、現行教員評価制度へつながる前史として把握しておきたい。

□日本教師教育学会／編（2017）『教師教育研究ハンドブック』学文社

日本教師教育学会の教師教育の研究と実践と政策に関する概念、用語を包括的に提示した一冊。基本的な概念をはじめ、教師教育の研究、国内外の教師教育制度及び改革等の各事項について整理されており、教師教育の研究の蓄積と最新の知見をつかむことができる。

11 教員人事

Summary

教育委員会の所管に属する学校の教職員は、当該教育委員会による任命を原則としている。ただし、県費負担教職員については、都道府県教育委員会が任命権を有しており、都道府県教育委員会による計画的な広域採用・広域人事が展開されている。これによって、県域内市町村間でバランスのとれた教職員配置を可能にし、公教育の機会均等を図っている。

教員人事の仕組み

通常、公務員の採用及び昇任は、競争試験を原則とする。これに対して、公立学校教員のそれは、選考のかたちをとっている。一般に、任用は、平等取扱の原則（地方公務員法第13条）、能力実証主義（同法15条）による。しかし、教員の場合は、職務と責任の特殊性から機械的な点数化による競争試験がそぐわないこと、教員免許状の保有や一定の資格・能力を有する者を前提とし、専門性や人格的要素を学力・経験・人物・慣行・身体等を総合的に審査する必要があることから、選抜方法として「選考」を実施している。

原則として、公立学校教職員は、所管する教育委員会によって任命される。他方で、市町村立小・中学校の教職員については、都道府県教育委員会が任命権を有するとされ、これを「県費負担教職員」と呼ぶ。県費負担教職員は、市町村職員の身分をもち、市町村教育委員会が服務監督権を有する一方で、採用・任免等の人事権は都道府県教育委員会がもつ。給与は国が3分の1を、都道府県が3分の2をそれぞれ負担している（義務教育費国庫負担制度）。なお、地方教育行政の組織及び運営に関する法律（以下、地教行法）第38条は、県費負担教職員の任免権の行使に当たり、都道府県教育委員会は、市町村教育委員会の〝内申をまって〟進退を行うことを定めている。

服務監督権と人事権が分離する県費負担教職員制度は、地方公務員制度の中でも特例的な仕組みとして維持されてきた。市町村をまたぐ広域人事によって、教職員の適正配置と人事交流が可能となり、市町村間の行財政能力の格差等に左右されずに、教育水準の維持向上が図られてきたといえる。

人事制度の運用と法改正

２０００年前後からの教育改革は、教育行政の分権を進め、学校経営の自主性・自律性の拡大、裁量の移譲を図ってきた。１９９８年9月の中央教育審議会答申「今後の地方教育行政の在り方について」は、校長の教育方針に基づく特色ある教育活動を展開する観点から、校長の意見具申を人事制度に取り入れるように提言した。２００1年の地教行法の改正では、人事における校長の意見具申権が規定された。これにより、校長から意見の申出があった県費負担教職員については、内申に際して校長の意見の添付が求められることとなった。

さらに、２００5年10月の中央教育審議会答申「新しい時代の義務教育を創造する」は、分権改革の潮流の中で、義務教育の直接の実施主体である市町村への権限委譲を進め、教育現場に近いところに権限をおろすべきと指摘した。これを踏まえ、２００

7年の地教行法改正では、同一市区町村内の教職員の転任については、県域内の教職員の適正な配置と円滑な交流に留意しつつ、市区町村教育委員会の意向に基づくこととした。

なお、2003年度からは、地域における特色ある教育を推進するため、構造改革特区制度を活用し、教育上特に配慮が必要な事情がある場合には、市町村教育委員会による教職員の任用を可能とする市町村費負担教職員任用事業を開始した（給与は市町村費負担）。

人事権移譲に関する近年の動き

現行制度では、県費負担教職員の人事権は都道府県教育委員会が有し、給与は都道府県が負担している。しかし、特例として、政令指定都市に勤務する教職員の人事権は政令指定都市教育委員会が有してきた。このため、権限（人事権者）と財源（給与負担者）が異なる「ねじれ」状態にあり、解消が求められてきた。2017年度からは、給与負担事務が政令指定都市へ移譲され、併せて財政措置として税源移譲が実施されている。

このような改革動向の中で、中核市、一般市町村へ教職員の人事権移譲を拡大適用させる動きがある。しかし、県費負担教職員制度が、市町村の行財政能力の脆弱さや格差を補完・是正し、配置の最適化を通じた教育水準の平準化として機能してきたことに鑑みれば、人事権の移譲によって、優秀教員の都市部への集中や人事交流の停滞等が生じる懸念もあり、慎重な検討が要される。

また、県費負担教職員の人事異動のスケール（ブロック）や人事異動方針は、各都道府県の人口地理的事情や社会経済的事情、歴史的な人事慣行・経緯等によって、それぞれ大きく異なっている。特に地方部では、急速な人口減少や学校統廃合を背景に、従来の異動方針の修正が求められたり、一部地域内での勤務・異動を対象とする地域限定採用枠を設けたりする自治体も現れている。

（牧瀬翔麻）

References

□本多正人・川上泰彦／編著、小川正人・植竹　丘・櫻井直輝／著（2022）『地方教育行政とその空間―分権改革期における教育事務所と教員人事行政の再編』学事出版

これまで注目されてこなかった地方教育行政の「空間」に着目し、地方分権改革以降のそのドラスティックな変容を捉え、評価した一冊。中でも、教員人事行政をめぐる各都道府県の慣行、ルール、空間の構成の変動が丁寧に分析されている。各地の調査研究からは、教育行政空間がいかに多様で複雑であるかがよく分かる。日本教育行政学会学会賞受賞図書。

□前田麦穂／著（2023）『戦後日本の教員採用―試験はなぜ始まり普及したのか』晃洋書房

現代の教員人事に定着している「教員採用試験制度」は、実はそれほど「当たり前」ではないと筆者は指摘する。法制度上、選考による選抜とされている教員採用制度は、運用実態との矛盾が指摘されてきた。教員採用試験の出発点を探り、普及と定着の歴史を明らかにし、戦後日本の教員採用制度が形成される過程を描き出した、教員採用試験の歴史社会学の一冊。

□川上泰彦／著（2013）『公立学校の教員人事システム』学術出版会

調査研究の困難さもあり、先行研究に乏しかった教員人事制度を実証的に研究した学術書。教員人事異動の多様性とその規定要因の解明を試み、人事行政による教員の異動・配置の状況が、学校経営における一種の環境・条件として機能することを指摘した。大規模な量的調査と質的調査を往還しながら精緻な分析が行われており、研究方法論も参考になる。

12 教員の同僚性

Summary

「教員の同僚性」とは、学校において共に業務に当たる中で、日常的に助け合い、アドバイスし合うなどの過程でコミュニケーションを深める関係性といえる。政策的にもその重要性が指摘されているが、一方で教員間の関係の希薄化も指摘されてきた。世代交代が進む今日、「チーム学校」による新たな同僚性への転換が模索されている。

「教員の同僚性」と政策上の位置付け

同僚とは「職場または地位・役目などが同じ人」（広辞苑）を意味する。そこでの性質、つまり同僚性（collegiality）とは、同じ職場で立場を同じにして共に働いているからこそ、互いに助け合ったり、励まし合ったりする関係性といえる。よって「教員の同僚性」とは、互いに指導方法について教え合ったり、あるいは担任する子供についての会話を交わすことで理解し合ったりするなど、学校という同じ職場において共に業務に当たる中で、日常的に助け合い、アドバイスし合うなどの過程でコミュニケーションを深める関係性といえる。

近年ではこうした「教員の同僚性」の在り方は政策的にも支持されている。中央教育審議会答申「今後の教員養成・免許制度の在り方について」（２００６年７月）では、以下のように述べている。学校では「教科指導や生徒指導など、教員としての本来の職務を遂行するためには、教員間の学び合いや支え合い、協働する力が重要」である。しかし、今日、学校では「一つの組織体であるという認識」が希薄になっていたり、教員数の少ない小規模の学校が増えたりしている。これらを背景に「学年主任等が他の教員を指導する機能が低下」するなど、「学びの共同体としての学校の機能（同僚性）」が十分に発揮されていない。

また「教員の資質能力向上に係る当面の改善方策の実施に向けた協力者会議」による報告「大学院段階の教員養成の改革と充実等について」（２０１３年10月）においても、「教員間の学びの共同体としての学校の機能」＝「同僚性」と捉えている。同報告では近年の「教員の大量退職・大量採用」という中で「教員間での知識や経験の伝承が困難な傾向」にあり、この対策として同僚性の構築が期待されている。

「教員の同僚性」に対する批判と危惧

「教員の同僚性」とは、一般には素朴に、また肯定的に捉えられる教員社会に特有の性質であり、一種、理想で望ましい学校現場の条件と考えられているといってよい。こうした同僚性の有する機能としては、①教育活動の効果的な遂行を支える機能、②力量形成の機能、③癒やしの機能（多忙化、ストレス、バーンアウトを和らげるなど）――が指摘されている（紅林、２００７）。

だが、「教員の同僚性」に対しては批判的な指摘も存在してきた。例えば、昔から教員は自ら担任する学級をいわば「学級王国」として、まさに「我が城」とし、互いに干渉しない関係性も指摘されてきた。また、特に１９９０年代以降、教員間の関係性はむしろ希薄化し、プライバタイゼーション（個人主義化ないし私事化）が進行していると指摘されてきた。

さらに今日の教育改革においては、学校は外部からの様々な要求に応えるために組織的な整備が求められている。その中で、教員は、いわば「不自然な」「人為的な」性質としての「同僚性」（contrived collegiality）をかたちづくることもあると指摘される。この指摘は、１９９０年代、イギリスにおける教育改革を受け、ハーグリーブス（A. Hargreaves）が行ったものであるが、今日の日本の「教員の同僚性」についても同様の状況に置かれていることが危惧されている。

チーム学校による新たな同僚性の構築

今日、「教員の同僚性」が生まれにくい状況が指摘できる。それは、先述のプライバタイゼーションとしての教員の特徴だけでなく、少子化の進展とともに小規模校が増加していることも一因といえる。

また、ベテラン教員の大量退職と若手教員の大量採用による世代交代が進んでいる。このような中で「教員の同僚性」が減退すれば、若手教員の力量向上の環境に大きな影響を及ぼすといえる。だが、かつての若手教員増加の時代である１９７０年代後半、あるいはそれ以前のように夜遅くまで共に働いて交流を深めることは、今日の「働き方改革」の時代では不可能である。

こうした中、「チーム学校」としての協働関係を構築することで新たな「教員の同僚性」の在り方を模索する動きがある（中央教育審議会答申「チームとしての学校の在り方と今後の改善方策について」２０１５年12月）。すなわち生徒指導や教育相談、部活動について、スクールカウンセラーやスクールソーシャルワーカー、部活動指導員が支援し、これまで教員が丸抱えしてきた負担を軽減し、本務に集中する環境へと変えていく取組である。この動きは、いわば同質性の高い、同じ立場の「教員の同僚性」から、多様な専門性を有する教職員・スタッフの協働関係による新たな同僚性への転換を図るものといえる。

いずれにしても「教員の同僚性」は新たな局面に入っている。その在り方をめぐっては様々な主張があるかもしれない。しかし、「専門職の学び合うコミュニティ（professional learning community）」（ハーグリーブス）の形成に寄与する同僚性の在り方が念頭に置かれる必要があろう。

（加藤崇英）

References

□紅林伸幸（2007）「協働の同僚性としての〈チーム〉」（日本教育学会『教育学研究』第74巻第２号所収）

国内外の研究成果を丹念に整理し、日本の教師の同僚性の特徴を整理しつつ、早くから専門職「チーム」論に着目し、今後の同僚性の構築を展望した研究。

□アンディ・ハーグリーブス／著、木村　優・篠原岳司・秋田喜代美／監訳（2015）『知識社会の学校と教師―不安定な時代における教育』金子書房

「知識社会」にあって教師が学び続けるためには多様な考えを共有でき、信頼のある関係性が重要となる。その基盤となる「専門職の学び合うコミュニティ」を主唱する。教育研究分野で世界的に知られる著者による書。

□加藤崇英／編（2016）『「チーム学校」まるわかりガイドブック』教育開発研究所

学力向上、子供への支援、多忙化問題等の諸課題を新たな「チーム学校」によって取り組む視点を解説した拙編著。

13 教員のメンタルヘルス

Summary

教員が過度のストレス等によって心身の不調を引き起こし、休職すること、すなわち「教員のメンタルヘルス」の問題は、学校の大きな課題の一つに挙げられる。この問題は、勤務時間の増大等による多忙・多忙感の増大、疲労の蓄積への対応により改善策が図られてきた。しかし、学校教育を取り巻く状況の変化や学校内外の様々な課題に対応する中で日常的にストレスを抱え、精神疾患による休職する教員が増加している。

「メンタルヘルス」とは

「メンタルヘルス」という用語は、教員の心身の問題を語る際にのみ使われるのではなく、広く社会一般で使用される用語であるといえよう。メンタルヘルスとは、広義に「心の健康」を意味する言葉である。メンタルヘルスと聞くと、うつ病等の精神疾患を患う人の問題と捉えられることもあるかもしれないが、「心の病にかかっていない＝健康」というわけではない。前向きな気持ちを安定的に保つ、意欲的に仕事に向かうことができるなどの状態でいることで、心が健康であると言うことができるのである。

メンタルヘルスを悪化させる背景に、バーンアウト（燃え尽き症候群）が挙げられる。バーンアウトは、医療従事者や教員といった「対人援助職」に生じやすいストレス反応だとされている。教員は児童生徒、保護者や地域住民、同僚教職員など、いくつかの人間関係の中で仕事をしている。これらの人間関係が崩れると不眠、過呼吸、慢性的な疲労感等の症状が現れバーンアウト状態となる。

教員のメンタルヘルスを悪化させる現代的な要因

児童生徒は自ら教員を選ぶことができず、その当たり・はずれは運次第という状況を、カプセルトイの小型販売機になぞらえて「教員ガチャ」「先生ガチャ」と呼ぶ。この言葉はある程度の市民権を得ているように思う。一方、教員にとって赴任先の学校にどのような同僚がいるか、どのような管理職の教員と出会えるかについても運次第であり、こちらを「同僚ガチャ」「職員室ガチャ」と呼ぶ。さらに教員にとって運次第という点では、「保護者ガチャ」という言葉もあってよいかもしれない。これら、教員の仕事において、運次第の「〇〇ガチャ」の「〇〇」に当てはまる言葉は、教員のメンタルヘルスを悪化させる要因を言い当てているのではないだろうか。

独立行政法人教職員支援機構のオンライン研修「構内研修シリーズ」の一つに「教職員のメンタルヘルス・マネジメント（河村茂雄）」がある。そこでは、メンタルヘルスを悪化させる要因として、①教職員個人の問題、②学校教育の推進の問題、③教育実践環境の変化、④期待される教育内容・活動の変化、⑤勤務条件の変化――の5つが挙げられている。ここには、「同僚」「保護者」「（教員から見た）児童生徒」という、「〇〇ガチャ」に当てはまる言葉が全て含まれている。

References

□日本学校メンタルヘルス学会／編（2017）『学校メンタルヘルスハンドブック』大修館書店

メンタルヘルスとは何か、から、教師・子供のメンタルヘルスや学校種から見たメンタルヘルスに至るまで「学校」におけるメンタルヘルスに関する内容を網羅的に整理している。ハンドブックという名称ではあるが、学校のメンタルヘルスに関して辞書的な使い方ができる一冊。

□武石恵美子／編著（2012）『国際比較の視点から日本のワーク・ライフ・バランスを考える―働き方改革の実現と政策課題』ミネルヴァ書房

中央教育審議会から答申が出されるなど「学校における働き方改革」が進んでいる。教員を含む「働き方改革」について、国際比較を通じて、日本におけるワーク・ライフ・バランス（WLB）と働き方に関するいくつかの提案を行っている。教師自身が働き方やWLBについて考える際の一助となる一冊であろう。

＊表A　メンタルヘルス悪化の予防策

対象となる教員の例	具体的な予防策
職務遂行に大きな支障はないが、このまま継続して仕事に注力したい教員	【一次的予防策：職場環境の改善】 ・過度な疲労や心理的負担・責任等を感じることがないよう、仕事の量と質のバランスを保つ ・長時間労働とならないような勤務時間の管理 ・職場内の人間関係の構築や円滑なコミュニケーション ・職場のレイアウトや、照明や温度の管理
自主・向上性、同僚・協働性が著しく低下した教員	【二次的予防策：メンタルヘルス悪化の早期発見と適切な対応】 ・職場内における相談体制の構築 ・ストレスチェックを行うことができる機会の提供 ・同僚や家族等による気づきや支援の促進
治療が必要なほど心の不健康状態に陥った教員 休職している教員	【三次的予防策：職場復帰の支援や再発予防】 ・専門医等の助言を受けながら復職プランを作成し、それに対応する内容等を関係者間で共有し、必要に応じて役割分担を行う ・専門医等と連携しつつ再発防止策の構築と実行 ・教育委員会や外部の専門機関との連携 ・個人情報の保護の徹底

筆者作成

教員のメンタルヘルス悪化の予防策

前段で述べたように、メンタルヘルスを悪化させるトリガー要因は様々である。また、実際にメンタルヘルスが悪化した状態も様々である。教員のメンタルヘルス悪化の予防策を整理すると表Aのようになる。

先に述べた河村は、二次的予防策が必要な「自主・向上性、同僚・協働性が著しく低下した教員」を、①50歳代以降のいわゆるベテラン教員、②30～50歳台前半の中堅教員、③20歳代の若手教員――の3タイプに分けた。つまり、経験年数や年齢に関係なく、全ての教員がメンタルヘルスを悪化させる可能性がある。これを予防するため、ストレス要因の除去や軽減だけでなく、様々な業務を通して一人ひとりの教員が成長を感じ、やりがいや自己肯定感を高めることができるような職場環境の構築が必要であろう。

（田邉良祐）

14　教員の待遇

Summary

教職の使命と職責に応じて、教員の待遇は適正に保たれなければならないことが、教育基本法によって定められている。しかし、1970年代以降の「人材確保法」や「給特法」を代表とする教員の待遇に関わる施策が、今、教職の実態との乖離と教員不足を招いている。教員の質と公教育の質を担保するためにも、教員の待遇改善を目指す法改正を視野に入れた議論が求められる。

職業の待遇

一般的に職業の待遇とは、その職業の社会的地位や給与、それらを規定する職務環境や職務内容を指す。ある職業が他の職業と比べて、どのような位置付けにあるかという相対的な視点から、職業の待遇が語られることも少なくない。それらは、就職を考える人々の職業選択にとって重要な観点でもあることから、ある職に就くことを目指す人々の競争倍率や職業別の就業者数を左右する要因にもなる。教員の待遇もまた、専門職の代表ともいえる医師や法曹関係職と比べられたり、国家公務員や地方公務員、その他の民間企業の従業員と比べられたりしながら、教員の需要（必要とされる教員の数）と供給（教職に就く人数）を左右してきた。

そもそもある職業の待遇について、その良し悪しを一概に判断するのは難しい。というのも、職業の社会的地位や給与、職務の内容は、たとえ同じ職業であったとしても雇用形態や役職、キャリアによって異なるからである。しかし、「教員の待遇」については教育基本法第9条第2項において「その使命と職責の重要性にかんがみ、その身分は尊重され、待遇の適正が期せられるとともに、養成と研修の充実が図られなければならない」とされている。つまり教員は、職業の責任と特殊性に応じて、その身分が尊重されることと待遇が適正に保たれることが約束されている。この条文は、教員を採用する側にもまた、正当な待遇を教員に保障する責任があることを示している。

教員の待遇に関わる法律

教員の待遇に関わる施策は、1966年にILO（世界労働機関）とUNESCO（国連教育科学文化機関）が声明した「教員の地位に関する勧告」によって、教員が子供の教育と福祉に対して大きな責任を負う専門職であり、公共性の高い職業であることが共通理解されたことで進展した。実は1950年代の日本では、高度経済成長を背景として給与条件の良い一般企業に人材が集中したことで、教員志望・就職者数が停滞していた。さらに競争倍率の低下が教員の質の低下ひいては教員批判を招いていた。このような状況に対して国は、一般の公務員よりも教員の給与を優遇することで優れた人材を確保し、義務教育の水準を維持向上することを目指す「学校教育の水準の維持向上のための義務教育諸学校の教育職員の人材確保に関する特別措置法」（略称：人材確保法）を1974年に制定した。5年後に教員給与を25％引き上げることが目指された同法の制定によって、教員の給与面での優遇が実現し、教員志望者の増加によって競争倍率も上昇した。

また教員の職務環境の面では、当時も教員の超過勤務が問題となっていたことから、1971年に「国立及び公立の義務教育諸学校の教育職員の給与等に関する特別措置法」が制定され、2004年に「公立の義務教育諸学校等の教育職員の給与等に関する特別措置法」（略称：給特法）として改正された。この法律は、教員の「職務」と「勤務態様の特殊性」に基づいて、労働基準法で定める時間外勤務・休日勤務手当等の残業手当を支給しない代わりに、月額の4％を「教職調整額」として、給与に上乗せするものである。「人材確保法」と「給特法」の制定は、教員の職務の特殊性と責任に応じて、その待遇を適正に保つために講じられた代表的な手立てといえる。

教員の待遇と教員不足に関わる課題

ところが、人材確保法による教員給与の一般公務員に対する優遇はその後減少し、現在は1パーセントにも満たない状況にある。さらに、給特法による教職調整額が想定する教員の労働負担は、教員の実際の労働時間とあまりにも乖離していることが各種調査結果やメディアを通じて明らかになり、社会問題となっている。いずれも教員の多忙に象徴される職務環境と内容、それらの労働負担と給与の対応が問題視されている点で、教員の待遇について改善が求められている。これらは、各教員の生活や命に関わる問題であることもさることながら、教員志望者数の減少と競争倍率の低下を招く「教員不足」の一因と考えられており、教員の質ひいては公教育の質の低下が危惧される。

文部科学省が2022年度に実施した「教師不足に関する実態調査」によれば、臨時的任用教員等の講師の確保ができず、学校に配置することとしている教員の数（配当数）が満たされていない状態が全国で生じている。その要因として、産休・育休取得者・病休者数の増加、特別支援学級数の増加等が挙げられており、必ずしも「教員のなり手不足」だけが原因ではない。文部科学省は、退職教員や教職志望学生のほか、学習塾講師や教育関係者以外の人材を臨時的任用教員として活用する施策を講じているが、根本的な対応は、教職を目指そうとする人々を一定数確保した上で、計画的な教員採用を長期的に進めていくことにほかならない。適正な「教員の待遇」とはどのようなものかを、教員の職務の特殊性と責任に照らして検討した上で、法改正を視野に入れた議論を進める必要がある。

（朝倉雅史）

References

□髙橋　哲／著（2022）『聖職と労働のあいだ―「教員の働き方改革」への法理論』岩波書店

本書は、「教員の働き方」と表現されることの多い教育労働の特殊性を「給特法」の制定・改正過程の記述と法理論に基づく分析と考察によって明らかにしている。

□雪丸武彦・石井拓児／編著（2020）『教職員の多忙化と教育行政―問題の構造と働き方改革に向けた展望』（福村出版）

日本教育行政学会研修推進委員会が企画した本書は、教職員の多忙化を教育政策、法律、教員の専門性等を軸にして多角的に分析している論文集である。

□国立教育政策研究所／編（2020）『教員環境の国際比較―専門職としての教員と校長』明石書店

本書は2018年に実施されたOECD国際教員指導環境調査（TALIS2018）の調査結果報告書であり、教員の待遇を国際比較の視点から捉えるために有益である。

15 学校における働き方改革

Summary

日本の教職員は諸外国と比較して職務内容が多く多忙であり、長時間労働をしている。教職員の多忙化問題を解消するために、中央教育審議会「学校における働き方改革特別部会」や「質の高い教師の確保特別部会」で議論がなされている。答申では、これまで教員の業務として扱われてきた内容について整理がなされ、教員の職務基準が明確化されるようになってきている。

学校における「働き方改革」

2019年1月に中央教育審議会が示した答申「新しい時代の教育に向けた持続可能な学校指導・運営体制の構築のための学校における働き方改革に関する総合的な方策について」によると、教員・学校事務職員等の職務内容について標準職務を明確化し、教育委員会の学校管理規則に適切に位置付けられるようなモデル案の作成・提示が求められている。学校・教員が担う業務の明確化・適正化のために、これまで教員が担ってきた代表的な業務を3つに分類している。

1点目は「教師の業務だが負担軽減可能な業務」として、①給食時の対応、②授業準備、③学習評価や成績処理、④学校行事等の準備・運営、⑤進路指導、⑥支援が必要な児童生徒・家庭への対応——がある。給食指導は学級担任だけでなく栄養教諭と連携すること、授業準備等は補助的業務サポートスタッフの導入等が挙げられている。学校行事や進路指導については、学校事務職員や外部人材と連携・協力をすることが示されている。支援が必要な児童生徒に対しては、より専門的なスタッフとの連携・協力が求められている。

2点目は「学校の業務だが必ずしも教師が担う必要がない業務」として、①調査・統計等への回答、②児童生徒の休み時間における対応、③校内清掃、④部活動——がある。学校教育法施行規則第78条の2に新たに規定された「部活動指導員」の導入により、これまで中学校・高等学校教員の職務の中心的な内容の一つであった部活動指導が教員の職務から外れる議論も生じている。実際に部活動指導は時間・指導の側面で教員の負担は大きく、一方で、「生徒指導」の側面では、学級時とは異なる生徒の実態を認識することや、生徒とのコミュニケーション機能としての役割を担ってきた側面もあり、教員の重要な職務であり、今後も議論する必要がある。

3点目は「基本的には学校以外が担うべき業務」として、①登下校に関する対応、②放課後から夜間などにおける見回り、児童生徒が補導されたときの対応、③学校徴収金の徴収・管理、④地域ボランティアとの連絡調整——が示され、地方公共団体、教育委員会、保護者、地域ボランティアが担うべきであると示している。学校徴収金の徴収・管理については、本来、公教育機関の役割ではないとする場合もあるが、実際に学校経営を行う際には、公教育費と学校徴収金をもって学校運営を行っている現状から、学校全体の「予算」として、校長や学校事務職員が学校徴収金に対する実務と責務を果たしている場合がある。

この点に関して、実行性を高める仕組み

の在り方、取組状況等を「見える化」する枠組みについて議論されている。

教員の職務が見直される背景

教員の「働き方改革」の議論の流れは、職業人としての「働き方改革」の議論と教員の多忙化の議論が同時に進行して行われてきた。「働き方改革」の議論は、教員に限らず、厚生労働省を中心に「働く方の置かれた個々の事情に応じ、多様な働き方を選択できる社会を実現し、働く方一人ひとりがより良い将来の展望を持てるようにすること」を目指している。特に、２０１９年４月１日から時間外労働の上限規制が月45時間、年３６０時間を原則として設定することが示された。公立学校の教員については勤務時間の上限に関するガイドラインが示された。また、1年単位の変形労働時間制の導入についても提言されている。教員の時間外労働については、教員が「労働者」なのか（労働法等に適用した職）、「聖職者」なのか（労働法非適用）とこれまでも議論されてきた。特に、教員の職務が「無境界性」と「不確実性」といった特徴から、超過勤務という概念が適用しづらく、超過勤務手当を配当しない代わりに給料月額の４％が教職調整額として（公立の義務教育諸学校等の教育職員の給与等に関する特別措置法）支払われており、労働に見合った報酬がないとされている。

他方、年間勤務時間数について日本はＯＥＣＤ（経済協力開発機構）平均を上回っており、諸外国と比して長時間労働をしている。また、教員の年間授業時間数は小・中学校ともにＯＥＣＤ平均を下回っていることにより、日本の教員は授業以外の職員会議や一般事務等の事務作業に多くの時間が充てられている。特に、日本の教員は国や教育委員会からの調査への対応といった事務作業が多く、授業以外の部活動や生徒指導、保護者対応等については、教員だけで行うのではなく関係機関との連携や外部専門人材の活用を推進することで、教員が授業に専念できる環境づくりが必要であると示されている。

このように、教員の「働き方改革」により、教員の多忙な状況や授業に専念できない状況から職務の見直しがなされ、場合によっては外部人材を活用する必要性が提示された。「働き方改革」によって、学校全体が活性化、教員が生き生きとした職務環境が構築されることが期待されている。

（田中真秀）

References

□妹尾昌俊／著（2018）『変わる学校、変わらない学校　実践編【Ⅱ】先生がつぶれる学校、先生がいきる学校―働き方改革とモチベーション・マネジメント』学事出版

働き方改革とモチベーションマネジメントの進め方について描かれている。特に、忙しすぎる学校として業務改善や長時間労働の視点について端的にまとめられている。

□藤原文雄／編著（2018）『世界の学校と教職員の働き方―米・英・仏・独・中・韓との比較から考える日本の教職員の働き方改革』学事出版

日本を諸外国と比較することで、教職員の「働き方改革」の検討課題を提案している。勤務体制の見直しや分業についても触れている。

□妹尾昌俊／著（2017）『「先生が忙しすぎる」を諦めない―半径３ｍからの本気の学校改善』教育開発研究所

学校における「働き方改革」について、教員の長時間労働の実態、忙しさの問題点、なぜ改善しないのかについてまとめられている。

16 ハラスメント

Summary

要するにハラスメントは人権侵害であり、適切な対応が不可欠である。ハラスメントを行う主体は無自覚である場合があり、自身が「ハラスメントだ」と思うかどうかと、実際にハラスメントに該当するかどうかは異なる可能性もあるので、正確な理解が重要である。また、深刻な人権侵害は看過されるべきではなく、ハラスメントの未然防止、発生時の対応、再発防止という取組が求められる。

ハラスメントとは

ハラスメント（harassment）とは、「嫌がらせ」や「相手を不快にさせる言動」を広く示す言葉である。１９８０年代にセクシュアル・ハラスメント（以下、セクハラ）の語が広まったことで、職場での女性に対する不適切な言動や対応が暴き出され、問題化された。現代では様々な言葉に「ハラスメント」の語を付けて多様な不快感が表現されている。例えば、モラルハラスメント、アルコールハラスメント、スメルハラスメント等である。その数は30から40にも及ぶといわれている（詳しくは金子、２０２０を参照）。

厚生労働省が都道府県労働局を通して、相談を受け付けている「職場でのハラスメント」は、次の3つに区分される。すなわち、セクハラ、パワーハラスメント（以下、パワハラ）、妊娠・出産・育児休業・介護休業等に関するハラスメントである。以下、学校で日常的に起こり得る「セクハラ」と「パワハラ」に焦点を絞り、定義や形態、近年の法整備について整理する。

セクシュアル・ハラスメント

セクハラは、性的な冗談やからかい、身体への不必要な接触等の本人の意に反する性的な言動により、職場等の環境が不快なものとなったり、それを拒否することで不利益を受けたりすることを意味する。特に、意に反する性的な言動により職場の環境が不快なものとなったため、就業する上で看過することができない程度の支障が生じる「環境型セクハラ」と、それらの言動を拒否したことで解雇、降格、減給等の不利益を受ける「対価型セクハラ」に区分される。

男女雇用機会均等法（雇用の分野における男女の均等な機会及び待遇の確保等に関する法律）では、職場でのセクハラについて、被害を受けた労働者からの「相談に応じ、適切に対応するために必要な体制の整備その他の雇用管理上必要な措置を講じ」ることが事業主の義務である（第11条）。学校における雇用管理上の配慮は、教職員間の関係に限られることとなるが、学校としての特質を踏まえて、学校の教職員と児童生徒の保護者との関係において生じるセクハラ、児童生徒への指導等において生じるセクハラについても、教職員への注意喚起や啓発など、必要な予防措置を講じ、相談・苦情に適切に対応できる体制を整えなくてはならない（文部省教育助成局地方課長通知「公立学校等における性的な言動に起因する問題の防止について」１９９９年4月）。

さらに、２０２１年5月には「教育職員等による児童生徒性暴力等の防止等に関する法律」が成立した（２０２２年4月施行）。本法に基づく文部科学大臣による「教職員等による児童生徒性暴力等の防止等に関する基本的な指針」（２０２２年３月）によれば、第２条第３項に規定された「性的羞恥心を害する言動であって、児童生徒等の心身に有害な影響を与えるもの」として児童生徒等に対する悪質なセクハラ（児童生徒等を不快にさせる性的な言動）が含まれる。

▼パワーハラスメント

パワハラは、職務上の地位や人間関係等の職場内での優位性を背景に、業務の適正な範囲を超えて、精神的・身体的苦痛を与えられたり、職場環境を悪化させられたりする行為を意味する。２０１２年３月に厚生労働省の「職場のいじめ・嫌がらせ問題に関する円卓会議」が取りまとめた「職場のパワーハラスメントの予防・解決に向けた提言」によれば、職場における典型的なパワハラの行為類型は次のように整理できる。

①　身体的な攻撃：暴行・傷害など
②　精神的な攻撃：脅迫・名誉毀損・侮辱・ひどい暴言など
③　人間関係からの切り離し：隔離・仲間外し・無視など
④　過大な要求：業務上明らかに不要なことや遂行不可能なことの強制など
⑤　過小な要求：業務上の合理性なく、能力や経験とかけ離れた程度の低い仕事を命じることや仕事を与えないことなど
⑥　個の侵害：私的なことに過度に立ち入ることなど

２０１９年５月にはいわゆる「パワハラ防止法」（労働施策の総合的な推進並びに労働者の雇用の安定及び職業生活の充実等に関する法律の改正）が成立（２０２０年６月一部施行、２０２２年４月全面施行）し、事業主に対し、パワハラ防止のために事業主への処置義務を定めている。

▼ハラスメントの防止

ハラスメントは、被害を受けた人の人格や尊厳を侵害する行為である。学校においては、教職員間はもちろん、保護者や児童生徒を含めて、人権の擁護と相互の信頼関係の構築のための学校の危機管理の一環として、ハラスメントの

①　未然防止（事前の危機管理）
②　発生時の対応（発生時の危機管理）
③　再発防止（事後の危機管理）

という三層の取組が必要である。

（小牧叡司）

References

□内田　良／著（2019）『学校ハラスメント　暴力・セクハラ・部活動―なぜ教育は「行き過ぎる」か』朝日新聞出版

「教育・指導の一環」等としてみなされ、その実態が隠蔽される傾向にあった学校でのセクハラや暴力の実態とそれらの背景が複層的に分析され、改善のための糸口が提示されている。

□金子雅臣／編（2020）『先生、それパワハラです！と言われないために―管理職が知らないとまずいハラスメント対策』教育開発研究所

教職員に関わるハラスメントについて、法律、裁判例から解説し、予防の方策が示されている。具体的に説明されているため、初学者でも読みやすい。

□全日本教職員組合弁護団／編（2023）『最新　教職員の権利ハンドブック』旬報社

本書では、教職員の権利擁護の立場から長時間労働、非正規教員、教育の自由等の課題について解説されている。学校ハラスメントについては、その増加状況とその予防方策について解説されている。

17 体罰と懲戒

Summary

学校教育法第11条は、「校長及び教員は、教育上必要があると認めるときは、文部科学大臣の定めるところにより、児童、生徒及び学生に懲戒を加えることができる」と規定し、その但書において「体罰を加えることはできない」と定めている。本稿では、懲戒の種類や権限について整理した上で、懲戒と体罰の区別に関する文部科学省の見解等を概観する。

▼懲戒

学校教育法第11条は、「校長及び教員は、教育上必要があると認めるときは、文部科学大臣の定めるところにより、児童、生徒及び学生に懲戒を加えることができる」と定めている。ここでいう「文部科学大臣の定め」に該当するのが、学校教育法施行規則第26条である。同条第1項では、「校長及び教員が児童等に懲戒を加えるに当つては、児童等の心身の発達に応ずる等教育上必要な配慮をしなければならない」とされている。学校における懲戒は、教育作用の一環であることから、単なる制裁にとどまることなく、教育効果を有するものとなるような配慮が必要となる。

学校教育法に定める懲戒は、講学上、次の2種類に大別することができる。第一に、「法的な懲戒」である。「法的な懲戒」について、本稿では、学校教育法施行規則第26条第2項に規定された、退学、停学、訓告の3種類を指すものと定義する。第二に、「事実行為としての懲戒」である。これは、退学、停学、訓告以外の懲戒をいう。遅刻や忘れ物をした児童生徒を注意・叱責したり、別室指導を行ったりするなど、学校において日常的に行われている懲戒のことである。「法的な懲戒」を行う権限を有しているのは、校長（大学にあっては、学長の委任を受けた学部長を含む）のみであるのに対し、「事実行為としての懲戒」は、校長に加えて教員も行うことができる。

「法的な懲戒」の中でも「退学」は、市町村立の小学校、中学校（併設型中学校を除く）、義務教育学校、公立の特別支援学校に在学する学齢児童・学齢生徒に対しては行うことができない（学校教育法施行規則第26条第3項）。また、停学は、学齢児童・学齢生徒に対しては、行うことができない（同条第4項）。これらの制限は、児童生徒の義務教育を受ける権利を重視したものである。

▼体罰

学校教育法第11条は、教育上必要があると認めるときは児童生徒に対する懲戒を認める一方、その但書において「ただし、体罰を加えることはできない」と定めている。だが、具体的に「体罰」がどのような行為を指すのかについては、学校教育法その他法令に規定されているわけではない。どこまでが懲戒として認められ、どこからが体罰に当たるのか。この線引きが古くから問題となってきた。

この問いに対し、過去には「児童懲戒権の限界について」（１９４８年12月22日付法務庁法務調査意見長官回答）や「問題行動を起こす児童生徒に対する指導について（通知）」（２００７年2月5日付18文科初第1019号）等によって、懲戒・体罰の解釈が示されてきた。近年では、2012年末に発生した、大阪市立桜宮高等学校体罰自殺事件（バスケットボール部のキャプテンであった生徒が、顧問教員からの体罰を苦に自殺した事件）を受けて、文部科学省が「体罰の禁止及び児童生徒理解に基づく指導の徹底について（通知）」（2013年3月13日付24文科初第1269号）を発出し、「懲戒、体罰に関する解釈・運用については、今後、本通知による」ことを明らかにしている。

同通知では、懲戒と体罰の区別について、教員が行った懲戒行為が体罰に当たるかどうかは、「当該児童生徒の年齢、健康、心身の発達状況、当該行為が行われた場所的及び時間的環境、懲戒の態様等の諸条件を総合的に考え、個々の事案ごとに判断する必要がある。この際、単に、懲戒行為をした教員等や、懲戒行為を受けた児童生徒・保護者の主観のみにより判断するのではなく、諸条件を客観的に考慮して判断すべき」とされている。そして、これを前提として、「懲戒の内容が身体的性質のもの、すなわち、身体に対する侵害を内容とするもの（殴る、蹴る等）、児童生徒に肉体的苦痛を与えるようなもの（正座・直立等特定の姿勢を長時間にわたって保持させる等）に当たると判断された場合は、体罰に該当する」という解釈が示されている。

運動部活動における体罰

なお、大阪市立桜宮高等学校体罰自殺事件が大きく報道されたことにより、とりわけ運動部活動に今も根強く残る体罰が社会的に問題となった。教育再生実行会議は、「部活動指導のガイドラインを国において策定」することを提言し（第1次提言、2013年2月）、文部科学省は「運動部活動の在り方に関する調査研究協力者会議」を設置した。そして、2013年5月、「運動部活動での指導のガイドライン」をとりまとめ、「肉体的、精神的な負荷や厳しい指導と体罰等の許されない指導とをしっかり区別」することなどを促した。

近年では、スポーツ庁及び文化庁が「学校部活動及び新たな地域クラブ活動の在り方等に関する総合的なガイドライン」（2022年12月）を策定した。そこでは、校長、部活動顧問、部活動指導員等が部活動を実施するに当たっては「体罰・ハラスメントを根絶する」とされ、特に運動部活動では「運動部活動での指導のガイドライン」に則った指導を行うことが要請されている。

（山田知代）

References

□鈴木　勲／編著（2022）『逐条学校教育法　第９次改訂版』学陽書房

学校教育法第11条、学校教育法施行規則第26条の解釈に関する解説のほか、関連通知や関連裁判例が紹介されている。

□坂田　仰（2010）「日本における体罰論議の現状と課題—最高裁判所判決に寄せて」（日本女子大学大学院家政学研究科通信教育課程家政学専攻／編『樹下道』第２号所収）

体罰に関する日米の基本スタンスと裁判例を考察しながら、日本における体罰論議について問題提起を行っている。

□山田知代「児童・生徒の問題行動と法」（坂田　仰／編著『三訂版学校と法』放送大学教育振興会、2020年所収）

児童生徒の懲戒を巡っては、教育的配慮や教育的裁量の名の下に、自主退学や自宅謹慎等の不透明なスタイルが横行しているという実態が問題視されている。本書では、こうした懲戒の適切な運用を巡る課題を指摘している。

18　学校に置かれる教員以外の専門スタッフ

Summary

学校には、スクールカウンセラーやスクールソーシャルワーカー、部活動指導員など、多様な専門スタッフが配置されている。専門スタッフの職務を整理すると、学校は心理や福祉、特別支援、医療的ケア、ＩＣＴ活用、スポーツ・文化活動、言語、事務など、教育・学習以外の多様な領域を担っていることが理解できる。多様なスタッフを配置するだけでなく、教員と専門スタッフが協働して教育や支援をしていくことが重要である。

多様なスタッフに支えられている学校

学校は、教員だけでなくスクールカウンセラーやスクールソーシャルワーカー、部活動指導員など、多様な専門スタッフとチームになりながら教育や支援に当たっている。教員以外の多様な専門スタッフを配置する背景は、生徒指導や特別支援教育等に関わる課題が複雑化・多様化し、学校や教員だけでは十分に解決することができない場面が増えているので、教育の充実を図ろうとする面（中央教育審議会答申「チームとしての学校の在り方と今後の改善方策について」２０１５年12月）と、教員の働き方改革の観点から、教員の業務の役割分担・適正化を図ろうとする面がある。

スクールカウンセラー（ＳＣ）とスクールソーシャルワーカー（ＳＳＷ）

ＳＣやＳＳＷは心理や福祉に関する専門スタッフである。ＳＣは「小学校における児童の心理に関する支援に従事する」（学校教育法施行規則第65条の3、中学校等準用規定、以下、同施行規則）者である。ＳＣは、不登校やいじめ、親子関係、学習関連など、多様な問題や心の悩みを抱えた児童生徒のケアに当たるため、資格要件が公認心理士や臨床心理士、精神科医、児童生徒の臨床心理に関して高度に専門的な知識及び経験を有した教授、准教授等となっている。ＳＳＷは「小学校における児童の福祉に関する支援に従事する」（同施行規則第65条の4、中学校等準用規定）者である。ＳＳＷは、福祉の専門家として子供に寄り添い、生活における様々な問題に対する支援を業務とするため、職務は①問題を抱える児童生徒が置かれた環境への働きかけ、②関係機関等とのネットワークの構築、連携・調整、③学校内におけるチーム体制の構築、支援、④保護者、教職員等に対する支援・相談・情報提供、⑤教職員等への研修活動――など多岐にわたる。資格要件として、社会福祉士や精神保健福祉士等がある。

医療的ケア看護職員、情報通信技術支援員、特別支援教育支援員、教員業務支援員

２０２１年8月、「学校教育法施行規則の一部を改正する省令」が公布・施行され、教員と連携協働する不可欠な役割を果たす支援スタッフとして「医療的ケア看護職員」「情報通信技術支援員」「特別支援教育支援員」「教員業務支援員」の名称と職務が規定された。

医療的ケア看護職員は、学校において日常生活や社会生活を営むために恒常的に医

療的ケア（人工呼吸器による呼吸管理など）を受けることが不可欠である児童の療養上の世話や診療の補助に従事する職員（同施行規則第65条の2）である。

情報通信技術支援員は、教職員の日常的なＩＣＴ活用の支援に従事する職員（同施行規則第65条の5）で、具体的にはＩＣＴを活用した授業支援、校務支援、環境整備支援、校内研修支援に携わる者である。

特別支援教育支援員は「教育上特別の支援を必要とする児童の学習上又は生活上必要な支援に従事する」（同施行規則第65条の6）者であり、①基本的生活習慣確立のための日常生活上の介助、②学習支援、③学習活動、教室間移動等における介助、④健康・安全確保、⑤周囲の児童生徒の障害理解促進――を職務とする。

教員業務支援員は「教員の業務の円滑な実施に必要な支援に従事する」（同施行規則第65の7）者であり、教員が児童生徒への指導や教材研究等に注力できるように①学習プリントや家庭への配布文書等の各種資料の印刷、配布準備、②採点業務の補助、③来客対応や電話対応、④学校行事や式典等の準備補助、⑤各種データの入力・集計、掲示物の張替、各種資料の整理など――の作業等を担うスタッフである。

多様なスタッフとの協働

学校には、そのほかにも「中学校におけるスポーツ、文化、科学等に関する教育活動（中学校の教育課程として行われるものを除く。）に係る技術的な指導に従事する」部活動指導員（同法施行規則第78条の2）、小学校の外国語活動や中・高等学校の外国語の授業等の補助に当たる外国語指導助手（ＡＬＴ）、学校司書、学習指導員等がいる。チーム学校に関する政策は、心理や福祉、特別支援、医療的ケア、ＩＣＴ活用、スポーツ・文化活動支援、言語、事務等に関する各スタッフの専門性を発揮させ仕事を分担することと、教員とスタッフ等が連携・協働してチームになることを求めている。

文部科学省の２０２４年度概算要求には、副校長・教頭の学校マネジメント等に係る業務を専門的に支援する「副校長・教頭マネジメント支援員」の予算が要求されており、人材としては退職教員や教育委員会勤務経験者が想定されている。学校のマネジメント業務についても専門スタッフが配置され、マネジメントスタッフが多様化していく可能性がある。

（横山剛士）

References

□日本教育経営学会／編（2018）『講座　現代の教育経営シリーズ』（全５巻）学文社

教員と多様なスタッフとの協働は、学校のマネジメントに関わる問題である。ここでは教員の専門性や協働、スタッフ・マネジメント、地域人材の活用等の用語の意味が解説されている。また教育経営学会での研究状況の今後の研究課題が示されている。

□加藤崇英／編（2016）『「チーム学校」まるわかりガイドブック』教育開発研究所

本稿では取り上げられなかった専門スタッフである理学療法士や作業療法士、言語聴覚士、就職支援コーディネーター等についての役割と職務が解説されている。また、専門スタッフとの協働の成功事例も紹介されている。

□石隈利紀／著（1999）『学校心理学―教師・スクールカウンセラー・保護者のチームによる心理教育的援助サービス』誠信書房

教員とは異なる専門性をもつ者同士でどうチームを創るか。「援助チーム」という考え方やプロセスについて解説している。

19 保護者との関係と対応

Summary

「地域とともにある学校」政策における学校運営協議会の設置、「社会に開かれた教育課程」の展開にみるように、保護者・地域住民による学校教育への参加や、相互の連携・協働が強く求められている。他方で、教育の不確実性や教員の統制外の因子を考慮せずに、学校へ理不尽な無理難題を提示する保護者の存在が観察されている。一部自治体では保護者対応の手引きを作成するなど、信頼関係づくりの試行錯誤が続けられている。

アカウンタビリティの台頭

日本では、１９７０年代後半以降、校内暴力・いじめ、不登校、学級崩壊等が増大、深刻化するいわゆる「教育の荒れ」が社会問題化した。学校・教員への信頼低下を背景に、臨時教育審議会は、教育行政や学校教育の画一的、硬直的な体質を指摘し、新しい教育需要に柔軟かつ積極的に対応する姿勢への転換を求め、学校の自律性や権限の移譲を促した。学校の裁量の拡大や規制緩和を進める中で、併せて責任体制の確立が強く要請され、公教育の責任を論じる際の重要な概念としてアカウンタビリティ（accountability）の言葉が用いられるようになっていく。アカウンタビリティの訳語は、一般に「説明責任」として広く流通しており、論者によっては、「結果責任」や「遂行責任」と使い分ける場合もある。

上記の流れを確実なものにしたのが、１９９８年９月の中央教育審議会答申「今後の地方教育行政の在り方について」である。ここでは、学校評議員制度の提案に当たって、学校の教育目標、教育計画、自己評価を保護者や地域住民に説明する責任を説いた。それ以後は、学校評価や学校運営協議会、全国学力・学習状況調査等の施策を展開する都度、アカウンタビリティが強調されるようになった。

こうした中で、保護者による学校への無理難題要求の広がりは、これまで自明のものとされてきた学校の「正統性」が揺らぎつつあるためとする指摘がある（浜田博文／編著（２０１２）『学校を変える新しい力』小学館）。「学校」という存在に対する認識や距離感は変化しつつあるといえる。

近年の教育政策が、「地域とともにある学校づくり」を掲げる一方で、学校を対岸の存在と捉え、何かをしてもらう場所として意識する保護者の存在も観察されている。

教員の認識と体制整備

学校は、保護者の対応についてどのように認識しているのか。文部科学省委託調査「教職員のメンタルヘルスに関する調査（平成24年度）」は、教職員のメンタルヘルス不調の背景にあるストレスの要因を調査している。それによれば、校長は、学校経営や保護者への対応に強いストレスを感じる頻度が強く、保護者への対応について「強いストレス（不安、悩み含む）がありますか」との問いに、「常にある」「ときどきある」と回答した割合は約65％であり、学校規模が大きいほど割合が高い傾向にある。同様に、副校長・教頭は約62％、教諭は約57％が、ストレス要因として保護者への対応を挙げている。

一般に、教員の職務には属人的対応が多く、一人で対応する場面が多い。ゆえに、学校への苦情の対象は問題を引き起こしたとされた個人になりやすく、名指しされた教員の問題として捉えられやすい。こうした学校の事情を踏まえ、前掲調査では、一般企業のようなラインによるケア（上司が所属職員について日常的に健康状態等をみて支援や相談対応等を行うこと）の充実や、校長等へ速やかに相談し、組織的に対応することを提言している。

学校と保護者のよりよい関係を目指して

学校に対する保護者・地域住民からの要求には次の段階があるという。①要望：学校への期待とともに、本来的に学校のやるべき守備範囲のもの。②苦情：学校の守備範囲を超える場合も含め、責任はとにかく学校側にあるとの判断に立つもの。匿名による申し出のケースが多い。③イチャモン（無理難題要求）：当事者の努力によっても解決不可能あるいは不条理な内容のもの。匿名性と権威性が活用されることが多い（小野田正利／著（２００６）『悲鳴をあげる学校』旬報社）。

無理難題要求を行う保護者に対し、学校が権威主義的な態度で対立したり、あるいは迎合的になって無条件に要求を受容することは、さらに問題をこじらせかねない。学校・教員の本来の使命を再考しながら、子供の発達や成長、学習の保障等の教育的配慮の観点から、できること／できないことを見定め、その理由を丁寧に説明する必要がある。

近年は、保護者対応に関する教員研修や教職大学院の授業が各地で展開されている。保護者等への対応として、マニュアルや手引きを作成したり、専門家チームを設置して組織的な対応を行う教育委員会も広がっている。また、いじめをはじめとする児童生徒の問題行動等の様々な事案について、法的観点から学校へ助言するスクールロイヤー制度の活用も模索されている。

（牧瀬翔麻）

References

□小野田正利／編著（2009）『イチャモン研究会―学校と保護者のいい関係づくりへ』ミネルヴァ書房

「モンスターペアレント」といった人格否定の言葉を使わずに、保護者からの要求の中身や行動を、相互の話し合いの基軸に据えることを訴える。学校がどうにもできない要求を「イチャモン（無理難題要求）」と呼び、その対応と解決のヒントを具体的に紹介する。

□坂田　仰／著（2014）『学校現場における教育法規実践学【上巻】―学校トラブル―生徒指導・保護者対応編』教育開発研究所

学校トラブル、事件・事故、裁判例をはじめ、学校現場の法的課題を取り上げ、その概要や注目すべき点、背景に潜む問題等を分かりやすく解説する。教職員が身に付けるべき法的知識、センス、実践力等のエッセンスが盛り込まれており、具体的な事例から法的対応について理解を促す。学校教職員はもちろん、教職志望の学生にとっても学ぶところが多い一冊。

□佐藤晴雄／編（2012）『「校長先生サポート」シリーズ No.2　保護者対応で困ったときに開く本』教育開発研究所

研究者、管理職経験者、医師、弁護士等が、それぞれの立場から保護者の問題を捉え、その実態を示すとともに、校長としての対応の在り方とノウハウを提供する。特に無理難題な保護者の苦情・要望等の事例を取り上げ、解決の具体的なプロセスを紹介している。問題が大きくなる前の初期対応の留意点は参考となる。主な対象は校長であるが、一般教員や保護者等にも一読を薦めたい一冊。

第4章　子供・家庭・社会

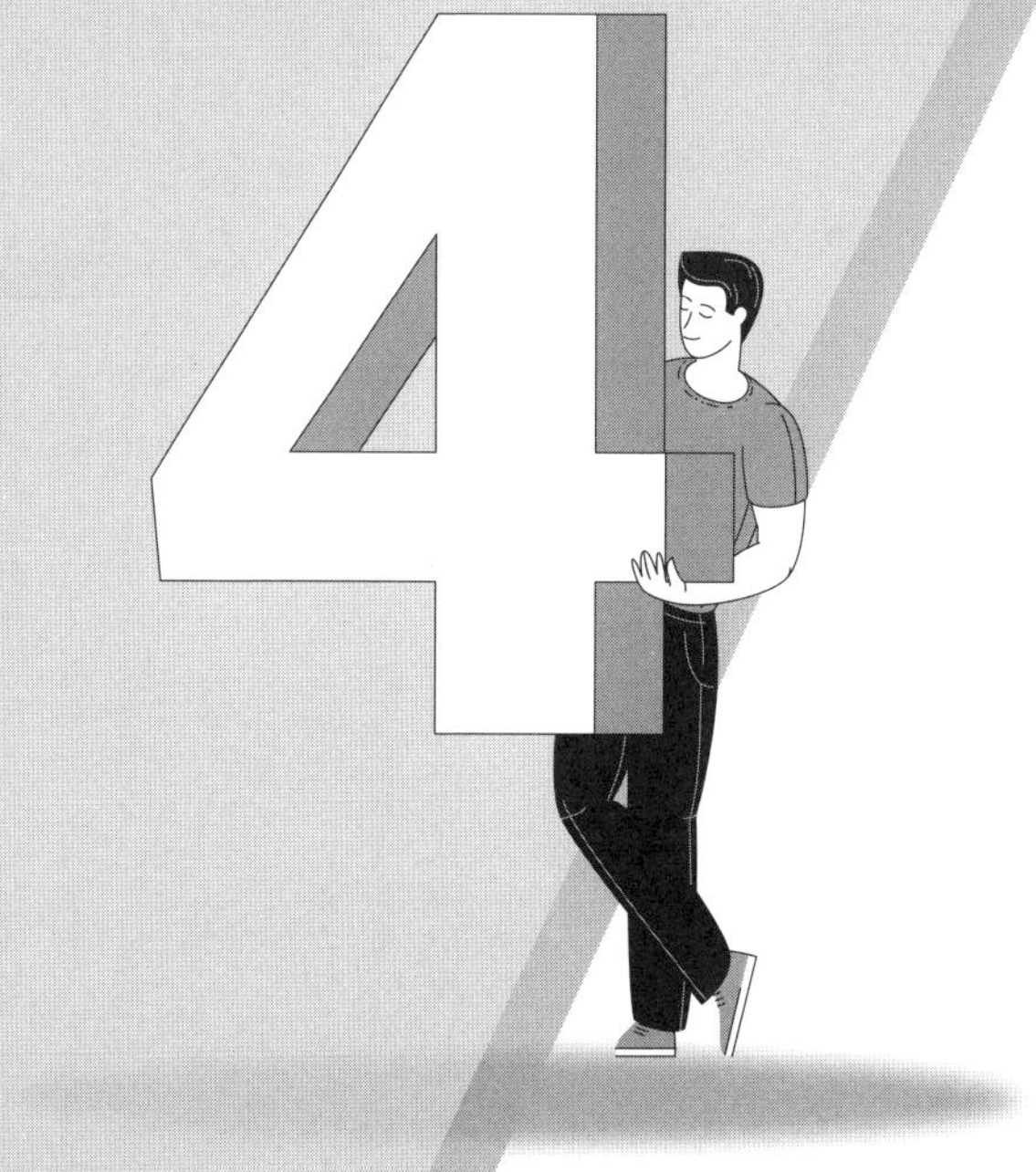

1 子どもの権利

Summary

子どもは今を人間らしく幸せに生きる権利がある。「子どもの権利条約」は、子どもの権利を保障するため地球規模で承認されたグローバル・スタンダードといえる。日本においては、「こども基本法」が制定され、本条約の一般原則に基づいた基本理念が掲げられた。本条約の理念を実現するために、子ども条例を制定して、総合的・継続的・重層的に子ども施策を推進している自治体も増えている。

子どもの権利とは

「子どもはだんだんと人間になるのではなく、すでに人間なのだ」。これは、子どもの権利思想の源流といわれているヤヌシュ・コルチャック（J.Korczak）の言葉である。ここから、子どもは「今を生きる存在」であることに着目したい。子どもには今を人間らしく幸せに生きる権利があり、誰も侵してはならないものである。

子どもは、安全な飲み物や食べ物を得なければ生きていくことはできない。さらには、安心できる居場所が確保され、教育への権利が保障され、必要に応じて医療や社会保障を享受する権利を有していなければならない。また、社会のあらゆる悪影響や危険からの保護を必要としている。そして、成長・発達に応じて自己決定をする力を生活に即して身に付けていかなければならない。そのためには、自己に影響を与える事柄へ意見を表明することや、意思決定過程への関与・参加は欠かせない。

全ての子どもが、個々に置かれた状況に応じて、最善の利益を確保されるためには、子どもの権利を包括的に保障する法規範が必要となる。

子どもの権利条約の一般原則と内容

子どもに特別なケアを及ぼす必要性が、１９２４年の「ジュネーブ子どもの権利宣言」及び１９５９年の「子どもの権利宣言」に述べられた。それ以降、人権概念の進展とともに１９６６年に採択された「市民的及び政治的権利に関する国際規約（自由権規約）」及び「経済的、社会的及び文化的権利に関する国際規約（社会権規約）」等の国際法において子どもの権利が承認され、１９８９年に国連総会にて全会一致で「子どもの権利条約」（「児童の権利に関する条約」）が採択された。本条約は、子どもの権利を保障するため地球規模で承認されたグローバル・スタンダードといえる。

本条約は、①いかなる種類の差別の禁止（第2条）、②子どもの最善の利益の第一次的考慮（第3条）、③生命への権利、生存・発達の確保（第6条）、④子どもの意見の尊重（第12条）――を一般原則としている。

その上で、市民的権利及び自由、虐待や体罰など子どもに対する暴力からの保護、子どもの人格の全面的で調和のとれた発達のためにふさわしい家庭環境及び代替的養護、障害、基礎保健及び福祉、教育、余暇及び文化的活動、あらゆる形態の搾取や危険な状態からの特別な保護措置など、子どもが成長・発達し、生きていくために必要な実態的権利を包括的に保障している。

さらには、本条約の原則や内容を適当かつ積極的な手段により、大人のみならず子どもに対しても広く知らせることとし、権利保障の責務を担う大人と権利保有者である子どもに、知識及び権利を行使できる実践的な力を身に付けられるよう広報啓発や教育により普及することが求められている。

▼日本における子どもの権利条約の実施

日本においては、１９９４年4月に本条約を批准、同年5月に国内発効した。条約は、法律よりも上位法とされ、最高法規である日本国憲法と本条約の理念は、あらゆる法や子ども施策に生かしていかなければならない。

２０１０年4月に施行された「子ども・若者育成支援推進法」や２０１６年6月に改正された「児童福祉法」においても、第１章総則で、本条約の理念や精神について規定されるようになった。２０２３年4月に施行された「こども基本法」では、本条約の４つの一般原則に基づいたこども施策の基本理念が掲げられた。

また、２０２２年12月には『生徒指導提要』が改訂され、「児童生徒の権利の理解」について項目が新設された。

地方自治体においても、本条約の理念を実現するために、子ども施策を推進していく法的基盤として子ども条例を制定するなどして、子どもの育ちを直接支え、子ども自らが主体的に生きていくことを総合的・継続的・重層的に支援していこうとするところが増えている。

子ども条例に基づき、子どもの相談・救済に関する公的第三者機関（子どもオンブズパーソン）を設置する自治体もある。その重要な機能は、第一に子どもの相談・個別救済、第二に子どもの権利モニタリング、第三に調査結果に基づく勧告、意見表明・制度改善等の提言、第四に子どもの権利の普及・啓発、教育等がある。

締約国の子どもの権利条約の実施を審査するために、条約第43条に基づき「国連・子どもの権利委員会」が設置されている。審査の結果は、総括所見として、評価・懸念される部分が指摘され、今後の条約実現の課題が勧告される。日本においてはこれまで、立法や政策立案等における子どもの権利基盤アプローチの必要性が強調され、国レベル・地方レベルで子どもオンブズパーソンのような独立した子どもの権利を監視するための機構の設置、子どもの権利に関する包括的な法律を採択するよう勧告されている。

（半田勝久）

References

□喜多明人・森田明美・広沢明・荒牧重人／編（2009）『［逐条解説］子どもの権利条約』日本評論社

「子どもの権利条約」の成立・内容、福祉・教育・少年司法分野における条約の実施等の総論を受け、国連の動向も踏まえて条文ごとに解説している。

□荒牧重人・喜多明人・半田勝久／編（2012）『解説　子ども条例』三省堂

第１部は条例の制定や実施に関わる実践的な課題についての解説、第２部は条例制定自治体の制定経緯、特徴、推進体制、効果等についての情報の掲載、第３部は子ども条例集となっている。

□日本弁護士連合会子どもの権利委員会／編（2023）『子どもコミッショナーはなぜ必要か―子どものSOSに応える人権機関』明石書店

世界に広まる子どもコミッショナー、自治体の子どもの相談・救済機関における子どもオンブズワークについて詳述し、国における子どもコミッショナーの制度化について考察している。

2 子供の自己肯定感

Summary

「自己肯定感」とは、他者との関係性の中で「自分に満足している感覚」とされる。近年、教育における自己肯定感の重要性が指摘されている。単純な比較には注意が必要であるが、国際調査において日本の子供は自己肯定感が低いことが指摘されている。このような状況の中、家庭、学校、地域で子供の自己肯定感を育む必要性が指摘されている。

自己肯定感とは何か

近年、「自己肯定感」という概念が注目されている。文部科学省の教育再生実行会議の「自己肯定感を高め、自らの手で未来を切り拓く子供を育む教育の実現に向けた、学校、家庭、地域の教育力の向上（第10次提言）」（2017年6月）では、日本の子供の自己肯定感の低さが指摘され、自己肯定感を育む必要性が指摘されている。

ここでの自己肯定感は、おおまかに「自分に満足している感覚」と捉えられているが、自分本位の自尊心でなく、人の役に立ったなど「他者との関係性」の中で捉えられている点に大きな特徴がある。しかし、学術分野では自尊感情、自己効力感、自己有用感など、自己肯定感に関する概念は細分化され定義されているのに対し、上記の文脈では自己肯定感に一貫した定義がみられない点は注意が必要である。

自己概念の発達

自己肯定感のような自己に対する考えや認識を、心理学では「自己概念」と呼ぶ。自己は、主体的自己（知る主体としての自己：I）と客体的自己（知られる客体としての自己：me）の2つに大きく分けられる。自己概念は客体的自己に当たり、他者との関係の中で対象化された自己になる。

子供の自己概念は幼児期から青年期にかけて顕著に発達していく。特に、児童期後半から青年期中期にかけては自己概念が揺れやすく悩みが多い時期になる。自己概念には包括的な自己概念と、領域別の自己概念があり、幼児期の自己概念は未分化な状態だが、発達とともに分化、統合され、多面的で階層構造をもった自己概念になる。例えば、幼児期は認知能力が未発達なため未分化な自己概念の中で有能感が高いが、児童期には認知能力が発達し、運動には自信があるが、勉強には自信がないといった領域別の自己概念が形成され、それが包括的な自己概念に影響するようになる。

自己肯定感の国際比較

日本、韓国、アメリカ、イギリス、ドイツ、フランス、スウェーデンの7カ国の満13歳から満29歳までの若者を対象に行った、「平成30年度我が国と諸外国の若者の意識に関する調査」（内閣府）では、日本の若者は諸外国に比べて「自分自身への満足度」が低く、自己肯定感が低い結果となっている。しかし、文化や教育制度が異なる点を踏まえれば単純な国際比較はできない。例えば、同調査では日本の若者のみ自己肯定感の低さに、自分が役に立たないと感じる「自己有用感」の低さが関わるなど、自己肯定感は国により異なる価値観で決まる部分がある。つまり、欧米に比べ協調性を重視する日本の文化的な要因等が関連している可能性が推察される。日本の若者の自己肯定感が低いことは、他者と比較し、自分の状況を客観視できているとも考えられることから、必ずしも否定的に捉える必要はないという見方もできる。

自己肯定感を育てる

子供の自己肯定感は、子供の要因、環境の要因が絡み合っており、一朝一夕で育てられるものではない。一方で、上記の教育再生実行会議の第10次提言では、自己肯定感を育てる方策として、①子供の「個」を尊重しつつも、子供たちが自己と他者を区別し、自分が社会の一員であることを認識できるようにすること、②社会には多様な価値観があることを大人自身がしっかりと認識した上で、子供の発達段階に応じて接すること、③自己肯定感が人との関わりを通じて形成されることを踏まえ、保護者や教師をはじめとした子供に関わる全ての大人が自身も自己肯定感をもって子供と接すること、④大人が様々な場面で、子供のよいところを褒めたり認めてあげたりすること、⑤よいところは積極的に褒め、叱るべきところでは叱るなど、大人が愛情をもって積極的に関与し続ける姿勢を示すこと——を挙げている。

社会で求められる自己肯定感

近年、自己肯定感と関連し、非認知能力が着目されている。ＯＥＣＤ（経済協力開発機構）は非認知能力（社会情動的スキル）を「a)一貫した思考・感情・行動のパターンに発現し、b)フォーマルまたはインフォーマルな学習体験によって発達させることができ、c)個人の一生を通じて社会経済的成果に重要な影響を与えるような個人の能力」と定義している。中央教育審議会「幼児教育と小学校教育の架け橋特別委員会における審議経過報告」（２０２２年３月）でも、非認知能力を育む重要性が指摘されている。また、２０１７・１８年告示の学習指導要領では前文が設けられ、「一人一人の（児童）生徒が、自分のよさや可能性を認識するとともに、あらゆる他者を価値のある存在として尊重し、多様な人々と協働しながら様々な社会的変化を乗り越え、豊かな人生を切り拓き、持続可能な社会の創り手となることができるようにすることが求められる」と示されている。今後はこのような自己肯定感をいかに育んでいくかを具体的に検討することが課題となるだろう。

（中井大介）

References

□**中間玲子／編著（2016）『自尊感情の心理学－理解を深める「取扱説明書」』金子書房**

自尊感情が高いことや高める関わりには弊害もある。多義的に使われている自尊感情を理論的枠組みから整理し、自尊感情に関する疑問に答える中で、「自尊感情を高める」を再考する一冊。

□**梶田叡一・溝上慎一／編（2012）『自己の心理学を学ぶ人のために』世界思想社**

社会心理学、人格心理学、認知心理学、発達心理学など、各分野における自己論の理論的な流れが、特定の領域に偏ることなく、各分野の視点で解説されている教科書的な一冊。

□**小塩真司／編著（2021）『非認知能力－概念・測定と教育の可能性』北大路書房**

非認知的能力について、誠実性、グリット、好奇心、自己制御、楽観性、レジリエンスなど関連する15の心理特性を取り上げ、教育や保育の現場でそれらを育む可能性を展望。非認知能力を広く深く知ることができる一冊。

3 子供の体力・運動能力と健康

Summary

子供の体力・運動能力の育成が重要なのは、それが健康に結び付き、生きることや日常生活の基盤になるからである。コロナ禍を経て、児童生徒の体力は全般的には低下した。しかし、全ての体力の側面が低下したわけではない。体力・運動能力に関する全体像を把握することと、子供一人ひとりに適した指導・支援を提供すること、この両輪が重要である。

体力とは、筋力や持久力、柔軟性、敏捷性といった運動やスポーツはもとより、人間が健康的な生活を営むための活動の基となる身体的な総合的能力をいう。運動能力は跳ぶ、投げる、歩く、泳ぐ、蹴るなど、運動やスポーツに必要な基本的なスキルを指す。子供の体力・運動能力の状況の把握が必要なのは、子供が運動やスポーツを楽しむために必要であるのみならず、日々の健康的な生活を送る上でも重要だからである。

スポーツ庁は、全国的な子供の体力の状況を把握・分析して、子供の体力の向上に係る施策の成果と課題を検証し、その改善を図ることなどを目的に、毎年、全国体力・運動能力、運動習慣等の調査を実施している。調査内容は握力や上体起こし、反復横跳び、ボール投げ、持久走など、体力・運動能力を測定する項目と、運動習慣や生活習慣など、生活や健康に関する項目である。本書・2019年度版『最新教育キーワード155』で、筆者は子供の体力・運動能力について、当時の最新の調査結果を参照しながら、小・中学生の体力・運動能力は水準の高かった昭和60年代と比べると、依然として低い水準にあるが、直近10年あまりの傾向を確認すると、立ち幅跳びやボール投げ、長座体前屈の結果は横ばいで、持久走や上体起こし、体力の総合得点は改善傾向にあり、体力が低下し続けているわけではないことを確認した。

コロナ禍を経てどう変化したか

2020年以降、新型コロナウイルス感染症がまん延し、我々の体力や健康に大きな影響を及ぼした。スポーツ庁「令和4年度全国体力・運動能力、運動習慣等調査の結果」によると、体力を総合的にみると、2019年度調査から連続して小・中学校の男女ともに低下した。測定項目別にみると、小・中学校の50m走、20mシャトルラン、中学校の持久走、上体起こし、反復横とびの記録が下がっているため、スピードや敏捷性、持久力に関する能力が低下したといえる。他方で、小・中学校の長座体前屈の記録は向上、中学校男子の立ち幅跳びは調査開始以来の最高値となっているため、小・中学生の柔軟性と中学生男子の跳躍力は上がっている。また、握力やソフトボール投げ（小学校）／ハンドボール投げ（中学校）の記録はほぼ横ばいであり、筋力や投げる能力は低下しているわけではない。

スポーツ庁は、体力低下の主な要因は、体育授業を除く1週間の総運動時間が以前の水準には戻っていないことや、肥満である児童生徒の増加、朝食欠食、睡眠不足、スクリーンタイム（平日1日当たりのテレビ、スマートフォン、ゲーム機等による映像の視聴時間）の増加、マスク着用中の激しい運動の自粛等を指摘している。

▼体力・運動能力の二極化の意味

経済状況や家庭状況と同様に、体力・健康に関する問題も格差や二極化の観点から議論されるようになってきた。ここでは体力等の二極化の意味について確認しておく。体力の二極化は、一般的には、全国の子供の体力状況をみたときに、そこに体力・運動能力の高い集団と低い集団があり、その差が広がっている状態と捉えられる。しかし、そうではない。二極化しているのは、体育授業以外で「運動をする人」（運動時間週420分以上（1日60分））と「あまり運動をしない人」（運動時間が週60分未満（1日8分））が存在していることである。そして、「運動をする人」と「あまり運動をしない人」の体力合計点を比較すると、「運動をする人」は体力が高い傾向であり、「あまり運動をしない人」は低い傾向であることが分かっている。したがって、学校体育では「運動する子供とそうでない子供の二極化傾向がみられる」ことが課題として指摘されている。

▼維持・向上から縮小・解消へ

体力の高い子供と低い子供の差を生み出す要因には、家庭の経済的状況が関係していることが明らかになってきた。清水（2021）は、体力や運動能力、スポーツ機会に関する格差問題をスポーツ格差として提起し、家庭の経済的状況によって子供の体力やスポーツ機会に格差が生じている実態を明らかにした。スポーツ格差とは、家庭・地域等の経済資本等の差によって生み出される体力・運動能力水準や、運動・スポーツ機会に関わる許容できない差異、すなわち不当な不平等状態をいう。体力等の格差・不平等が問題なのは、運動・スポーツに親しんだり、上手になったりすることに不平等が起こるためだけではない。運動・スポーツの楽しみや喜びに触れる過程でつくられる人とのつながりや、獲得される資質・能力に格差が生じる可能性があるからである。

子供の体力の向上には、温かい人間関係を基礎にした継続的な運動・スポーツ実践が必要である（組織性・継続性）。このプロセスに体力・運動能力、健康面で劣位に置かれている人々を組み込むことができるかが実践的にも、研究的にも課題である。

（横山剛士）

References

□一般社団法人日本体育学会／監修（2006）『最新　スポーツ科学事典』平凡社

体力とは、一般的には身体的能力を指すが、広義にはストレスに対する抵抗力や意志、意欲といった精神的要素も含まれる広い概念である。ただ、子供の体力・運動能力に関する課題を議論する際には、前者の身体的要素を扱う場合が多い。

□清水紀宏／編著、春日晃章・中野貴博・鈴木宏哉／著（2021）『子どものスポーツ格差—体力二極化の原因を問う』大修館書店

教育や学力が格差問題として議論されるようになったように、体力や健康に関する諸問題も格差の観点から議論されるようになってきた。清水らは家庭の経済格差による子供の体力への影響を分析している。子供の体力の高低を生み出す社会背景にも目を向ける必要がある。

□日本発育発達学会／編（2018）『子どもと発育発達　第16巻第1号』杏林書院

「子どもの体力・運動能力の二極化解消」という特集の中で体力の二極化の意味に関する議論がなされている。また、運動が苦手な子、嫌いな子に対する指導法も紹介されている。

4 思春期、青年期

Summary

青年期は、「児童期」と「成人期」の間に位置し、子供から大人への「移行期」である。性ホルモンの影響等により、心理・社会面、身体面で様々な変化が訪れ、自己を模索する時期である青年期は、その重要さとともに動揺がみられる時期でもある。その中で、現代は性行動の低年齢化や「青年期延長」（または成人形成期の出現）も指摘されている。

子供から大人への「移行期」

エリクソン（E.H. Erikson）は、人間の発達段階を8つに分けている。その中で青年期は「児童期」と「成人期」の間に位置し、子供から大人への「移行期」とされる。一般的に、青年期は青年期前期、青年期中期、青年期後期の3つの時期からなり、この大人への移行期には心理・社会面、身体面で様々な変化が起こる。青年期前期は思春期とも呼ばれ、第二次性徴に伴い心身に変化が現れる時期になる。青年期中期は第二反抗期や心理的離乳など保護者から精神的に自立する時期になる。青年期後期は、職業選択、結婚等を通し、「自分とは何者か」というアイデンティティ（自我同一性）を模索する時期になる。このように青年期は、心理・社会面、身体面で自己を再構築し、自己と社会を統合する大人への移行期に当たる。

青年期は重要な時期

様々な変化が訪れ、自己を模索する時期である青年期は、人間の発達にとって重要な意味をもつ。しかし、不安やいらだちなど精神の動揺がみられる時期でもある。青年期には危機説と平穏説があるように、その様相には個人差があるが、ホール（G.S. Hall）は自己を再構築する時期である青年期を、激しい風と荒れ狂う波に揺れるという意味から「疾風怒濤の時代」と呼ぶ。また、ルソー（J.J. Rousseau）は「第二の誕生」と呼んでいる。レヴィン（K.Z. Lewin）も、大人でもなく子供でもない、子供と大人の過渡期にある青年期を「境界人」（マージナルマン）と呼んでいる。この時期の一過性の精神変調は「青年期危機（思春期危機）」とも呼ばれる。

心理・社会面、身体面にみられる変化

第二次性徴の発現は、生殖腺から分泌される性ホルモンの影響が大きいと考えられている。性ホルモンは、思春期まではその量が抑えられ、思春期になると成熟を発現させる量が分泌される。身体面では、男子でアンドロゲンが骨や筋肉の成長等を促進し、女子ではエストロゲンが性器、乳房、骨盤の成長等を促進し、より性差がみられるようになる。心理・社会面では、性ホルモンの変化が青年の心理状態や行動と関連する。例えば、性ホルモンの分泌は怒りや悲しみなど感情の中枢である偏桃体に作用し、感情が不安定になる可能性が指摘されている。また、思春期は、感情や衝動を抑制する機能である前頭前野が成人に比べ未発達である可能性も指摘されている。

周囲の大人からの精神的な自立

個人差があるものの、青年期にみられる心理・社会面での変化に「第二反抗期」がある。第二反抗期は、12～14歳頃の、抽象的思考能力が成熟し、自我意識が高まる青年期に現れる。3～4歳頃の第一反抗期が、自己と他者を区別する「自我の芽生え」を主張するものであるのに対し、第二反抗期は、保護者から「心理的離乳」をし、自己の価値観を主張するものになる。そのため、干渉されることや、子供扱いされることを嫌う傾向がある。第二反抗期の反抗は、保護者だけでなく、教師など周囲の大人や権威に対して拒否的、反抗的態度を示すようになる。しかし、これにより自己の価値観の模索が行われるため、第二反抗期は社会性の発達にとって意味があるとされている。

▼対人関係にみられる変化

青年期は、児童期の保護者を中心とした対人関係から、友人や恋人を中心とした対人関係に徐々に拡大していく。そのため、この時期に適切に友人関係を形成できるかが大きな意味をもつ。青年期の友人関係は発達的に変化するが、「チャム・グループ」から「ピア・グループ」の移行期とされる。チャム・グループとは、主に青年期前期にみられ、「同じである」ことの確認に意味がある友人関係である。一方、ピア・グループは主に青年期中期以降にみられる自立した個人としての違いを認め合い共存する友人関係である。しかし、近年は「ピア・グループの先延ばし」など、従来の友人関係の時期や形態と異なることも指摘されている。

▼現代の青年期の特徴

個人差や男女差はあるが、青年期は第二次性徴が起こる10～13歳頃から始まるとされる。エリクソンは各発達段階で解決すべき「発達課題」があるとし、青年期の発達課題をアイデンティティの獲得としているが、現代の日本は青年期の終わりの時期が延びる「青年期延長」、または新たな発達段階としての「成人形成期」の出現が指摘されている。これは、社会の成熟化に伴い職業選択や結婚が遅れ、成人期への突入の時期が延びていることが要因の一つと考えられる。また、情報化の進展等により青年期の性行動の低年齢化が進んでいることなども指摘されている。このように、時代による様相の変化があるものの、10～20年間の長期にわたる青年期は、人間の発達にとって非常に重要な意味をもっている。

（中井大介）

References

□髙坂康雅・池田幸恭・三好昭子／編著（2017）『レクチャー 青年心理学─学んでほしい・教えてほしい青年心理学の15のテーマ』風間書房

青年心理学を一通り網羅できる15章からなり、最新データに基づき現代青年の動向を把握することが可能。各章には心理尺度やワークシート等もあり、青年への理解を主体的に深めることができる一冊。

□髙坂康雅／編（2018）『ノードとしての青年期』ナカニシヤ出版

発達的・臨床的な問題が起こりやすく、時代や文化、社会等の影響を敏感に受ける青年期を、様々な分野の「ノード（結節点）」と捉え、青年期を対自面、対他面、時間面の各視点から多角的に検討した一冊。

□大野 久／編著（2010）『シリーズ生涯発達心理学④ エピソードでつかむ青年心理学』ミネルヴァ書房

青年期を理解する上で重要と思われるトピックが分かりやすくかつ簡潔に解説されている。また、各項目の冒頭には関連するエピソードを入れ、具体的なイメージをもって学べるよう工夫されている。

5　少年非行、逸脱

Summary

非行少年の処遇は、処罰を目的とせず再教育を施す「保護主義」に特徴がある。戦後日本で非行は4度問題化し、それぞれ異なる特徴や背景から理解されてきたが、現代の非行現象は逸脱の社会学理論を援用することでより深く理解できるだろう。非行防止策の方向性としては、警察活動、学校での教育、心理・福祉の専門職による支援、再犯防止等が挙げられる。

少年非行の理念と社会問題化

「非行」とは、20歳未満の「少年」による違法行為（や類する行為）の総称である。非行少年の処遇は、「少年の健全な育成を期し、非行のある少年に対して性格の矯正及び環境の調整に関する保護処分を行う」（少年法第1条）とあるように、処罰を目的とせず再教育を施す「保護主義」に特徴がある。ゆえに、将来違法行為をするおそれ（＝虞犯）にも介入する。

戦後日本で非行は継続的に問題となり、4度の波があった（図A）。各時期の特徴や背景は、次のように説明される。

① 戦後の生活の困窮や家族の離散

② 高度成長期に都市に流入した少年の恵まれない環境や、管理・支配的な社会体制への反抗

③ 豊かな社会を背景とした集団での「遊び型非行」（万引き、暴走族など）

④ 脱集団化と「普通の子」による「いきなり型」犯行、神戸連続児童殺傷事件等の猟奇的事件

＊図A　非行の4度の波

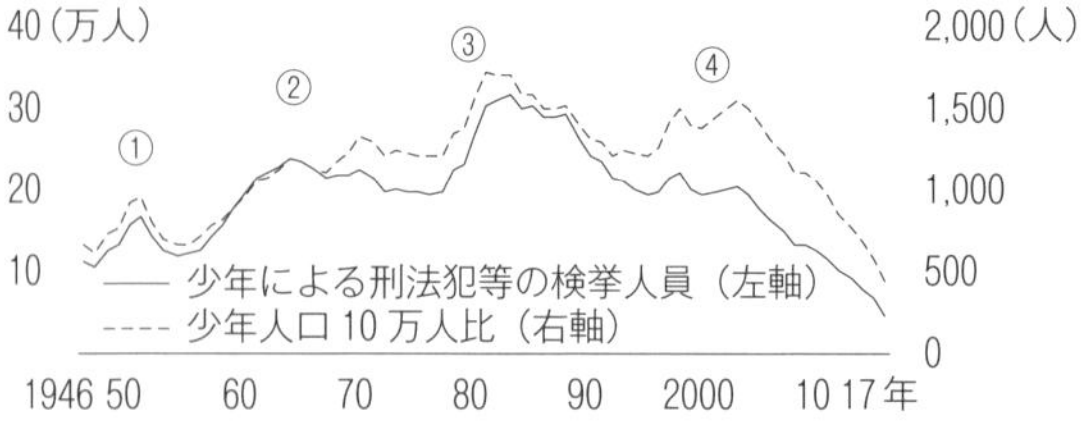

法務省『犯罪白書』より筆者作成。触法少年の補導人員を含む。

「第三の波」以降、非行の増加・凶悪化・低年齢化が問題視され、それが刑事罰対象年齢を16歳から14歳に引き下げる2000年の少年法改正に帰着した。近年は凶悪犯も含めて非行は急減しているが、その一方で、薬物の乱用、特殊詐欺、SNSの影響など、近年の非行が大きな質的変容を遂げていることへの理解は欠かせない。

逸脱の社会学理論

非行現象の理解には逸脱の社会学理論が助けとなる。代表的な理論を紹介する。

① 緊張理論：マートン（R.K. Merton）は、誰もが目指す文化的目標（富・地位の獲得）を実現する手段（大学進学など）が閉ざされているとき、人は緊張（アノミー）状態に陥り逸脱しやすくなると論じた。

② 学習理論：サザランド（E.H. Sutherland）は、逸脱文化への接触の度合いが高い人ほどそれを学習して逸脱に向かうと捉えた。

両理論を統合したのがコーエン（A.K. Cohen）の非行サブカルチャー論である。中流階層の規範が支配的な学校において、

下流階層の少年は成功への道が閉ざされていると感じ、緊張状態に陥る。そこで少年たちはそうした社会自体を否定する戦略を採り、暴力や非合理な行動が逆に評価される「非行サブカルチャー」を形成、学習する。特に高等学校が偏差値で「輪切り」にされている日本では、上位校で学校適応的な文化、下位校で反抗的な非行文化が形成される、地位欲求不満説が検証されてきた。

③　コントロール理論：ハーシ（T. Hirschi）は、規範を守る上で4つのボンドが重要だとし、それらが弱まったときに逸脱に向かうと論じた。「愛着」のボンドは親密な他者との情動的結び付き、「投資」はキャリアを失うリスクより規範に従うメリットを重視する合理性、「巻き込み」は生活が充実して逸脱の機会がないこと、「信念」は規範の妥当性を信じていることを意味する。

④　ラベリング理論：ベッカー（H.S. Becker）は、ある行為に対して周囲が「逸脱」のラベルを貼ることが逸脱を生起・加速させると捉えた。逸脱傾向のある少年に対して周囲が非難の目を向けることで、少年が自身の逸脱性を自覚したり、更生のための居場所を失って常習化することがある。

非行防止と非行少年の支援方策

非行を防ぐためには警察の補導活動や学校での教育が欠かせないが、非行少年はいじめ被害、家庭的問題、発達障害等の複合的な困難を抱えるケースもあるため、カウンセラーやソーシャルワーカー等の専門職の役割も大きい。多職種・関係機関が連携し、学校―家庭―地域が一体となって取り組む必要がある。警察や児童相談所等の担当者からなるサポートチームや、学校警察連絡協議会の一層の活躍が望まれる。

再犯防止・更生の支援も重要となる。少年事件では、健全育成の目的に即して原則全てが家庭裁判所に送致され、少年の経歴・素質・環境が調査されて処分が決定される。少年院送致となった場合、矯正教育によって生活全般が指導され、反省が促される。保護観察では、保護司の支えを得て家庭生活を営みながら更生への道を歩む。

他方で厳罰化を望む世論は根強い。2022年、成人年齢の引き下げに合わせて改正少年法が施行、18歳と19歳は「特定少年」という新たな位置付けとなった。家庭裁判所で調査せずに刑事処分の対象とする範囲が広がる。再教育せずに罰を与えることで、少年の立ち直りの機会が阻まれることも憂慮されている。

（桜井淳平）

References

□岡邊　健／編（2020）『犯罪・非行の社会学―常識をとらえなおす視座〔補訂版〕』有斐閣

非行現象への社会的な見方を概説する入門書。「逸脱の社会学理論」の項で挙げた諸理論に関心のある読者はこちらに当たってほしい。各理論の眼目を平易に解説し、相互の関連性（学説史）や最新の研究動向にも詳しい。

□土井隆義／著（2010）『人間失格？―「罪」を犯した少年と社会をつなぐ』日本図書センター

少年非行の統計をどう読めばよいか、なぜ罪を犯すのか（背後にいかなる若者の人間関係があるのか）、社会は彼らをどう見て、どう処遇しているのかなどの社会学的検討を通し、少年を社会に包摂する方途を示す。

□鮎川　潤／著（2022）『新版 少年犯罪―18歳、19歳をどう扱うべきか』平凡社

少年犯罪について一から丁寧に概説する書。特に少年犯罪の歴史と少年法の変遷に詳しく、2022年施行の改正少年法の問題点を考えるのに適している。

6 いじめ

Summary

いじめ防止対策推進法施行後、国、地方公共団体、学校では基本方針の策定と対応が行われているが、深刻な状況が続く。学校には、関係機関との連携した事案への対応に加えて、未然防止のための取組の実施、早期発見と早期からの組織的対応を行う責任が課されている。また、重大事態に対しては、法の規定に基づく対応を適切に実施することが求められる。

２０１３年9月、いじめに関する国、地方公共団体、学校設置者、学校、保護者それぞれの責務を明文化した「いじめ防止対策推進法」（以下、法）が施行された。施行後は法における「児童等に対して、当該児童等が在籍する学校に在籍している等当該児童等と一定の人的関係にある他の児童等が行う心理的又は物理的な影響を与える行為（インターネットを通じて行われるものを含む。）であって、当該行為の対象となった児童等が心身の苦痛を感じているもの」との定義で認知件数が把握され、その数は年々増加している。積極的な認知・対応のあらわれとも考えられるが、重大事態発生件数・発生学校数の増加傾向もみられ、深刻な状況がうかがえる。そうした状況を鑑み、文部科学省は２０２３年10月に「不登校・いじめ　緊急対策パッケージ」を取りまとめた。いじめについては、早期発見の強化、重大事態に至るケースの分析を踏まえた個別自治体への指導助言が主な内容となっている。

▼国、地方公共団体、学校の基本方針

法の規定に基づき、文部科学省は２０１3年10月に「いじめの防止等のための基本的な方針」を定め、国、地方公共団体、学校が実施すべき施策、重大事態の調査方法や留意事項を示した。また、多くの地方公共団体で「地方いじめ防止基本方針」が、全ての学校で「学校いじめ防止基本方針」が策定され、それに基づく対応が行われている。

２０１７年3月には国の基本方針が改定された。例えば、保護者や地域住民、関係機関等に対する学校いじめ防止基本方針の周知の徹底、いじめ解消の2要件（いじめに係る行為が少なくとも3カ月止んでいること、被害児童生徒が心身の苦痛を感じていないこと）の明示、学校として特に配慮が必要な児童生徒（障害のある児童生徒、外国につながりのある児童生徒、セクシュアルマイノリティの児童生徒、被災児童生徒等）に関する対応を行うことなどが改定事項として挙げられる。

▼いじめへの重層的な支援

学校・教職員には、未然防止、早期発見、いじめへの適切かつ迅速な対応の責任があることが法で規定されている。

未然防止のためには、学校や学級が、人権が尊重され、安心して過ごせる場となること、ネットいじめ対策としては児童生徒に対する情報モラル教育の充実を図ることが必要とされる。また、加害予防の視点では、いじめはよくないと頭で理解することとは別に、行動面へのアプローチが求められる。例えば、対人葛藤場面での対処スキルやストレス対処方法の獲得を支援するこ

とが考えられる。傍観予防の視点では、いじめ場面に遭遇した際に生じる葛藤や不安を考慮し、仲裁のほかに、大人への報告や相談といった行動レパートリーがあることを教え、児童生徒が行動した際に教職員が迅速かつ適切に対応することが求められる。

早期発見のためには、いじめは大人の見えないところで生じやすいことを念頭においた上で児童生徒の変化やSOSを見逃さないよう教職員が日頃から見守りを行うほか、定期的あるいは必要に応じたアンケート調査実施が重要となる。また、いじめに関する相談や報告があった際には、教職員は当日中に学校内に設置されたいじめ対策組織に報告し、学校の組織的対応につなげる必要がある。

生じた事案については、学校が組織として対応すること、必要に応じて医療、福祉、司法等の関係機関と連携して対応することが求められている。特に法では、犯罪行為として取り扱われるべきと認められる事案に対して警察等の外部機関と連携し対応する必要性が明記されている。被害者の傷つきに対するケアのほか、被害者の教育を受ける権利の保障（必要に応じて加害者の別室指導や出席停止措置をとる場合もある）、加害者との関係修復についても被害者のニーズを確認しながら進める必要がある。また加害者に対しても、加害行動変容のための支援や成長支援の実施が求められる。

重大事態への対応

法では、いじめにより児童生徒の生命、心身または財産に重大な被害が生じたり、相当の期間学校を欠席することを余儀なくされている疑いが認められるといった重大事態が生じた場合には、学校設置者を通じて地方公共団体の長に報告し、重大事態への対処、速やかな事実関係の調査を行うものとされる。なお、児童生徒・保護者から重大事態に至ったと申し立てがあった場合には、学校の見解にかかわらず、重大事態が発生したものとして報告や調査に当たる必要がある。

法の規定に基づく対応が適切になされるよう、文部科学省は2017年3月に「いじめの重大事態の調査に関するガイドライン」を策定し、2023年7月には「いじめ重大事態調査の基本的な対応チェックリスト」を配布した。また、自治体や学校設置者は、調査における人選や、中立・公平性のある調査方法等について助言を行う「いじめ調査アドバイザー」の活用もできる。

（江角周子）

References

□坂田　仰／編（2018）『補訂版 いじめ防止対策推進法—全条文と解説』学事出版

各条文について、学校現場の実情に合わせ詳しく解説されている。また、条文の改正や重大事態の調査に関するガイドライン等にも対応しており、いじめへの対処について理解を深めることができる。

□山本　奬・大谷哲弘・小関俊祐／著（2018）『いじめ問題解決ハンドブック—教師とカウンセラーの実践を支える学校臨床心理学の発想』金子書房

規範意識ではなく、加害や傍観といった行動の機能の点からいじめを捉え、未然防止、早期発見、事案対処の方法について詳しく解説されている。

□ロリ・アーンスパーガー／著、奥田健次／監訳（2021）『いじめ防止の3R—すべての子どもへのいじめ予防と対処』学苑社

いじめの認識（Recognize）、対応（Respond）、報告（Report）の３つの枠組みに沿って、重層的ないじめ対策について解説されている。海外の資料も豊富に紹介されている。

7　不登校とひきこもり

Summary

増加の一途をたどる不登校の対策充実のため、学びの多様化学校や校内教育支援センターの設置促進、教育支援センターの機能強化等による教育機会確保、早期発見とチーム支援、学校環境の改善が求められている。不登校からひきこもりになる場合もあることから、特に高等学校においては、不登校経験者への在学中の支援に加えて中途退学後の追指導が求められる。

不登校とひきこもりの現状

近年、義務教育段階の不登校児童生徒数は過去最高値を更新し続け、２０２２年度には29万9千人となった。ただし、不登校は長期欠席の一類型である。年度間に連続または断続して30日以上欠席した児童生徒のうち、欠席理由が「不登校」である場合が該当する。そのほかにも「病気」「経済的理由」「新型コロナウイルスの感染回避」（２０１９年度に追加）「その他」という類型があるが、分類の定義の曖昧さから長期欠席全体に注目する必要があるという見方もある。なお、２０２２年度の長期欠席児童生徒数は46万人を記録した。また、高等学校においても、不登校、長期欠席いずれも上昇傾向にある。

不登校は、ひきこもり（就学や就労、交遊等の社会的参加を避け、おおむね家庭にとどまり続ける状態）となるきっかけとなる場合がある。ひきこもり状態が長期化した場合、本人は年齢相応の社会経験を積む機会を失うこととなり、社会参加の再開に著しい困難を伴うため、早期発見・対応が重要であり、その意味でも不登校支援の重要性は高い。

不登校支援の方向性

２０１６年12月、不登校児童生徒に対する教育機会の確保、夜間等の時間に授業を行う学校における就学機会の提供等に関する施策を推進することを目的に「義務教育の段階における普通教育に相当する教育の機会の確保に関する法律」（教育機会確保法）が公布された。法律の規定に基づき、文部科学省は２０１７年3月に「義務教育の段階における普通教育に相当する教育の機会の確保等に関する基本指針」を策定した。特に不登校に関しては、児童生徒が安心して教育を受けられる魅力ある学校づくり、不登校児童生徒に対する効果的な支援の推進が掲げられている。

また、不登校支援の基本的な考え方を示した２０１９年10月の文部科学省通知においては、登校するという結果のみを目標とするのではなく、児童生徒の社会的自立を目指す必要があること、また、不登校の時期が休養等の積極的な意味をもつことがある一方で、学業の遅れ、進路選択上の不利益、社会的自立へのリスクが存在することに留意する必要があることが示されている。社会的自立へのリスクとは、ニートやフリーターを選択せざるを得ない状況やひきこもり状態になりやすいことを表していると考えられる。またこの通知においては、学校教育の役割が大きいことから、学校教育の一層の充実を図るとともに、既存の学校教育になじめない児童生徒については、学校としてどのように受け入れていくかを検討し、なじめない要因の解消に努める必要があることも示されている。

さらに2023年3月には、学校内外での相談や指導につながっていない児童生徒が多数存在する状況を踏まえ、より一層の不登校対策充実のために「誰一人取り残されない学びの保障に向けた不登校対策」（COCOLOプラン）が取りまとめられた。ここでは、(1)不登校の児童生徒全ての学びの場を確保し、学びたいと思った時に学べる環境を整える、(2)心の小さなSOSを見逃さず、「チーム学校」で支援する、(3)学校風土の「見える化」を通して学校を「みんなが安心して学べる」場所にする──という3つの取組を通して、誰一人取り残されない学びの保障を社会全体で実現するためのプランを実施していくことが示された。中でも、第1の点については、①学びの多様化学校の設置促進、②校内教育支援センターの設置促進、③校外に設置される教育支援センターの機能強化、④高等学校等における柔軟で質の高い学びの保障、⑤多様な学びの場・居場所の確保──の5つが掲げられており、今後、多様なニーズに対応した受け皿の整備が進んでいくものと考えられる。こうした、既存の学校教育以外の選択肢を豊富にしていくことと併せて、3点目の学校を「みんなが安心して学べる」場所にしていくことが掲げられていることの重要性は極めて高い。それは、既存の学校教育や学校環境になじめない児童生徒は他の選択肢を選べばよいと排除するのではなく、既存の学校教育や学校環境のありようを問い、多様な児童生徒を包摂できるものに変化させていくことを包含するからである。

高等学校における支援

高等学校においては、長期欠席や不登校を経験した生徒が転学や高校中退するケースが少なからず存在する。そのため、長期欠席や不登校経験のある生徒に対して、中学校と高等学校との連携を通した切れ目のない支援が重要となる。また、中途退学後にひきこもり状態となる場合もあり、特に所属団体を失った状態では公的支援につながりづらくなるリスクがある。したがって、中途退学後の追指導の提供も重要となる。中途退学後に就職を希望する生徒については、ハローワークとの連携、地域若者サポートステーションやジョブカフェにつなぐなど、関係機関との連携支援が求められる。

（江角周子）

References

□柘植雅義／監修、小野昌彦／編著（2017）『発達障害のある子／ない子の学校適応・不登校対応』金子出版

アセスメントの基本、各学校段階における支援、学内・学外連携を通した支援について、事例を用いながら網羅的に解説されている。

□神村栄一／著（2019）『不登校・ひきこもりのための行動活性化―子どもと若者の“心のエネルギー”がみるみる溜まる認知行動療法』金剛出版

認知行動療法の技法を踏まえながら、不登校やひきこもり状態にある人の「心のエネルギー」を溜めるための方法が解説されている。豊富な事例から学びを深められる一冊。

□一般社団法人日本臨床心理士会／監修、江口昌克／編（2017）『ひきこもりの心理支援―心理職のための支援・介入ガイドライン』金剛出版

予防・教育的アプローチ、家族支援、コミュニティワークなど様々な援助技術がまとめられている。文化的、時代的背景や精神障害等との関連も論じられており、ひきこもりの理解に役立つ。

8 暴力行為

Summary

「暴力行為」は、全国の小・中・高等学校を対象に調査される学校教育指標の一つであり、４形態に分類される。２０１４年度以降、コロナ禍でいったんは減少するも増加傾向が続く。暴力行為等の対応では、望ましくない行動の抑制と望ましい行動の促進が必要である。個別の事情の十分な理解と、児童生徒個々にとって有意義な学習活動・生活活動の増進に努める。

学校教育指標の1つ

「暴力行為」とは、文部科学省が今後の生徒指導上の施策を推進するために行っている調査項目の一つである。１９９６年度まで「校内暴力」（１９８２年度調査開始）として調査された。この調査には、ほかに不登校、いじめ等の項目が含まれ、その結果は「児童生徒の問題行動・不登校等生徒指導上の諸課題に関する調査結果」として、毎年公表される。

「暴力行為」は、「自校の児童生徒が、故意に有形力（目に見える物理的な力）を加える行為」を指し、「対教師暴力」、「生徒間暴力」（何らかの人間関係がある児童生徒同士の暴力行為に限る）、「対人暴力」（対教師暴力、生徒間暴力を除く）、及び学校の施設・設備等の「器物損壊」の４形態に分類される。より具体的には、教師めがけて椅子を投げつけた（対教師）、同じ中学校の1年生と3年生の生徒が些細なことで喧嘩となり一方が怪我をした（生徒間）、金品を奪うことを計画し通行人に怪我を負わせた（対人）、トイレのドアを故意に損傷させた（器物）等の事例を含む。

この指標は、少年非行統計とともに我が国の青少年の反社会的行動の問題状況を伝えるのみならず、これまでの学校教育が適切に対応できていないことを明示している。

近年の傾向と対応方針

２０２２年度の暴力行為の発生件数総数は、９万５４２６件（小：６万１４５５件、中：２万９６９９件、高：４２７２件）である。２０１４年度以降、コロナ禍でいったんは減少するも増加傾向が続いている。

近年の状況を校種別（１０００人当たり発生率）にみると、小学校では２００４年度以降ほぼ一貫して増加し、この10年の増加率は著しい。中学校では２０１０年度以降はおおむね減少してきたが、この2年は増加傾向に転じている。高等学校では２００7年度以降、微減傾向が続く。

暴力行為問題の対応について、文部科学省通知「問題行動を起こす児童生徒に対する指導について」（２００7年2月）は未然防止と早期発見・早期対応の取組を強調した上で、「学校の秩序を破壊し、他の児童生徒の学習を妨げる暴力行為に対しては、児童生徒が安心して学べる環境を確保するため、適切な措置を講じることが必要」とし、十分な教育的配慮の下で、出席停止や懲戒など、毅然として対応を行うことの必要性を指摘する。これに沿って『生徒指導提要』（文部科学省、２０２２年改訂）は、暴力行為の要因を多面的かつ客観的に理解して、自己指導能力を育てる働きかけを基本方針として、①対応時の役割分担と共通理解、②生徒指導体制の事前整備を求め、

図A　暴力行為に関する生徒指導の重層的支援構造

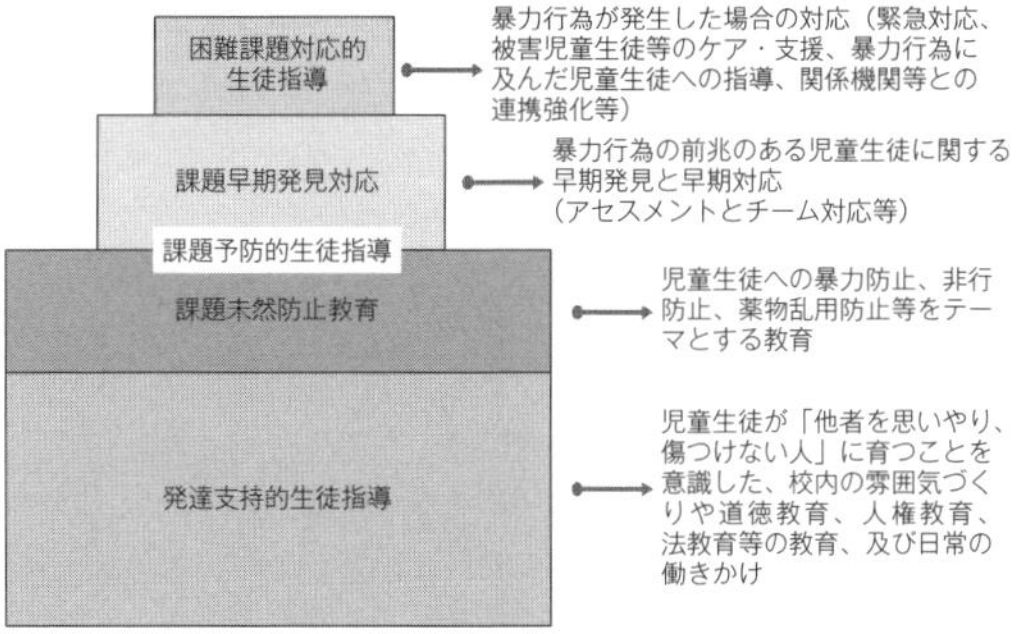

出典：『生徒指導提要』（文部科学省、2022年改訂）

そして、重層的支援（図A参照）を展開する学校づくりを強調する。

暴力行為対応の2つのアプローチ

文部科学省は暴力行為に対して、道徳教育を基調とした規範指導を重視してきた。学校現場においても、道徳授業や集会等で規範的態度を育成する学習活動や講話、啓発活動を展開するとともに、しばしば、校則に基づいた管理指導を強化してきた。暴力行為を起こした児童生徒にまず反省を求めることや、叱責や説諭によるこれまでのやり方では、効果の低いことを少しずつ、私たちは理解し始めている。

暴力行為等の児童生徒が学校で見せる反社会的行動の対応では、2つのアプローチが必要である。望ましくない行動の抑制と望ましい行動の促進である。

前者は、児童生徒が安全に安心して学習・生活するための学校生活上の最低限のルールを明示して、一貫して適用するアプローチである。例えば、段階的指導やゼロトレランス方式である。しかしこのとき、個別の事情を丁寧に聴くことを怠ってはならない。出席停止や懲戒等を行う場合であっても、個別の事情を丁寧に受け止めた上で、ルールの意味・意義を理解できるように粘り強く働きかけていくことが重要である。

後者のアプローチでは、児童生徒が適応を高め、学校の学習活動・生活活動の中で肯定的な経験を多く、得られるように働きかける。学校全体の取組として発達支持的生徒指導を第一に重視する。例えば、勉強が分かる、友達や先生から大切にされているという経験であり、ポジティブビヘイビアサポートのような取組である。大切な関わりと有意義な経験の得られる学校生活であるほど、その学校で関わる人たちと学習活動・生活活動を大切にする傾向が強まる。

（花屋哲郎）

References

□花屋哲郎／編著、(2024)『生徒指導』（吉田武男／監修・編著「MINERVA はじめて学ぶ教職15」）ミネルヴァ書房

暴力行為等の問題行動の理解と支援を解説するとともに、学校の業務全体を捉え直して実際的な視点から「育てる生徒指導」の可能性を探求する。

□暴力行為のない学校づくり研究会（2011）「暴力行為のない学校づくりについて（報告書）」文部科学省

暴力行為への効果的な対応の在り方について様々な観点から検討し研修教材を各学校に提案するために、文部科学省内に設置された研究会の報告書。

□T. ハーシ／著、森田洋司・清水新二／監訳（2010）『新装版　非行の原因―家庭・学校・社会へのつながりを求めて』文化書房博文社

少年非行の理解に役立つ古典の一つ。学校や家庭、社会とのつながり（ボンド）が犯罪・非行行為を抑制することを理論的、実証的に説明する。

9 発達障害

Summary

発達障害とは、中枢神経系の高次機能の障害を指し、全般的な知的発達の遅れが中心となる知的障害と、遅れのない発達障害とに分類される。行政政策上の発達障害は、後者を指し、発達障害者支援法で定義付けられている。発達障害は、家庭でのしつけや本人のわがままが原因ではない。家族を含めて周囲の人々の正しい理解と適切な対応を促すことによって、発達障害児の成長を支援していくことが大切である。

発達障害と発達障害者支援法

発達障害の早期発見と発達支援を行い、発達障害者の自立及び社会参加のための生活全般にわたる支援を図ることなどを目的とする発達障害者支援法（２００４年制定、最終改正２０１６年）では、発達障害者は「自閉症、アスペルガー症候群その他の広汎性発達障害、学習障害、注意欠陥多動性障害などの脳機能の障害で、通常低年齢で発現する障害」がある者のうち、「発達障害及び社会的障壁により日常生活または社会生活に制限を受けるもの」とされている。特別支援教育においては「ＬＤ、ＡＤＨＤ、高機能自閉症等」の表記が用いられてきたが、２００７年３月以降は、省庁間の連携促進のため、発達障害者支援法の定義による「発達障害」へと改められた。

ところで、医学的診断基準には「精神疾患の診断・統計マニュアル（ＤＳＭ-５）」（米国精神医学会＝２０１３年、日本語版＝２０１４年）や「国際疾病分類（ＩＣＤ-11）」（ＷＨＯ、２０１８年公表・２０２２年発効）がある。本稿では教育行政の用語を用いているが、これらの診断基準の日本語訳に際しては、“disorder”の訳語が、誤解や偏見を生む恐れのある「〜障害」の表記から「〜症」に変更された経緯があることを銘記しておく。

主な発達障害とその特性

(1)自閉症は、３歳位までに現れ、①他人との社会的関係の形成の困難さ、②言葉の発達の遅れ、③興味や関心が狭く特定のものにこだわることを特徴とする行動の障害である。このうち、知的発達の遅れを伴わないものを高機能自閉症、知的発達の遅れを伴わず、かつ、言葉の発達の遅れを伴わないものをアスペルガー症候群という。これらの症状はスペクトラム（連続体）とみなされ、「自閉スペクトラム症」（ＡＳＤ：Autism Spectrum Disorder）と呼ばれている。

自閉症児の行動特性には「言葉通りに受け取り、冗談が通じにくい」「そのときの場面や相手の感情や立場を理解できない」「友達と仲良くしたい気持ちはあるが、友達関係をうまく築けない」「自分のペースで活動に取り組めるが、集団に合わせて行動することが苦手」「自分なりの日課、手順を守れるが、変更や変化が苦手」「自分の興味があることの知識が豊富」等の例が挙げられる。

(2)注意欠陥多動性障害（ＡＤＨＤ：Attention-Deficit/Hyperactivity Disorder）は、「注意持続の欠如」やその子の年齢や発達段階に見合わない「多動性や衝動性」、またはその両方が特徴で、通常12歳以前に現れる。

ＡＤＨＤ児の行動特性には「興味のあることに集中できるが、じっくりと活動するときに注意を集中し続けられないこともある」「好奇心旺盛だが、じっとしていられなかったり、細かいところに注意を向けられなかったりする」「活動に対して意欲的だが、順番を待てなかったり、他の人をさえぎったりしてしまう」「積極的に発言するが、質問を最後まで聞かずに答えてしまう」等がある。

(3) 学習障害（ＬＤ：Learning Disorders/Learning Disabilities）は、全般的な知的発達に遅れはないのに、読む、書く、計算するなどの特定の能力を学習や実行に著しい困難のある状態をいう。

ＬＤ児の行動特性には「相手に伝わるように話すことはできるが、聞き間違いや聞きもらしがある」「正しく聞き取ることはできるが、思いつきで話し、筋道の通った話をするのが難しい」「文字を書くことはできるが、文中の語句や行を抜かしたり、繰り返し読んだりする」「文字を読むことはできるが、字の形が整わなかったり、文字を書き間違えたりする」「読み書きはできるが、簡単な計算が暗算でできない」等がある。

実際には、これらの障害ごとの特徴が少しずつ重なり合っている発達障害児も多く、障害の種類を明確に診断することは難しい。また、年齢や環境により目立つ状態像が異なるため、診断の時期により、診断名が異なることもある。

学齢期の発達障害児への対応

学習意欲や自尊心の低下を防ぎ、二次障害を生じさせないことが大切である。子供を認め励ますこと、落ち着いた環境で見通しをもたせること、具体的な指示や声かけ、視覚的な支援の活用、具体的な行動を教えること、教師や周囲の大人の一貫性のある対応も重要である。通常の学級における合理的配慮の提供や一人ひとりの参加度を高める授業改善、通級による指導における障害特性に応じた自立活動の指導等が求められる。

家族支援の重要性

発達障害児の保護者や家族は、子供の行動面への理解と対応の難しさなどから子育ての困難を感じたり、一見すると不可解な行動に対して周囲の理解や配慮を得ることが難しいことから焦りや自信喪失、地域からの孤立、将来への不安を抱いたりする場合もある。このような困難や不安の軽減・解消のための家族支援が重要である。親の会での当事者による助言や、学校内等での学習会（ペアレント・トレーニングなど家族の対応力向上の研修）等の支援活動がある。家族への支援は、発達障害児の育ちを支えるものとなる。

（米田宏樹）

References

□内山登紀夫（1～4）・玉井邦夫（5）／監修『新版発達と障害を考える本（全5巻）』(2019) ミネルヴァ書房

『第1巻　ふしぎだね⁉ 自閉症のおともだち』『第2巻　アスペルガー症候群［高機能自閉症］のおともだち』『第3巻　LD（学習障害）のおともだち』『第4巻　ADHD（注意欠陥多動性障害）のおともだち』『第5巻　ダウン症のおともだち』。周囲から「ふしぎ」と捉えられがちな発達障害児の行動を取り上げ、認知の特性からくる理由と対応方法を本人視点で解説している。

10　2E（twice-exceptional）の児童生徒

Summary

2E（twice-exceptional）の児童生徒とは、初等中等教育段階の学校に在籍する子供たちのうち、特異な才能と学習困難とを併せ持つ児童生徒のことを指す。「twice-exceptional」の語義が「二重に特別な」であることが示す通り、このような子供たちは、才能を伸ばすための支援と、学習上の困難を軽減・解消するための支援との二重の支援を必要とする。

2Eの児童生徒とは

2E（twice-exceptional）の児童生徒とは、初等中等教育段階の学校に在籍する子供たちのうち、特異な才能と学習困難とを併せ持つ児童生徒のことを指す。

日本国内における2Eの児童生徒への関心の高まりの契機となったのは、2021年1月に中央教育審議会が取りまとめた答申「『令和の日本型学校教育』の構築を目指して～全ての子供たちの可能性を引き出す、個別最適な学びと、協働的な学びの実現～」であった。本答申は、「個別最適な学び」を「指導の個別化」と「学習の個性化」の観点から整理し、「個別最適な学び」が「孤立した学び」に陥らないよう、「協働的な学び」を充実することも重要であるとした。このような提言を実現していくためには、子供たち一人ひとりの多様性が相互に認められる包摂的な学校文化の中で、全ての子供たちが自分とは異なる感性や考え方に触れ、刺激し合いながら、学びを深めていけるようにすることが不可欠である。

答申は、このような考え方を前提に置きつつ、日本では、特異な才能をどのように定義し、見いだし、その能力を伸長していくのかという議論はこれまで十分に行われていないとの現状認識を示した。とりわけ、特異な才能と学習困難とを併せ持つ児童生徒に対する教育の在り方については、一定の議論が蓄積されつつある欧米諸国からの立ち後れが指摘されたのである。

有識者会議における議論の特質

このような答申での指摘を受け、2021年3月に文部科学省内に置かれたのが「特定分野に特異な才能のある児童生徒に対する学校における指導・支援の在り方等に関する有識者会議」である。本有識者会議は、2022年9月に「審議のまとめ」を公表するまで、14回の会議を開催した。

有識者会議からの最終的な提言となった「審議のまとめ」において注目すべきは、「何らかの特定の基準や数値によって才能を定義し、定義に当てはまる児童生徒のみを『特異な才能のある児童生徒』と取り扱うことは、本有識者会議においては行わない」と明言されたことであろう。この点について当該「審議のまとめ」は、何らかの特定の基準のみにより選抜した場合には、結果的に「選抜のための過度な競争を発生させたり、入学者選抜への活用などの狭い範囲のみで才能が捉えられることとなったり、経済的状況によるプログラムへの参加機会の格差が生じたりする可能性があり、こうした弊害が生じる恐れは認識されなければならない」と述べ、「こうした一定の定義による線引きは、特異な才能のある児童生徒そのものが同級生等から異質な存在として捉えられかねない懸念も生じる。学校現場が分断されたり、特異な才能のある児童生徒が差別の対象となったりしないよう留意することが必要である」とも指摘している。

この上で、「審議のまとめ」では、「その才能や特性があるがゆえに、通っている学校の状況によっては学習や学校生活において著しい困難を抱えている場合や、さらには不登校になっている場合もあるというのが現状である。このように、困難を感じるがゆえに特異な才能に応じた学習の機会が十分に得られていない状況については改善していく必要があり、その困難さを解消していくことを第一に考える必要がある」との方針が明示されたのである。知的な側面が年齢に比べて著しく発達しているなどの特異な才能があるがゆえに感じる授業中の苦痛、周囲からの無理解、疎外感や孤独感等の「困難さ」に焦点を当てて、特異な才能のある児童生徒を捉えたことは極めて特徴的といえよう。

▼2Ｅの児童生徒が求める支援

自らの特異な才能によって学校生活の中で辛い状況に直面しがちであり、かつ、学習困難も併せ持つのが2Ｅの児童生徒である。例えば、理数分野で特に意欲や突出した能力を有する一方、平易な文章であっても正しく読み書きすることが難しい子供等が該当する。

こうした児童生徒は、才能を伸ばすための支援と、学習上の困難を軽減・解消するための支援との二重の支援を必要とする。このような支援をきめ細かく提供するためには、通級指導教室や特別支援学級との連携のほか、養護教諭やスクールカウンセラー、スクールソーシャルワーカー等との協力が不可欠であろう。また、普段過ごす教室とのつながりが切れることのないように配慮しつつ、一時的に別の教室等で特性等に合った学習活動ができるようにするなど、2Ｅの児童生徒のみならず、特異な才能のある子供たちが過ごしやすい居場所としての学校環境の整備が強く求められる。

なお、２０２３年度に文部科学省が開始した「特定分野に特異な才能のある児童生徒への支援の推進事業」では、長野県・八王子市・鎌倉市・名古屋市・京都市の各教育委員会等を研究団体として採択し、２Ｅを含んだ特異な才能のある児童生徒に対する指導・支援に関する実証研究に着手している。

（藤田晃之）

References

□**松村暢隆／編著（2018）『2Ｅ教育の理解と実践―発達障害児の才能を活かす』金子書房**

2Ｅ教育の基礎理論、アメリカにおける実践、発達段階に応じた実践の在り方について分かりやすく丁寧に整理されている。

□**高山恵子／著（2021）『2Ｅ―得意なこと苦手なことが極端なきみへ―発達障害・その才能の見つけ方、活かし方』合同出版**

2Ｅの当事者に向けて書かれた本。「ギフテッドと2Ｅ」「才能を見つける」「あなたの能力を隠しているものを探そう」「2Ｅの人が自分らしく生きるために」の4部構成となっている。

□**松村暢隆／著（2021）『才能教育・2Ｅ教育概論―ギフテッドの発達多様性を活かす』東信堂**

2E教育の現状と課題、今後の方向性を論じている。「才能の概念と発達多様性」「才能児の多様な才能とニーズの評価」「才能教育の方法と早修」「拡充プログラム」「2Ｅの概念と2Ｅ教育の方策」「2Ｅ教育の実践方法」「日本の才能教育の現状と課題」「日本の2Ｅ教育の現状と課題」の8章で構成されている。

11 帰国・外国人児童生徒と教育

Summary

近年のグローバル化に伴い、保護者の仕事の関係等で海外での暮らしが長期化したり、子供の教育のために幼児期から海外で教育を受けさせたりする保護者が増えている。帰国子女や外国にルーツをもつ児童生徒が増加する中、これらの児童生徒に対する教育の保障について、法的位置付けや高等学校進学や就職についての課題がある。

帰国子女と教育

１９６０年代以降、日本の国際化に伴い、民間企業、政府機関、国際機関等に勤務する保護者とともに、一時的に海外で暮らす児童生徒が増加し、１９７０年代以降、帰国後の児童生徒の教育が一つの社会問題となった。そこで、１９７１年に外務省及び文部省（現文部科学省）の許可を受けた「海外子女教育振興財団」（２０１１年から公益財団法人）が設立された。

１９８８年10月に「高等学校における帰国子女の編入学の機会の拡大等について（通知）」、「学校教育法施行規則の一部改正について（通達）」が出され、①編入学試験の実施回数の増加、②編入学者のための特別定員枠の設定、③編入学試験の受験手続きの簡素化・弾力化、④編入学試験に関わる情報提供の充実、⑤帰国子女教育の充実等――の５点について、可能な限り配慮するよう促されている。

帰国後の児童生徒は、帰国子女の受け入れを行っている公立学校、国立大学附属学校、私立学校の帰国生入試に合格する必要がある。また、学校教育法第１条に含まれていないインターナショナルスクールに通うことも可能だが、国内大学へ進学する制度が整っていなかった。２００３年９月に出された「学校教育法施行規則及び告示の一部改正について」では、外国人学校の取り扱いについて変更事項が出され、「国際的な評価団体の認定を受けた外国人学校の12年の課程を修了したもので、18歳に達した者」に該当すれば、国内大学を受験することが可能になった。

その後、帰国・外国人児童生徒等に対する日本語指導の需要の高まりを踏まえ、２０１４年４月から施行された「学校教育法施行規則及び告示の一部改正について」では、「特別の教育課程」を編成・実施することができる制度が整備された。

また、小学校学習指導要領（２０１７年３月告示）の総則では、「海外から帰国した児童などについては、学校生活への適応を図るとともに、外国における生活体験を生かすなどの適切な指導を行うものとする」と記されている（中学校学習指導要領、高等学校学習指導要領にも同様の記述がある）。

大学入学においても、留学生や帰国子女等が円滑に入学できるよう、２０１９年に「大学入学資格関係告示の一部改正」が行われ、「18歳に達したもの」とする年齢要件が撤廃された。また、国際バカロレア資格等を活用した入試方法を導入する大学が増え、帰国・外国人児童生徒等の大学入学を円滑にする制度が促進されている。現状では、国際バカロレア資格等を活用した入試方法は限定された大学での導入のため、今後のさらなる拡大が期待される。

外国人児童生徒と教育

1970年代に中国帰国者、1980年代はインドシナ難民、1990年代から日系ブラジル人・ペルー人の新来外国人、自治体が率先してアジアからの花嫁を受け入れるなどの様々な理由により、多くの外国人が日本で生活するようになった。特に、1990年の「出入国管理及び難民認定法」改正後、日系人等の新来外国人が増加し、日本語指導が必要かつ多様な文化や背景をもつ人々が混在する職場や学校現場が増えている。このような背景から、法務省では従来の出入国審査、在留外国人の管理、難民の保護等に加え、外国人を受け入れるための環境整備に関する調整という役割を担うため、法務省の外局として2019年4月に「出入国在留管理庁」を設置した。ここでは、「外国人生活支援ポータルサイト」を立ち上げ、役所での様々な手続き方法や日常生活のルール、緊急時や災害時にとるべき行動や各機関への連絡先等を多様な言語で公開している。

2022年に、文部科学省から出された「日本語指導が必要な児童生徒の受入状況等に関する調査結果の概要」によれば、日本語指導が必要な外国籍及び日本国籍の児童生徒数は5万8353人で、前回調査より7227人増加（14・1%増）となっている。これらの児童生徒のうち、学校において特別な配慮に基づく指導（当該児童生徒に対して「特別の教育課程」による日本語指導、並びに教科の補習等在籍学級や放課後を含む、学校で何らかの日本語指導等を行うこと）を受けている者の割合は、増加傾向であることが報告された。

しかしながら、日本語指導が必要な高校生の中退率は全高校生の割合に比べて5倍以上、進学・就職をしていない者の割合は全高校生の2・8倍となっている。

このような現状から、文部科学省は①就学状況の把握、就学の促進、②指導体制の確保・充実、③日本語指導担当教師等の指導力の向上、支援環境の改善、④中学生・高校生の進学・キャリア支援の充実、⑤異文化理解、母語・母文化を尊重した取組の推進——といった取組を行うことを目標としている。

帰国・外国人児童生徒等に対するこれまでの施策は、少しずつ成果を上げているが、今後も増加傾向が予想される外国人児童生徒が、日本で安心して教育を受けられる環境整備をさらに充実させる政策が求められる。

（本多　舞）

References

□佐久間孝正／著（2014）『多文化教育の充実に向けて−イギリスの経験、これからの日本』勁草書房

多文化教育先進国であるイギリスの多文化政策や実態を明らかにした上で、近年の日本の外国人児童生徒教育政策を整理し、課題について考察している。

□佐藤郡衛／著（2019）『多文化社会に生きる子どもの教育』明石書店

これまでの外国人児童生徒の教育政策を踏まえ、学校における多文化共生教育や人権教育を考察する。また、海外に住む日本人の子供の教育から国際バカロレアまで、重要な政策課題について論じている。

□丸山剛史／編著（2022）『グローバル化と外国人児童生徒教育』一藝社

栃木県における外国人児童生徒教育に携わった関係者が、これまでの実践について振り返り、それぞれの立場から現在の外国人児童生徒教育について論じている。

12　養護教諭と保健室

Summary

児童生徒が直面する健康課題は多様化、複雑化、深刻化している。養護をつかさどる養護教諭は、学校保健活動の推進に当たって中核的な役割を担うことが期待されている。また、健康相談活動と保健室経営は、養護教諭の現代的な役割として捉えられる。ただし、養護教諭の職務は多岐にわたり、求められる役割（職務の範囲）の明確化は不変の課題である。

「養護をつかさどる」養護教諭の職制

養護教諭は、学校教育法において「児童の養護をつかさどる」（第37条12項）と規定されている。小学校には養護教諭を「置かなければならない」（同条第1項）が「養護をつかさどる主幹教諭を置くとき」は置かないことができる（同条第3項）。この規定は中学校（第49条）、義務教育学校（第49条の8）、特別支援学校（第82条）に準用される。また、中等教育学校（第69条、第69条第3項）も同様に規定されている。高等学校は養護教諭を「置くことができる」（第60条2項）という規定であり、必置制は敷かれていない。

教育職員免許法によれば、養護教諭の免許状は普通免許状に当たり、専修免許状、一種免許状、二種免許状に区分される（第4条第2項）。養護教諭の免許状の授与を受けるに当たり、現在、看護職の免許は不問である。ただし、保健師（もしくは看護師）の免許を受け、文部科学大臣の指定する養護教諭養成機関に半年以上（もしくは1年以上）在学することにより一種免許状の授与を受けられるなど、別表規定（第5条別表第2）がある。

保健医療の向上に資するため、1992年に「看護師等の人材確保の推進に関する法律」が施行されて以降、看護系大学は増加し、養護教諭の養成課程を有する高等教育機関が増えてきた。2022年4月1日時点で一種免許状を取得できるのは、国立大学21機関、公立大学18機関、私立大学92機関、私立短期大学5機関、計136機関（養護教諭特別別科を除く）である。国立大学は教育学部、公立・私立大学は看護学系が多い。

「養護」の現代化と背景、経緯

教育職員免許法施行規則（第9条）によれば、養護教諭の免許状を構成する「養護に関する科目」は9つの科目からなる。「衛生学及び公衆衛生学（予防医学を含む。）」「学校保健」「養護概説」「健康相談活動の理論及び方法」「栄養学（食品学を含む。）」「解剖学及び生理学」「微生物学、免疫学、薬理概論」「精神保健」「看護学（臨床実習及び救急処置を含む。）」である。「養護概説」「健康相談活動の理論及び方法」は、1998年の教育職員免許法改正に伴い、新設された。それにより、看護系科目への偏重は多少、是正された。

こうした動向は、養護教諭がつかさどる「養護」の現代化と解される。背景には、「社会を映し出す鏡」のような存在である子供たちの健康課題が多様化・複雑化したこと、特に心の健康問題等の深刻化に伴って、学校におけるカウンセリング等の機能の充実が重視されたことが挙げられる。そのため、保健体育審議会答申「生涯にわたる心身の健康の保持増進のための今後の健康に関する教育及びスポーツの振興の在り方について」（1997年9月）の中で、養護教諭の新たな役割として健康相談活動が示された経緯がある。

養護教諭の職務と保健室の今

　中央教育審議会答申「子どもの心身の健康を守り、安全・安心を確保するために学校全体としての取組を進めるための方策について」（2008年1月）の中で、養護教諭の職務は、①保健管理、②保健教育、③健康相談活動、④保健室経営、⑤保健組織活動――に整理された。①・②・⑤は、学校保健の領域構造に準じた項目である。③・④は、「養護」の現代化等に基づいて加えられた項目である。

　学校保健活動の推進に当たって中核的な役割を果たすことが期待されている養護教諭の活動拠点が、保健室である。旧学校保健法（第19条）では「学校には、健康診断、健康相談、救急処置等を行うため、保健室を設けるものとする」と規定されていた。

　2009年4月に施行された学校保健安全法（第7条）では「学校は、健康診断、健康相談、保健指導、その他の保健活動を行い、保健室を置くことができる」と規定され、保健室は必置ではない。

　保健室を訪れる児童生徒等は、それぞれに固有の目的、ニーズを有している。「保健室利用状況に関する調査報告書」（日本学校保健会、2016年度調査）によれば、小・中学校及び高等学校における保健室利用者の来室理由（合計割合）は「けがの手当て」64・8％、「体調が悪い（頭痛・腹痛・気持ち悪い）」60・4％であり、身体的な主訴が多い。背景には心身の疾患や生活リズムの乱れだけでなく、人間関係上の悩みや学習・進路面の不安等が影響している場合がある。いじめ、児童虐待、ヤングケアラーや貧困等が潜んでいることもある。養護教諭は児童生徒の現代的な健康課題にいち早く気付くことができる立場を生かしながら職務を遂行し、学校内・外の組織的な対応を拡充することが重要である。それが、養護をつかさどる職としての役割（法的責任を含む）を果たしていく要となる。

　なお、2023年1月「養護教諭及び栄養教諭の資質能力の向上に関する調査研究協力者会議　議論の取りまとめ」で指摘されたように、養護教諭に求められる役割（職務の範囲）の明確化は不変の課題である。

（留目宏美）

References

□**日本教師教育学会／編（2017）『教師教育研究ハンドブック』学文社**

　養護教諭の資格と養成について概略的に述べられている。

□**大谷尚子・鈴木美智子・森田光子／編著（2020）『養護教諭必携シリーズ No.2　新版　養護教諭の行う健康相談』第3版、東山書房**

　養護教諭が行う「健康相談」について、包括的に述べられている。初版は2016年刊行。

□**菅原哲朗・入澤　充／編（2018）『養護教諭の職務と法的責任―判例から学ぶ法リスクマネジメント』道和書院**

　学校保健安全法下の養護教諭の職務を、「法令」責任の観点から論じられている。

　豊富な学校事故・スポーツ事故の事例より、養護教諭の職務に関連する法令とキーポイントを解説し、万一の時には何に注意を払うべきか、養護教諭にとっての危機管理（リスクマネジメント）を考える。

13 スクールカウンセラー

Summary

スクールカウンセラーは、不登校、いじめ等の児童生徒の問題状況の増加や複雑化を背景に、学校に導入された心理の専門家である。スクールカウンセラーの職務は、子どもに対する直接的支援、教師や保護者への間接的支援、ストレスマネジメント等の予防的対応、緊急時の心のケアなど幅広い。全国小・中学校の9割に派遣されている。

スクールカウンセラー制度の始まりと配置状況

スクールカウンセラーの配置は、1995年度に文部科学省の「スクールカウンセリング活用調査委託事業」から始まった（全国の配置数154校）。そして2001年度から、「スクールカウンセリング等活用事業」が始まり、全国の学校に計画的に配置された（2005年度全国の配置数1万校）。日本の学校では、それまで教師が中心となり学習指導・生活指導を行い、養護教諭とともに児童生徒の支援が行われていたが、いじめや不登校など、児童生徒の問題状況の増加・複雑化を受け、心理の専門家であるスクールカウンセラーの派遣・配置が始まった。

当初の配置は、不登校やいじめが増加する中学校が中心であったが、現在はより早期からの支援を実現するため小学校への配置が進むと同時に、精神疾患の好発適齢期でもあり自殺など深刻な問題が多発する高等学校への配置も進められている。2020年度のスクールカウンセラーの配置状況は、小学校1万8020校、中学校9018校、高等学校2535校、その他（教育委員会、教育支援センターなど）、特別支援学校、中等教育学校、義務教育学校を含め、合計2万9939カ所となっている。

一方で、配置時間は週4～8時間が一般的であり、子ども・家庭・学校がもつニーズに十分に応じられる体制とはいえない。

急増する不登校の背景に、子どもの発達の課題や、心身症や不安・うつ等の情緒障害、いじめ、インターネット・ゲーム等の問題、家庭や学校の要因など多様な要因が複雑に絡み合う状況がある。子ども一人ひとりの状態に応じた専門的な支援が求められる中、スクールカウンセラーの配置時間の拡充や常勤化への期待も高まっている。

スクールカウンセラーの職務と資格要件

スクールカウンセラーの職務について、文部科学省（2009）は次の7つを挙げている：①児童生徒に対する相談・助言、②保護者や教職員に対する相談、③校内会議等への参加、④教職員や児童生徒への研修や講話、⑤相談者への心理的な見立てや対応、⑥ストレスチェックやストレスマネジメント等の予防的対応、⑦事件・事故等の緊急対応における被害児童生徒の心のケア。現在、各教育委員会や学校では、スクールカウンセラーを児童生徒の問題への対応のみでなく、問題の予防のためのプロアクティブな活動に活用していく動きもみられる（例、東京都の全員面接）。また、スクールカウンセラー自身も、お便りの発行や相談室の自由来室活動など、学校の中だからこそできる活動を積極的に行っている。

スクールカウンセラーの活動として、緊急支援時の心のケアの活動が定着している。自然災害や児童生徒の自殺・自傷、学校を揺るがす事件・事故等の発生時に、教育委員会や学校管理職と連携し、緊急時に発生しやすい子どもの心の反応等の情報提供や、心のアンケートの実施、気になる児童生徒の面接等の活動が行われている。2011年3月の東日本大震災での活動をはじめ、多くの地域や学校でスクールカウンセラーの緊急支援の対応が行われている。

スクールカウンセラーの資格要件は、次の5つが挙げられている（文部科学省スクールカウンセラー活用事業実施要領、2018）：①公認心理師、②財団法人日本臨床心理士資格認定協会認定の臨床心理士、③精神科医、④児童生徒の心理に関して高度に専門的知識及び経験を有し、学校教育法第1条に規定する大学の学長、副学長、学部長、教授、准教授、講師または助教の職にある者またはあった者、⑤都道府県または指定都市が上記の者と同等以上の知識・経験を有すると認めた者。2017年度に公認心理師という国家資格が誕生したこと、また2017年度の学校教育法施行規則の改正に伴い、スクールカウンセラー・スクールソーシャルワーカーの役割が規定されたことから、スクールカウンセラーの社会的な立場や学校における位置付けがより明確化された。

▼スクールカウンセラーに関わる課題

2015年12月の中央教育審議会答申「チームとしての学校の在り方と今後の改善方策について」において、スクールカウンセラーは学校内の専門スタッフとして位置付けられた。また、2022年12月に改訂された『生徒指導提要』では、学校が対応する課題として、いじめ、暴力行為、少年非行、児童虐待、自殺、中途退学、不登校、インターネット・携帯電話に関わる問題、性に関する課題、多様な背景をもつ児童生徒（発達障害、精神疾患、健康課題、支援を要する家庭状況）が挙げられている。その多くに、心理の専門家との連携について記載されている。スクールカウンセラーはこうした課題に応えられるよう、幅広い知識や高い専門性が求められている。同時に、スクールカウンセラーに期待される役割が広がる中、スクールカウンセラー自身が外部の関係機関と積極的に連携し、多職種の中で仕事をする姿勢が求められている。

（飯田順子）

References

□石隈利紀・家近早苗／著（2021）『スクールカウンセリングのこれから』創元社

スクールカウンセリングを支える学問体系である「学校心理学」の基本的な枠組みを提示し、多様な子どもの援助ニーズ、チーム学校、家庭と学校のパートナーシップなど、これからのスクールカウンセリングの方向性を示す。

□伊藤美奈子／編著（2022）『不登校の理解と支援のためのハンドブック―多様な学びの場を保障するために』ミネルヴァ書房

スクールカウンセラーが最も関わる不登校支援に関して、包括的に学ぶことができる。学校段階による違いや、多様な支援の場など知識のアップデートを図る。

□本田恵子・植山起佐子・鈴村眞理／編（2019）『改訂版　包括的スクールカウンセリングの理論と実践―子どもの課題の見立て方とチーム連携のあり方』金子書房

スクールカウンセラーの幅広い職務について、包括的スクールカウンセリングという視点で整理されている。職務に関わる法令や理論、支援事例が豊富である。

14 スクールソーシャルワーカー

Summary

スクールソーシャルワーカーは、教育機関において福祉相談業務に従事する福祉職専門家である。近年、生徒指導上の課題は複雑化・多様化し、学校外の関係機関との連携が欠かせない。スクールソーシャルワーカーは、子供の課題の解決に向けて子供と環境の関係に焦点を当て、「チーム学校」の一員として学校を基盤にソーシャルワークを実践する。

スクールソーシャルワーカーとは

文部科学省の「スクールソーシャルワーカー実践活動事例集」（２００８年12月）では、スクールソーシャルワーカー（ＳＳＷ）を以下のように定義している。「社会福祉士や精神保健福祉士等の資格を有する者のほか、教育と福祉の両面に関して、専門的な知識・技術を有するとともに、過去に教育や福祉の分野において活動経験の実績等がある者、また、①問題を抱える児童生徒が置かれた環境への働き掛け、②関係機関等とのネットワークの構築、連携・調整、③学校内におけるチーム体制の構築、支援、④保護者、教職員等に対する支援・相談・情報提供、⑤教職員等への研修活動などの職務内容を適切に遂行できる者」。

このようにスクールソーシャルワーカーは、教育分野に関する知識に加えて、社会福祉等の専門的な知識・技術を用いて、子供の置かれた様々な環境に働きかけ、支援を行うことを目的に、教育委員会・学校等に配置されている。

スクールソーシャルワーカー設置の背景

いじめ、不登校、児童虐待、発達障害、子供の貧困問題など、子供の生徒指導上の課題は複雑化・多様化しており、複数の専門的視点が必要になってきている。また、子供が抱える課題は、家庭、学校、地域など、子供を取り巻く環境が複雑に絡み合い、学校だけでは解決困難なケースもある。そのため、福祉や保健、医療機関など、関係機関と連携した対応が求められている。文部科学省では、こうした生徒指導上の課題に対応した取組を進めるため、一部の地域で活用されていた社会福祉等の専門家であるスクールソーシャルワーカーに着目し、２００８年度から「スクールソーシャルワーカー活用事業」を展開している。また、２０１５年５月の教育再生実行会議第７次提言では、スクールソーシャルワーカー、スクールカウンセラー、部活動指導員、学校司書、ＩＣＴ支援員等の配置を行うことにより、「チーム学校」を実現することが示された。

スクールソーシャルワーカーの視点

子供が生徒指導上の課題を抱えた際、その子供個人の心理ケアに焦点を当て個人の変容を目的とする視点を「病理モデル」というのに対し、個人と環境との関係に焦点を当てるエコロジカルな視点を「エコロジカルモデル」という。スクールカウンセラー等が主に前者の病理モデルに重きを置くのに対し、スクールソーシャルワーカーは後者のエコロジカルモデルに重きを置く点に特徴がある。つまり、その子供個人だけでなく、子供を取り巻く環境の中で、課題の解決を目指す視点がスクールソーシャルワークの特徴になる。エコロジカルモデルは「バイオ・サイコ・ソーシャルモデル」や「生態学的システム理論」と同様に、個人と環境の関係に着目し、様々な社会資源を活用しながら不適合状態の解消を目指す。このような枠組みの下、スクールソーシャルワーカーは、①子供の利益の最優先、②自己決定、③秘密の保持——を基本原則に、学校を基盤としてソーシャルワークを実践する。

スクールソーシャルワーカーの業務

スクールソーシャルワークは一般的に、①ケース発見・相談、②社会調査、③アセスメント（見立て）、④プランニング（手立て）、⑤プランの実行、⑥評価・モニタリング（見直し）、⑦終結のプロセス——をたどる。①は、学級担任や家族・本人からの相談、スクールソーシャルワーカー自身による発見、②は、発見・相談のあった事例を、教諭や必要に応じて本人や家族、関係機関や地域から情報を集めること、③は、集めた情報からなぜ課題を抱えているのかを見立てること、④は、アセスメントに基づいて事例にあった目標とプランを考えること、⑤は、ケース会議で話し合われた内容を具体的に行うこと、⑥は、プランの実行の結果どうだったのかという方向で評価・見直すこと、⑦は、初めに立てた目標が達成したところで終結すること——を意味する。

スクールソーシャルワーカーの課題

上記のアセスメント、プランニング、モニタリングの過程では「ケース会議」を実施する。ケース会議が円滑に進むためには、学校全体のシステムが明確である必要がある。その際、コーディネートの役割を果たす教員の姿勢や力量、管理職のリーダーシップ、教員同士の一体的行動など、学校組織の全体的力量の向上が不可欠になる。一方、学校でのケース会議の展開場面においては、様々な問題が生じるが、そのようなときに市町村教育委員会が過程を把握しサポートすることが有効とされている。こういった全体を把握し、正しい情報を流すのが、都道府県教育委員会の役割となる。

スクールソーシャルワーカーについては、全校配置に至っておらず展開が不十分な領域があることや、養成の課題も残されているため、今後はいかに有機的にシステムを機能させるかが課題となる。

（中井大介）

References

□文部科学省『スクールソーシャルワーカー実践活動事例集』

本書は、文部科学省が作成し、ウェブサイト上で公開している初学者向けの各年版のスクールソーシャルワーカー活動実践事例集。

□山下英三郎／監修、日本スクールソーシャルワーク協会／編（2016）『子どもにえらばれるためのスクールソーシャルワーク』学苑社

スクールソーシャルワーカーの基本的な考え方から、不登校、いじめ、児童虐待等の子供たちが抱える問題とその展開例まで、スクールソーシャルワークの基本を学ぶための一冊。

□山野則子・野田正人・半羽利美佳／編著『よくわかるスクールソーシャルワーク　第2版』ミネルヴァ書房

スクールソーシャルワーカー設置の必要性から、スクールソーシャルワーカーの歴史と動向や基礎理論、具体的な実践の展開過程、スクールソーシャルワークの課題と展望までが分かりやすくコンパクトにまとまっている一冊。

15 放課後子ども総合プラン

Summary

地域社会や家庭環境の変化への対応、「小1の壁」という社会的課題の打破を目指し、子供の放課後を総合的に考える動きとして「新・放課後子ども総合プラン」がある。学校施設を積極的に活用した待機児童の受け皿の拡充（量の拡充）とともに、放課後児童クラブの教育機能の役割を徹底するべく常勤職員を配置（質の拡充）し、異なる事業の「一体型」での実施を推進することが求められる。

「総合的な放課後対策」の変遷

「子供の放課後」に関する施策が本格化されたのは２０００年代以降である。２００７年3月、地域社会において子供の安全で健やかな活動の場を確保するための総合的な放課後対策として「放課後子どもプラン」が策定された。同プランは、放課後子供教室と放課後児童クラブとを一体的あるいは連携して実施することを目的とした。だが、異なる事業の一体化や連携は、行政・施設の両面における課題に向き合わなければならなかった（鈴木、２０２０）。

このような課題を残しつつ、２０１４年7月には、「小1の壁」の打破を目指し、新たに「放課後子ども総合プラン」が策定され、両事業の計画的な整備に向けた数値目標が示された。だが、待機児童の解消に向けて追加的な整備が不可欠になるとともに、両事業の「一体型」の実施が目標に達していなかったことから、２０１８年9月、「新・放課後子ども総合プラン（以下、「新プラン」）」が策定された。「新プラン」では、２０２３年度末までに、「量の拡充」「一体型の推進」「学校施設の徹底活用」「放課後児童クラブの役割徹底」という4つの目標が掲げられている。

学校施設の活用

「新プラン」では、放課後児童クラブについて約１５２万人へと受け皿を拡充することが目指され、「放課後子ども総合プラン」の目標を引き継ぐ形で「学校施設の徹底活用」が掲げられた。２０２０年3月に出された「『新・放課後子ども総合プラン』の一層の推進について（依頼）」でも、学校関係者と放課後支援関係者とが、実施主体にかかわらず立場を超えて連携して取り組むために学校施設を積極的に活用することが求められた。しかし、放課後児童クラブの実施状況（２０２３年5月時点・速報値）では、放課後児童クラブの登録児童数は約１４５万人と過去最高であったものの、待機児童数も約１・７万人という結果であった。これを受け、改めて「新プラン」の趣旨を周知し、待機児童の解消に向けて学校施設を有効活用することを一層促進することが求められている（「放課後児童クラブの待機児童の解消等に向けた学校施設の活用等について（通知）」、２０２３年8月）。

放課後児童クラブの役割と常勤職員の配置

「新プラン」では、生活の場としての放課後児童クラブを尊重するとともに、単に預かるだけではなく、放課後児童支援員によって「子どもの主体性を尊重し、子どもの健全な育成を図る役割を徹底し、子どもの自主性、社会性等のより一層の向上を図る」ことが、全体の目標に追加された。このことは、放課後児童クラブにおいて発揮される教育機能を基に、その事業役割が認識されたことを示している。放課後児童クラブには、「生活の場」の保障とともに、教育機能が発揮されることが求められてきた（日本学童保育学会編、２０２１）。また、実践においても、日常生活を基盤としつつ子供に寄り添うケアと成長・発達を支援する教育の両面があることが示されている（田中・鈴木・中山、２０２３）。

　このような放課後児童クラブの役割を徹底するためには、「放課後児童クラブの安定的な運営を図る観点から常勤職員配置の改善」が不可欠である（内閣官房こども未来戦略会議「こども未来戦略方針」、２０２３年６月）。喫緊の課題として、常勤職員の放課後児童支援員を増やすことで、質の拡充を図ることが求められる。

「一体型」実施の効果認識

「新プラン」では、「一体型」実施が推進されている。一体型とは、「全ての児童の安全・安心な居場所を確保するため、同一の小学校内等で両事業を実施し、共働き家庭等の児童を含めた全ての児童が放課後子供教室の活動プログラムに参加できるもの」を指す（「『新・放課後子ども総合プラン』について（通知）」、２０１８年９月）。だが、いまだ十分に広がっているとはいえない。

　これには「一体型」での実施に対する効果認識の低さが関わっている。例えば、各自治体において一体型の効果を尋ねた質問紙調査をみると、多様な体験（59・9％）や子供同士の交流（54・2％）においてやや成果が認識されているものの、一体型による満足度の向上を成果として認識する割合そのものは子供で20・1％、保護者で7・2％と低い（みずほ情報総研株式会社（２０２１）「放課後児童クラブに登録した児童の利用実態及び放課後児童クラブと放課後子供教室の一体型による運営実態に係る調査研究報告書」）。また、放課後児童対策に関する専門委員会は、２０２３年３月に公表した「放課後児童クラブ・児童館等の課題と施策の方向性（とりまとめ）」において、いまだ「一体型の考え方や目的が現場に浸透しているとは言えず」関係者間の連携が課題であると指摘している。放課後子どもプラン策定から10年以上経つ現在においても、各自治体において、異なる事業間の連携や施設内での職員間の協働など、クロスボーダー・マネジメントの課題が依然として残されている。（鈴木　瞬）

References

□鈴木　瞬／著（2020）『子どもの放課後支援の社会学』学文社

　放課後子供教室と放課後児童クラブの間で生じる行政・施設レベルの課題を明らかにした一冊。総合的な放課後対策の課題を理解するのに役立つ。

□日本学童保育学会／編（2021）『学童保育研究の課題と展望ー日本学童保育学会設立10周年記念誌』明誠書林

　2010年発足の日本学童保育学会が10年間の研究蓄積を踏まえて、その成果と課題を明らかにした今後の研究発展の基礎となる論文集。新たに、放課後児童クラブ（学童保育）について研究を始めるとき、最初に読むべき一冊である。

□田中一将・鈴木　瞬・中山芳一／著（2023）『学童保育指導員になる、ということ。ー子どももおとなも育つ放課後』かもがわ出版

　「学童保育指導員になるとはどういうことなのか？」について、20年間の実践記録を基に整理。教育とケアの機能を担う指導員の専門性について、実践内容を基に具体的に理解できる一冊である。

16 家庭教育

Summary

家庭は個人が社会で生活する上で最も基本となる最小の生活空間である。私事性が高く、戦後は戦前の反省から公は私事に介入せずという理念を踏襲してきたが、一方で家庭の教育力の低下等が指摘されてきた。子供を取り巻く生活環境や家庭の在り方等も年々変化している現代日本において、「こども基本法」の施行や「こども家庭庁」の発足など家庭教育支援の充実が目指されている。

「家庭の教育力の低下」を憂慮する声

家庭の教育力の低下を憂慮する声はいつの時代も存在するものであるが、特に変化の激しい時代・社会において顕著である。1996年7月の中央教育審議会答申「21世紀を展望した我が国の教育の在り方について（第1次答申）」では、戦後日本における子供を取り巻く生活環境の変化について、次のような問題点が指摘された。すなわち、「核家族化」「父親の単身赴任や仕事中心のライフ・スタイルに伴う家庭での存在感の希薄化」「女性の社会進出にもかかわらず遅れている家庭と職業生活を両立する条件の整備」「家庭教育に対する親の自覚の不足」「親の過保護や放任」等である。

そして、家庭教育が「すべての教育の出発点」であり、「子供の教育や人格形成に対し最終的な責任を負うのは家庭である」との立場が示され、「基本的な生活習慣・生活能力、豊かな情操、他人に対する思いやり、善悪の判断などの基本的倫理観、社会的なマナー、自制心や自立心など「生きる力」の基礎的な資質や能力は、家庭教育においてこそ培われる」と、家庭教育の役割が強調された。しかしながら、同答申でも言及されているように、親や祖父母らと「家族の団らん」や「共同体験」を重ねながら、厳しくも温かい、愛情のこもった家族の交流、触れ合いを求めることは大変困難な時代になってきている。いわゆる理想的な家庭教育を期待するには、社会の構造的な問題や価値観の変化からくる問題等が大きく、行政の役割としてはまず、個々の家庭が機能し得るように、環境や条件の整備を進めることが先決であるとの問題意識が示された。

2006年改正の「教育基本法」における「家庭教育」の新設

1996年の提言から10年後、2006年12月には「教育基本法」が改正され、第10条に「家庭教育」に関する条項が追記された。特に第1項では「父母その他の保護者は、子の教育について第一義的責任を有するものであって、生活のために必要な習慣を身に付けさせるとともに自立心を育成し、心身の調和のとれた発達を図るよう努めるものとする」と定められ、子供の教育について第一義的責任を有するものが父母その他の保護者であることが明確化された。

戦前への反省から公は私事に介入せずといったスタンスを踏襲してきた戦後日本において、このように家庭教育に関する条項を教育基本法に盛り込むことに対しては、国家が家庭に介入する足掛かりになるのではないかといった懸念も根強くあるが、第

2項において、「国及び地方公共団体は、家庭教育の自主性を尊重しつつ、保護者に対する学習の機会及び情報の提供その他の家庭教育を支援するために必要な施策を講ずるよう努めなければならない」と定めている通り、ここでは「家庭教育の自主性を尊重しつつ」「家庭教育を支援するために必要な施策を講ずる」ことを説いたものであり、困難さを抱える家庭を「支援する責任」を国が負うことを明確化したものといえよう。

▼家庭教育支援政策の動向

２００６年の改正教育基本法における「家庭教育」の新設から10年後、２０１６年には「家庭教育支援の推進方策に関する検討委員会」が設置され、翌２０１７年１月には「家庭教育支援の具体的な推進方策について」が示された。そこではまず、「広く全ての家庭の家庭教育の試みに対する応援としてのユニバーサルな展開と、同時に困難を抱えた家庭のそれぞれの個別の事情に寄り添う支援が求められている」といったように、日本の家庭教育に対する「支援」の必要性が強調され、家庭教育支援の現状と課題に基づき、「全ての親の学びや育ちを応援するための方策」「家庭教育支援チームを中心とした家庭教育支援のための方策」等が提言されている。特にここでは、質の高い支援を実現するための「家庭教育支援を担う人材の確保」や「研修制度の充実」等が喫緊の課題として挙げられ、それを受けて、「家庭教育支援チーム」が全国規模でネットワークの構築に努めてきたところである。しかし、不安定な雇用形態や長時間労働など家族を分断する状況は解消されていない。また、同時に子供たちを取り巻く生活環境も価値観もますます変化を遂げている。そうした背景を踏まえ、２０２３年には「こども基本法」が施行され、子供の最善の利益を第一として、子供の視点に立った政策を推進していくための「こども家庭庁」が発足した。さっそく、日常的に家族の世話や介護を担う「ヤングケアラー」への支援の法制化など、省庁横断的な対応に着手し始めた。

国境を越えたボーダレスな人間関係の到来、国際婚、多様な性の在り方など「家族」のかたちも多様化する昨今、差し伸べられる手が困難を抱える人々にとって真に必要な支援となっているのか、その正当性と妥当性が随時検証される必要があるだろう。

（田中マリア）

References

□文部科学省ウェブサイト「家庭の教育力の向上」

現在、推進されている家庭教育支援について多くの情報が公開されている。具体的な推進方策に関する報告書や都道府県レベルで推進されている家庭教育支援チームの取組、各種調査報告や事例集等を閲覧することができる。

□木村涼子／著（2017）『家庭教育は誰のもの？－家庭教育支援法はなぜ問題か』岩波書店

戦前ファシズム期の日本が家庭教育振興政策の名の下に国民統合を強行していった経緯を踏まえ、多様性を尊重した家庭教育支援の重要性が説かれている。

□桜井智恵子／著（2005）『市民社会の家庭教育』信山社

「家庭の教育力の低下」という言説に対し、家庭教育を問題にすることの意味を問いつつ、制度保障を重視することが支配につながるという視点を提示する。近代合理主義的な市民社会ではなく、人とのつながりの中で多様性を認めつつ物事を決めていくという常識に支えられた市民社会における家庭教育の在り方を提唱する。

17　家族の変容

Summary

「家族」とは、明治期に確立した近代家族制度を基本として成立した観念であり、一般に婚姻及び血縁によって結び付いた集団から構成される単位を意味する。しかし現代においては、共働き世帯やひとり親家庭の増加、事実婚、養子縁組、同性婚など、家族形態は多様化し特定の家族像をイメージすることは困難である。こうした家族の変容は、子供の教育に対しても大きな影響を与えている。

「家族」とは何か

「家族」とは、婚姻によって結び付いた夫婦と子を核とした、血縁による親族関係からなる小集団を意味する。明治民法に規定された、家父長制に基づく戸主の下でイエを構成する親族関係を原型とする。１９２０年代には、旧内務省によって家を守り、子育てをすることで社会的役割を果たす「良妻賢母」という新しい女性像が推奨され、家族における理想の母親イメージが形成される。高度経済成長期に都市部のサラリーマン家庭を中心にして、自由恋愛による婚姻やマイホーム主義が広がり、核家族化が進行した。夫が職場で働き、妻は家庭で専業主婦として家事・育児を担うという性役割分業に基づく家族像が形成され、山田（２００５）はそれを「戦後家族モデル」と称している。その後、総務省統計局が「標準世帯」を「夫婦と子供２人」で「有業者が世帯主１人だけの世帯」という定義を採用したことから、広く一般的にイメージされる家族像として定着したとされる。

家族構成の変化

２０２２年度の国民生活基礎調査（厚生労働省）から現代の世帯数の構成割合をみると、同居家族のいない単独世帯（32・9％）が最多となっており、核家族（夫婦と未婚の子のみ）の世帯（25・8％）は減少し続けている。１９９２年度と比較すると、それぞれ18・2％と41・4％であり、約30年の間に家族構成が大きく変化していることが分かる。

さらに厚生労働省の２０２１年度全国ひとり親世帯等調査では、ひとり親世帯は約１３５万世帯に上り、離婚件数も増加している。その背景には、青年層を中心に進学や就職による都市部への移動や未婚・非婚・晩婚の広がりによる単身世帯の増加、高齢化の進展に伴う高齢夫婦や独居の増加、あるいは子供を持たない選択をする夫婦（ＤＩＮＫｓ）の存在等がある。いずれにしても、「標準世帯」に代表される家族はすでに実態と乖離しているといえる。

夫婦関係の変化と子供への影響

「戦後家族モデル」のイメージは、性役割分業に基づく専業主婦の存在と密接に結び付いている。しかし、２０２２年の就業構造基本調査（総務省統計局）によると、２０２２年の就業構造基本調査（総務省統計局）によると、育児をしている女性の就業率は73・4％であり、すでに専業主婦は少数派で、共働きが一般的となっている。

さらに、子供の養育環境も不安定になっており、子供の貧困が社会問題となっているほか、厚生労働省の２０２２年度調査では児童相談所における児童虐待相談件数も

22万件超と増加の一途である。

このように、家族の変容とは「戦後家族モデル」という共同幻想が解体し、ライフスタイルの多様化によって、特定の家族モデルが失われたことを意味している。このことは同時に、特別養子縁組による親子関係や再婚による異母兄弟の家族、乳児院や児童養護施設等で暮らす子供など、「戦後家族モデル」に包摂されてこなかった人々を含めた家族の多様性を前提にした認識の変更が求められている。

新たな「家族」の在り方

これからの家族の在り方を、どのように考えたらよいのだろうか。おそらくそれは、個人の選択と自己決定に基づいて結び付いた親密な人間からなる集合体としての家族像がイメージできるのではないだろうか。もちろん「戦後家族モデル」が否定されるものではなく、夫婦間の合意に基づき相互の生き方の自由が尊重され、さらに家族が果たしてきた機能（愛情、信頼、帰属意識、安心・安寧、生殖、養育など）の必要が満たされれば、必ずしも血縁や制度的な契約関係を介さない家族の在り方も含まれるだろう。こうした家族の多様な在り方が、社会的な合意の中で包摂され、承認される仕組みを構築していくことも要請されていくだろう。

その変化はすでにみられている。夫婦関係においては、共働きの家庭を前提とした制度設計や、介護や育児の社会化、家事の協働が進んでいる。また地方レベルでは、同性婚を認めるパートナーシップ制度が条例化されている。婚姻制度に則らない事実婚の広がりが、選択的夫婦別姓制度の議論を促している。もちろん男女の賃金や雇用形態における格差、働く女性の出産に伴う社会的不利益、旧態依然とした性役割分業の観念や専業主婦の軽視、母子家庭や父子家庭、婚外子や未婚の母、セクシュアル・マイノリティ等への社会的な偏見や差別など、まだまだ公平・公正・寛容な社会への課題は多い。人々の認識を変えていくには長い時間が必要であるし、法律や制度を直ちに変更するには課題も多い。しかし、人口減少社会に直面している日本では、一人ひとりの自立した尊厳ある生き方を実現させようとする力が、少しずつ現実社会を動かしている。

（上田孝典）

References

□山田昌弘／著（2005）『迷走する家族―戦後家族モデルの形成と解体』有斐閣

本書は、家族制度の仕組みを概観しながら、とりわけ戦後の家族の在り方が、時代状況や社会的背景を踏まえてどのように変遷を遂げてきたのかを分かりやすく分析し、これからの家族の在り方について問題提起を行っている。

□比較家族史学会／監修、加藤彰彦・戸石七生・林　研三／編著（2016）『家族研究の最前線①　家と共同性』、平井晶子・床谷文雄・山田昌弘／編著（2017）『家族研究の最前線②　出会いと結婚』、小山静子・小玉亮子／編著（2019）『家族研究の最前線③　子どもと教育―近代家族というアリーナ』日本経済評論社

比較家族史学会における最新の研究成果がまとめられたシリーズである。家族をめぐって歴史的考察を行っている『家と共同性』、家族を築く基礎である婚姻について考察を加える『出会いと結婚』、近代以降の子供をめぐる家族の養育観を考察している『子どもと教育―近代家族というアリーナ』の3冊から構成されており、多彩な研究者による「家族」論について、多角的な視点から理解を深めることができる。

18 経済格差と学力

Summary

近代以後、能力に応じて人々を選抜し、富や地位を振り分けていくという社会になった。学力や学歴の格差は個人の努力の結果として容認されたが、実際には社会階層や家庭環境の影響がある。子供の学力に大きな影響を及ぼすのは家庭の経済力であるが、それ以外の家庭の役割や地域との関係も重要である。学校や地域が格差を温存または縮小させるのか、その役割は大きい。

メリトクラシー、経済格差と学力

ヨーロッパや東アジア等では、近代以前の社会は身分間の移動は原則禁止であった。伝統的な身分制度や規範により、あらかた機械的・世襲的に社会階層は再生産されていた。これに対して、近代は、自由・平等・効率といった価値を重視するものであった。近代以後、私たちの社会は、メリット（merit：能力）があるものによる支配体制により成り立つようになった。メリットは、個人の「知能（ＩＱ）＋努力」と定義される場合がある。このメリトクラシー（能力主義）、すなわち学力や学歴により、社会の制度やシステムが成立する。能力に応じて人々を選抜し、富や地位を振り分けていくことを可能にする価値観が支配的になったことがその背景にある。そのため、学力や学歴の格差は個人的な努力の結果としての格差として容認された。学校教育がメリトクラシー実現のために手を貸し、私たち自身も深くそのことを内面化してきた。しかし、個人の能力をいかに測定するのか、現実はそう簡単ではない。そのため、「何ができるのか」という業績に今まで着目してきた。そうなると能力は業績にすり替わり、能力以外の出自や家柄などの「何者であるのか」という属性の影響を受けるようになる。個人の背景にある社会階層であり、家庭環境である。

家庭環境の中でも、子供の学力に大きな影響を及ぼすのは家庭の経済力である。世帯所得が多ければ多いほど、大学進学率は高くなることがよく知られている。保護者が高学歴層の富裕な家庭ほど、また子供の学校外教育に支出を惜しまず高い学歴の獲得を期待する家庭ほど、子供が高い学力をもっている傾向がある。先行研究によれば、進路選択においても、１９８０年代後半からの大学進学率上昇期において、親の社会経済的地位により、女子生徒が大学にいくか、短大にいくかの選択に与える影響が強まったことを明らかにしている。このような傾向は高等学校についても同様にみられたという。

家庭環境と学力

ただ、近年の研究では、こうした経済的な側面のみで子供の学力を捉えるのではなく、家庭的な背景全体を対象としたり、地域との関係も重視したりして、子供の学力形成を総合的に把握しようとする研究が多い。耳塚（２０１４）は、子供の家庭的背景を構成する重要な要素として、家庭の所得、塾や習い事等の費用である学校外支出だけでなく、保護者がどの段階までの教育達成を期待するかという学歴期待、父親だけでなく母親の学歴等も挙げている。メリトクラシーに対し、ペアレントクラシーと呼ばれるものである。また、フランスの社会学者ブルデュー（P. Bourdieu）は「三つの資本」を用いて家庭環境と学力格差の関係について説明する。３つの資本とは、経済資本（保護者の収入）に加えて、文化資本（保護者の学歴や文化的な活動）、社会関係資本（家族や地域など人とのつながり）である。志水（２０１４）は、学力を個人の能力や資質という捉え方ではなく、子供を取り巻く環境との相互作用によって結果的にもたらされるものであるとする。子供の学力には、経済資本や文化資本以上に、子供を取り巻く学校・家庭・地域での人間関係が豊かであることが大事であるとする。つまり、家族や地域等での人と人とのつながりである社会関係資本が高ければ、子供の学力はかなりの程度で高くなる可能性を示唆しているのである。

子供の学力保障

２０００年から、ＯＥＣＤ（経済協力開発機構）により3年に一度、ＰＩＳＡ調査（生徒の学習到達度調査）が行われ、日本もその影響を受け、「ゆとり路線」から「確かな学力路線」へと進んでいった。国際的な順位変動に目が行きがちであるが、各国内での学力格差や格差への影響を調べるなど「学力格差の是正」という目的もＰＩＳＡ調査にはある。順位を上げようと思うのであれば、学力低位にあるグループの底上げを図らなければならない。点数や順位だけに目を奪われるのではなく、こうしたＰＩＳＡ調査の特性を正しく理解して格差の問題に目を向ける必要がある。

困難な環境で育った子供たちが社会の底辺に留まる構造があるのは日本だけでない。フランスで直近5人の大統領を選出したパリ政治学院は、学生の親の平均年収はフランス社会の上位1割に入るほど裕福なエリート養成学校である。これを問題視した同学院は、15年前の入学者選抜から、貧困や失業、移民など問題を抱える地域の高等学校から優秀な生徒を面接で受け入れる「優先教育協定」を特例として設けた。この制度により、貧困家庭出身の学生らが同学院卒業後は外交官や大学教員になっており、格差の連鎖を断ち切る一事例として注目される。

学校や地域が格差を温存する不平等再生産の場になるのか、格差を縮小し平等へ向かう場になるのか、その存在と役割は大きい。

（國分麻里）

References

□耳塚寛明／編（2014）『教育格差の社会学』有斐閣

学力格差の社会学、カリキュラムと学力、教育機会の均等、学校から職業への移行、社会化と逸脱、ジェンダーと教育、国際教育開発の社会学、教育格差と福祉より構成され、教育と格差を様々な角度から論じている。

□志水宏吉／著（2014）『「つながり格差」が学力格差を生む』亜紀書房

経済的や文化的な格差だけでなく、子供を取り巻く環境が学力に強く影響するとし、離婚が少ない・持ち家がある・不登校にならないなど、家庭や地域、学校での「つながり格差」が学力格差を生んでいると主張している。

□中村高康・平沢和司・荒牧草平・中澤　渉／編（2018）『教育と社会階層―ESSM 全国調査からみた学歴・学校・格差』東京大学出版会

教育・社会階層・社会移動全国調査（ESSM2013）データの分析結果をまとめた本である。社会学では1995年より「社会階層と社会移動全国調査」（SSM 調査）を行ってきたが、「教育と社会階層」に重点を置き、2013年に男女計4800名（有効回答数2893名）を対象に質問紙調査を行った。

19　貧困と教育

Summary

貧困とは、所得が少なく生活水準が低い状況を指す。世界では２０12年に持続可能な開発目標が採択され、包摂的で質の高い教育の普及が目標とされた。日本では子供８人に１人が貧困にある。貧困世帯の子供は不利な状況を抱え「貧困の連鎖」が問題となっている。学校や行政、地域がその解消に取り組んでおり、「こども基本法」も成立した。

貧困の定義と世界の状況

貧困とは、所得が少なく、生活水準が低い状況を指している。ＵＮＤＰ（国連開発計画）による定義は「貧困とは、教育、仕事、食料、保健医療、飲料水、住居、エネルギーなど最も基本的な物・サービスを手に入れられない状態のこと。極度の、あるいは絶対的な貧困とは、生きていくうえで最低限必要な食料さえ確保できず、尊厳ある社会生活を営むことが困難な状態」である。国際的な標準として、「絶対的貧困」と「相対的貧困」の2種類がある。前者は、１９８５年に世界銀行の定めた「１日１ドル未満で生活する人々」（２０２２年で２・15ドル）という国際的な貧困基準、後者は個人が生活する社会における必要が満たされているかを考える相対的な基準である。

２００５年の国連世界サミットでは、人間の尊厳を奪う貧困へのグローバルな取組として、ミレニアム開発目標（ＭＤＧｓ）を採択した。２０１５年までに努力目標として示された8項目の中でゴール2では「初等教育の完全普及の達成」が掲げられ、２０１５年までに全ての子供が男女区別なく初等教育全課程を修了できるようにするとされた。このＭＤＧｓを基盤に、２０１２年には持続可能な開発目標（ＳＤＧｓ）が採択された。ＳＤＧｓでの17のグローバル目標の中で、教育に関しては「すべての人に包摂的で質の高い教育を普及させる」がある。これは、２０３０年までに全ての男女が無償で初等・中等教育を修了することを目指し、職業訓練の平等な機会を提供し、ジェンダーと貧富による格差を解消することを目指している。しかし、ユネスコによると２０２１年時点で初等教育就学年齢の子供の９％（11人に１人）に当たる約６７００万人が学校に通っていない。

貧困と教育をめぐる日本の状況

日本の場合、相対的貧困より所得格差の広がりをみることができる。貧困を測定する指標に貧困率というものがあり「世帯収入から国民一人ひとりの所得を子供を含めて試算し、順に並べた時、真ん中の人の所得の半分に届かない人の割合」で計算される。２００９年より厚生労働省が子供の貧困率を3年ごとに調査しており、２０１３年度は16・3％、２０１６年度は13・9％、２０２２年度は11・5％と減少したが、今もなお子供8人に1人が相対的貧困にある。特に、母子のひとり親家庭は経済面だけでなくあらゆる困難を抱えている。保護者の所得が少なく生活水準が低い貧困家庭と教育の関係について、教育社会学及び階層研究で研究が進んでいる。２００５年頃から高等教育進学におけるひとり親家庭出身者とそれ以外の者との格差が拡大しており、生活保護世帯の生徒は生活基盤が整っていないために不登校や低学力に至る傾向がある。しかし、学校の側にはそうした生徒を特別扱いしない文化があるために、貧困を不可視化してしまうという。一般的に、貧困世帯に育つ子供は、学力・健康・愛情・自己肯定感など様々な側面で、そうでない世帯の子供と比較して「不利」な立場にある。生まれ育った家庭が貧困の場合、経済的な理由等からその後の教育機会も限られるようになり、そうなると就職も低所得の職業に限定されやすく、大人になっても低い生活水準となってしまうという、貧困から抜け出せない「貧困の連鎖」が問題となっている。

▼困難を克服する試み

子供の貧困に関する取組は、学校のほかに行政・地域を挙げることができる。行政については、児童扶養手当、高校授業料の無償化、学校給食等の公的な扶助が挙げられる。例えば、児童扶養手当は、ひとり親（母子・父子）家庭の18歳までの子供や20歳未満で中度以上の障害がある子供に支給される手当である。保護者の所得に応じて全部・一部支給となり、全額支給の場合は1人当たり月4万円ほどである。

地域については、地域の学習会や広い意味で子供の教育を示す「子ども食堂」などの取組が注目される。子ども食堂は、2022年には7363カ所で開催されている（全国子ども食堂支援センター・むすびえ調査）。公的支援の不足を子ども食堂が補う形となるが、地域交流の拠点としての役割もある。

2014年に「子どもの貧困対策の推進に関する法律」が成立した。「子どもの将来がその生まれ育った環境によって左右されることのないよう、貧困の状況にある子どもが健やかに育成される環境を整備するとともに、教育の機会均等を図るため、子どもの貧困対策を総合的に推進すること」（第1条）が目的である。同年、低所得世帯の高校生の教育負担を軽くするために、国と都道府県が「奨学給付金」を開始した。これは授業料以外の負担軽減を目的としている。

2023年4月にこども家庭庁が発足し「こども基本法」も施行された。「すべてのこどもは大切にされ、基本的な人権が守られ、差別されないこと」（第3条）など6つの基本理念が掲げられており、子供の貧困対策にも取り組む。

（國分麻里）

References

□阿部　彩／著（2008）『子どもの貧困―日本の不公平を考える』岩波書店

子供の貧困が親から子への「貧困の連鎖」であることを公に知らしめた書。貧困状態を「許容できない生活水準」と規定し、子供の貧困状況をデータとともに明らかにしている。

□朝日新聞取材班／著（2018）『増補版　子どもと貧困』朝日新聞出版

2015年から2017年にかけて朝日新聞に掲載された子供と貧困に関する記事をまとめた文庫本。子供と貧困の2010年代の状況を知ることができる。NHK スペシャル取材班『高校生ワーキングプアー「見えない貧困」の真実』（新潮社、2018）も、貧困の見えにくい部分に切り込んでいる。

□岩田正美／著（2017）『貧困の戦後史―貧困の「かたち」はどう変わったのか』筑摩書房

日本社会はいつも貧困と隣り合わせであった。1945年からの「戦争孤児」「浮浪児」、1960年代の「寄せ場」「不就学」、1970年代の「サラ金」「多重債務」、2000年代の「フリーター・ニート」「ホームレス」など、貧困のかたちの時代的変容を追っている。

20 ヤングケアラー

Summary

ヤングケアラーとは、家族にケアが必要な人がいるため、大人が担うような家事や家族の世話等を行う18歳未満の子供のことである。子供が家族のために過度のケア役割を担うことで、学校生活や健康に悪影響が出ていることが問題となっている。国や自治体がヤングケアラーの支援策に取り組んでおり、多職種連携に基づく支援の充実化が目指されている。

ヤングケアラーとは

一般社団法人日本ケアラー連盟によると、ヤングケアラーとは「家族にケアを要する人がいる場合に、大人が担うようなケア責任を引き受け、家事や家族の世話、介護、感情面のサポート等を行っている18歳未満の子ども」のことを指す。子供が大人に代わって、家事やきょうだいの世話をしたり、介護や通院の付き添いをしたり、感情面の支援をするなど、様々なケアを担っていることを捉える概念である。もともと1990年代のイギリスで広がり、ヤングケアラーの実態調査や支援施策が展開され、2000年代に入ってから日本で紹介され社会的に注目されるようになった。少子高齢化や核家族化の進展、経済状況の悪化など社会経済の変化がある中で、家庭の領域において子供が過度のケアを担う状況が生み出されていることを問題化する視点ともいえよう。

近年、国や自治体によるヤングケアラーの実態把握も進んでいる。2020～21年に厚生労働省が文部科学省と連携して実施した『ヤングケアラーの実態に関する調査研究』によると、世話をしている家族が「いる」と回答した中学2年生は5・7%、全日制高校2年生は4・1%、定時制高校2年生は8・5%であった。平日に家族の世話をする平均の時間は、中学2年生で4時間、全日制高校2年生で3・8時間であり、特に長時間家族の世話をする生徒は、健康状態や学校生活への悪影響（忘れ物の多さ、宿題ができないなど）がみられ、負担感が大きいことが分かった。家族構成によっても違いがあり、特にひとり親家庭の場合、家事やきょうだいの世話をするなど大きな負担になっていた。ヤングケアラーが抱える困難が明らかとなったが、子供自身がヤングケアラーであることを自覚しておらず、学校の認知度も限定的であり、ニーズの把握や支援につなげる難しさが浮き彫りになった。

ヤングケアラーのケア内容と課題

ヤングケアラーは、家族のために多様なケア役割を担っている。日本ケアラー連盟によると、ヤングケアラーが担うケア内容として「家事（料理や洗濯、掃除など）、一般的なケア（着替えや移動の介助など）、情緒面のサポート（見守り、声かけ、励ましなど）、身辺ケア（入浴やトイレの介助）、医療的なケア（投薬管理など）、きょうだいの世話（世話、見守り）、その他（金銭の管理、通院の付添い、家計を支えるための労働、家族のための通訳など）」が挙げられている。可視化されやすい家族の介助だけでなく、家族を心配して励ますなど情緒面のサポートもケアの一部として捉えられている。

ヤングケアラーがケアにかける時間が長くなり、重い責任を担うようになると、遅刻や欠席が増えたり、勉強の時間が取れなくなったり、友人と遊んだり好きなことをする時間が取れないなど、学校生活にも影響が出て、意欲が低下することが指摘されている。相談できる相手がいなく、家庭外に支援を求められないなど孤立の問題、精神面や身体面への影響も課題とされている。1989年に国連で採択され1994年に日本が批准した児童の権利に関する条約を参考にすると、「教育を受ける権利」「健康・医療への権利」「生活水準の確保」「意見を表す権利」等の項目において、ヤングケアラーの権利が守られていないことも問題とされている。

一方で、ヤングケアラーの「困難」や「苦労」にばかり焦点を当てて、問題を抱え支援が必要な子供というレッテルを貼ってしまう危険性もある。最近は、当事者の語りを丁寧に聴き発信することで、ヤングケアラーの多様なケア経験への意味付けや、彼らがケア経験を積み重ねる中で生み出した力や強みを捉える重要性も指摘されている。

▼ヤングケアラーの支援

近年、国や自治体ではヤングケアラーの支援施策がつくられ、彼らの支援体制の整備が急がれている。2021年に公表された『ヤングケアラーの実態に関する調査研究報告書』では、子供を取り巻く大人が「ヤングケアラーの早期発見・ニーズ把握に関するガイドライン（案）」等を使用してヤングケアラーについての理解を深めること、学校と外部機関との連携、相談体制の整備等が挙げられている。特に子供が長時間過ごす学校が果たす役割は大きく、教職員が子供の変化に気付き、状況把握をし、心理専門職のスクールカウンセラーや福祉専門職のスクールソーシャルワーカー等と連携し、支援につなぐことが求められている。このほかにも、ケアマネージャーやヘルパー、保健師など、医療・介護・福祉専門職がヤングケアラーの家族を直接支援し、子供を取り巻く環境を整備することも重要とされている。

（徳永智子）

References

□澁谷智子／著（2018）『ヤングケアラー―介護を担う子ども・若者の現実』中央公論新社

日本でヤングケアラーの課題が注目されるようになった貴重な書。調査データ、当事者の語り、海外事例等を通して、ヤングケアラーの理解を深められる。

□村上靖彦／著（2022）『「ヤングケアラー」とは誰か―家族を“気づかう”子どもたちの孤立』朝日新聞出版

元ヤングケアラー当事者７名への丁寧な聴き取りを基に、ヤングケアラー概念や支援の在り方の再考を促す良書である。

□三菱 UFJ リサーチ＆コンサルティング／著（2021）令和２年度子ども・子育て支援推進調査研究事業「ヤングケアラーの実態に関する調査研究報告書」

要保護児童対策地域協議会及び中・高生、中学校、高等学校を対象とし、全国規模のヤングケアラーの実態調査の結果が詳細に紹介されている。多くの中・高生が家族の世話を担っていることが明らかにされ、社会的に注目された。

21 子育て支援

Summary

産業構造の変化や都市化、少子化により、子育てに対する価値観や子育て環境は大きく変化しており、子供を生み育てやすい環境づくりが社会課題となっている。子育て支援は、行政、企業、ＮＰＯ、ボランタリー組織など多様な主体が担っており、ネットワークづくりが重要となっている。また、親支援に加えて、子供のウェルビーイングの観点からの子育て支援が一層求められる。

社会課題としての子育て支援

１９６０年代に進んだ工業化は都市化を進行させ、都市化は過密・過疎の問題や伝統的な地縁・血縁の希薄化を招き、家族の形態を多世代・多人数家族から核家族へと変化させた。そしてこの時期、女性は家庭内で家事・育児を行い、男性が家庭外で働くという性的役割分業が浸透した。その頃から課題となったのが育児ノイローゼ等に象徴される子育ての孤立である。１９８０年代には、女性の社会参画が推進され、共働き世帯が増えると、子育ての外部化・社会化が課題となった。近年では、子育てに負担感をもつ親が増えるとともに、結婚や出産が人生の選択肢の一つとなるなど、人々が子供を産み育てる環境や価値観は大きく変化している。２０２２年度中の児童虐待相談対応件数（速報値）は21万９１７０件と調査開始の１９９０年から過去最多を更新し続けている。子供を生み育てやすい環境づくりが急務である。

子育て支援の対象・主体・内容

子育て支援は子供が生まれる前から始まる。母子保健分野の妊産婦の支援である。例えば、子育て世代包括支援センター（２０２５年4月より「こども家庭センター」）事業がある。妊娠期からの「切れ目のない支援」が目指されている。従来の枠組みは、主に18歳未満の子供のいる家庭を対象としてきたが、２０２３年4月に施行されたこども基本法は、「こども」を年齢で区切らず、心身の発達の過程にある者とし、その養育環境を支援対象としている（第2条）。

子育て支援は、当事者がつくる子育てサークルやボランタリー組織が行うインフォーマルなものから、政府の行うフォーマルなものまで多様な主体、レベル、アプローチで行われている。専門職としては、保育士、児童福祉司、児童心理士、保健師、助産師、看護師等が関わる。現在、子供家庭福祉に関する新たな資格（こども家庭ソーシャルワーカー〈仮称〉）の導入も検討されている。その他、子育て支援員、民生委員・児童委員、家庭教育支援員等として地域の人々が一定の役割を果たしている。支援主体間のネットワークづくりが重要となっている。

子育て支援の内容は、子育て世帯からみると大きく現物給付と現金給付に分けられる。現物給付は保育施設の利用のようにサービス（現物）が提供されるもので、現金給付は児童手当や出産育児一時金のように金銭が提供されるものである。

「子ども・子育て支援制度」

現在、政府による子育て支援は「子ども・子育て支援制度」により包括的に推進されている。２０１２年８月に成立した「子ども・子育て支援法」「認定こども園法の一部改正」「子ども・子育て支援法及び認定こども園法の一部改正法の施行に伴う関係法律の整備等に関する法律」に基づく制度で、保育の量的拡大、質の向上を目指すとともに、内閣府・厚生労働省・文部科学省の縦割りで行われてきた支援を一本化した点に特徴がある。具体的には、認定こども園、幼稚園、保育所に共通の財政支援の仕組み（施設型給付）の創設、小規模保育等への給付（地域型保育給付）の創設により、都市部での待機児童の解消、人口減少地域での保育機能の確保を目指した。

また、全ての子育て家庭を対象とする「地域子ども・子育て支援事業」の充実がある。これは市町村が行う事業で、放課後児童健全育成事業、乳児家庭全戸訪問事業、地域子育て支援拠点事業、一時預かりや病児保育事業、ファミリー・サポート・センター事業等が挙げられる。

その他、関係者が子育て支援の政策過程に参画・関与できる仕組みとして、国に「子ども・子育て会議」を設置した。

なお、２０１９年の幼児教育・保育の無償化はこの制度の枠組みにおいて実施されている。

子育て支援政策の動向と今後の方向性

日本では、少子化対策の一つとして子育て支援政策が展開されてきた。政府による最初の子育て支援の総合的な計画は、１９９４年に出された「今後の子育て支援のための施策の基本的方向について」（エンゼルプラン）である。当初の子育て支援施策は、仕事と家庭（子育て）の両立、女性の就労支援に重点が置かれていた。その後、政府の計画は、雇用、母子保健・相談、教育等の事業も加えた幅広いものとなり、２０００年代には、若者の自立や家族・地域のきずなの再生など、社会全体の意識改革にも焦点が当てられた。２００３年には次世代育成支援対策推進法や、少子化社会対策基本法が施行され、政府の施策も親の就労支援から徐々に、社会全体で子供の育ちや子育てを支援する方向に向かいつつある。さらに近年は、こども基本法の成立など、欧州では進んでいた子供の権利やウェルビーイングを軸にした子育て支援が、ようやく日本でも議論されるようになってきており、一層の推進が求められている。

（内山絵美子）

References

□**谷川至孝・岩槻知也／編著（2022）『子どもと家庭を包み込む地域づくり―教育と福祉のホリスティックな支援』晃洋書房**

本書は、困難を抱える子供と家庭のウェルビーイングのために、ボランタリー組織から行政まで様々な主体が連携した「『ケア』が息づく地域づくり」の実践を紹介している。

□**松木洋人／著（2013）『子育て支援の社会学―社会化のジレンマと家族の変容』新泉社**

本書は、子育て支援者の語りから、子育て支援（子育ての社会化）のジレンマを明らかにした研究書である。保護者の価値観が多様化する中で、親を越えないように支援する支援者の葛藤が描かれている。

□**柴田　悠／著（2016）『子育て支援が日本を救う―政策効果の統計分析』勁草書房**

本書は、様々な社会保障政策の効果を統計分析し、子育て支援施策の重要性を指摘するとともに、必要な予算や財源調達の方策を提示している。データに基づく政策効果の検証についても示唆に富む。

22 虐待

Summary

虐待は、生きるための世話を必要とする関係性において生じる暴力であり、子供、高齢者、障害者への虐待防止が法制化されている。日常生活の中で繰り返し虐待を受けた子供は、最も治癒が困難な「慢性反復性トラウマ」を抱える可能性が高く、発達への影響も危惧される。虐待と思われる子供を発見した際の通告は、支援につながる一歩であり、国民の義務である。

▼様々な虐待

虐待の対象は、「子供」だけとは限らない。高齢者、障害者に対しても「虐待」の用語が用いられ、防止のための法律が制定されている（２００６年「高齢者の虐待の防止、高齢者の養護者に対する支援等に関する法律」、２０１１年「障害者虐待の防止、障害者の養護者に対する支援等に関する法律」）。ほかにも、動物の虐待（１９７３年「動物の愛護及び管理に関する法律」）があり、これらの共通点は、生きるための世話や介助を必要とする関係性において生じるという点である。そのため虐待は、「必要な世話をしない＝ネグレクト」により相手の生命を奪いかねない側面があり、世界人権宣言第１条が掲げる「人間の尊厳」に関わる重篤な問題である。

▼子供の虐待という問題

子供を虐げる行為は、古くは風習としての子殺しから、ネット社会で急増するサイバー犯罪としての児童ポルノまで、人類史とともに存在してきたといってよい。ただし、いかに残虐であっても、それが常に「虐待」として社会問題とされてきたわけではない。愛情で結ばれた「近代家族」が自明視されて以降、本来は安全基地であるはずの家庭内において我が子を生命の危機にさらす親の存在が、問題とされるようになった。

１９６２年、小児科医ケンプ（C.H. Kempe）らは「被殴打児症候群」（The Battered-Child Syndrome）と題する論文を発表し（*Journal of the American Medical Association*, 181）、１９７２年に全米子ども虐待防止対策センターを設立した。１９７７年に国際子ども虐待防止学会（International Society for the Prevention of Child Abuse and Neglect）が発足し、子供の虐待が世界的に認知されていった。

ＷＨＯ（世界保健機関）では、次のように虐待を定義している。「あらゆる形態の身体的及び（または）心理的に不適切な扱い、性的濫用、ネグレクトまたは怠慢な扱い、商業的またはその他の搾取の総称であり、責任、信頼及び力の関係の観点から、子供の健康、生命、発達、尊厳への実質的または潜在的危害をもたらすもの」（*Report of the consultation on child abuse prevention*, 1999）。そして、２０２０年のＷＨＯなど関係機関によるレポートでは、毎年、世界の半数の子供（2～17歳）が身体的、性的、または心理的な暴力の影響を受けていると報告されている（Global status report on preventing violence against children 2020）。

▼日本の現状

表A　児童相談所における虐待相談の内容別件数の推移

年度	身体的虐待	ネグレクト	性的虐待	心理的虐待	総　数
2011	21,942(36.6%)	18,847(31.5%)	1,460 (2.4%)	17,670(29.5%)	59,919(100.0%)
12	23,579(35.4%)	19,250(28.9%)	1,449 (2.2%)	22,423(33.6%)	66,701(100.0%)
13	24,245(32.9%)	19,627(26.6%)	1,582 (2.1%)	28,348(38.4%)	73,802(100.0%)
14	26,181(29.4%)	22,455(25.2%)	1,520 (1.7%)	38,775(43.6%)	88,931(100.0%)
15	28,621(27.7%)	24,444(23.7%)	1,521 (1.5%)	48,700(47.2%)	103,286(100.0%)
16	31,925(26.0%)	25,842(21.1%)	1,622 (1.3%)	63,186(51.5%)	122,575(100.0%)
17	33,223(24.8%)	26,821(20.0%)	1,537 (1.1%)	72,197(54.0%)	133,778(100.0%)
18	40,238(25.2%)	29,479(18.4%)	1,730 (1.1%)	88,391(55.3%)	159,838(100.0%)
19	49,240(25.4%)	33,345(17.2%)	2,077 (1.1%)	109,118(56.3%)	193,780(100.0%)
20	50,035(24.4%)	31,430(15.3%)	2,245 (1.1%)	121,334(59.2%)	205,044(100.0%)
21	49,241(23.7%)	31,448(15.1%)	2,247 (1.1%)	124,724(60.1%)	207,660(100.0%)
22	51,679(23.6%)	35,556(16.2%)	2,451 (1.1%)	129,484(59.1%)	219,170(100.0%)

※割合は四捨五入のため、100%にならない場合がある。

出典：子ども家庭庁「令和４年度児童相談所における児童虐待相談対応件数（速報値）」

日本では２０００年に「児童虐待の防止等に関する法律」（以下、児童虐待防止法）が成立した。同法第２条では、保護者が18歳未満の児童に行う身体的、性的、心理的虐待及びネグレクトの４種類が虐待とされた。

２０２２年度の児童虐待相談対応件数を相談種別にみると、心理的虐待、次いで身体的虐待の割合が多い（表A）。心理的虐待が増加した要因には、児童が同居する家庭における配偶者に対する暴力の目撃（面前ＤＶ）について警察からの通告が増加していることがある。相談経路は、警察等、次いで近隣・知人、家族・親戚、学校からが多い。

虐待死に至る子供の年齢は３歳未満が多い。虐待の主たる加害者のうち最も多いのは実母であり、育児不安や養育能力の低さといった問題を抱えている場合も少なくない。虐待防止の観点から妊娠期からの育児支援が必要とされている。

国民の義務

児童虐待防止法の２００４年改正は、虐待を受けたと思われる子供を発見した場合へと通告義務の範囲を拡大した（第６条）。さらに、学校の教職員など子供の福祉に職務上関係のある者には、虐待の早期発見の努力義務が課されている（第５条）。法制上、通告の際には虐待の確認や確信、学校など組織内の同意も不要である。

２０１５年７月より、児童相談所全国共通ダイヤルが誕生し、24時間体制で虐待通告を受け付けている。通告受理後２日以内に子供の安全確認を行う「48時間ルール」は、２００７年の「児童相談所運営指針」の見直しで導入された。そして、２０１９年12月、児童相談所虐待対応ダイヤルに名称変更し、通話料は無料化された。迅速に適切な支援が届くことが基本となる。

（石毛久美子）

References

□川崎二三彦／著（2006）『児童虐待─現場からの提言』岩波書店

児童相談所職員として数々の相談に対応してきた経験をもつ著者が、自らの体験を基に、子供への虐待が起こる背景、虐待の種類や特徴、その実態と解決の手がかりを分かりやすく語る。虐待問題を学ぶ上での入門書といえる。

□加藤尚子（2017）『虐待から子どもを守る！─教師・保育者が必ず知っておきたいこと』小学館

児童虐待の第一発見者となる可能性のある教師や保育士向けに児童虐待から子どもを守り、保護者を支援するために必要な知識とその対応の仕方、早期発見のポイントや事例を含め解説した一冊。

□横山美江（2022）『ネウボラから学ぶ児童虐待防止メソッド』医学書院

フィンランド発の産前から子育て期の妊産婦とその家族を切れ目なくサポートするシステム「ネウボラ」は、虐待防止に大きな役割を果たすとして日本でも注目されている。母子保健の観点から虐待問題解決の手がかりを探る。

23　学社融合

Summary

学社融合は、生涯学習審議会答申「地域における生涯学習機会の充実方策について」（1996年4月）の中で提起された考え方で、学校教育と社会教育が相互補完的に協力し合う学社連携のより進んだ形態として「学習の場や活動など両者の要素を部分的に重ね合わせながら、一体となって子供たちの教育に取り組んでいこうという考え方」のことである。

「学社連携」と「学社融合」

学校と地域社会が連携・協力して子供たちの教育に貢献していこうとする考え方は、1974年4月に社会教育審議会が「在学青少年に対する社会教育の在り方について」と題する答申の中で、「家庭教育、学校教育、社会教育がそれぞれ独自の教育機能を発揮しながら連携し、相互に補完的な役割を果たし得るよう総合的な視点から教育を構想することが重要である」と指摘し、特に学校教育と社会教育の連携を意味する「学社連携」の必要性が強調されたことに始まる。その後も、1986年4月の臨時教育審議会「教育改革に関する第2次答申」では、「学校は地域社会共通の財産との観点から、学校・家庭・地域の協力関係を確立する」と示され、1996年4月の生涯学習審議会答申「地域における生涯学習機会の充実方策について」では、「学社融合」の理念が打ち出されることになる。ここでは、「学校教育と社会教育がそれぞれ独自の教育機能を発揮し、相互に足りない部分を補完しながら協力しよう」とするのが「学社連携」であり、「そこから一歩進んで、学習の場や活動など両者の要素を部分的に重ね合わせながら、一体となって子供たちの教育に取り組んでいこうという考え方」が「学社融合」であると説明された。そのためには学校の教育活動で「地域社会の教育力の活用」を図ると同時に、学校が「地域社会への貢献」を果たすような「地域社会に根ざした小・中・高等学校」へと転換していくことが提言された。

しかし、この答申を最後に「学社連携」や「学社融合」という言葉は使われず、代わって同年7月の中央教育審議会第1次答申「21世紀を展望した我が国の教育の在り方について」の中で、実現すべきこれからの学校像として示された「家庭や地域社会との連携を進め、家庭や地域社会とともに子供たちを育成する開かれた学校となる」にみられる「開かれた学校」がその後のキーワードとなっていく。ここでは、学校教育と社会教育の連携や融合ではなく、学校と地域社会の関係へと対象が変化していることに留意する必要があろう。

現在では、2006年改正の教育基本法（第13条）に、「学校、家庭及び地域住民その他の関係者は、教育におけるそれぞれの役割と責任を自覚するとともに、相互の連携及び協力に努めるものとする」との条文が盛り込まれ、法的根拠となっている。

「学社融合」が求められる背景

「学社融合」論に代表される学校と地域社会（あるいは社会教育）の連携・協力が、政策的に推進される背景には、いくつかの理由が挙げられる。一つには、高度経済成長期において学歴社会化が昂進し、保護者が学校に対して過剰な期待や要求を強めていったことから、学校と地域社会の役割分担の在り方が議論されるようになった。二つには、生涯学習社会という構想において、学校が有する教育機能を拡張しつつ、学校中心主義から脱して地域にある多様な教育機会を拡充することが求められた。三つには、学校週5日制の導入に伴い、週末の子供たちを地域が引き受けていく必要があった。四つには、「生きる力」という教育理念が提起され、「総合的な学習の時間」が創設されるなど、学校だけでは完結されない新しい学力観に基づいたカリキュラムが新設された。五つには２００１年の学校教育法改正において「児童の体験的な学習活動、特にボランティア活動など社会奉仕体験活動、自然体験活動その他の体験活動の充実に努めるものとする」（第31条）と規定されるなど、子供の体験活動が重視されるようになったことなどが挙げられる。

こうした流れの中で、学校と地域社会が連携・協力した教育実践が全国各地で展開されている。例えば学校では、地域のボランティアが児童への読み聞かせや学校図書室運営など読書活動の推進を担い、地域住民をゲストスピーカーに地域学習を実施し、美術館や博物館では学芸員と連携して校外学習を実施したりしている。また地域でも、放課後子供教室を担い、公民館で子供向けの講座が企画され、自然体験教室やサマーキャンプ等も行われている。事例集等を通じて、類似した取組が各地でみられる。

地域性を踏まえた連携の模索

現在は「地域学校協働活動」が推進され、２０１７年告示の学習指導要領では「教育課程の実施に当たって、地域の人的・物的資源を活用したり、放課後や土曜日等を活用した社会教育との連携を図ったりし、学校教育を学校内に閉じずに、その目指すところを社会と共有・連携しながら実現させること」を目指した「社会に開かれた教育課程」という目標が打ち出された。また社会教育においても、社会教育主事の有資格者に「社会教育士」の称号が与えられ、広く社会教育士の専門性を生かした地域社会での活躍が期待されている。重要なことは、現場のリアリティである。いかに優れた事例集よりも、学校と地域が協働して創り出した固有の実践を、それに関わる人々の中で蓄積し共有していくことが鍵であろう。

（上田孝典）

References

□佐藤一子／著（2002）『子どもが育つ地域社会─学校五日制と大人・子どもの共同』東京大学出版会

本書は、学校を含む地域社会のネットワークの中で、子供たちの育ちをどのように支えていくのかという課題を、各地の様々な事例を含めて各種データや政策動向を踏まえて考察している。

□佐藤晴雄／著（2002）『学校を変える地域が変わる─相互参画による学校・家庭・地域連携の進め方』教育出版

本書は、学校の立場から地域との連携を進めていくステップや方法、地域との関係づくりや具体的な実践事例のアイデアを分かりやすく解説している。

□明石要一・岩崎久美子・金藤ふゆ子・小林順子・土屋隆裕・錦織嘉子・結城光夫／著（2012）『児童の放課後活動の国際比較─ドイツ・イギリス・フランス・韓国・日本の最新事情』福村出版

本書は、子供の放課後活動について、５カ国による事例紹介と国際比較調査から各国の特徴を分析している。それぞれの先進事例に学びながら、日本への示唆が得られる。

24 社会教育と生涯学習

Summary

社会教育とは、教育基本法に基づいて学校教育と並び公教育に位置付けられ社会教育法を根拠とする教育制度である。生涯学習は、１９６５年にユネスコで提唱された理念であり、各人が自発的意思に基づいて生涯を通じて行う学習を意味する。２００６年に全面改正された教育基本法には、その理念が新たに条文として加えられた。

社会教育の制度

社会教育という名称は明治期に誕生し、１９２０年代以降に文部省の所管事項として政策的に位置付けられていく。しかし戦前においては、国家による民衆啓蒙、国民教化、あるいは政策宣伝といった役割が強調され、戦時体制下では戦争遂行に国民を動員する役割が期待された。こうした戦前の教育を転換し、国民の権利として教育を位置付けた教育基本法に準拠して、戦後の社会教育は構想された。１９４９年に制定された社会教育法の第2条では、社会教育とは「学校の教育課程として行われる教育活動を除き、主として青少年及び成人に対して行われる組織的な教育活動（体育及びレクリエーションの活動を含む。）をいう」と定義されている。

社会教育制度では、図書館や博物館と並び重要な社会教育施設として公民館が位置付けられている。日本国憲法も公布されていない１９４６年7月に、当時の文部次官から全国に「公民館の設置運営について」とする通牒が発せられた。ここには、「国民の教養を高めて、道徳的知識的並に政治的の水準を引上げ、または町村自治体に民主主義の実際的訓練を与えると共に科学思想を普及し平和産業を振興する基を築くことは、新日本建設の為に最も重要な課題と考えられるが、此の要請に応ずるために地方に於いて社会教育の中枢機関としての郷土図書館、公会堂、町村民集会所等の設置計画が進捗し其の実現を見つ、ある」ことを指摘し、これらを公民館として「上からの命令」ではなく「町村民の自主的な要望と努力によって設置」することを奨励したものである。ここには教養の向上、民主主義の実際的訓練、科学思想の普及、平和産業の振興など、公民館に期待される教育目的が示されている。

その後に制定された社会教育法で公民館は、市町村教育委員会が設置するものとされ、「実際生活に即する教育、学術及び文化に関する各種の事業を行い、もつて住民の教養の向上、健康の増進、情操の純化を図り、生活文化の振興、社会福祉の増進に寄与することを目的とする」（第20条）と規定されている。

生涯教育と生涯学習

生涯教育は、１９６５年にユネスコ「成人教育推進国際委員会」で成人教育課長ポール・ラングラン（P. Lengrand）によって提起された考え方で、波多野完治が日本へ紹介したことに始まる。１９８１年6月の中央教育審議会答申「生涯教育について」で、生涯学習とは「各人が自発的意思に基づいて行うことを基本とするものであり、必要に応じ、自己に適した手段・方法は、これを自ら選んで、生涯を通じて行うもの」であり「この生涯学習のために、自ら学習する意欲と能力を養い、社会の様々な教育機能を相互の関連性を考慮しつつ総合的に整備・充実しようとするのが生涯教育の考え方」だと示したことから、国民の自発性や主体性を尊重する「生涯学習」という名称が一般的に使われるようになる。その後、１９９０年に都道府県教育委員会が実施する生涯学習事業に関して「生涯学習の振興のための推進体制等の整備に関する法律」が制定される。また、１９８８年に当時の文部省社会教育局が生涯学習局に変更されるなど、全国の自治体でも社会教育を所管する部署が生涯学習を冠する名称に変更され、教育行政として生涯学習政策が推進されるようになった。

生涯学習社会の実現に向けて

２００６年改正の教育基本法には、生涯学習に関する第３条「国民一人一人が、自己の人格を磨き、豊かな人生を送ることができるよう、その生涯にわたって、あらゆる機会、あらゆる場所において学習することができ、その成果を適切に生かすことのできる社会の実現が図られなければならない」が新設された。これを受けて各人の発達段階に即しながら、それぞれに必要な教育ニーズを「いつでも・どこでも・誰にでも」保障する公教育の役割が求められている。

しかし公教育である以上、学習を私事的な個人の学習活動に矮小化させてはならない。２０１５年の国連サミットで採択されたＳＤＧｓ（持続可能な開発のための２０３０アジェンダ）に示されているように、世界は多くの困難な課題に直面している。こうした課題を自らの身近な問題に置き換え、社会の形成者として主体的に引き受けていく力量を獲得していくような教育が重要である。１９８５年にユネスコで採択された「学習権宣言」には、「自分自身の世界を読みとり、歴史をつづる権利」だとされている。様々に用意された学習メニューやそれに関する情報が提供され、受動的に消費するだけの教育の在り方ではなく、持続可能な未来を切り拓くような学習が創造的に展開され、それが生涯にわたって保障されるような教育の在り方を構想することが、生涯学習社会の実現において重要であろう。

（上田孝典）

References

□**寺中作雄／著（1995）『社会教育法解説 公民館の建設―社会教育の自由の獲得のために戦後民主主義への叫び』国土社**

本書は、社会教育法の起草に深く関わり、公民館の普及に大きく貢献した文部省（当時）の初代社会教育課長寺中作雄による著作を合本復刻したものである。戦後の公民館建設と社会教育法がいかなる理念と構想の下で着手されたのかが読み解ける。

□**波多野完治／著（1972）『生涯教育論』小学館**

本書は、ラングランの生涯教育論を日本に紹介した著者による解説書。生涯教育に込められたラングランの思想を読み解き、解釈を加えている。そして日本での受け止めを振り返りながら、どのように生涯学習社会を実現させていくか、著者の考えがまとめられている。

□**社会教育推進全国協議会／編（2017）『社会教育・生涯学習ハンドブック（第９版）』エイデル研究所**

本書は、社会教育・生涯学習に関する情報をまとめた資料集である。理念、政策、実践を総覧し、国際的な視点を含めてこれからの社会教育・生涯学習を見通すために役立つ関連資料が幅広く網羅されている。

25 NPOと教育

Summary

多様性が求められている現在、「学校」という枠を超えた子供への教育が行われている。例えば、NPOが行政組織と結び付きながら、学校を設置、学校と連携して子供たちに新たな「学びの場」、学校に行きづらい子供にとって「居場所」を提供している。地域の活性化や雇用の促進、幅広い年齢層に対して生涯学習の機会を提供するなどNPOが果たす役割が大きくなっている。

そもそもNPOとは何か

NPO（Non-profit Organization）とは「非営利組織」と訳され、政府と企業を除いた市民が中心となって支えている組織のことである。日本におけるNPOは、特定非営利活動促進法（通称、NPO法：1998年12月施行）により拡大している。内閣府のNPOに関するホームページによると、2023年12月31日時点で認証NPO法人の数は5万47件である。社会の様々な場面において、ボランティア活動をはじめとした民間の非営利団体による社会貢献活動が活発化している。活動分野としては、社会教育、スポーツ振興、子供の健全な育成、男女共同参画社会、地域安全、災害救済、まちづくりの推進、健康福祉の増進、観光など多岐にわたる。特に、地域の活性化を図るために全ての人々の能力が社会で発揮できるような共助社会をつくるための活動としても盛んである。

NPOの学校設置と学校にとってのNPO

学校にとってのNPOはどのような存在なのか。現在は、学校設置そのものに対しても民間の教育参入が行われ、株式会社立やNPOによる学校設置が行われるようになった。学校設置非営利法人（NPO）が一条校（学校教育法第1条に規定される学校）を設置することもできる（構造改革特別区域法第13条1項、第2項）。

これらのNPO法人による学校設置は、不登校児童生徒支援、学習障害（LD）や注意欠陥多動性障害（ADHD）のある児童生徒を対象とした「特別なニーズ」がある場合に認められ、地方公共団体が設置する審議会で諮問し、NPO法人の学校設置認可を行っている。例えば、特定の経営者による運営ではなく、学校に関わる業務を保護者、教員、運営スタッフで分担し、シュタイナー教育を実践しているNPO法人がある。このように、共通の目的をもった人間が集うことによってNPO法人による学校運営がなされている。

他方、既存の学校とNPOが連携した教育を行っているケースもある。NPOと連携した教育を行うことのメリットは、①NPOには専門分野があり、多種多様なニーズに対応できる、②非営利であることから学校は高額な経費を請求されない、③一貫性のある継続した活動が期待できる、④様々な価値観に触れ校外で活躍する人々と交流する――など教育の活性化ができることである。特に、最近では、地域の活性化を目的としたNPOに中学生や高校生が「総合的な学習（探究）の時間」等を通じて関わることで、町おこしプロジェクトに継続的に参加しているケースもある。災害支援を目的とした町おこしプロジェクトを通じて地域が活性化している場合もある。

▼教育に対するNPOの取組

　教育関係NPOは講座や出前授業、研修会、イベント、教材づくり、居場所づくり等を行っている。特に、子供向けの自然体験教育事業や、実践で教育を学ぶ教師・指導者プロジェクト、リスクマネジメントや安全教育、国際理解教育を行っている。成人を対象とした社会企業家養成スクールに中学生が参加し、キャリア教育を行っているケースもある。

　これらNPOは、活動分野に対して専門性をもっており、専門性を維持するために資格制度や外部人材との連携を行っている場合もある。

　このように教育にNPOが関わることにより、地域の課題を子供たち自身が解決することが期待され、「教育」を核とした活動が行われている。

　また、NPO法人がひきこもり、ニート、不登校、家庭内暴力に対して、自立できるように支援している場合もある。発達障害を含む子供の教育については、社会の変化や医学・科学技術の進歩等に応じ、適切で継続的な対応が必要である。学校における指導及び支援と連携した家庭や地域における支援に対して、NPOが関わることで、ネットワーク体制の構築や課題とされている分野への解決の促進が図られる場合がある。

　加えて、地域における学習支援として、生涯学習の場の提供や図書館活動、いのちの教育、子供の学習支援、地域における子供や大人への学習機会の提供がある。

　青少年期の人に年上世代の人たちとのコミュニケーションの場を提供することにより、個人が自らの生き方に主体性をもち、積極的に社会参画していくことができる社会の実現に寄与している。同時に、NPO法人としての事業基盤を整備することで、NPOで仕事をする若者も増加する。

　教育関係NPOの活動の特徴としては、①幅広い事業内容・形態が可能、②専門性がある、③地域の資源を生かした活動ができ、成果としては、①活動の継続や広がり、②子供や大人の変化、③人材育成等の好循環、④地域活性化や雇用の促進につながる――といったことがあった。

　このように、NPOは様々な角度から教育をサポートする機能を有している。中学生や高校生と地域の人材が地域の魅力アップの「学びの場」を構築している。

（田中真秀）

References

□平田　哲／著（2005）『NPO・NGOとは何か』中央経済社

　NPO/NGOの考え方について、国際協力の視点を中心にまとめられている。政府に依存しない課題解決の方法について描かれている。

□諏訪哲郎／著（2018）『学校教育3.0―国民国家型教育システムから資質・能力重視教育システムを経て持続可能社会型教育システムへ』三恵社

　「持続可能社会型教育システム」についての児童生徒や地域の人々、教員の役割変化についてまとめられている。中でもコーディネーターとしての役割としてNPO関係者との協働が描かれている。

□NPOサポートセンター／監修（2012）『教育関係NPO事例集』全5巻、第一書林

　教育関係のNPOの課題と成果について事例ごとにまとめられている。事業実施における課題や解決方法、取組が進んだポイントをまとめている。NPOそれぞれの立場から活動が紹介されている。

26 ＣＳＲ

Summary

ＣＳＲ（企業の社会的責任）のうち、企業が社外に向けて教育に参加する活動が教育ＣＳＲ活動である。これまで、社員を講師として学校に派遣する出前授業や、職場見学・職場体験の受け入れが行われてきた。教育ＣＳＲを学校の外部資源として位置付け、学校（教員）と企業、中間組織が連携・協働するための議論が今後必要となる。

ＣＳＲとは
―教育ＣＳＲ活動を中心に

ＣＳＲとは、厚生労働省によれば、「企業の社会的責任（Corporate Social Responsibility）」のことで、企業活動において、社会的公正や環境等への配慮を組み込み、従業員、投資家、地域社会等の利害関係者に対して責任ある行動をとるとともに、説明責任を果たしていくことを求める考え方である。

ＣＳＲの活動のうち、企業が社外に向けて、学校教育の内外を問わず、教育に参加する活動を教育ＣＳＲ活動という（ただし、企業内の従業員家族のみを対象とした活動は除く）。若江（２０１４）は、教育ＣＳＲ活動を、次の６つに分類している。①「コンテンツ提供型」（企業のノウハウや最新の情報をＷＥＢや冊子、教材等で提供）、②「施設見学型」（自社施設への見学の受け入れやそれに伴う学習プログラムの展開）、③「イベント提供型」（コンテストや発表会など子供たちが学習として参画できるイベントを提供）、④「講師派遣型」（オリジナルプログラムを実施する講師やスタッフの派遣）、⑤「授業プログラム型」（教員が活用しやすい授業プラン・教材を提供）、⑥「教員研修型」（ノウハウやコンテンツを伝達する教員研修を提供）――である。現在は総合的な学習（探究）の時間など教科横断型の教育活動に取り入れられることが多い。

どのような企業がどのような取組をしているか

教育ＣＳＲ活動には、様々な分野の企業が参加している。食料品やサービス業等の一般消費者を顧客とする企業だけではなく、建設業や化学など企業を顧客とする企業も含まれる。また、大企業だけではなく、中小企業でも積極的に取り組む企業がある。

例えば、電機メーカーのシャープ特選工業株式会社では、特定子会社シャープ株式会社と連携し、特別支援学校（中等部～高等部）に対する教育ＣＳＲを行っている。具体的には、障害のある社員が働く職場を見学する「職場見学」（1時間程度、職場体験実習の体験先見学）、障害のある社員が働く職場での就労体験を行う「職場体験実習」（1週間～1カ月程度）がある。また、２０１２年度から聴覚特別支援学校を中心に、障害のある社員による「出前授業」（2時限）を実施している。この出前授業では「働くということ」をテーマに体験学習（グループワーク）を交えながらチームワークや積極性、マナーなど働く上で大切なことを学ぶことができる。現在では、知的障害のある社員も講師を務める、一般校の普通学級／特別支援学級への出前授業も行うなどの進展もある。コロナ禍により2020年からオンラインによる出前授業が始まったことで、全国の特別支援学校に向けた活動が可能となった。2022年度は上記3コースを延べ324回実施している。

スタートアップ起業を支援する株式会社ガイアックスは、起業をテーマとする中高・大学生向けの探究学習プログラム「起業ゼミ」を行っている。「起業ゼミ」は、ガイアックスの社員が学校等に出向き起業をテーマとする探究型の授業を行う「出張授業」と、授業スライドやレクチャー動画、指導書等をキットにした「教材の制作・販売」で構成されている。このプログラムの目的はアントレプレナーシップ（起業家精神）の醸成や、進路選択の際に「起業」や「スタートアップ」を選べるような知識・スキルを獲得することである。具体的には、自分の興味・関心がある領域で課題発見からユーザーヒアリング、ビジネスモデル構築を行い、最後はプロの投資家の前でプレゼンを行う。将来性のあるアイデアにはガイアックスから金銭面も含めた個別支援が提供されることもある。

教育CSR推進のための課題

近年、教員の働き方改革の推進や、社会に開かれた教育課程の実現の観点から、学校教育に外部資源を活用することがより一層求められている。教育CSR活動を行う企業も学校の外部資源の一つであり、企業との連携・協働は今後重要な課題となると考えられる。学校だけでは学べないこと、企業でしか伝えられないことが学べるプログラムを創造することを通して、企業が社会的責任を果たす機会となり、学校が外部資源として活用するための連携・協働体制を築くためには次のような課題の解決が必要となる。

教員には、外部の取組にアンテナを張ること、多様な立場の大人が「教える人」として学校教育に参加することを可能にするマネジメント力、企業にメリットを感じさせる継続の土壌づくりが求められる。企業には、実施プログラムの規模（コマ数）、継続性、費用など、活動を提供する学校の実情に即した質の高い教育コンテンツを提供することが求められる。さらに、NPOや商工会議所等の中間組織が学校と企業の相互理解を促進し、両者をつなぐ役割が重要となる。（石嶺ちづる）

References

□若江眞紀／著（2014）『協育のススメ―企業のブランドコミュニケーションの新たな手法　教育CSR×学校』カナリア書房

教育コンサルタントの立場から、企業の教育CSR活動について、教育現場の実情とのギャップ及びそれを越えるために企業が取り組むべきことを、4つの企業の実践事例を踏まえて述べている。

□NPO法人企業教育研究会（2018）／著、藤川大祐・阿部学／編『企業とつくる「魔法」の授業』教育同人社

テクノロジーが発展し、バーチャルとリアルの境目が曖昧になった21世紀を「魔法」の世紀と捉え、大学教員が運営するNPO法人企業教育研究会の取組（17事例）を、「子どものハートに火をつける、『魔法』の授業をつくる！」という観点から紹介している。

□最終報告書（2023）『「次世代育成投資のインセンティブ」に係る調査』株式会社リバネス

経済産業省の委託による調査。企業がどのようなインセンティブで教育を行っているかが分かる。また、学校が感じている課題や先行事例も紹介されている。

27 人口減少社会における教育

Summary

日本社会は、少子高齢化が進行した結果、人口が大幅に減少する局面に移行しつつある。子供の数が減少する中で、学校の統廃合や大学の統合・再編が進められるなど、既存の教育の在り方は変更を余儀なくされている。人口減少社会において公共サービスとしての教育をいかに支えるのか、教育の充実を通じて人口減少をいかに緩和していくか。国家としての決断が迫られている。

少子高齢化による人口減少社会の到来

少子高齢化とは、特定の国や地域において、子供の数が減少し、高齢者の割合が相対的に増加することである。

１９９２年に経済企画庁が示した『平成4年度国民生活白書』によれば、少子化とは「出生率の低下やそれに伴う家庭や社会における子供数の低下傾向」のことであり、「子供や若者が少ない社会」を「少子社会」と呼ぶ。日本において少子化が社会問題とされたのは、１９９０年に合計特殊出生率が1・57を記録したときのことである。

合計特殊出生率とは、簡潔にいえば、一人の女性が生涯を通じて出産する平均的な子供の数のことである。当時は、死亡率等も加味すれば、2・08以上でなければ人口規模が維持できないと考えられていた。しかし、１９９０年以降も合計特殊出生率は低下傾向にあり、２０２２年度には戦後最低となる1・26を記録した。

他方で、高齢化については、国連の定義によれば、総人口に占める高齢者（65歳以上）の割合が7％を超えると「高齢化社会」、14％を超えると「高齢社会」、21％を超えると「超高齢社会」と呼ぶ。

この定義に従えば、日本は１９７０年に高齢化社会となり、その後、１９９４年に高齢社会、２００７年に超高齢社会へと至った。日本における高齢化は、先進諸国と比べても最も急激に進展した。

以上のような少子化と高齢化による人口減少は、次の3つの段階を経るとされている。第一に、高齢人口（65歳以上）が増加し、生産人口（15～64歳）と年少人口（14歳以下）が減少する段階。第二に、老年人口が維持もしくは微減し、生産・年少人口が減少する段階。第三に、全ての世代の人口が減少する段階。現在は第1段階に該当するが、２０４０年頃に第2段階へと移行することで急激な人口減少が進んでいくものと予想されている。

少子高齢化の背景と社会的影響

高齢化は、医療の発展による平均寿命の延長によって生じる現象であるが、少子化の背景として、主に次の2点が指摘できる。

まず、女性が社会進出したのにもかかわらず、子育て支援体制が不十分であることが挙げられる。１９８６年に男女雇用機会均等法が施行されたのを契機に、これまで以上に女性が企業等に勤めることが一般的になった。しかし、共働きを前提とした子育て支援制度が十分に整備されなかったため、出産という選択は困難であり続けた。

次に、慢性化する不況による雇用や収入の不安定さである。バブル崩壊以降の不況や非正規雇用の増大により、子供を育てるための経済的余裕をもちづらくなった。また、近年、生涯未婚率が高まっているが、非正規雇用の男性の未婚率が特に高い。

それでは、少子高齢化は社会にどのような影響をもたらすのだろうか。

第一に、社会全体としての経済規模の縮小と社会保障費の増大が挙げられる。労働力となる世代の人口が減少することで、生産性は低下する。他方で、高齢者への年金や医療費等にかかるコストは、相対的に膨大なものとなる。

第二に、地方を中心として、従来の行政サービスが維持できない状況が生じる。地方から都市への働き手の流出は、地方における税収の減少をもたらし、結果として、共同体の維持も困難となる。

ただ、こうした状況は都市にも無関係ではない。高齢化は都市でも進んでおり、今後、医療や介護等の社会保障の担い手が不足することが予想されている。

▼人口減少と教育

少子高齢化による人口減少は、日本の教育に対して大きな影響を及ぼしている。

例えば、初等・中等教育段階では、１９９０年代より学校の統廃合が進行している。少子化の影響により学校規模が縮小し、従来の学校数を維持することが困難になった。

また、高等教育段階では、大学の統合や廃止に向けた議論が進められている。18歳人口の減少により、大学入試が選抜性をもたない「全入時代」に入ったと呼ばれて久しく、２０２３年度には私立大学の5割が定員割れに陥っている。それゆえ、文部科学省は、私立大学の統廃合を円滑に進めるための種々の政策を展開している。

他方で、２０２２年度の学校基本調査の結果から算出すると、大学進学率は東京都で76・8%、秋田県で39・6%であるなど、教育機会に著しい地域間格差が生じている。

人口減少社会において、公共サービスの効率化を目的に一定のコスト削減がなされることについてはやむを得ない側面がある。しかしながら、やみくもにコストを削減すれば、人口の少ない地域の教育機会がさらに大きな制約を受ける可能性もある。

そもそも、日本の教育に対する公的支出は、先進諸国に比べて最低水準である。また、教育費を家計（個人の支出）に依存してきたことも、少子化の一因として指摘されている。こうした状況を踏まえ、教育に対して国家としてどの程度の公的支出を行っていくかが問われている。

（橋場　論）

References

□内閣府／編（2018）『平成30年版少子化社会対策白書』日経印刷

内閣府が「少子化の状況及び少子化への対処施策の概況」と題して国会に対して提出した報告書。少子化に関する基礎的なデータに加え、政府が展開している政策に関する情報を概観することができる。

□鷲田清一／著（2015）『しんがりの思想—反リーダーシップ論』KADOKAWA／角川マガジンズ

経済成長が見込めない人口減少社会において、肥大化してきた公共サービスが維持できない状況を市民がどのように受け止めるべきかを論じている。近代国家の成立により市民が抱えることになった課題を鋭く指摘している。

□丹間康仁／著（2015）『学習と協働—学校統廃合をめぐる住民・行政関係の過程』東洋館出版社

学校統廃合を事例としながら、非対等な関係性にある行政と地域住民が、学習を重ねていくことでいかに協働的な関係に至るのかを明らかにしている。少子社会・超高齢社会における教育や地域の在り方を見直すための手がかりが得られる。

28 社会情動的スキル

Summary

忍耐力、社交性、自尊心といった要素を含む社会情動的スキル（非認知的スキル）は、認知的スキルと並び、将来の社会進歩や生涯における個人の成功を支えるスキルとしてクローズアップされている。その育成にあっては、「スキルがスキルを生む」というスキル発達の特徴等に基づき、とりわけ早期段階（幼児期）の教育的投資の重要性が強調されるとともに、子供たちを取り巻く様々な学習環境ごと、発達段階に応じたスキル育成の手立てが検討されている。

個人が21世紀の諸課題に対処し、人生で成功を収めていくためにはどのようなスキルが必要か。こうした問いに対する一つの答えとして昨今注目を浴びているのが、「社会情動的スキル（Social and Emotional Skills）」である。時に非認知的スキル、ソフトスキル、性格スキル等とも呼ばれるそれは、２０１７・１８年告示の学習指導要領に示された育成すべき資質・能力の３つの柱のうち、「学びに向かう力」に相当するものとして、重要視されている（ＯＥＣＤ、２０１８）。また、「第４期教育振興基本計画」（２０２３年６月）においても、ウェルビーイング実現の観点から当該スキルの育成の重要性が指摘されているところである。

社会情動的スキルの概念枠組み

ＯＥＣＤ教育研究革新センターによる「Education and Social Progress（ＥＳＰ）：教育と社会進歩」プロジェクトでは、スキルを認知的スキルと社会情動的スキルの２つの面から捉え、個人の成功と社会進歩を促進するためには、両者をバランスよく身に付けることが肝要だとしている。ここでいう認知的スキルは、一般に学力テスト等で測定されるような知識や思考、経験を獲得し、それに基づいて解釈したり考えたりする能力を指す。一方で、社会情動的スキルは、「(a)一貫した思考・感情・行動のパターンに発現し、(b)フォーマルまたはインフォーマルな学習体験によって発達させることができ、(c)個人の一生を通じて社会経済的成果に重要な影響を与えるような個人の能力」と定義付けされるものである。

これら社会情動的スキルに関して詳しく見ると、当該スキルは、おおよそ次に示す３つのカテゴリーに分類されている。

① 目標の達成（忍耐力、自己抑制、目標への情熱）

② 他者との協働（社交性、敬意、思いやり）

③ 感情のコントロール（自尊心、楽観性、自信）

①～③いずれも日常生活のあらゆる場面で出現するスキルである。一つ留意しておくべきは、社会情動的スキルは各々が独立して機能するのではなく、先の認知的スキルと互いに密接に関わり、影響を及ぼし合いながら作用するという点である。こうした相互の連関性は、社会情動的スキルが認知的スキルの発達を促しうるというエビデンスからも指摘されるところである。

社会情動的スキルの育成 ―発達段階と学習環境―

では、上記のような社会情動的スキルをいかにして育んでいけばよいのだろうか。

ここでは子供たちの発達段階と学習環境という2つの観点から、ポイントとなる事項を整理しておこう。

まず、発達段階である。「スキルがスキルを生む」という表現が物語っているように、スキルには蓄積性があり、過去に身に付けたスキルは現在そして将来のスキル発達に大きな役割を果たす。こうしたスキル発達の顕著な特徴に鑑みると、特にその土台を築くような早期段階（幼児期）における教育的働きかけが、極めて重要な位置を占めることは想像に難くない。社会情動的スキルに関しても、幼児期の投資が以降のスキル発達にとって鍵を握ることはもとより、先述した認知的スキルの発達を促進するという面からも非常に有益なものとなるのである。

とはいえ、社会情動的スキルを育む時期が、必ずしも幼児期のみに限られるというわけではない。当該スキルについては、幼児期から青年期に伸ばしやすいとされるとともに、認知的スキルと比べて、年齢を重ねてからの育成も可能であることが示唆されている。

次に、学習環境である。ＥＳＰプロジェクトでは、認知的スキルと社会情動的スキルの育成に資する学習環境を、家庭、学校、地域社会及び職場の4つからなる枠組みで捉えている。これら学習環境の相対的な重要性は、子供たちが歩む人生の各段階によって変化していく。例えば、幼児期には親の存在が不可欠であり、家庭の場に重きが置かれる一方、学校段階で子供たちが幅広い社会的ネットワークと関わるにつれ、学校や地域社会の場がより重要になる。

また、各学習環境でのスキル育成の手立てとして、次の3つが挙げられている。

① 直接的投資：スキルの育成に意図的・明示的な影響を及ぼす。（子育てへの親の関与など）

② 環境的要因：スキルを育む環境への働きかけにより、間接的に影響を及ぼす。（職場資源や地域安全の改善など）

③ 政策手段：政策投資によって直接的・間接的に影響を及ぼす。（社会情動的スキルの指導法に関する教員研修など）

グローバルなエビデンスの蓄積とともに、社会情動的スキルの重要性に対する認識は一層高まりを見せつつある。これまでの研究成果に基づきながら、スキル育成の効果的なアプローチを模索していくことが引き続き必要となろう。

（遠藤優介）

References

□ **OECD／編著、ベネッセ教育総合研究所／企画・制作、無藤隆・秋田喜代美／監訳ほか (2018)『社会情動的スキル―学びに向かう力』明石書店**

ESPプロジェクトの成果報告書を邦訳、刊行したものである。社会情動的スキルの重要性や育成の在り方が多くのエビデンスとともにまとめられており、本稿も当該書籍の内容を多く参照している。

□ **OECD／編著、矢倉美登里・松尾恵子／訳 (2022)『社会情動的スキルの国際比較―教科の学びを超える力』明石書店**

第1回OECD社会情動的スキル調査（SSES）報告書の邦訳版である。10歳及び15歳児（世界10都市）の社会情動的スキルをめぐる国際調査の結果がまとめられている。

□ **無藤　隆・古賀松香／編著 (2016)『実践事例から学ぶ保育内容　社会情動的スキルを育む「保育内容　人間関係」―乳幼児期から小学校へつなぐ非認知能力とは』北大路書房**

乳幼児期における社会情動的スキルの育成に焦点を当て、発達に応じた保育者の支援が紹介されている。豊富な実践事例が参考になる。

29 情報化社会と情報リテラシー

Summary

情報リテラシーで育成する情報活用能力は「情報活用の実践力」「情報の科学的な理解」「情報社会に参画する態度」の3観点からなる。「情報教育」「教科指導におけるICT活用」「校務の情報化」を併せて「教育の情報化」という。近年ではデジタル社会における「善き市民」を目指す「デジタル・シティズンシップ教育」も注目されている。

▼情報化と社会の発展

情報化社会（あるいは情報社会）とは、情報がモノと同等の価値を有し、情報を中心として機能する社会である。様々な情報技術の進展により、現代を生きる私たちは、スマートフォンやインターネットを活用していつでもどこでも大量の情報にアクセスでき、SNS（ソーシャルネットワーキングサービス）を通して気軽に情報の発信者となることができる。

近年ではICT（情報コミュニケーション技術）の進展だけでなく、AI（人工知能）やビッグデータ、IoT（モノのインターネット）等も注目されており、私たちは今後さらに高度化する情報社会を生きていかなければならない。

このような時代において、教育も情報化に対応していく必要がある。我が国においてはこれまで、情報リテラシー（情報活用能力）の育成を目指す情報教育を軸として展開してきたが、近年はより広い概念である「教育の情報化」の推進がなされている。

▼情報リテラシーと情報活用能力

リテラシーの原義は「読み書き能力」であり、古くから「読み書き算盤」といわれてきた。現代ではそれらに並ぶ新たなリテラシーとして、「情報活用能力」の育成を目指す情報リテラシーが登場した。

情報活用能力は「情報および情報手段を主体的に選択し活用していくための個人の基礎的な資質」と定義され、具体的には次の3観点で整理される。

＊情報活用能力の3観点

① 情報活用の実践力

　課題や目的に応じて情報手段を適切に活用することを含めて、必要な情報を主体的に収集・判断・表現・処理・創造し、受け手の状況などを踏まえて発信・伝達できる能力

② 情報の科学的な理解

　情報活用の基礎となる情報手段の特性の理解と、情報を適切に扱ったり、自らの情報活用を評価・改善するための基礎的な理論や方法の理解

③ 情報社会に参画する態度

　社会生活の中で情報や情報技術が果たしている役割や及ぼしている影響を理解し、情報モラルの必要性や情報に対する責任について考え、望ましい情報社会の創造に参画しようとする態度

これらの3観点は独立しているのではなく、相互に関連し合っている。情報活用能力の3観点をバランスよく育成することが、日本型情報教育の目標と言える。

ちまたにあふれる「情報リテラシー」を冠した書籍の多くは、Windowsやオフィスソフトのノウハウ伝授に特化したものも

多い。しかし、情報リテラシーや情報活用能力とは、単に「パソコンが使える」というだけではない。機器操作等によって情報を扱うことを通して、その本質的意義を理解することが求められる。

▼教育の情報化

文部科学省は情報化社会に対応した教育の在り方として「教育の情報化」という言葉を用いている。これは次の3つの要素からなり、情報教育よりも広い概念である。

＊教育の情報化

① 情報教育 ～子どもたちの情報活用能力の育成～

② 教科指導におけるＩＣＴ活用 ～各教科等の目標を達成するための効果的なＩＣＴ機器の活用～

③ 校務の情報化 ～教員の事務負担の軽減と子どもと向き合う時間の確保～

「情報教育」とは、端的に言えば情報活用能力を育成する教育であり、「情報」そのものが学びの目的である。情報教育の中核を担う教科としては高等学校情報科があるが、情報教育は情報科だけでなく、全ての校種において様々な学習機会の中で扱うべき学びの一つとして位置付けられる。

「教科指導におけるＩＣＴ活用」は、「情報」を学びの目的でなく手段・方法として活用する視点である。教科指導では各教科の学習目標等が設定されているが、それを達成するための手段・方法としてＩＣＴを効果的に活用することが求められている。

「校務の情報化」は、教員の働き方改革にもつながる。ＩＣＴの活用で校務負担を軽減することは、教員が子供と向き合う時間を増大させ、教育の質向上につながる。

▼デジタル・シティズンシップ教育

情報化がますます進展する社会において、私たちはただ単に情報リテラシーを身に付けるだけでなく、それらを活用してデジタル市民として未来を創造していかねばならない。近年では、デジタル社会における「善き社会の担い手」を目指す「デジタル・シティズンシップ教育」が注目されている。デジタル社会における影の側面を避けようと抑圧的になるのではなく、それらを前向きに克服して善き社会を創ることを目指すこの教育は、今後の情報化社会を生きる上での方向性を示すものとして期待されている。

（中園長新）

References

□総務省「通信利用動向調査」

1990年から毎年実施されている、世帯及び企業における情報通信サービスの利用状況等についての調査結果であり、総務省ウェブサイトで公開されている。情報化の進展状況をデータで把握することができる。

□根本　彰／著（2017）『情報リテラシーのための図書館─日本の教育制度と図書館の改革』みすず書房

情報リテラシーを図書館情報学の観点から論じた本で、教育関係者が読んでも示唆に富む一冊。教育以外の視座を導入し、多角的に課題を捉えるための一冊として位置付けたい。

□坂本　旬・芳賀高洋・豊福晋平・今度珠美・林　一真／著（2020）『デジタル・シティズンシップ─コンピュータ１人１台時代の善き使い手をめざす学び』大月書店

デジタル・シティズンシップ教育について考える際の出発点になる一冊。学びの在り方を実践例とともに紹介している。

第5章 学びを支える理論

1　教育の理念と目的

Summary

教育理念（idea of education）と教育目的（aim of education）は不可分の関係にある。教育理念は教育が到達すべき理想的な姿を指し、教育目的はその理念の実現の方向性を指す。日本においては、それらは教育基本法に規定されている。ただし、価値多元化社会では、教育の理念も目的も、一つの確固としたものとして措定することは困難である。だからこそ、それらを正当化することが求められる。

教育理念

教育理念とは、教育が到達すべき理想的な姿を指す。そうした理念に到達するための方向性を示すのが教育目的である。この意味で理念と目的は不可分の関係にあるが、そもそも教育が到達すべき理想的な姿とは具体的にはどのようなものなのか。その姿の一つが教育基本法に示されている。

１９４７年に制定された教育基本法は、前文で戦後の教育理念を示していた。「われらは、個人の尊厳を重んじ、真理と平和を希求する人間の育成を期するとともに、普遍的にしてしかも個性ゆたかな文化の創造をめざす教育を普及徹底しなければならない。ここに、日本国憲法の精神に則り、教育の目的を明示して、新しい教育の基本を確立するため、この法律を制定する」。

この教育理念は、２００６年の教育基本法の改正により、次のように変化している。「我々は、この理想を実現するため、個人の尊厳を重んじ、真理と正義を希求し、公共の精神を尊び、豊かな人間性と創造性を備えた人間の育成を期するとともに、伝統を継承し、新しい文化の創造を目指す教育を推進する」。旧法で示された理念に加え、公共の精神を尊ぶ人間の育成、伝統を継承する教育が理念として示された。

こうした変更が示唆するのは、教育理念は必ずしも確固とした一つの姿をもってはいない、ということである。

教育目的観の多様性

教育が意図的・計画的・継続的な人間形成であるとすれば、教育実践には必ず目的が伴っている。それゆえ、「教育の目的は何か」と日々教育実践に携わっている教師に問えば、各人の教育観に基づいた多様な回答が返ってくることが予想される。

教育目的観の多様性は教育思想史の文脈においてもみられる。現代イギリスの教育哲学者ハリス（K. Harris）は、大学の教育学導入科目での教育目的に関する講義で次のような説明を行うという。

「D・H・ローレンスは、教育は『各人の内にある自然本性を真の充足状態へと導くこと』を目ざすべきだと主張し、J・J・ルソーにとっての教育の目的は『自然の教えと合致させること』でした。またR・M・ハッチンスは教育の目的を「知性の育成」とみなしました。A・S・ニールは、教育の目的は『人々をより幸せにし、より平安にさせ、神経質ではなく偏見をもったりもしない存在にすること』であるべきだと考えていたし、J・ロックは『教育は徳を目指し、人間が欲望、性向、食欲を拒絶するように教えなければならず、理性の示しに従わなければならない』と主張しました」（Harris, K., “AIMS!: Whose

"Aims?" in: R. Marples ed., *The Aims of Education*, Routledge, 1999)。

近代教育思想の文脈において、教育目的は多様に考えられ、語られてきた。そして、教育目的について教育学で学ぶ際には、こうした教育目的観の多様性を知るという形が通例である。ハリスが示そうとするのは、教育には確固とした目的があると一般的に捉えられていることに対して、「『教育』は、変化し、論争的で、しばしば高度に個人化された概念であり、歴史的に、また政治的に構築された概念」であるということである。この主張を受ければ、私たちには、教育思想家が示した教育目的を断片的に理解するのではなく、その教育目的論が時代・社会状況を反映してどのように導き出され、価値付けられたのかを考えることが求められることになる。

教育目的の正当化

教育理念に結び付いた教育の究極的な目的を、価値の多元性を特徴とする現代社会において見いだすことは困難である。社会の在り方、人々の生き方についての価値観があまりにも多様化しているからである。だからといって、究極的な目的など追い求めずに、教育目的観としての多様性を認め、各人が自らの目的観に基づいて教育を行えばよいではないか、と相対主義的に考えることも、教師や大人の恣意的な教育の拡大を招き、子供への悪影響を拡大する危険につながりかねない。相対主義から教育を、また子供たちを守るためにも、多様な価値の視点を設定し、相互に正当化可能な教育目的を探究することが肝要である。その際、社会の在り方や人々の生き方との関連の中で教育目的が考えられた過程を歴史的に数多く知ることも必要になる。

現在の日本において、教育目的は教育基本法第1条に示されている。それは、人格の完成、及び平和で民主主義的な国家及び社会の形成者として必要な資質を備えた心身とともに健康な国民の育成、である。そして、こうした普遍的価値に基づいた教育目的の実現に向けて、第2条では5項目の達成目標が示されている。私たちは、教育基本法で示された教育目的を人々が議論し検討した上にたどり着いた一つの指標として尊重し、教育に携わる必要がある。ただし、そうした教育目的が社会の在り方と人々の生き方という観点から妥当かどうかを継続的に考えていくこともまた必要となる。

（平井悠介）

References

□市川昭午／編著（2006）『教育基本法』日本図書センター

戦後日本の教育の理念と目的を示した教育基本法は、1947年の制定後、約60年間改正されなかった。同法の改正をめぐる緒論を編んだ本書は、これからの教育の在り方を見定めるために、これまでの教育理念を見つめ直し理解する必要があることを教えてくれる。

□苫野一徳／著（2011）『どのような教育が「よい」教育か』講談社

教育の理念としての「よい」教育とは何か。それは、「よい」社会とは何かという問いなしには答えが導けない。各人が自由を相互に承認する「よい」社会の構築に向けた教育論は現代の教育の理念の一つの形を示している。

□滝沢和彦／編著（2018）『教育学原論』（吉田武男／監修「はじめて学ぶ教職１」）ミネルヴァ書房

教育の概念と理念、歴史や思想に関する教職教養の本テキストは、第４章で教育目的について詳述している。教育目的をめぐる教育哲学論議は、価値多元的な現代社会の教育目的をどう見いだしていくかべきかを考えるための指標を与えてくれる。

2 教育権と学習権

Summary

教育権には「教育をする権利」と「教育を受ける権利」の2つの側面がある。教育をする権利とは、教育の内容や方法を決定する権利のことを示している。教育を受ける権利とは、国民の基本的人権の一つであり、全ての国民に与えられた「ひとしく教育を受ける権利」のことを指す。学習権は、教育を受ける権利を学習者の主体的な立場から捉え直した言葉であり、人間らしく成長発達するために欠かせない重要な権利である。

教育権には、「教育をする権利」と「教育を受ける権利」の2つの側面がある。

教育をする権利

「教育をする権利」とは、教育の内容や方法を決定する権利のことを示している。その権利を有するのは、親、教師、国のいずれなのか、様々な見解がある。

親の教育権は、民法第８２０条で「親権を行う者は、子の利益のために子の監護及び教育をする権利を有し、義務を負う」と規定している。世界人権宣言第26条第３項においても「親は、子に与える教育の種類を選択する優先的権利を有する」としており、実定法上の根拠がある。

教師の教育権は、教育の専門家として子供の教育を受ける権利を保障するために発揮される権利である。これまでの諸説をみると、教師の教育権は職務権限の範囲内のものであるため教育の自由性は低いとする説や、教師にも学問・教育の自由が存在するという説、また、親が教師に教育権を委託する説も存在したが、現在は子供の教育を受ける権利を中核に据えて、教師の役割を考えている。

国の教育権は、議会制民主主義の下で、国民の総意は国会を通じて法律に反映されるので、国は法律に準拠して公教育を運営する責務があるという考えである。

１９６０～７０年代にかけて学力テスト裁判や教科書裁判など法廷内でも、国が教育内容について関与する権能があるという「国家の教育権」説と、国の任務は教育の条件整備であり、国は教育の内容には介入せず、子供の教育内容の決定は、親や教師を中心とする国民全体に委ねるべきという「国民の教育権」説とが存在し、教育権の所在が争われてきた。

現在の公教育制度の下では、全国的な教育水準の確保の点から、国家基準として文部科学大臣が定める学習指導要領の範囲内で、教師には一定程度の教育の自由裁量が認められている。

教育を受ける権利

「教育を受ける権利」とは、国民が有する基本的人権の一つであり、日本国憲法第26条が規定するように、全ての国民に与えられた「ひとしく教育を受ける権利」のことを指す。

同条第1項は「すべて国民は、法律の定めるところにより、その能力に応じて、ひとしく教育を受ける権利を有する」と定めている。同条が示す「教育を受ける権利」は、国が積極的に子供の教育を受ける権利を保障するという社会権的側面と、教育は人間の内面的・精神的な成長発達に必要な営みであるため、国の関与は一定程度に限定するという自由権的側面を併せもつ。

同条第2項は、「すべて国民は、法律の定めるところにより、その保護する子女に普通教育を受けさせる義務を負ふ。義務教育は、これを無償とする」と定めており、子供の教育を受ける権利の保障に対して、国民に課された義務が規定されている。

子の教育について第一義的な責任を有する保護者は、子に9年の普通教育を受けさせる義務を負い、満6歳～15歳の子を就学させなければならない義務が課されている（就学義務、学校教育法第16条、第17条）。また都道府県や市町村は、全ての子供たちが地域の学校に通えるように学校を設置する義務が課されている（学校設置義務、学校教育法第38条、第49条）。さらに、子供を労働から守るために事業所や雇用主に対しては、学齢期の子供をむやみやたらと働かせないように避止義務が課されている（学校教育法第20条、労働基準法第56条）。そして、市町村には、経済的理由によって就学できないことがないように就学援助義務を課している（学校教育法第19条）。

このように、保護者をはじめ国や地方公共団体など社会全体が子供の教育を受ける権利を保障するために、教育制度を維持し、教育条件を整備していかなければならない。

▼学習権

「学習権」とは、教育を受ける権利を学習者の主体的な立場から捉え直した言葉である。人は生まれてから生涯にわたり、成長発達するために学び続ける存在であり、学ぶ権利は人間として生きるために重要な権利となっている。

１９８５年に第4回ユネスコ国際成人教育会議において採択された「学習権宣言」では、学習権を次のように定義し、学習権を基本的人権の一つとして明示した。

「学習権とは、読み書きの権利であり、問い続け深く考える権利であり、想像し創り出す権利であり、自分自身の世界を読み取り、歴史をつづる権利であり、あらゆる教育の手だてを得る権利であり、個人的・集団的力量を発達させる権利である」（学習権宣言、１９８５年）。

生涯学習社会において、学習権は、生涯にわたり人間らしく成長発達していくために必要不可欠な権利となっている。今後、教育制度や教育政策を検討する際には、全ての人の学習権を保障するために、どのような教育制度を維持・発展させ、いかに教育条件を整えていくべきなのか、考えていかなければならない。

（星野真澄）

References

□**日本教育法学会／編（1981）『講座教育法〈2〉　教育権と学習権』総合労働研究所**

日本教育法学会がまとめた本書は、教育学と法学の両方の観点から、教育権と学習権について基礎理論を整理し、現実の諸問題を分析している。

□**内野正幸／著（1994）『教育の権利と自由』有斐閣**

教育の権利と自由について、過去の教育裁判を取り上げながら、教育の主人公は誰か、教育の自由は誰のものか、憲法学者が教育権の問題を分かりやすく解説している。

□**堀尾輝久／著（2002）『新版　教育の自由と権利－国民の学習権と教師の責務』青木書店**

堀尾輝久が教育裁判に専門家証人として関わった際の証言を踏まえて、教育の自由と権利を具体的に論じている。本書は、教科書裁判や学力テスト裁判で争点となった教育権について議論を深める中で、「国民の学習権と教育の自由」の思想と理論を構築している。

3 学校論の系譜

Summary

国家主導で外来文化として形成された日本の学校は、その内部にひずみやゆがみ、ねじれを抱え込むから、批判的学校論を生じやすい。現代は学校論の日常化と市場化の果てに、デジタル・テクノロジーへと代替する、自己否定的な学校改革が進んでいる。今日問うべきは、その改革をいかに方向付けるかではなく、学校と教育を消費の対象としてまなざす、この社会をどう鍛え直すかである。

学校観・学校論・学校学

「学校論」を語ろうとすると、その学校論をどう捉えるかがまず問われよう。ここでは「学校観」と「学校学」を対置しながら、その位相を見定めておきたい。学校観とは広く学校に対する見方や考え方を指し、その存在によってもたらされる様々な思惟をいう。それに対して学校論は、観念的または経験的な見方・考え方を超えた、ある言語化された主体的な意見や主張であり、「〜すべき」という知的内容を擁するものだ。学校学は耳慣れないが、学問的な理論を志向する学校論に基礎付けられながら、アカデミズムの世界にその位置を占めたときに成り立つ。およそ学校観→学校論→学校学の順にその担い手は局限され、その合理性や体系性は高まることになる。

現代の日本では、学校は一つの制度として社会に埋め込まれ、誰もが経験して一家言をもちうるような、身近で当たり前の存在になっている。そうなると、学校論は一部の人々ではなく、誰しもその担い手となるため、それは広範で雑多な総体となろう。ところが学校が国家的に統制・管理され、市場の原理に呑み込まれると、学校論も去勢されて貧弱なものになる。１９８０年代の半ばすぎには、学校経営学者の吉本二郎が「学校学」を提起し、自ら編集代表となって『講座　学校学』を刊行している。学校の自明性と正当性が問われる中での、一つの学問的な応答の試みだったが、これも学校論のバリエーションでしかない。

そうした学校論の日常化と市場化の行く先に、終わりなき学校改革が進行し、その未来形がデジタル・テクノロジーに簒奪されているのが、今日的状況といえる。

歴史的にみた日本の学校と学校論

日本の学校は古代の東アジア世界の変動とともに成立し、近代のウエスタン・インパクトへの対応として再生する。19世紀後半に西洋の学校の在り方を摂取・受容し、明治政府がリードして、その独自な構造と特異な世界をつくり上げる。20世紀の初めにかけて、国民国家づくりとともに学校の制度化と体系化が推進され、欧米からの翻訳紹介を含めた官主導の学校論が相次いだ。それは先端的な知の拠点として、また西洋的な文明化の装置として、各種の学校を有効に稼働・機能させるためであった。

しかし義務教育が整備・確立され、学校が社会的に普及・定着すると、学校論の様相は大きく旋回する。資本制に対応した国家的な営為として発展してきた学校制度は、１９２０年代頃からその内部に変革と再編の動きを生じ、小学校を主舞台とする子供中心主義の「新教育」が現れた。いわゆる大正新教育だが、ここに開花した学校論は、世界的なデモクラシーの高まりや新教育運動に影響・触発されながら、在来の学校を批判して個性や自由を尊重する「新学校」を目指すものや、学校そのものを否定して理想の教育を追い求めるものがあった。

こうした学校と教育のイノベーションは、1930年代後半から総力戦体制へとなだれ込み、近代的な知の在り方を俎上にのせた国家的プロジェクトとして展開される。総力戦に即応した人間形成原理である「錬成」が指導理念となり、学校論はさらに盛行したが、「皇国民」の育成を強力に推進した国民学校は、その結実といえる。だがこの時期は、上級学校への進学熱がますます高まり、受験競争は激化の一途をたどる。学校論は結局、その現実を遠巻きにしながら迷走するしかなかったのである。

学校化社会からデジタル社会へ

敗戦後は学校の求心力がピークに達し、学校論は隆盛を極めた。戦後教育改革が進む中で、平和で民主的な社会づくりに寄せる期待や願望と、戦前から裾野を広げる、社会的な上昇移動・地位達成への欲望がない交ぜになって、とりわけ新制の中学校や高等学校が脚光を浴びた。ところが高度経済成長と大衆消費社会を実現し、中等教育そして高等教育がにわかに大衆化すると、学校は急速に輝きを失いながら、ここでもその内部から異議申し立てがせり出す。

ブラジルの教育家パウロ・フレイレ（P. Freire）や哲学者イヴァン・イリッチ（I. Illich）の脱学校論は、その懐疑的な状況と同調・共振しながらもてはやされた。イリッチの『脱学校の社会』によれば、現代社会は人間を抑圧する「学校化社会」であり、教育はもとより社会全体が学校化されている。もはや学校は卓絶した知の絶対的空間ではなくなったが、それでも学校という制度は社会システムのモデルとして根付いているのだ。解放と自由を求める脱学校論のラディカルな問題提起は、今なお色あせていない。

デジタル社会の推進と実現は、それとは別様の脱学校の社会をもたらしうる。このとき日常化と市場化の中で飼いならされた学校論は、学校改革のうちに収斂・解消されるほかない。今日的に問われるべきは、その改革をいかに方向付けるかではなく、学校と教育さえ消費の対象と捉える、この社会をどう鍛え直すかである。

（平田論治）

References

□日本教育学会／編『教育学研究』第58巻第３号（1991）、第85巻第２号（2018）

冷戦終結の年に刊行された前者は、学校教育の荒廃と混迷を背景に「学校および学校論再考」を特集し、その後四半世紀を超えて刊行された後者は、学校自体の多様化や代替化が進む中で「『学校』を越える」を特集した。読み比べると、興味深い発見がある。

□竹内　洋／著（2011）『学校と社会の現代史』左右社

戦後日本を中心とする学校と教育の歴史的な変遷を、社会の在り方やその変動と関連付けて平易に論じた、放送大学叢書の一冊。歴史社会学・教育社会学を専攻し、多数の著書がある著者の、同時代史的な洞察も織り込まれている。

□パウロ・フレイレ／著、三砂ちづる／訳（2018）『被抑圧者の教育学　50周年記念版』亜紀書房

フレイレは20世紀を代表する教育思想家であり、故国ブラジルでの識字教育の実践でも知られる。学校教育の抑圧的性格を暴いた1968年出版の原著は、多くの言語に翻訳され、1979年には英語版からの日本語訳が刊行されたが、本書は原著のポルトガル語からの翻訳で、出版50周年記念版としてアメリカの研究者の解説を付す。

4 児童中心主義

Summary

「児童中心主義」は、「新教育」の実践にみられる理念と方法原理である。日本においては、「大正自由教育」の実践にみられ、児童の自発性尊重を目的かつ理念とし、児童の実態への適合を方法原理とする思想潮流を指す。その実践では、教育の下で行われる児童の学びが、自発性を体現する自己活動たらんとすることが目指される。

▼「新教育」運動と「児童中心主義」

「児童中心主義」とは、20世紀前半の世界各国において一世を風靡した「新教育」運動の思想的支柱の一つである。この国際動向と連動する形で、各国それぞれの「新教育」及び「児童中心主義」の様態があり、異なる。本項では、日本国内の動向に限定することとする。

ただし、日本において上述の「運動」は、国際動向の受容という形ではなく、国内の自生の動向として現れてくる。その歴史的背景を踏まえながら、解説する。

なお、教育運動の一部であるということには、よく注意を払ってもらいたい。「児童中心」とはいうものの、その構想の先には、よりよい社会の形成が位置付き、児童（＝子供）はその将来（＝大人になる／大人として生きる）を含めてこの社会の中に組み込まれることになる。国内外を問わず、この社会優位の考え方は広く確認できるが、日本では特にその性格が強い。

▼「児童中心主義」自生の土壌

歴史的背景の形成は、１９２０年以降の国家情勢、特に、かねてからの一般大衆による普選（＝普通選挙）運動を受けて、１９２５年の普通選挙法の制定を巡る情勢に始まる。この制定により国民は参政権を得、それゆえ、これを行使する公民となること、さらに、それを実現する教育が期待された。

しかしながら、普通選挙法制定の背後には、運動の趣旨を受容してみせること及び選挙を通じ民意をうたうことによる、大衆運動の沈静化及び再発防止の企図があった。すなわち、普通選挙で民意を政治に反映する建前と政治を国家の意思により管理したい本音とが存在し、それらを同時に満たすことが画策された。加えて、何より、第一次世界大戦後の天皇制国家では、市民と公民の区別が不在であった。

そのため、この状態での公民（形成）教育に対する必要性（＝国家的ムード）の高揚は、国家に都合のよい公民、つまり、自らの考えと意思で政治に（直接・間接を問わず）参加する「市民」を経ずして自己規定した「公民」という、日本特異な人間形成を進め、実現しようとすることとなる。本質的に市民性（＝自由と責任）を伴わせず、形式的に公民性（＝全体への帰属と義務）を受容させようと仕向けるものとなった。

これらは、同時期に見られた通俗教育／社会教育の帰趨（＝当時の文部省による行政化及び「国民精神作興詔書」の「国民精神」の反映）と軌を一にする。それゆえに、日本の教育は、公私ともに、自由を伴わせることのない自発性を最大限に尊重し、その善さを称揚することとなる。

日本の「児童中心主義」

この土壌の上で展開された教育は、「大正自由教育」と呼ばれる。上記の自発性尊重に加えて、1917年の臨時教育会議第2次答申に確認できる「児童ノ理解ト応用トヲ主トシ不必要ナル記憶ノ為ニ児童ノ心力ヲ徒費スルノ弊風ヲ矯正スルノ必要アリト認ム」のような、児童の生活／学習実態に教育を合わせるという発想を特徴としている。

「児童中心主義」は、この日本の「新教育」である「大正自由教育」の実践に広くみられた、児童の自発性尊重を目的かつ理念とし、児童の実態への適合を方法原理とする教育思想（潮流）を指す。教育の下で行われる児童の学びが、自発性を体現する自己活動たらんとすることが目指された。

しかしながら、先に見たように、当時に流通していた「自発性」概念は、自由を伴わない自発性であった。それゆえに、「児童中心主義」の実現は、児童の側の自由に現れず、教育者の側の方法にのみ現れることとなった。すなわち、自己活動という目標の実現が、実践のレベルにおいては、教育者側が方法原理を遵守することが優先され、一方で方法の押しつけとなり、他方で放任／消極的関与となった。

多くの、あるいは、ほぼ全ての実践は、このように、「児童を中心とする」教育の理念が、「児童を中心に置く」教育の方法原理によって歪められるままに留まり頓挫している。

無論、理念と方法が合致した実践も存在していた。ここでは一部の例示しかかなわないが、下中弥三郎・野口援太郎・為藤五郎・志垣寛らによる「教育の世紀社」の「児童の村」プラン、小砂丘忠義・中島菊夫・吉良信之による「SNK協会」をはじめとする「生活綴方」実践及びその運動、木下竹次の下で行われた奈良女子高等師範学校附属小学校での「合科学習」の学校教育実践やそこで山路兵一（／兵市）が行った「遊びの善導」の授業実践など、日本の教育実践史における遺産とすべきものも、相対的には少数となるが、確かにある。

理念と方法が合致したこれらの実践においては、教育者と児童がともに現実への批判を行う機会を実践に盛り込み、自発の生ずる場や文脈に対し、真摯に向き合ったことが共通している。失われていた市民性が誘起する契機が内在していたといえよう。

（小嶋季輝）

References

□民間教育史料研究会／編（1984）『教育の世紀社の総合的研究』一光社

本項では、理念と方法が合致した実践について、詳論する紙幅がなかった。多くの実践史料に当たってもらいたいが、例示したものの中からまずは1点、「教育の世紀社」の広範な実践を参照してほしい。

□堀尾輝久／著（1991）『人間形成と教育―発達教育学への道』岩波書店

本項では国内動向を取り上げた。しかし、「新教育」運動及び「児童中心主義」を巡っては、国際動向及び各国の動向が存在している。本書は、「児童観」を軸に、本項の内容を各動向の中に位置付けてくれるであろう。

□文部科学省／著（2022）『学制百五十年史』ぎょうせい

本項は、国内動向の歴史的背景を、点とその周縁でしか解説できなかった。しかし、可能であれば、通史的な深い理解を行ってほしい。歴史理解は、部分の集合からなるものではない。

5　陶冶と訓育

Summary

教育の過程は、「陶冶」（学力向上）と「訓育」（人間形成）という2つの側面から眺めることができる。陶冶は、子供に学習内容の習得を促す実質陶冶と、記憶力や集中力等の学習を成立させる諸能力の育成を促す形式陶冶に分類される。実質陶冶と形式陶冶の融合は、現代におけるアクティブ・ラーニングの実現を目指した授業改革の文脈で意義をもつ。

教育の過程は、伝統的に次の2つの側面に注目して分析され記述されてきた。それは陶冶（Bildung）と訓育（Erziehung）である。陶冶は、子供に基礎的な知識・技能を習得させ、また記憶力・集中力・批判的思考力等の学習の前提となる諸能力の育成を図ることを通して子供に学力を獲得させる働きを指す。一方で訓育は、子供に世界観や信念に基づく行動の仕方を身に付けさせ、人格形成を促す働きを指す。教育課程の領域でいえば、陶冶は各教科における学習指導の主たるねらいに、訓育は教科外諸活動における生徒指導や生活指導の主たるねらいに位置付くといえる。陶冶と訓育は、同じ教育の過程を異なる側面から考察するため、両者には一定の共通性と質的な独自性が備わっている。

同じ教育の過程を異なる側面から考察することで見えてくるものは何だろうか。例えば、教科学習で習得した基礎的な知識・技能が即座に子供の世界観や信念を形成して行動の仕方を規定し、人格が形成されるということはまず起こらない。知識・技能の習得と世界観や信念に基づく人格形成とはそれぞれ異なる教育の働きとして理解される必要があるし、それぞれ異なる教育方法によってその実現が図られる必要がある。学力の獲得（陶冶）と人格の形成（訓育）とがそれぞれ異なる方法で同時に果たされたときに、教育の営みが初めて成立するのである。

実質陶冶と形式陶冶

知識・技能の習得と学習の前提条件となる記憶力等の形式の育成を促す働きである陶冶は、さらに2つの下位概念に分類される。一つが実質陶冶で、もう一つが形式陶冶である。

実質陶冶とは、学習内容としての基礎的な知識・技能を子供に習得させることを通して「認知能力（cognitive skills）」を獲得させることを主たる目的に据える学習指導の概念である。一方で形式陶冶とは、学習内容の習得よりもむしろ記憶力・集中力・批判的思考力等といった学習の前提となる諸能力を子供に育成することを通して「非認知能力（non-cognitive skills）」を獲得させることを主たる目的に据える学習指導の概念である。

概ねどこの国でも、第一次産業革命期には画一的で基礎的な知識・技能を子供に習得させることを通した国民の育成が強く求められる。それは、工場労働者を量産する必要性を背景にして、工場労働に適した実用的な知識・技能を効率的かつ一斉に教授することが推奨されるためである。このように、実質陶冶には、知識・技術の人から人への伝達可能性を前提にした本質主義的な教育観がその背景に確認できる。

その一方で、実用的な知識・技能の習得からは意図的に距離を置き、学習の前提となる記憶力・思考力・批判的思考力や美的感性等の形式を育成することが推奨されることもある。例えば、欧州では歴史的に、生活言語としてはもはや使用されていないラテン語や古代ギリシャ語を学ぶことが推奨されることがある。ラテン語を学ぶことに生活上の実用的な利益が皆無であるにもかかわらず、それでもラテン語を学び、ラテン語で思考することが知的訓練として重視されるのは、内容の習得よりも形式の獲得を重視し、習得した内容をきっかけにして、より汎用的な能力を身に付けることを目指すためである。形式陶冶の背景には構成主義的な教育観を確認できる。

さて、学校教育法の改正（2007年6月）によって、学力は①基礎的な知識・技能、②思考力、判断力、表現力等の能力、③主体的に学習に取り組む態度——の3つの要素の総体として理解されるようになった。この学力を構成する3観点から陶冶の概念を振り返ってみよう。まず、①「基礎的な知識・技能」の習得は実質陶冶に基づく学習指導において実現が望まれる。そして、②「思考力、判断力、表現力等の能力」の育成は形式陶冶に基づく学習指導において実現が望まれる。では、③「主体的に学習に取り組む態度」の養成はどのようにして実現されうるのか。これは一つに、実質陶冶と形式陶冶との間を子供に往還させることが考えられる。習得した知識・技能（認知能力）をきっかけとしてより汎用的な能力である集中力や批判的思考力（非認知能力）を育成し、そこで磨かれた汎用的能力によって、さらなる知識・技能の習得を欲する内発的動機を子供の内側に創発させる。このように考えると、実質陶冶と形式陶冶は対立すべきものではなく、学習指導を成立させるためのいわば「車の両輪」として相補的な性質を帯びていると理解できよう。

陶冶概念の今日的意義

実質陶冶と形式陶冶の相補的な関係性に着目して両者を融合させる試みが「主体的・対話的で深い学び」（アクティブ・ラーニング）の実現を目指した授業改革である。学習内容としての基礎的な知識・技能の習得と、学習を成立させる前提としての記憶力・集中力・批判的思考力等の育成を同時に可能にする道筋が、半ば古典的ともいえる陶冶概念の再考の末に見いだせよう。

（早坂　淳）

References

□**篠原助市／著（2000）『理論的教育学（改訂）』協同出版**

教育学者・篠原助市による教育学を俯瞰する古典の改訂版。従来の陶冶論を篠原独自の教育学的視点で再解釈している。

□**長谷川　榮／著（2008）『教育方法学』協同出版**

ヘルバルトを批判して社会的教育学を基礎付けたヴィルマンの陶冶論を「教養のある社会人の育成」という文脈から解説している。

□**溝上慎一／著（2014）『アクティブラーニングと教授学習パラダイムの転換』東信堂**

高等教育機関におけるアクティブラーニングについて、海外の動向を踏まえながら理論的に記述。

□**ジェームズ・J・ヘックマン／著、大竹文雄／解説、古草秀子／訳（2015）『幼児教育の経済学』東洋経済新報社**

ノーベル経済賞受賞の著者が40年以上にわたる追跡調査により、やる気・忍耐力・協調性等の非認知スキル（non-cognitive skills）の育成において就学前教育が重要な役割を担っていることを実証的に明らかにしている。

6 系統主義と経験主義

Summary

学びの基底には、常に客体的な「系統」と主体的な「経験」の問題がある。明治以降の「旧い系統主義」から「経験主義」、そして「新しい系統主義」への歴史は、時代状況と、「系統か経験か」の二律背反の「主義」に求められていた。これまでの歴史を超えて、「教育学」の豊かな思考の枠組みに支えられた教育の複雑な営みのうちに回復されることが、今、必要となっている。

学問・科学の先天性を重視する「系統主義」と、「経験」という知識の後天性を重視する「経験主義」の対立は、根本的立場の違いを内に含みつつも、教育の客体と主体の問題でもある。教育は、両者の結合の上に成り立つものであるとすれば、これまでこの議論は、我々に何をもたらしたか、まずは根源をたどることから始めよう。

これまでの歴史

第二次世界大戦後の社会の大きな転換点に導入されたのが、アメリカの「経験主義」教育、デューイ（J. Dewey）の「反省的思考」の理論を根拠に学校教育にもたらされた子供たちの生活経験を中心とした「問題解決学習」である。

「経験主義」教育は、子供の身近な生活現実問題を取り上げ、子供主体の学習を基本として、カリキュラム上は、梅根（1954）の学校教育の生活化によるような経験の主体的統合としてのコア・カリキュラムなど教科統合型を特徴とした。当時の教師の自作の「単元学習」は、実践に大きな教育力を宿し、戦後初期の新しい時代の幕開けにふさわしい時代状況を反映した教育であった。その一方で、社会科の科学的歴史の系統的な学習問題や科学・技術の系統的学習の立場から批判が起こり、「問題解決学習は、知識の主体的組織に成功するにしても、知識の客体的組織には容易に成功しない」という「客観的知識とその系統的習得問題」が「経験主義」教育の批判として巻き起こった。

この時期の教育の立場を広岡（1955）は、「旧い系統」主義と一線を画し、「新しい系統」主義と呼んだ。

ところで、「旧い系統」とは、近代日本の学校教育における「系統主義」のはじめ、国定教科書制度が行われた明治末期から、明るいサクラ読本が現れる前の1933年頃までの「黒表紙教育」時代の教育で、その特徴は、①富国強兵のための強い権威の教育内容、②学ぶ子供の側の論理ではなく、教材の論理的系統性と順次性の教授、③読方では「ハタ、タコ、コマ」、書方では「永」の字法等の要素主義の教材編成――であり、画一的・注入主義による教育であった。この教育の転換は、明治30年代の「活動主義」、大正期自由教育運動とともに、昭和に入ってからは綴方運動等で民衆のリアリズム教育運動として展開され、戦後初期の「経験主義」教育への基盤を築いたのである。

戦後の「新しい系統」主義は、戦後初期の「経験主義」を踏まえ、科学的系統性と子供の発達、学習過程重視の「教育的系統」が目指されたものである。これらは、昭和33年版学習指導要領の基本に貫かれている。

続く1960年代以降の教育内容の現代化の時代には、ブルーナー（J.S. Bruner）の教育理論を根拠に、学習者の認識構造が科学の認識構造と同じとする構造主義の立場から、「学問中心カリキュラム」が構想され、学問の構造を繰り返し学ぶ「らせん型カリキュラム」や「発見学習」によって、学問の側からの「系統」を中心とした認識の「経験」の統合が図られようとした。

こうして、教育は、目指す社会像が明確でない時代に突入し、「系統主義」と「経験主義」の問題は、教育内容や教育過程の研究として、深められていくことになったのである。

歴史を超えて～今日的意義と課題～

今日、子供たちを取り巻く状況は、多様化の一方で、ゲーム性やバーチャル化をはじめ、生きている現実から離れ、異質なものを排除する同質性が高まっているといわれる。人間の様々なテイストを学び、異質との関係性の中で人間性が育まれる大切な子供期は、かけがえのない時である。五感を通した直接「経験」と知の偏りを捨て去る「系統」が、子供たちの人間性を豊かに育む教育実践のためにますます重要性が増している時代にある。

2012年8月の中央教育審議会のアクティブ・ラーニングへの質的転換を求めた答申以来、今日の不確実性の時代に求められてきたのは、「主体的・対話的で深い学び」である。この学びは、ともすれば、いつの間にか教育目的から離れ、方法それ自体が目的化しやすい欠点がある。しかしながら、「主体的」であることは、自由な人間の価値として重要であり、他者との「対話的」な協働によって、「深い学び」の実現につながるのである。

「深い学び」の教育には、既有の知識や「経験」に関連付け、根拠をもち、批判的に検討し、後になっても活用できるように、原理や一般化の「系統」を導き、「自分事」として捉えることができる学習が必要となる。「教科内容の学習を通して、問題解決の手法を学ぶ」という主体と客体の往還が、学習上、重要となっているのである。

こうして、「系統主義」と「経験主義」の議論は、「系統か経験か」の二律背反の歴史を超えて、「教育学」の豊かな思考の枠組みに支えられた主体と客体の結合をめぐる複雑な営みのうちに回復されることが、今まさに求められている。

（木村範子）

References

□ J.デューイ／著、市村尚久／訳（2004）『経験と教育』講談社、J.デューイ／著、松野安男／訳（1975）『民主主義と教育』〈上〉〈下〉岩波書店、J.デューイ／著、市村尚久／訳（1998）『学校と社会・子どもとカリキュラム』講談社

デューイの経験主義教育理論。学校を社会生活と関連させ、人間の主体的経験を実験主義として改造しようとした。

□梅根　悟／著（1954）『問題解決学習』誠文堂新光社

よりよい問題解決思考を育む学習を解明しようとした。

□広岡亮蔵／著（1955）『学習形態ー系統学習・問題解決学習』明治図書出版

系統学習と問題解決学習の歴史と統合の根本問題に言及した。

□ J.S. ブルーナー／著、鈴木祥蔵・佐藤三郎／訳（1986）『教育の過程』岩波書店

ブルーナー仮説は、子供たちに学問の強力な観念を効果的に把握させることができる教育内容をいつでも準備することにあった。

7 学習指導

Summary

学習指導は、教師による教育目標の下での意図的組織的な取組である。そこでは、様々な方法や形態、技術とともに、プロジェクト学習のような学習者中心のアクティブ・ラーニングが重視されている。授業づくりにおいては、教育工学的方法であるインストラクショナル・デザインがあり、学習環境のイノベーションが学習指導の転換を促す。

学習指導の概念と方法

学習指導とは、教育目標の達成を目指して教師が一定の教育内容を組織的に指導する営みである。教育目標には、人格形成、生活に必要な基礎基本の習得、進学や資格取得といったねらいがある。また、教師の役割には、学習者の活動を支援する方法や、学習者同士が学び合うような仕掛けづくりが含まれる。教育内容も、学習指導要領が学年及び教科ごとに定められており、教科書や教材に反映される。

学習指導の方法には、教育内容を順序立てて指導する系統学習、学習者の生活や社会を取り巻く問題を取り上げその解決を目指す問題解決学習、さらには学習者が学問の構造を発見し他へと転移することで、科学者のような見方や考え方を獲得する発見学習がある。学習形態については、一人の教師が多数を対象に教える一斉教授、班やグループを活用して互いの考えを交流する小集団学習、教師と学習者が一対一で指導する個別学習とともに、複数の教師が指導に当たるティーム・ティーチングも行われる。

授業づくりと指導技術

授業づくりは、目標設定—単元計画—本時の指導—評価から構成される。目標設定においては、学習指導要領や教育課程上の位置付け、教科内容や教材の特質、児童生徒の実態、教師の指導観や信念といった要因を整理しながら、単元目標と各授業の目標が具体化される。単元計画においては、「一次関数」や「鎌倉時代」といった学習内容のまとまりに即して、時間配分や各時の内容が計画される。それを踏まえて授業時間ごとに、本時目標を設定するとともに、導入—展開—まとめといった区切りごとに学習活動を提示する。評価においては、単元や本時の目標と対応させながら、評価の観点や方法を設定する。

授業において用いる主な指導技術には、発問、話し合い、板書やノートといった方法がある。発問には想起、予測、理由、まとめといった機能があるが、教師からの問いかけにとどまらず児童生徒の「問い」へとつなげる必要がある。話し合いには、自分と異なる意見や考え方に触れるとともに、ディベートや対話型論証のように対立する意見や根拠を基に自身の考えを主張することや、倫理的な問題について考える哲学対話と呼ばれる方法もある。板書やノートには、授業中の学習過程について要点を明示することで、学習内容を振り返り理解の状況を記録するという働きがある。

近年では知識を記憶するだけではなく、分析や推理、協調性や批判的思考といった資質や能力が重視される。そのため、学習者自身が探究し、対話や討論を通じて発表するプロジェクト学習のようなアクティブ・ラーニングが実践されている。そこでは、タブレット型コンピューターを用いて、調べ学習、学びの記録や発表、教室内外との通信といった活動も取り入れられる。

▼インストラクショナル・デザインと学習環境

インストラクショナル・デザインとは、学習者の学習過程を支援するための教育工学的方法である。授業設計のプロセスとしては、ＡＤＤＩＥモデルと呼ばれる手法が採られる。それは、目標を明確化するための分析（Analysis）、教材研究による設計（Design）、単元計画や教材準備を行う開発（Development）、授業実践である実施（Implementation）、振り返りと改善を通した評価（Evaluation）からなる。また、児童生徒に対する動機付けとして、注意（Attention）、関連付け（Relevance）、自信（Confidence）、満足（Satisfaction）の過程からなるＡＲＣＳモデルも開発されている。

さらに、指導過程のモデルとしてはガニェ（R.M. Gagne）の9教授事象がある。これは、1)学習者の注意喚起、2)目標の提示、3)前提条件の想起、4)新しい事項の提示、5)学習の指針、6)練習の機会、7)フィードバック、8)学習成果の評価、9)保持と転移——からなっており、導入—提示—活動—まとめの各段階に対応している。

山内（２０２０）は、物理的学習環境としての空間と人工物、社会的学習環境としての活動と共同体という4要素を取り上げている。学習空間については、ラーニングコモンズやアクティブラーニングスタジオのように、調べ学習、話し合い、プレゼンテーションができるレイアウトが採られている。人工物については、コンピュータ支援による協調学習（ＣＳＣＬ）や携帯電話を活用したデジタル教材が挙げられる。学習活動については、ワークショップや大規模公開オンライン講座（ＭＯＯＣ）、一斉教授は動画配信で行い、授業では議論や課題解決を中心に行う反転学習等がある。共同体については、専門家と学校とを電子ネットワークでつなぐ実践共同体や、ソーシャルメディアの活用例がある。このように、学習環境のイノベーションが、学習指導の在り方や方法の転換へとつながっていく。

（樋口直宏）

References

□小塩真司／編著ほか（2021）『非認知能力—概念・測定と教育の可能性』北大路書房

非認知能力について、誠実性、グリット、自己コントロール、好奇心、批判的思考、楽観性、時間的展望、情動知能、感情調整、共感性、自尊感情、セルフ・コンパッション、マインドフルネス、レジリエンスといった心理特性を取り上げ、研究動向とともに説明している。

□向後千春／著（2015）『上手な教え方の教科書—入門インストラクショナルデザイン』技術評論社

運動技能、認知技能、態度に関するインストラクショナルデザインの基礎理論や原理とともに、ニーズ分析とゴール設定、リソース、活動、フィードバック、評価の設計について、具体的な方法が示されている。

□山内祐平／著（2020）『学習環境のイノベーション』東京大学出版会

学習環境をどのように構築して学習者の学びを支えるかについて、学習論の歴史的系譜や代表的な方法を述べた上で、学習環境の4要素に関するそれぞれの実践例を挙げながら学習環境デザインの過程について考察している。

8　教育方法学

Summary

教育方法学に影響を与えた代表的な教授原理には、ソクラテスによる対話、コメニウスやペスタロッチによる直観教授と、フレーベルの恩物、デューイの問題解決学習、ヘルバルトによる段階教授等が挙げられる。自己調整学習、協調学習、認知的徒弟制、活動理論といった構成主義に基づく学習科学が発展している。

教育方法学の対象と研究方法

教育方法学とは、人間形成の方法について研究する学問である。ルソー（J.J. Rousseau）は自然―事物―人間という3種類の教育を取り上げ、子供の有する本性を大切にする合自然の教育を説いた。その一方で、人間を取り巻く環境や事物、さらには親、教師、友人といった他者による働きかけや相互作用も人間形成には影響する。

教育方法学の対象として、教授の三角形と呼ばれる学習者、教材、教師の3つがある。学習者については、発達段階、資質・能力、個性、学習意欲、集団等が研究される。教材については、道具としての教科書、実物、副教材、ＩＣＴ、環境としての校舎、教室、教具等がある。教師については、専門性、指導技術、計画、実践、授業分析等が挙げられる。これらを見通して、カリキュラムや評価の在り方が検討される。

研究方法としては、理論的研究と実践的研究の2つに分けられる。理論的研究は、広く人間形成の方法について、すぐれた教育思想や現代の国内外における指導や学習に関して考察する。実践的研究は、教材や指導法について開発・実践するとともに、授業観察に加えインタビューや質問紙等を用いて教師や子供の行動や思考を明らかにする。これらはレッスンスタディと呼ばれ、海外からも高い評価を受けている。

教授原理の展開

教育方法学に影響を与えた代表的な教授原理として、対話、直観、段階教授が挙げられる。このうち対話について、古代ギリシャではソフィストが知や徳を教えて金銭を受け取っていたのに対して、ソクラテス（Socrates）は、「（魂の）助産術」と呼ばれる問答や対話を実践した。「無知の知」である人間に対して、「知恵、勇気、節制、正義とは」と問いかけ、意見を出させて矛盾に気づかせることで、学習者の中にある知や徳を引き出した。

これに対して、近代教授学においては抽象的な言語だけではなく、実物やモデル等を用いて感覚に直接訴える直観教授が提唱された。コメニウス（J.A. Comenius）は『大教授学』において、万物についての百科全書的知識である汎知体系（pansophia）を提示するとともに、「すべての人に、すべてのことを、全面的に教える」ための原理と、それを実践するための絵入りの教科書である『世界図絵』を刊行した。ペスタロッチ（J.H. Pestalozzi）は民衆に対する教授の方法として、「直観のＡＢＣ」と呼ばれる数―形―語を知覚によって捉えることを目指し、フレーベル（F.W.A. Fröbel）も幼児教育において恩物と呼ばれる教具を開発した。20世紀には、デューイ（J.

Dewey）によって道具主義（プラグマティズム）に基づく経験主義及び問題解決学習へと発展した。

教授を通じた人間形成を目指したヘルバルト（J.F. Herbart）は、子供の興味を喚起しながら専心と致思という心的機能によって「明瞭—連合—系統—方法」の4段階の認識過程を考えた。チラー（T. Ziller）はこれを「分析—総合—連合—系統—方法」の指導過程に応用して、さらにライン（W. Rein）は「予備—提示—比較—概括—応用」の5段階教授とした。谷本富は、日本における近代学校の指導原理としてこれを明治期に導入した。

学習科学の発展

今日では、心理学、情報科学や脳科学の知見を利用した学習科学が発展している。それまでの研究は、個人がいかに知識を習得し行動するかに焦点を当てていたのに対して、学習科学ではピアジェ（J. Piaget）による構造化された知識を意味するスキーマ論や発達段階論に基づく構成主義の立場をとる。構成主義においては、情報を機械的に暗記するのではなく、学習者の既有知識や経験と関連付けながら取り込み変形させることが重視される。その際、発達の最近接領域に当たる手がかりを通じて課題を解決する足場かけ（scaffolding）が行われる。また、素朴理論と呼ばれる学習者の誤った認識を修正する取組は概念変容研究と呼ばれる。さらに、学習者自身がどこで何につまずいているのかをモニタリングしながら対応することを自己調整学習と呼び、主体的な学びや自己効力感といった動機付けにもつながってくる。

これらとともに、分かり方／分からなさを友人に説明したり、一緒に解決の仕方を考えたりすることを社会構成主義という。グループでの協調学習（collaborative learning）によって建設的相互作用が働くとともに、学習課題をグループで分割した上で、内容を理解したメンバーが再構成されるジグソー学習や、教室で相互に学び合う関係をつくる「学びの共同体」論にも適用される。このほかにも、弟子が師匠の様子を観察して、しぐさや方法知といった状況に埋め込まれた要素を身体化する認知的徒弟制や、主体—対象—道具という枠組みを拡張していく活動理論と呼ばれる研究が進められている。

（樋口直宏）

References

□川地亜弥子・田中耕治／編著（2023）『時代を拓いた教師たちⅢ—実践記録で紡ぐ戦前教育実践への扉』日本標準

山本鼎、友納友次郎、神戸伊三郎、小倉金之助、岡倉由三郎、及川平治、澤柳政太郎、羽仁もと子、野村芳兵衛、石井筆子、留岡幸助、戸塚廉、村山俊太郎、石橋勝治、小砂丘忠義、峰地光重といった、戦前期の教育実践者について考察している。

□日本協同教育学会／編（2019）『日本の協同学習』ナカニシヤ出版

バズ学習、LTD話し合い学習法、協同作業認識尺度等の理論とともに、英語教育、看護教育、ポスト近代型能力等を育成する観点から、協同学習に関する歴史及び理論を多角的に論じている。

□大島　純・千代西尾祐司／編著ほか（2019）『主体的・対話的で深い学びに導く　学習科学ガイドブック』北大路書房

スキーマとメンタルモデル、誤概念、モデルベース学習、自己説明、構成主義と構築主義、コラボレーション、自己調整学習、素朴理論といった理論とともに、授業設計に関する方法が、キーワードに即して解説されている。

9 授業研究

Summary

授業研究とは、教師が同僚と協働して互いの授業を見合い、批判、検討し合うことで、授業改善を図る手法である。その起源は学制期の師範学校にみることができ、近代学校教育制度の確立とともに全国に普及している。戦後、教員研修の方法として広く取り入れられ、現在は、国際的にも評価されている。実際の展開においては、様々な目的、形態、主張をみることができる。

意味

授業研究とは、教師が同僚と協働して互いの授業を見合い、批判、検討し合うことで、授業改善を図る手法を指す。ここでの同僚には、同じ学校の教師のほか、外部の教師、教育委員会や大学の指導者等も含まれる。授業は、学校の教室等で実際に子供に対して行われる。普段、指導している学級に対して授業をする場合と、他の学級や他の学校で行う場合とがある。

批判、検討の対象は、授業の目的、内容、方法など授業のあらゆる面に及び、授業前の教材研究及び指導案作成、授業及び授業参観、授業後の研究協議会を通して行われる。授業者である教師と授業参観者による協働は、教師個人の授業技術の向上や自己啓発・自己研鑽だけでなく、教師間のネットワークを広げる意味合いを有している。

歴史

授業研究の起源は、１８７２年に東京に設立された師範学校（筑波大学の前身）において行われていた批判授業や模範授業に、その原型を求めることができる。批判授業とは、学生に授業をさせ、その授業を他の学生や教師が参観し、授業後に検討を行うものであり、模範授業とは、熟練した教師が規範となる授業を行い、学生や教師がそれを参観するものである。いずれもアメリカの師範学校の実践を基にしたもので、１８８３年の『改正教授術』（若林虎三郎／編）に紹介されている。ここには、授業を検討する視点もまとめられている。

明治後期には、地方の学校でも授業批評会が開催されるようになる。ヘルバルト派の5段階教授法が紹介された際には、これを検討、普及する研究授業が行われ、教師による教育研究の方法として授業研究は取り入れられていく。

大正期に入ると自由教育運動の中で、様々な教育実践が行われるようになる。生活綴方教育や生活算術等の実践が師範学校の附属学校や私立学校で実践され、その紹介や検討のために、公開授業研究会が盛んに行われている。全国から教師が集まり、授業研究を通して新しい教育実践についての情報を得たり、検討したりすることが行われている。

第二次世界大戦後には、問題解決の指導法の普及や研究として、授業研究が行われる。また、現代化以降は、授業観察の方法の確立や授業構造を分節化など、授業を科学的に捉えようとしたり、教育方法の研究として位置付けたりするなどの進展がみられる。また、教育行政においても、教師の研修の方法として授業研究は広く取り入れられることとなる。

近年には、国際比較調査における日本の

学力が高い要因として、授業の質の違いや授業研究による教師の専門性の向上が紹介され、日本の授業研究は国際的に注目を集めている。国際協力の一環として、日本人の専門家による授業研究の方法の紹介がされたり、授業研究を研究対象とする国際学会が発足したりするなど、国際的な展開をみせている。

多様な実施形態

授業研究には、様々な目的や形態、主張がみられる。教材研究や子供の思考の発達を重視した綿密な学習指導案に基づく授業と、授業の逐語記録を基にした授業参観者の批判、検討や専門家の講評による授業の分析が一つのタイプとして考えらえる。

別のタイプでは、教科の指導内容や指導法等には重きを置かず、グループ分けや授業形態の有効性を検討することに重点を置くものもある。また、授業を評価するチェックリストを事前に作り、これに基づいて参観した授業を評価し検討するものや、子供たちの表情観察を観点としているものもある。場合によっては、研究協議会の後に、別の学級でもう一度同じ授業を行い、2つの授業を比較して、改善点を授業研究の成果とするタイプもある。研究協議会を開催しても、実質的な批判、検討が行われず、形式的で表面的な協議に陥ってしまう授業研究の形骸化も近年は指摘されている。

また、授業研究には、教師の自主的な教育研究として行われるものと、教育行政の主導によって行われるものがある。前者には、研究会や学会、教職員組合などで行われている研究があり、後者には、教育委員会や研究開発学校での研究があり、校内研修や市区町村の学校で定期的に行われる研修等も含まれる。これらは、恒常的な教師の指導技術向上や授業改善のサイクルとして位置付けられる。また、教師による教育研究としては、研究テーマに即した研究内容を授業実践の形で提案するという意味合いも有している。

（蒔苗直道）

References

□秋田喜代美・藤江康彦／著（2010）『授業研究と学習過程』放送大学教育振興会

授業研究を知る上での入門的教科書。

□ジェームズ・W・スティグラー、ジェームズ・ヒーバート／著、湊　三郎／訳（2002）『日本の算数・数学教育に学べ─米国が注目する jugyou kenkyuu』教育出版

原著は、James W. Stigler & James Hiebert (1999), *The Teaching Gap: Best Ideas from the World's Teachers for Improving Education in the Classroom,* Free Press. 海外から見た日本の授業研究の特徴が述べられている。日本の授業研究が海外から注目され、世界中に広まる契機となった書籍。

□日本教育方法学会／編（2009）『日本の授業研究〈上巻〉─Lesson Study in Japan─授業研究の歴史と教師教育』『同〈下巻〉─同─授業研究の方法と形態』学文社

英語版は、National Association for the Study of Educational Methods ed. (2011) *Lesson study in Japan,* Keisuisha.

日本教育方法学会による日本の授業研究の歴史と現在の状況、方法と形態、教師教育における位置付けを紹介した書籍。

10 教育評価

Summary

教育評価とは、教育活動に関わる様々な情報を収集し、その情報を次の教育活動に活用する行為である。「指導と評価の一体化」というキーワードの下で、目標に準拠した評価に基づいた教育活動の改善に取り組むことが求められている。学びを分析的に捉える観点別学習状況の評価の観点は、学習指導要領が示す資質・能力の３つの柱に対応しており、各教科等で一律に「知識・技能」「思考・判断・表現」「主体的に学習に取り組む態度」となっている。教育評価に当たっては、何のために評価を行うかということを常に意識することが重要である。

教育評価とは、教育活動に関わる様々な情報を収集し、その情報を次の教育活動に活用する行為である。対象となる教育活動の範囲は広く、それに伴って「学習評価」「教員評価」「授業評価」「カリキュラム評価」「学校評価」のように、教育評価の中身も多様である。ここからは、児童生徒の学習状況の評価である「学習評価」に焦点を当てて説明をしていく。

２０１７・１８年告示の学習指導要領では、小学校から高等学校まで一貫した文言で、学習評価の充実を次のように示している。

(1) 児童のよい点や進歩の状況などを積極的に評価し、学習したことの意義や価値を実感できるようにすること。また、各教科等の目標の実現に向けた学習状況を把握する観点から、単元や題材など内容や時間のまとまりを見通しながら評価の場面や方法を工夫して、学習の過程や成果を評価し、指導の改善や学習意欲の向上を図り、資質・能力の育成に生かすようにすること。

(2) 創意工夫の中で学習評価の妥当性や信頼性が高められるよう、組織的かつ計画的な取組を推進するとともに、学年や学校段階を超えて児童の学習の成果が円滑に接続されるように工夫すること。

（引用部は、小学校学習指導要領「総則」第3の2）

また、２０１９年1月に中央教育審議会初等中等教育分科会教育課程部会が出した報告「児童生徒の学習評価の在り方について」では、学習評価の基本的な方向性として、「①児童生徒の学習改善につながるものにしていくこと」「②教師の指導改善につながるものにしていくこと」「③これまで慣行として行われてきたことでも、必要性・妥当性が認められないものは見直していくこと」の3点が示されている。次に、この資料のポイントについて説明する。

観点別学習状況の評価

「指導と評価の一体化」というキーワードの下で、目標に準拠した評価に基づいた教育活動の改善に取り組むことが求められている。ここでは、評価がもつ指導機能に重きが置かれており、カリキュラム・マネジメントとも関係している。

学校現場においては、学びを分析的に捉える観点別学習状況の評価を行う。観点は、学習指導要領が示す資質・能力の3つの柱に対応しており、各教科等で一律に「知識・技能」「思考・判断・表現」「主体的に学習に取り組む態度」となっている。

「知識・技能」の評価では、学習の過程を通した知識及び技能の習得状況について、他の学習や生活の場面でも活用できる程度の概念の理解や技能の習得ができているかを評価する。評価の方法としては、ペーパーテストにおいて文章による説明をさせたり、観察・実験、式やグラフで表現する活動を取り入れたりといったことが挙げられる。

「思考・判断・表現」の評価では、知識及び技能を活用しながら課題を解決するために必要な思考力、判断力、表現力等を身に付けているかを評価する。評価の方法としては、論述やレポートを作成したり、発表や話し合いをしたりといった活動を取り入れ、その成果物をポートフォリオに収集するといったことが挙げられる。

「主体的に学習に取り組む態度」の評価では、知識及び技能や思考力、判断力、表現力等の学習において粘り強い取組を行おうとしている側面や自らの学習を調整しようとしている側面を評価する。評価の方法としては、ノートやレポート等の記述や授業中の発言、教師による観察や児童生徒による自己評価や相互評価といったことが挙げられる。なお、感性や思いやりといった「人間性」については、観点別学習状況の評価になじまないため、個々の児童生徒の成長を継続的かつ全体的に評価する「個人内評価」を行う。

また、観点別学習状況の評価の結果を総括し、3段階（小学校）もしくは5段階（中学校・高等学校）で示したものが「評定」である。ここでは、評価が担う証明機能に重きが置かれている。

▼教育評価に当たっての留意点

教師が評価のための情報収集に必要以上に追われて疲弊してしまうという問題が指摘されている。こうした問題の解決に関連して、2019年の指導要録改訂では「指導に関する記録」における文章記述の所見欄が簡素化されたり、通知表と様式を共通化できることが示されたりしている。

教育評価に当たっては、何のために評価を行うかということを常に意識することが重要である。

（菊田尚人）

References

□国立教育政策研究所教育課程研究センター／著『学習評価の在り方ハンドブック』【小・中学校編、2019年】【高等学校編、2019年】東洋館出版社

□国立教育政策研究所教育課程研究センター／著『「指導と評価の一体化」のための学習評価に関する参考資料』【小・中学校編、2020年】【高等学校編、2021年】東洋館出版社

教育評価の改善に関わる政府の答申や報告等を踏まえて、国立教育政策研究所が作成した資料である。これからの教育評価に関する基本的な考え方や具体的な事例等が丁寧に解説されており、教育評価に関する必読資料である。

□田中耕治／編（2021）『やわらかアカデミズム・〈わかる〉シリーズ　よくわかる教育評価［第3版］』ミネルヴァ書房

教育評価の基本概念や歴史、方法、入試制度、諸外国の評価制度といった教育評価に関わる基本的なトピックが網羅されているテキストである。教育評価の全体像を把握したい初学者にお薦めの一冊である。

11 メタ認知

Summary

メタ認知は、自己の認知活動についての認知を意味するものであり、主に知識成分としてのメタ認知的知識と活動成分としてのメタ認知的活動とに大別される。特に学習との関連において、学習者が自らの学習過程をモニターし、それに基づいて調整を加え軌道修正を行うというように、メタ認知を効果的に働かせることが、実り豊かな主体的、能動的な学びの鍵として重要視されている。

「メタ認知（metacognition）」は、「認知についての認知」ともいわれ、自己の認知活動そのものを対象とした認知を指す言葉である。そもそも「メタ（meta-）」とは、「より上位の」「高次の」等の意味を含む接頭辞であり、したがってメタ認知は、一段上の視点から自身の認知活動を俯瞰し、それを理解したり、調整したりする働きと捉えることができるだろう。

特に近年では、子供たちの主体的、能動的で実りある学習活動の実現に向け、メタ認知を働かせることがその鍵を握ると目され、一層重要視されている。

▼メタ認知の分類

一口にメタ認知といっても、そこにはいくつかの要素が存在する。以下では、三宮（2008、2018）による分類に基づきながら、その概要を把握しておこう。

まず、メタ認知は知識成分と活動成分の2つに大別される。前者はメタ認知的知識、後者はメタ認知的活動（もしくはメタ認知的経験）と呼ばれる。

メタ認知的知識は、我々の認知についての知識であり、主として次の3つの要素に分類される。

① 人間の認知特性についての知識：自分や他者、人間一般の認知特性についての知識（「私は論理的思考が苦手だ」など）

② 課題についての知識：課題の性質が認知活動に及ぼす影響についての知識（「繰り上がりのある足し算は、ない足し算よりも間違いやすい」など）

③ 課題解決の方略についての知識：目的に応じた効果的な方略の使用についての知識（「計算ミスを防止するには、検算が役立つ」など）

学習科学の領域では、特に③が重視されており、これらはさらに宣言的知識（方略の内容）、手続き的知識（方略の使い方）、条件的知識（方略を使うタイミング、理由）の3つに分類される。

一方、活動成分であるメタ認知的活動は、大きく次の2つに区分される。

① メタ認知的モニタリング：認知活動の現在の状態をモニターする（認知についての気付き、予想、点検、評価など）

② メタ認知的コントロール：進行中の認知活動を調整する（認知についての目標設定、計画、修正など）

上記2つのメタ認知的活動は、モニターの結果に基づくコントロール、そしてコントロールした結果の再度のモニターというように、そのプロセスを繰り返しながら循環的に機能していくものである。

また、こうしたメタ認知的活動は、先に示したメタ認知的知識に基づいて行われることとなる。そのため、メタ認知的知識に誤りがある場合、それに即したメタ認知的活動が適切さを欠いたものになりかねないという点に留意しておきたい。

学習におけるメタ認知の意義と役割

学習者による主体的な学習場面を想定してみると、そこでは学習者自らが学ぶ内容や方法を選択、決定したり、学習の達成状況をチェックしたりすることが少なからず求められる。自身の学習の過程を俯瞰的に捉え、見直すようなメタ認知が、そういった場面で重要な意味をもつことはいうまでもない。メタ認知に関わる能力は、2017・18年告示の学習指導要領においても、育成すべき資質・能力の「学びに向かう力、人間性等」に含まれるものとして、重視されているところである。

とりわけメタ認知との深い関連性から昨今注目される学習論に、「自己調整学習（self-regulated learning）」がある。これは、学習者が自らの学習を調整しながら能動的に学習目標の達成に向かう学習と捉えられる。自己調整学習は、主に予見の段階（学習目標を設定する）、遂行・コントロールの段階（学習行動をとる）、自己省察の段階（行動を評価し次の予見に作用する）からなる循環的プロセスに沿って進行していく。各段階には、例えば自身の学習状況をモニターし困難点を把握したり、学習がうまく運ぶよう調整を加えたりといったメタ認知的（学習）方略を用いる場面が随所に埋め込まれており、自己調整学習の成否を決定付ける主要な役割を担っている。

このように学習者の学びを支え、学ぶ力を育む観点から、学習者のメタ認知を促進するためのアプローチが提案されている。いくつか例を挙げれば、他者への教授（他者に教えることで学ぶ）、課題遂行中のメタ認知的手がかりの提示、意見の異なる他者との討論、などである。

一方で、メタ認知には留意すべき問題点も残されている。例えば、メタ認知が過度に働きすぎると、学習者が行動する際に臆してしまったり、かえって活動の停滞を招いたりする場合がある。どのような状況でどの程度メタ認知を働かせるか、それを判断することも必要とされるのである。

メタ認知の特性を理解し、学習者の自ら学ぶ力を伸ばす学習環境をデザインしていく――今、それが求められている。

（遠藤優介）

References

□三宮真智子／編著（2008）『メタ認知―学習力を支える高次認知機能』北大路書房

多様な領域で展開されるメタ認知研究について、とりわけ学習に関連するメタ認知研究の成果が詳細にまとめられている。理論面から応用面まで幅広い内容がカバーされており、メタ認知研究の全体像をつかむことができる。

□三宮真智子／著（2018）『メタ認知で〈学ぶ力〉を高める―認知心理学が解き明かす効果的学習法』北大路書房

前半ではメタ認知を理解する上で押さえておくべき基本的な内容について、後半では学習に役立つメタ認知的知識について、トピックごとの解説がなされている。前掲書との関連から、併せて読まれることをおすすめする。

□R. K. ソーヤー／編、森　敏昭・秋田喜代美・大島　純・白水始／監訳、望月俊男・益川弘如／編訳（2018）『学習科学ハンドブック［第2版］第1巻―基礎／方法論』北大路書房

近年注目度が増している学問領域「学習科学」について、メタ認知を含め広範な内容が網羅されたハンドブック（3分冊）である。第2版の刊行に当たって新たな知見も盛り込まれ、学習科学研究の射程と現在地を知ることができる。

12 エスノグラフィーとアクションリサーチ

Summary

エスノグラフィーとアクションリサーチは、教育活動のプロセスの実際に接近するための質的アプローチの研究手法である。エスノグラフィーが調査対象の日常的な実態を観察し記述することに主眼を置くのに対し、アクションリサーチは研究対象者の実践に積極的に関与し、対象者の変容と実践の改善を目指している。

２０００年前後から実証的な資料（エビデンス）に基づいて教育実践の有効性を検証するための様々な調査が、教育活動の場で実施されている。とりわけ学力・学習状況調査や子供の生活習慣・学校環境調査の結果は、教育関係者のみならず幅広い関心を集めてきた。これらテストやアンケートといった「量的アプローチ」による調査は、教育活動の現状と結果を包括的に把握する上で有効である一方、こうした現状や結果がどのようにして生じるのか、そのプロセスの解明については一定の限界があることが指摘されている。それに対して、教育実践のプロセスに着目する研究方法が、観察や聞き取りといった「質的アプローチ」である。エスノグラフィーとアクションリサーチは、この質的アプローチに含まれる。

調査研究としてのエスノグラフィー、実践研究としてのアクションリサーチ

エスノグラフィーとアクションリサーチは、いずれもフィールドワーク——出来事が生じている現場に足を踏み入れ、そこでの人々の生活や行動、社会の仕組み等を学び、理解する「現地調査」——を中心に進められる点で共通している。が、その目的と方針について、両者の間には違いがある。

エスノグラフィーは、調査者が自らの所属するものとは異なる社会、文化、集団に身を置き、被調査者と日常生活を共にしながら出来事を観察し、記述し、モノグラフ（調査報告書）にまとめ上げていく一連の過程を表す用語で、主に「民族誌」と訳される。文化人類学において発展してきた調査手法であり、その後社会学、心理学、教育学においても用いられるようになった。

エスノグラフィーの中心的な作業は、主に次の3つのステップから成り立っていると考えられる。

① 集団や組織の文化や仕組みを、その集団ないし組織の当事者の視点、主観的な意味付けに即して理解する。

② その文化や仕組みを、より広範な社会的・歴史的文脈に適切に位置付ける。

③ その結果を、対象となった文化、仕組みの外側の人々にも理解可能な言葉に〝翻訳〟する。

これらの作業を通して、若者の進路展望の形成過程や課題集中校での生徒と教師の学校経験、子供期におけるジェンダー形成の過程など様々な領域で、アンケート調査では明らかにしにくい踏み込んだ知見がもたらされてきた。

こうして得られた知見は、現場の教育実践を改革する上での基礎的な資料となる。しかし、必ずしも実践の改革を直接の目的としてエスノグラフィーが行われるわけではない。それに対して、分析によって得られた知見やデータが教育現場の問題にどのように役立つのか、という実践性を志向す

る研究方法がアクションリサーチである。

アクションリサーチは、実践の現場の実態に応じてより望ましい状態を継続的に模索していく実践的な研究方法を表す。1940年代、様々な集団の凝集性やリーダーシップなど集団力学を研究するための手法として社会心理学者のレヴィン（K. Lewin）によって提起された。その特徴は、以下の2点である。

① 実践現場の問題、課題に対し、計画―実施―評価のサイクルを繰り返す過程を通して状況の変化を図る。

② 現場の当事者は変化の担い手として参加し、研究の過程で見いだされた事実を自らの実践に結び付けていくことが求められる。

このようにアクションリサーチでは、研究者（調査者）と研究対象者（実践者）との協働を通して、現場で生じている様々な課題の改善、支援の在り方に関する知見を得ることが目指されている。

調査者と対象者との関係

エスノグラフィーとアクションリサーチそれぞれの特徴を規定しているものの一つに、フィールドワークの過程及び報告における調査者の立ち位置の違いがある。

エスノグラフィーもアクションリサーチもフィールドワークを中心に進められる以上、調査者は現場の人々と関わりをもつこととなる。その過程で現場での出来事に影響を与え、また調査者自身のものの見方も影響を受けることは避けられないだろう。

こうした調査者と対象者との相互影響は、エスノグラフィーではデータの収集と分析の前提であり、それ自体が研究の目的ではない。調査の主体は、基本的に調査者である。一方、アクションリサーチでは、この相互影響それ自体が研究目的の一つとなる。つまり、研究を通した実践者の専門性の発達という観点が含まれているのである。それゆえ、調査者は研究のガイドとしての役割を担い、調査者と実践者は共同研究者としての関係を構築することが求められる。

目的、方針、調査者と対象者との関係において違いはあるが、エスノグラフィーとアクションリサーチはいずれも、教育活動のプロセスの実際に接近するための有効な手法となりうるだろう。

（岡部善平）

References

□知念　渉／著（2018）『〈ヤンチャな子ら〉のエスノグラフィー―ヤンキーの生活世界を描き出す』青弓社

〈ヤンチャな子ら〉と呼ばれる若者たちの学校経験、社会関係を、3年間のエスノグラフィックな調査とその後の追跡調査によって鮮やかに記述した好著。分析内容のみならず、その方法論からも学ぶことは多い。

□クリスティ・クルツ／著、仲田康一／監訳、濱元伸彦／訳（2020）『学力工場の社会学―英国の新自由主義的教育改革による不平等の再生産』明石書店

英国の学校類型の一つである「アカデミー」でのエスノグラフィックな調査を基に、新自由主義的政策が教育現場に及ぼす影響を多角的に記述した研究書。フィールドでの調査対象者との交渉過程、制約、倫理的問題にも言及されており興味深い。

□酒井　朗／編著（2007）『進学支援の教育臨床社会学―商業高校におけるアクションリサーチ』勁草書房

ある商業高校での生徒の進路選択支援の過程をまとめた研究書。生徒の属性に応じた支援の要点、“支援する側の学び”の過程が詳細に検討されている。学校でのアクションリサーチの可能性を考える上で有益な一冊。

13　ＥＳＤ（持続可能な開発のための教育）とＳＤＧｓ

Summary

自然環境や社会環境を含め地球全体が持続できる開発のための教育であるＥＳＤは、その目標に現象の背景の理解、批判力を重視した思考力の育成、持続可能な社会のための価値観を養うことを挙げ、貧困撲滅、環境保全等といったテーマでの参加型学習を推進している。全ての人、国、社会が持続可能な世界を構築するための目標であるＳＤＧｓを達成させられるような、かつ人間の幸福（Well-being）を追究するＥＳＤが必要とされる。

ESDの誕生

地球的課題としての環境問題が意識され、国を越えて地球的環境問題を解決しようする機運が高まった。開発が進み地球の環境が悪化したことから、開発を抑え環境の保全・保護を優先すべきであるという考え方がある一方で、貧困からの脱却を図るために工業等の開発を進めなければならないという考え方があった。それらの考え方のいわば折衷案として、１９８０年に国際自然保護連合等によって提唱されたのが「持続可能な開発」の概念である。この「持続可能な開発」は、未来を志向する環境教育のキーワードとなり、世界で通用する概念となっていく。現代の理解や事象の理解にとどまりがちな日本の教育に、この未来を志向する教育観が与えた影響は少なくなかった。

他方で、さらなる未来志向の教育が提示される。それがＥＳＤ（Education for sustainable development）である。日本におけるＥＳＤは、強調したい点により、「持続可能な開発のための教育」「持続可能な発展に関する教育」「持続可能な社会づくり（の教育）」「持続可能な社会形成（のための教育）」等と訳されてきた。さらにはこれを短縮して「持続発展教育」「持続可能な社会」等ともいわれることがある。しかし、混乱を防ぐ意味も含めて、訳語は「持続可能な開発のための教育」に統一された。

ESDの発展

ＥＳＤは、日本の提案により、２００２年の国連総会において決議され、その推進役がユネスコとなった。２００５〜１４年の10年間は「ＥＳＤの10年」とされ、世界的にＥＳＤが推進されていく。

ＥＳＤの目標には、現象の背景の理解、批判力を重視した体系的な思考力の育成、データや情報を分析する能力、コミュニケーション能力といった能力の育成、持続可能な社会のための価値観を養うことが挙げられている。また、教育内容としては、貧困撲滅、環境保全、地球温暖化、エネルギー削減、人口変動等が挙げられ、参加型学習を推進している。２０１８年告示の高等学校学習指導要領では「持続可能な社会の創り手を育む教育」と記されたＥＳＤは、防災・エネルギー・環境・国際理解学習をはじめ、世界遺産や地域の文化財等・気候変動・生物多様性を含んだより一層広義の環境、経済、社会の統合的な発展を目指す教育となっている。ＥＳＤを環境教育の発展型と捉えることもあるが、むしろ環境教育をも含みこんだ、より多くの教育観を取り入れた教育概念と解釈する方がよいだろう。

「ＥＳＤの10年」は、２０１４年に終了し、同年11月には岡山市と名古屋市で「持続可能な開発のための教育（ＥＳＤ）に関するユネスコ会議」が開かれ、世界各国からＥＳＤ研究や実践の推進者が集まったが、これでＥＳＤが終了したわけでなく、むしろＥＳＤの今後の重要性がこの会議で確認されている。なお、２０１５～１９年まではグローバル・アクションプランに基づいたＥＳＤが推進された。

ESDとSDGs

ＥＳＤとともに、持続可能な開発として注目されているのがＳＤＧｓ（持続可能な開発目標）である。ＳＤＧｓは、２００１年に策定されたミレニアム開発目標（ＭＤＧｓ）の後を継ぎ、ＭＤＧｓで十分に達成されなかったことを全うしようとする、２０１６～３０年までの国際目標であり、２０１５年の国連サミットで採択された「持続可能なための開発のための２０３０アジェンダ」に記載されている。ＳＤＧｓは、17の目標と１６９のターゲットから構成されている。17の目標とは、①貧困をなくそう、②飢餓をゼロに、③すべての人に健康と福祉を、④質の高い教育をみんなに、⑤ジェンダー平等を実現しよう、⑥安全な水とトイレを世界中に、⑦エネルギーをみんなにそしてクリーンに、⑧働きがいも経済成長も、⑨産業と技術革新の基盤をつくろう、⑩人や国の不平等をなくそう、⑪住み続けられるまちづくりを、⑫つくる責任つかう責任、⑬気候変動に具体的な対策を、⑭海の豊かさを守ろう、⑮陸の豊かさも守ろう、⑯平和と公正をすべての人に、⑰パートナーシップで目標を達成しよう――である。

ＥＳＤが、持続可能な開発のための「教育をどうするか」ということに特化しているのに対して、ＳＤＧｓは全ての人、国、社会が持続可能な世界を構築するための目標となっている。ＳＤＧｓの目標を達成させ、人間の幸福（Well-being）を追究するＥＳＤが必要とされている。（井田仁康）

References

□峯　明秀・西口卓磨／編著（2022）『社会科授業に SDGs 挿入ネタ65』学芸みらい社

SDGs を教育で扱うためには、まずはどのように授業に組み込んでいくか、授業設計が必要となる。それを地理、歴史、公民の各単元で具体的に示したのが本書である。SDGs を授業におとしこむ際には、ESD の概念が必要となるが、本書では、こうした ESD を踏まえた授業を提示している。

□井田仁康／編（2021）『持続可能な社会に向けての教育カリキュラム―地理歴史科・公民科・社会科・理科・融合』古今書院

本書は ESD、SDGs を発展させるための研究、実践書。理論編は13の論考からなり、カリキュラム論や地理、歴史、環境教育といった ESD や SDGs の学習内容論を展開する。実践編では５つの地理や地理・理科の融合、文理融合型の授業案を提示している。理論編、実践編ともに日本だけでなく、他国の論考やタイと日本との共同授業なども紹介。海外共同調査編では、アラル海の調査を踏まえた教材化が展開され、SDGs を踏まえた ESD となっている。

□伊藤達雄・鈴木康弘／編著（2023）『持続的社会づくりへの提言　地理学者三代の百年』古今書院

SDGs の提唱は比較的新しいものだが、学問分野では古くから持続可能な社会づくりの提言が行われていた。本書では、三代にわたる地理学者の学問的軌跡が記されているが、SDGs の背景には、こうした学問分野で積み上げられてきた研究成果があることが実感できる。これらは、高等教育での ESD の在り方をも考えさせてくれる。

14 キー・コンピテンシー

Summary

キー・コンピテンシーは、ＯＥＣＤのDeSeCoプロジェクト（１９９７年開始）において定義、選択された新しい能力概念であり、国際学力調査ＰＩＳＡの概念的枠組みを規定するなど、国際標準の能力としての性格を帯びている。さらに近年では、ＯＥＣＤのEducation 2030プロジェクト（２０１５年開始）において、それらキー・コンピテンシーに立脚しつつ、「変革をもたらすコンピテンシー」が新たに提起され、その育成に向けた教育実践の在り方が引き続き検討されている。

21世紀に求められる能力とは何か。昨今、様々な用語で表される新しい能力概念が登場し、世界各国の教育政策・教育実践に大きなインパクトを与えている。それらの能力概念に共通する特徴として、認知的能力だけでなく人格の深部にまで及ぶ全体的能力を含む点、教育目標や評価対象として位置付けられている点、などが挙げられる（松下、２０１０）。中でも、今や一種の国際標準として浸透しているのが、「キー・コンピテンシー」という能力概念である。

▼DeSeCoプロジェクトとキー・コンピテンシー

１９９７年、ＯＥＣＤ（経済協力開発機構）は将来行われる国際調査の理論的・概念的な基盤を提供すべく、それまで様々に語られてきた能力概念を整理し、新たな定義を行うためのプロジェクトを発足させた。これが、「Definition and Selection of Competencies：コンピテンシーの定義と選択（通称 DeSeCo：デセコ）」プロジェクトである。

DeSeCoプロジェクトでは、現代社会を生きる人々に必要な能力として、「コンピテンシー」の定義付けが新たになされた。すなわち、コンピテンシーとは、「知識や技能以上のものであり、特定の文脈において心理社会的なリソース（技能や態度を含む）を引き出し、動員することによって複雑な要求にうまく対応する能力」である。

そして、その中から①社会や個人にとって価値ある結果をもたらす、②幅広い文脈において重要な要求に対応する個人を支援する、③専門家のみならず、すべての個人にとって重要である――という3つの規準に照らし、文字通り鍵的役割を果たすキー・コンピテンシーが選択されたのである。

キー・コンピテンシーは、省察性（Reflectiveness）をその核心部に据えつつ、次の3つのカテゴリーに分類される。

① 相互作用的に道具を用いる力
② 異質な集団で交流する力
③ 自律的に行動する力

とりわけ①には、ＯＥＣＤのＰＩＳＡ調査（生徒の学習到達度調査）で測定される読解リテラシー、数学的リテラシー、及び科学的リテラシーが含まれており、当該調査の枠組みを規定するものとなっている。

また、上記3つのキー・コンピテンシーは、本来並列されるのではなく三次元座標的な布置をもつものと捉えられ、常に各々が相互に連関し組み合わさりながら機能するという点に留意しておきたい。

こうしたキー・コンピテンシーが、直接的にせよ間接的にせよ、我が国の教育にも少なからぬ影響を及ぼしていることはいうまでもあるまい。例えば、学習指導要領（１９９８年改訂以降）の基本理念として継承されてきた「生きる力」については、キー・コンピテンシーとの親近性が指摘されている。さらに、学習指導要領改訂に際しての、育成すべき資質・能力の在り方をめぐる議論でも、キー・コンピテンシーは主要な能力概念の一つとしてその底流をなしているのである。

▼DeSeCo から Education 2030 へ

ところで、DeSeCo プロジェクトから四半世紀余を経た現在、キー・コンピテンシーの捉え方をめぐる議論も新たなフェーズに移行している。

２０１５年、ＯＥＣＤは各国の協力の下、“OECD Future of Education and Skills 2030”（Education 2030）プロジェクトを新規にスタートさせた。これは、２０３０年という近未来において子供たちに求められるコンピテンシーや、その育成につながるカリキュラム、教授法そして学習評価等を検討するためのプロジェクトである。

２０１９年５月公表のコンセプト・ノートでは、２０３０年のウェルビーイングの実現に向けた学習枠組み「ラーニング・コンパス（学びの羅針盤）」が示され、その中心概念として「変革をもたらすコンピテンシー（Transformative Competencies）」が新たに提起された。これは、かつての DeSeCo プロジェクトのキー・コンピテンシーを更新したものと位置付けられ、次の３つのカテゴリーからなる。

① 新たな価値を創造する力
② 対立やジレンマに対処する力
③ 責任ある行動をとる力

これらのうち、③に関しては、他の２つの前提として捉えられており、加えて各々のコンピテンシー同士の相互連関性が強調されている。そして、これらのコンピテンシーを育成するために、見通し―行動―振り返り（ＡＡＲサイクル）を通じた学習が展望されている。

本稿で述べたキー・コンピテンシーをはじめ、能力をどのように捉えるか、すなわち能力概念の内実は、その時代・社会の様相やそこからの要請を少なからず反映しうるものである。不易の部分と流行の部分を見極めながら、その在り方を不断に問うていくことが求められよう。

（遠藤優介）

References

□ドミニク・S・ライチェン、ローラ・H・サルガニク／編著、立田慶裕／監訳ほか（2006）『キー・コンピテンシー―国際標準の学力をめざして』明石書店

本書は、DeSeCo プロジェクトの最終報告書を邦訳、刊行したものである。当該プロジェクトにおいて、キー・コンピテンシーがどのように定義され、選択されたのか。それら取組の全体像をつかむことができる。

□松下佳代／編著（2010）『〈新しい能力〉は教育を変えるか―学力・リテラシー・コンピテンシー』ミネルヴァ書房

キー・コンピテンシーをはじめ、近年の新しい能力概念に関する原理的・歴史的検討がなされている。諸外国の事例も含め、新しい能力概念をめぐる議論の動向を俯瞰することができる。

□白井　俊／著（2020）『OECD Education 2030 プロジェクトが描く教育の未来―エージェンシー、資質・能力とカリキュラム』ミネルヴァ書房

OECD Education 2030 プロジェクトにおける議論の経緯・背景、主要概念について、詳細な解説がなされている。

15 ラーニング・コンパス（学びの羅針盤）

Summary

OECD Future of Education and Skills 2030 プロジェクトで提案された学習の枠組み。生徒一人ひとりの学習の総体として、学校だけでなく家庭やコミュニティを含めた様々な場面での学習を想定する。私たちが実現したい未来、ウェルビーイング（Well-being）に向けて、未知なる環境の中で自らの責任意識を伴う意味ある方法で進むべき方向を見いだすことを強調する。

VUCAな世界における教育の未来

「先行きが不透明で将来の予測が困難な状態」を意味するＶＵＣＡは、「Volatility：変動性」「Uncertainty：不確実性」「Complexity：複雑性」「Ambiguity：曖昧性」の4つの単語の頭文字を取った造語である。我々は近年、地球温暖化による深刻な自然環境の変化、人々の国際的な移動の増加やAI等の情報技術の発達等の急激な社会の変化に直面している。これからはますますＶＵＣＡな世界になると予測される。

OECD Future of Education and Skills 2030プロジェクト（以下、プロジェクト）は、「２０３０年のより予測困難で不確実、複雑で曖昧となる世界に向けて、生徒が準備していくためのコンピテンシーについて、よりよく理解するための枠組みを構築する」ことを目的とする。そのため、プロジェクトでは2つの問いについて議論を行ってきた。まず、「現代の生徒が成長して、世界を切り拓いていくためには、どのような知識や、スキル、態度及び価値が必要か」という内容に関する問いが、２０１５～１８年にかけて行われた第1期のミッションである。次に、「学校や授業の仕組みが、これらの知識や、スキル、態度及び価値を効果的に育成していくことができるようにするためには、どのようにしたらよいか」という方法に関する問いが、２０１９年以降の第2期のミッションである。

第1期は、同じ内容であっても用いられる言葉が異なったり、反対に同じ言葉でも意味が違ったりするような混乱状況を整理することから始まった。そして、第1期後半での議論で「ラーニング・コンパス（学びの羅針盤）」（以下、ラーニング・コンパス）という概念が登場した。ラーニング・コンパスという比喩が示すように、ＶＵＣＡな世界で満足のいく人生を過ごしていくためには、生徒が自分自身、他者そして地球全体のウェルビーイングの実現に向けて自らナビゲートすることを学んでいくことを意味する。

ラーニング・コンパスの構成

ラーニング・コンパスは、評価の枠組みでもカリキュラムの枠組みでもない。大きな構造における学習の幅広い範囲と種類を明確にすることで、学習そのものに価値を置いている。学習の枠組みとしてのラーニング・コンパスでは、針の分部に知識、スキル、態度と価値を置き、円周の内側にはリテラシーやニューメラシー等を含む発達の基盤、円周の外側には「新たな価値を創造する力」「対立やジレンマに対処する力」「責任ある行動をとる力」が位置している。これは、単に知識やスキルの習得にとどまらず、コンピテンシーを不確実な状況における複雑な状況に対応するための知識、スキル、態度・価値の活用を含む概念として捉え、よりよい未来の創造に向けた変革を起こすための力を養うことを重視している様子を意味する。

また、コンパスの外周に沿って、見通し（Anticipation）、行動（Action）、振り返り（Reflection）のAARサイクルが示されている。このAARサイクルは生徒が継続的に自らの思考を改善し、よりよい未来の創造に向かって意図的に、また責任をもって行動するための反復的な学習プロセスを強調している。

エージェンシーとウェルビーイング

ラーニング・コンパスを示した図では、2030年のウェルビーイングの案内がある山に向け、コンパスを手に取って道を歩き始めた生徒の姿が描かれている。これは生徒の「エージェンシー（Agency）」を表している。ラーニング・コンパスにおけるエージェンシーとは、「変化を起こすために、自分で目標を設定し、振り返り、責任をもって行動する能力」であり、生徒のエージェンシーと共同エージェンシーがある。生徒たちは自分の人生や周りの世界をよくする意思と力をもっているという考えに基づく生徒のエージェンシーであるが、生徒一人だけではなく、仲間や教師、家族、コミュニティとの関係の中で育まれるものである。そのため、ラーニング・コンパスにおける学習は学校だけではなく、家庭やコミュニティを含めた様々な場面での学習を含む。さらに、生徒と他の主体が共同で学習をつくり出すことで共同エージェンシーが生じる。

ラーニング・コンパスでは、生徒が最終的な目標とするのは自分個人のウェルビーイングだけではない。仲間、家族、コミュニティ、さらには地球のウェルビーイングにも配慮することが期待される。OECD（経済協力開発機構）のウェルビーイングの指標は、①仕事、②所得、③居住、④ワークライフバランス、⑤生活安全、⑥主観的幸福、⑦健康状態、⑧市民参加、⑨環境の質、⑩教育、⑪コミュニティ――となっている。これらは、国連が定めた2030年までに達成すべきSDGs（持続可能な開発目標）とも類似するものが多く、これからの教育の方向性を考える際も大きな指標となろう。

（金　玹辰）

References

□**白井　俊／著（2020）『OECD Education 2030プロジェクトが描く教育の未来―エージェンシー、資質・能力とカリキュラム』ミネルヴァ書房**

「ラーニング・コンパス」が提案されたOECD Education 2030プロジェクトの全般的流れやその中心概念を丁寧に説明している。

□**溝上慎一／著（2020）『学びと成長の講話シリーズ第3巻　社会に生きる個性―自己と他者・拡張的パーソナリティ・エージェンシー』東信堂**

自己と他者の観点で学びを説明する中で、「ラーニング・コンパス」の中心概念である生徒のエージェンシーを取り上げ、類似する概念との関係を説明している。

□**西村徳行・柄本健太郎／編著（2021）『2030年の学校教育―新しい資質・能力を育成する授業モデル』明治図書出版**

「ラーニング・コンパス」の検討を通して、日本で育成すべき「資質・能力（コンピテンシー）」を提案し、その育成を目指した小・中学校の授業実践を紹介している。

16 気候変動問題と教育

Summary

気候変動教育は、地球温暖化をはじめとする気候変動の問題に対応するための、重要な国際的取組の一つである。気候変動教育では、気候変動に関する知識や技能を教えるだけでなく、価値観や行動レベルでの変容をもたらすような教育が求められ、「持続可能性の学校文化」の浸透を重視した、学校を含めた組織全体で取り組むアプローチが推進されつつある。

『令和5年版環境・循環型社会・生物多様性白書』によれば、気候変動問題は今や「気候危機」ともいわれ、世界的な平均気温の上昇、雪氷の融解、海面水位の上昇が観測され、日本においても大雨・台風等による被害、農作物や生態系への影響等が観測されている。そして、そのような国境を超えた世界共通の課題解決のためには、人類全体で協調して取組を進める必要があり、気候変動教育はその重要な国際的な取組の一つとなっている。

▼気候変動問題への国際的な対応

気候とは、『環境事典』（日本科学者会議編、２００８）によると、「気温、降水、風などの比較的長期間にわたる平均的状態」であり、気候変動とはそれが変化することを意味する。気候変動の要因には、自然によるものと人間活動によるものとがあるが、国連気候変動に関する政府間パネル（ＩＰＣＣ）の２０２３年の報告書では、人間活動が主に温室効果ガスの排出を通して地球温暖化を引き起こしてきたことは、疑う余地がないことが報告されている。

地球温暖化防止の明確な枠組みが規定されたのは、１９９２年にリオデジャネイロで開催された国連環境開発会議であり、地球温暖化に対する国際的な合意として国連気候変動枠組条約（ＵＮＦＣＣＣ）が採択された。同条約に基づき、毎年開催されるのが国連気候変動枠組条約締約国会議（ＣＯＰ）である。２０１５年に開催されたＣＯＰ21では、２０２０年以降の温暖化対策の国際枠組である「パリ協定」が採択され、歴史上初めて、全ての国が参加する公平な合意がなされた。さらにＣＯＰ21開催の同年には、国際的に共通な目標となる「持続可能な開発目標（ＳＤＧｓ）」が国連本部で採択され、ＳＤＧｓの17の目標の中の目標13として「気候変動に具体的な対策を」が設定され、気候変動問題への国際的な対応がますます重視されることとなった。

▼国際的な気候変動教育の推進

このような国際的な対応が進む中、年々重視されるようになっているのが気候変動教育（CCE：Climate Change Education）である。永田（２０１８）によれば、気候変動教育は、地球温暖化を引き起こしてきた大量生産・大量消費の背景にある価値観を生み出してきた近代の教育そのものの問い直しが迫られるような教育であり、気候変動に関する知識や技能を教えるだけでなく、価値観や行動レベルでの変容をもたらすような教育である、とのことである。

１９９２年開催の国連環境開発会議で採択されたＵＮＦＣＣＣの第６条には、温暖化防止のためには「教育、訓練、啓発」等が不可欠であることが明記された。そして、

2015年には第6条の具現化に向けた行動を「ACE（気候変動に関するエンパワメントを目指したアクション）」と呼ぶことが決議され、気候変動教育の重要性が広く教育現場に周知されることとなった。

▼気候変動教育の構成と理論

永田（2019）は、気候変動教育は「理解」「緩和」「適応」の3つの考えから構成されると説明している。従来の授業での学びや、近年、重視されるようになってきたプロジェクト・ベースの学習を通じた「理解」、地球温暖化をこれ以上助長させないための行動を起こす「緩和」、容易には食い止められない気候変動に合わせて自らの生活・仕事のスタイルやアプローチを変えていくための「適応」の3つから構成されるという。また、知識や技能にも増して重視されるものとして、「気候正義」を挙げている。さらに永田（2019）は、国内外の気候変動教育の優良実践に共通して見いだせる理論として、知識・技能・態度のバランスのよい習得、ユネスコスクールに代表されるような、組織全体で取り組むホール・インスティテューション・アプローチを挙げている。

ユネスコは気候変動教育を「持続可能な開発のための教育（ESD）」の一環として位置付け、国連環境計画とともに、気候変動教育に求められる知識・資質・技能・態度を整理して示しており、学校を中心としたホールスクール・アプローチを推奨している。ユネスコスクールを対象にしたガイドライン「*Getting Climate-Ready: A Guide for Schools on Climate Action*」では、「学校ガバナンス」「教授と学習」「地域連携」「施設と運営」の4つの各領域に「持続可能性の学校文化」を浸透させる手法を提唱している。

以上のように、世界的に推進されつつある気候変動教育であるが、我が国に関しては、2021年に地球温暖化対策の推進に関する法律が改正されたことを受け、環境省が文部科学省との連名で、全国の教育委員会等に対し、地球環境問題に関する教育の充実についての通知を発出している。そこでは、学習指導要領に基づいた教科等横断的な教育の推進、環境や気候変動も含む地球規模の諸課題の解決やSDGの実現に向けて自ら行動を起こす力を身に付けるためのESD等を踏まえた環境教育の充実等が示されている。

（山本容子）

References

□永田佳之／編著（2019）『気候変動の時代を生きる』山川出版社

本書は、気候変動に関する教育・学習についての理論や実践について分かりやすくまとめられたものである。本書の編著者が研究代表者としてまとめた『気候変動と教育に関する学際的研究（最終報告書）』（2018）と併せて読むことを薦める。

□環境省／編（2023）『令和5年版環境白書・循環型社会白書・生物多様性白書』日経印刷

年次報告となっており、我が国の環境の状況や環境保全に関する施策について、世界の動向も含めて把握できる。令和5年版では、気候変動、生物多様性の損失、汚染、及びエネルギーの世界的危機に焦点が当てられている。

□国立教育政策研究所教育課程研究センター（2014、2017）『環境教育指導資料（幼稚園・小学校編）（中学校編）』

日本の学校教育における環境教育の推進の指針が明記されたもの。気候変動教育も含めた環境教育の基本的な考えが示され、実践事例が紹介されている。我が国の環境教育の方向性を知る上で必読である。

17 教育と社会正義

Summary

社会正義とは、社会構成員に基本的諸自由と機会が等しく与えられる状況を目指し、なおかつ不利な立場に置かれる社会構成員がいる場合には、社会的承認を目指す原理である。国連やＯＥＣＤ、日本国内でも正義と教育の関係が検討される中、①公共の制度としての教育の機会均等の保障、②社会の分断に抗する市民主体の育成、という2側面で教育が社会正義にかなう必要がある。

社会正義の定義と今日的位置

社会正義（social justice）とは、社会構成員に基本的諸自由と機会が等しく与えられる状況を目指し、なおかつ社会的に不利な立場に置かれる人々がいる場合には、彼らが社会の構成員として承認されるよう社会構造の変革を目指す原理である。Social Justiceは「社会正義」のほかに「社会的公正」とも訳出される。昨今の教育学研究では、ＳＤＧｓやＥＳＤとの関係から、equityは「公正」と訳出されることも多い。

国際機関でも社会正義やそれに類似する概念が用いられている。例えば、国連は毎年2月20日を「世界社会正義の日（World Day of Social Justice）」に制定した。背景には、国連のＩＬＯ（国際労働機関）が２００8年に「公正なグローバリゼーションのための社会正義に関するＩＬＯ宣言」を採択したことがある。社会正義は法の下の平等を理念とし、労働においては、同一労働に対する同一賃金が通念となる。社会通念上の平等についての啓発を行うため、「世界社会正義の日」は制定された。

教育分野でも国際機関等で社会正義が用いられている。例えば、ＵＮＥＳＣＯ（国連教育科学文化機関）は２０１5年の報告書“Rethinking Education”で社会的公正や正義のための学習について言及した。また、ＯＥＣＤ教育研究革新センターは２００7～０9年に「多様性を拓く教師教育」プロジェクトを実施した。「社会正義」に真正面から言及したわけではないが、ＯＥＣＤ諸国における多様性や多文化教育と教師教育との関係性が論じられた。

分配的正義と社会的承認

「社会正義」という概念には、ゴールとプロセスの両者が含まれる。ゴールとは、全ての人が平等に社会へアクセス可能な状態であり、プロセスは、そのゴールに向けて全ての人が参画できる社会に変革していくことを指す。すなわち、政治哲学での以下2つの考え方が反映されている。第一に、ジョン・ロールズ（J. Rawls）の分配的正義（distributive justice）である。この考え方では、社会の全メンバーに基本的諸自由を保障することを要求し、なおかつ認められない社会的・経済的不平等を定めている。この原理は、人々が対等な間柄で他者とともに生きること、ロールズの言葉で言えば「対等な市民としての暮らし」を営むための第一義的条件である（神島、２０１8）。第二に、社会的承認（recognition）である。これは、特定集団に対する軽視や抑圧を強化する社会構造に挑戦することが包含される。つまり、排除や抑圧を受ける人々に基本的諸自由が認められるよう社会構造を変革していくプロセスが社会正義という概念には含まれる。

　これらは、社会的排除を受けた人々の権利獲得を社会運動によって打開を目指してきたアメリカで発展した。

教育で問われる社会正義

　教育と社会正義の関係性をめぐっては、まず、制度としての教育が機会均等に保障されることが前提となる。ロールズによれば、教育は政治・経済・社会の諸制度に組み込まれる公共の制度であり、そこでは、全ての人に教育の自由を保障することと、平等な教育機会を供給することが求められる（宮寺、２０１４）。これは、立憲主義にも適い、日本国憲法第26条「その能力に応じてひとしく教育を受ける権利を有する」という教育の機会均等に関わる。

　ただし、制度としての教育における「ひとしさ」は2側面で捉える必要がある。つまり、全ての人がスタートラインにひとしく立つことができる状況を指す「形式的平等」と、当事者の社会的・文化的格差是正を目指す「実質的平等」である。教育の機会均等をめぐっては、前者が強調されがちであるが、個人の特性やニーズに応じた格差是正が制度として担保されることで教育が社会正義にかなうことになる。日本でも、「公正、公平」が「第４期教育振興基本計画」（２０２３年６月）に盛り込まれたり、学校教育の包摂性を高めて実質的平等を実現する意義が再確認されたりしている（日本学術会議心理学・教育学委員会「排除・包摂と教育分科会」提言（２０２０年８月）など）。

　また、分断に抗する市民主体の育成に向けて教育が機能する必要性も認識すべきであろう。基本的諸自由が全ての人に認められるべきという社会通念を、教育という営為を通じて学習者にいきわたらせることが教育と社会正義の関係で問われよう。社会的承認を繰り返してカテゴリの更新を行う社会を構築するためには、それを担う市民の育成が不可欠となる。日本では人権教育の実践が蓄積され、排除と包摂の問題が取り上げられてきた。こうした知見を生かしつつ、社会正義にかなう市民の育成を教育の役割として再認識すべきである。加えて、教師は社会的アクターであるとの考えの下、目の前の学習者に基本的諸自由が認められるよう教師が声を上げることも重要となろう（髙野、２０２３）。

（髙野貴大）

References

□神島裕子／著（2018）『正義とは何か―現代政治哲学の６つの視点』中央公論新社

　ジョン・ロールズを出発点として６つの視点で現代正義論を紹介。６つの視点とは、リベラリズム、リバタリアニズム、コミュニタリアニズム、フェミニズム、コスモポリタニズム、ナショナリズムである。

□宮寺晃夫／著（2014）『教育の正義論―平等・公共性・統合』勁草書房

　正義の名の下で教育のなされ方を問い質し、「正義の教育」を追究している。教育における「公論の場」の復興を目指し、2006～13年の社会的・政治的問題への時論が展開されている。

□髙野貴大／著（2023）『現代アメリカ教員養成改革における社会正義と省察―教員レジデンシープログラムの展開に学ぶ』学文社

　現代アメリカ教員養成改革において、社会正義を志向した省察を重視するプログラムが展開し、その改革の到達点と課題を教育政策・制度の視点も踏まえて分析した研究書。

18 民主主義と教育

Summary

現在の日本社会は、民主主義的な社会である。戦後80年を迎えようとしている今、民主主義体制はなかば当たり前のように捉えられているが、民主主義概念は熟議民主主義の登場によって深化してきている。民主主義の健全化、熟議民主主義の実現に向けて、デューイが『民主主義と教育』において示した教育目的論はその重要性を再認識される必要がある。

民主主義という理念

民主主義は、集団の政策決定過程に参加する資格を市民が平等に保障されている政治形態を示すものである。ただ、それは、実際の政治形態を指すだけではなく、理念を示すものとしても認識される。政治学者ロバート・A・ダール（R.A. Dahl）によれば、民主主義という政治形態が望ましいとされるのは、暴政の回避、本質的な諸権利の保障、普遍的な自由の保障、自己決定、道徳的自律、人間性の展開、個人に固有の利益の擁護、政治的平等、平和の希求、繁栄、という望ましい結果をもたらすと考えられるからである。ただし、こうした理想が実現されるには、民主主義が健全に機能している必要がある。この民主主義の健全化に必要とされるのが、市民教育（シティズンシップ教育）である。

民主的市民を育成する課題

社会主義体制の崩壊により、民主主義社会はそれまで外に向けていた意識を、内に向かわせることとなった。１９９０年代以降、民主主義は真に最良の政治体制となりえているのかが問われ、自己反省的に新たな民主主義が模索されていった。そこで登場したのが熟議民主主義（deliberative democracy）論である。

熟議民主主義は、意思決定過程において熟議を重視する民主主義であり、従来の民主主義、すなわち多数決主義・集計主義に基づく選好集約的民主主義に対置されるものである。熟議は公共的問題について熟慮を重ね議論することを指すが、参加者が互いの意思を（排除することなく）尊重しながら、解決の難しい問題を辛抱強く考え続けていくという規範的な意味も含んでいる。

選好集約的民主主義は各人の選好の集約によって共通善が導かれると考える。一方、熟議民主主義は、熟議を通じて各人が選好を変化させることによって共通善が導かれると考える。両者の差異は、それに関わる市民教育の内容の差異にも結び付いていく。前者の、選好集約と合意形成に力点を置く場合、教育は政治的教養を身に付けさせるほか、自らの意思を表明するためのスキルを養うことになる。一方、後者の、他者との関わりによって参加者が柔軟に自らの選好を変化させていくことに力点を置く場合、教育は自己を相対化するための批判的思考力や他者との相互尊重という市民的心性をも養うことが期待されることになる。

後者の民主主義論は、多様なアイデンティティを有する市民が互いにより善く生きられるような社会の在り方を熟議を通じて考えることで、社会は絶えず変化するものだ、という考えによっている。そうした民主主義論や市民教育論は、変化の激しい不確定性あふれる、また価値観の多様化を特徴とする現代社会において、有効な論として認識されてきている。

民主主義と教育

新しい民主主義論に基づきながら民主主義の健全化を求めるとき、教育はどうあるべきか。その一つの答えが、デューイ（J. Dewey）による『民主主義と教育』（1916年）に示されている。

デューイは「教育の目的は人々が自分たちの教育を続けていくことができるようにすることである——言い換えれば、学習の目的と成果は成長の可能性の持続である——」と教育の目的を定式化している。また、「教育はそれ自体としてはいかなる目的ももっていない、ということを思い出すがよい。人間、親や教師等だけが目的をもつのであって、教育というような抽象的観念が目的をもつわけではないのである。したがって、彼らの目的は、子供が異なるとともに異なり、子供たちが成長するにつれて、また、教えるものの側の経験が増すとともに、変わって、際限なく多種多様なのである」とも論じている。

デューイは、教育の目的を教育の過程の外に設定すること（教育目的外在論）は、ともすれば教育が不当に支配されるような事態を引き起こしかねないと警戒する。教育目的外在論は、民主的な社会にはそぐわないというのである。だからこそ、目的を教育の過程の不可欠な構成要素として、過程の内部に位置を占めているとみなす教育目的内在論を提唱していく。この論に基づけば、教育実践の進行に応じて、教育目的自体が修正されることも想定されるが、目的は常に全体の方向付けをする機能を保っていくことになる。

民主主義的社会が人々の多様性を尊重する社会であれば、そこでの教育も「目的」の名の下に一元化されることは望ましくない。子供たちの成長に応じて目的が絶えず変わっていくことこそが、民主主義の理念にかなっている。デューイによって善い教育目的として引き出されている「教育目的は、教育されるべき特定の個人が本来持っている活動力と要求（生得的本能と獲得された習慣とを含む）に基づいていなければならない」とする基準は、健全な民主主義を支える市民を育成するために教師が留意すべきことなのである。

（平井悠介）

References

□ R.A. ダール／著、中村孝文／訳（2001）『デモクラシーとは何か』岩波書店

民主主義の歴史と理念としての意義を確認した上で、現実の民主主義（代表制民主主義）をいかにすれば理念に近付けることができるかを考察した本書は、一般読者向けに書かれた民主主義を理解するための入門書である。

□イアン・シャピロ／著、中道寿一／訳（2010）『民主主義理論の現在』慶應義塾大学出版会

民主主義理念を、マキャヴェリ、ルソー、マディソン、フーコー、シュンペーター、ダール等の思想を踏まえ、多角的に分析し、支配の最小化に民主主義の存在意義を説く。熟議民主主義の課題についての批判的考察は、現代の民主主義論を考える視点を与えてくれる。

□ J. デューイ／著、松野安男／訳（1975）『民主主義と教育』（上・下）岩波書店

デューイの教育学上の主著であり、1916年刊行。副題は「教育哲学入門（An Introduction to the Philosophy of Education）」であるように、この書はデューイの教育哲学を知るための最良の書である。現在、現場に求められている教育を下支えしているデューイ思想を理解しておきたい。

19 人権教育

Summary

第二次世界大戦の反省を踏まえ、人権の尊重は国際的な合意事項となっていく。冷戦期にその取組は停滞するものの、1990年代に入ると国際社会における人権教育推進の機運が高まる。この動向を受けて、日本においても人権教育に関する法整備が進められた。現在では「第3次とりまとめ」（2008年）を指針として、人権教育の推進が目指されている。

人権（human rights）とは

第二次世界大戦後の1948年12月、国連総会において「世界人権宣言」が採択された。前文において「人類社会のすべての構成員の固有の尊厳と平等で譲ることのできない権利」が掲げられ、第1条では「すべての人間は、生れながらにして自由であり、かつ、尊厳と権利とについて平等である」と宣言された。すなわち、人権とは、全ての人が生まれながらに平等に有している諸権利（rights）である。

世界人権宣言は「国際人権規約」として条約化され、1966年12月の国連総会において採択された（1976年発効、日本は1979年に批准・発効）。国際人権規約は「経済的、社会的及び文化的権利に関する国際規約」と「市民的及び政治的権利に関する国際規約」に分かれており、前者は社会権規約（A規約）、後者は自由権規約（B規約）と呼ばれる。このように人権は、国家によって保障される社会権（social rights）と国家権力による干渉を排除する自由権（civil rights）から構成されている。

人権教育をめぐる国際的な動向

人権をめぐる国際的な合意形成がなされていく中で、冷戦下においては東西陣営のイデオロギー対立の影響を受けて、人権をめぐる議論は十分に展開されなかった。

冷戦終結後、1993年に開催された世界人権会議における「ウィーン宣言及び行動計画」を受けて、人権教育推進の機運が高まることになる。1994年12月の国連総会では、1995~2004年を「人権教育のための国連10年」とすることが決議された。人権教育は「知識と技能の伝達及び態度の形成を通じて、人権という普遍的文化を構築するために行う研修、普及及び広報努力」と定義された。

国連10年に続く「人権教育のための世界計画」は、第1段階（2005~09年）、第2段階（2010~14年）、第3段階（2015~19年）、第4段階（2020~24年）にわたって実施されている。世界計画においては、人権教育には以下の要素を含むとされた。(a)知識及び技能：人権及び人権保護の仕組みを学び、日常生活で用いる技能を身につける。(b)価値、姿勢及び態度：価値を発展させ、人権擁護の姿勢及び態度を強化する。(c)行動：人権を保護し促進する行動をとる。

また、人権教育の4つの側面として、「人権としての（as）教育」「人権についての（on or about）教育」「人権を通じた（in or through）教育」「人権のための（for）教育」が提起されている。このように人権教育は、人権と教育に関する包括的な概念として用いられている。

日本における人権教育の推進

国際的な動向を受けて、日本においても人権教育に関する法整備が進められることになる。2000年12月には「人権教育及び人権啓発の推進に関する法律」が公布・施行され、2002年3月には「人権教育・啓発に関する基本計画」が閣議決定された。このことを受けて、2003年5月には「人権教育の指導方法等に関する調査研究会議」が設置された。その成果は「人権教育の指導方法等の在り方について」第1次とりまとめ（2004年）、第2次とりまとめ（2006年）、第3次とりまとめ（2008年）として順次公表された。

人権教育の充実に向けて

第3次とりまとめの「指導等の在り方編」においては、人権教育の理論的指針が整理されている。国連等の定義を参照し、人権教育を「人権に関する知的理解と人権感覚の涵養を基盤として、意識、態度、実践的な行動力など様々な資質や能力を育成し、発展させることを目指す総合的な教育」と定義している。

人権教育を通じて育てる資質・能力は3つの側面から捉えられており、人権に関する知的理解に関わる「知識的側面」（自由、責任、正義等の諸概念、人権の歴史や現状、人権擁護に必要な実践的知識）と、人権感覚に関わる「価値的・態度的側面」（人間の尊厳の尊重、多様性に対する肯定的評価）及び「技能的側面」（共感的に理解する力、コミュニケーション能力、人間関係を調整する能力）に整理されている。また、人権教育の成立基盤となる教育・学習環境の重要性が強調されている。

これらの資質・能力の育成には、学習者が主体的、実践的に学習に取り組むことが不可欠であり、「協力・参加・体験」が指導方法の基本原理となる。特に、体験的な学習については、体験自体を目的とせず、5段階の学習サイクル（体験・話し合い・反省・一般化・適用）に位置付け、学習者の自己変容へと結び付けることが目指されている。

人権教育を意識した学習活動は様々な教科において実施することができる。その効果を確かなものとするには、教科指導にとどまらず、学級経営や学校づくりにおいて人権の価値を尊重し、その促進を図ろうとすることが肝要である。さらには家庭や地域を巻き込み、人権尊重の文化を創り出すことが期待されている。

（菊地かおり）

References

□**人権教育の指導方法等に関する調査研究会議（2008）『人権教育の指導方法等の在り方について［第3次とりまとめ］』**

日本における人権教育推進の基本文書であり、人権教育の理論的指針や実践事例が整理されている。「指導等の在り方編」と「実践編」に分かれている。

□**ヨーロッパ評議会／企画、福田弘／訳（2009）『コンパシート〔羅針盤〕―子どもを対象とする人権教育総合マニュアル』公益財団法人人権教育啓発推進センター**

ヨーロッパ評議会が作成した子供向けの人権教育のためのマニュアル。活動例が豊富であり、実践を行う上で参考になる。青少年向けに作成された『人権教育のためのコンパス［羅針盤］』（2006年）もある。

□**上杉孝實・平沢安政・松波めぐみ／編著（2013）『人権教育総合年表―同和教育、国際理解教育から生涯学習まで』明石書店**

人権教育に関する事項がテーマ別に年表にまとめられており、それぞれに解説が付されている。国内外の人権教育に関する動向を把握する際に役立つ。

20 シティズンシップ教育

Summary

シティズンシップ教育は、市民のあるべき姿の探究の上で、その実現を目指した教育を意味する。若年層の政治離れなどの現実的理由に加え、現代社会に対応する市民の在り方を考えなければならないという理由に基づき、シティズンシップ教育は注目された。射程に含まれる教育内容の範囲やグローバル市民の育成可能性等をめぐって、その在り方が問われている。

シティズンシップ教育への関心の高まり

「シティズンシップ」（citizenship）は、通常、市民権の意味で用いられる。それは、国家の構成員資格や一連の権利・義務を指す法的な概念を示している。しかし、『ラウトリッジ哲学事典』では、それに加え、「被統治者が政治的な過程に充分かつ平等に参加すべきだという規範的理念をも表す」とされている。規範的な意味も考慮すれば、シティズンシップ教育は、子供が社会を支える市民となるために必要な知識と技術の伝達にとどまらず、市民のあるべき姿（市民性）と備えるべき資質・能力とは何かという問いや、市民の政治への平等な参加はどのように保障されるのかという問いの探究を含み込み、それに応じていく教育であるといえる。

日本でシティズンシップ教育への社会的関心が高まったのは、２０００年代に入ってである。若年層の政治離れ、経済の停滞、社会的規範意識の希薄化等の問題への対応策としてシティズンシップ教育に期待が向けられた。例えば、経済産業省は２００６年に『シティズンシップ教育宣言』を発表し、多様な文化や価値観で構成される社会の中で、個人としての権利と義務を行使するとともに多様な関係者と積極的に関わろうとする市民的資質・能力を向上させる教育を提言として求めた。教育実践においても、品川区や横浜市、お茶の水女子大学附属幼・小・中学校等でシティズンシップ教育推進の新たな取組が、当時試行された。

日本に先行して欧米では、１９９０年代にシティズンシップ概念が政治哲学の領域で関心を集めることとなった。それは、１９８０年代以降に世界中でみられた政治的課題、例えば、有権者の政治的無力感と社会福祉依存の増大、多文化的・多人種的な圧力の強まりに応答するために新しい概念が必要とされたからである。同時に、１９７０年代、８０年代に公正な社会の在り方をめぐって問われた〈正義の要求〉か、〈コミュニティのメンバーシップの要求〉かという論争的問題を、シティズンシップ概念が解消すると考えられたことにも起因する。

シティズンシップ教育の内容をめぐる対立

１９９０年代の欧米では、いかなる市民的資質・能力を子供に身に付けさせるべきかについて理論的考察が深められ、多様なシティズンシップ教育論が打ち出された。例えば、個人の自由の保障に大きな価値を置くリバタリアニズムは、個人に対する規制を最小限に抑えたシティズンシップ教育論を主張した。それは、社会的決定を市場原理に委ねたとしても、個々人は自生的秩序を保ち社会を形成するものだ、という考えに基づいた論である。子供には最低限の市民的役割があることや、社会への参画と自らの信念との間には対立が存在しうることは教えるべきだが、それ以上の要求を含む内容については公的な合意が不可能性であり、教えられるべきではない、と考えられている。それに対し、共同性に重きを置くパトリオティズムの立場からは、共和国の市民としての責任感の育成を重視する教育論が提示された。子供を責任ある市民へと育成するためには、道徳的特性、批判的思考、自分自身の文化についての知識、及び自文化に対する愛着も身に付けさせる必要がある、と主張されている。

前者にとってシティズンシップとは、自らの意思を自由にかつ十分に表明できるということを意味し、後者にとってのそれとは、国家に対する責任を有することを意味している。両者は個人の自由の保障か、共同性の保持かのどちらかを強調している。ただ、こうした対立の乗り越えを模索する論者もおり、民主主義理念の実現をその鍵とする論を提出している。そこでは、相互尊重という市民的徳性と批判的思考の能力の育成が、シティズンシップ教育の内容に含まれるべきだと主張されている。

▼グローバル市民の形成

特定の共同体や国家に自己のアイデンティティを帰属させるような教育ではなく、民主主義政体の中に自己のアイデンティティを見いださせる教育は、コスモポリタニズムのシティズンシップ論へとつながる可能性を有している。グローバル・シティズンシップ教育論は、特定の共同体ではなく、人類という共同体に帰属意識をもち、世界規模で人々のもつ平等な価値を尊重できる市民を育てようとする。それは、ヒューマニティ（人道主義）に基づいている。

グローバル規模で地球市民がよりよく生きるためには、市民各々がローカルに軸足を置きつつ、ローカルな思考を相対化しグローバルに思考する必要がある。昨今の日本において、グローバル人材の育成と活用が政策上、及び教育上の課題となっている。そうした政策が自国に利益をもたらすためにグローバルに活躍できる市民を育成しようとしてはいないかと批判的に思考することは、グローバル市民の在り方を考えるために必要とされる。（平井悠介）

References

□小玉重夫／著（2003）『シティズンシップの教育思想』白澤社

シティズンシップを鍵概念に、教育思想史の読み直しが試みられている。ソクラテス、プラトン、コンドルセ、ルソー、マルクス、フーコー、アレント等の思想にシティズンシップ教育を理解するための鍵が見いだされる。

□平井悠介／著（2017）『エイミー・ガットマンの教育理論―現代アメリカ教育哲学における平等論の変容』世織書房

政治哲学者ガットマンの民主主義的教育の思想形成過程をたどりながら、現代の英米圏の教育哲学の平等論の展開を明らかにした研究書である。1980年代から2000年代にかけてのシティズンシップ教育の内容をめぐる論争の言及からは、教育の在り方を考えるための多様な観点を理解できる。

□マーサ・C・ヌスバウム他／著、辰巳伸知・能川元一／訳（2000）『国を愛するということ―愛国主義の限界をめぐる論争』人文書院

ヌスバウムの論考「愛国主義とコスモポリタニズム」とそれへの批判で構成された1996年出版の論集の翻訳である。グローバル市民とは何か、グローバル市民のための教育は可能か、を考えていくための視点を与えてくれる。

21 サービス・ラーニング

Summary

サービス・ラーニングとは、社会的活動としてのサービスと、学習活動としてのラーニングを統合させた教育方法である。アメリカに誕生したサービス・ラーニングは今世紀に入って日本でも注目されるようになり、今日では、大学教育を中心に様々な取組が実施されている。市民性、パートナーシップ、評価の観点を重視すれば、今後のさらなる発展を期待できる。

サービス・ラーニングとは

サービス・ラーニング（Service-Learning）とは、社会的活動（サービス）と学習活動（ラーニング）を統合させた教育方法を意味する。「教育方法」であるから、様々な学習活動や教科・領域に導入可能である。例えば、「討論」が国語科や社会科、総合的な学習（探究）の時間で活用されるのと同様である。

サービス・ラーニングを導入した授業において、学習者は教室で得た知識・技能を、現代の諸課題の解決を企図した社会的活動に生かすことになる。地域社会には、河川の汚染といった環境問題、商店街の活性化といった都市問題など、解決困難な課題が数多く存在する。これら課題の解決に関与することで、学習者は教室で得た知識・技能を、実社会の文脈において捉えることができるようになる。また、社会的活動を振り返る中で、学習者は社会における自らの在り方や今後の生き方を考えることができる。

社会における実体験が、人間の成長に重要な役割を果たすことは、誰もが同意するところである。しかし、実際に学校で展開される体験活動は、過度に体験を重視し、学習が成立していないケースが少なくない。サービス・ラーニングは、学校教育が直面するそのような課題を解決するために役立てられる。

サービス・ラーニングの展開

サービス・ラーニングという言葉は、アメリカで１９６７年に誕生したといわれている。もっとも、言葉の誕生とは別に、サービス・ラーニングの理念なり方法なりは、それ以前よりアメリカに存在していた。デューイ（J. Dewey）をはじめとする経験主義教育の思想、１９３０年代の市民保全部隊（Civil Conservation Corps）の取組、これらに連なり、サービス・ラーニングは誕生したと考えられる。

１９９０年、「国家及びコミュニティ・サービス法」（National and Community Service Act）が成立したのを機に、サービス・ラーニングが幼稚園から大学まで、数多くの学校に導入された。そして今日、大学教育を中心に、サービス・ラーニングは全米各地で実践されている。

アメリカの取組に学び、日本でサービス・ラーニングが注目されるようになったのは、今世紀に入ってからである。例えば、中央教育審議会答申「新たな未来を築くための大学教育の質的転換に向けて」（２０１２年８月）では、アクティブ・ラーニングの一つの方法として、サービス・ラーニングが取り上げられている。学校教育活動の質保障、地域と連携した学校の存立基盤の確立、サービス・ラーニングの教育的意義が様々な場面で再評価されている。

では、実際に授業へサービス・ラーニングを導入するに当たっては、どのような点に留意すればよいのか。

留意点の一つ目は、PBL(Project-Based Learning)の方法に立脚して、サービス・ラーニングを成立させることである。サービス・ラーニングは、体験だけでは成立しない。それに先立って、体験において必要とされる知識・技能の習得があるし、体験後には、振り返りも保証しなければならない。サービス・ラーニングはプロジェクト型の学習を基盤とし、複数の学習段階より構成される。

二つ目の留意点は、カリキュラム統合(Curriculum Integration)を大切にすることである。大学を含む、学校教育にサービス・ラーニングを導入することの意義は、教育内容と体験とを結び付けることができる点にある。例えば、社会福祉に関する知識・技能が、社会福祉活動の体験に役立てられる。したがって、カリキュラム外ではなくカリキュラム内に、サービス・ラーニングは導入される必要がある。

三つ目は、振り返り(Reflection)である。サービス・ラーニングの英語表記ServiceとLearningの間のハイフン(-)は、振り返りを意味する。体験を意義ある学習に転換するためには、体験で何を学び、それを今後の学びにどう生かしていくかをしっかりと振り返ることが必要になる。振り返りなきサービス・ラーニングは、もはやサービス・ラーニングとは呼べない。

サービス・ラーニングのこれから

サービス・ラーニングでこれから重視すべき観点を、3点挙げる。

第一は、市民性(Citizenship)である。サービス・ラーニングの究極的な目標は、市民性の育成である。関係者間でこの目標が共有されないと、サービス・ラーニングの取組は不十分なままに展開されることになる。また、第二は、パートナーシップ(Partnership)である。学習者の受け入れ、体験の振り返り、評価など、地域団体との連携が、サービス・ラーニングの充実には不可欠である。そして、第三に、評価(Assessment)である。学習者だけでなく、学校や地域へのインパクトも適正に評価して、サービス・ラーニングの発展に役立てたい。

(唐木清志)

References

□**唐木清志/著(2010)『アメリカ公民教育におけるサービス・ラーニング』東信堂**

アメリカのサービス・ラーニングに関する概説書である。理念、歴史、方法を包括的に論じており、サービス・ラーニングの全体像を知ることができる。小学校・中学校・高等学校の実践を取り扱う。

□**S. ゲルモン他/著、山田一隆/監訳(2015)『社会参画する大学と市民学習—アセスメントの原理と技法』学文社**

サービス・ラーニングでは、評価研究が今日注目されている。本書は、アメリカの評価研究の基本文献の一つを翻訳したものである。評価の在り方を、具体例を示して説明している。評価対象を、学生、大学教員、地域、大学機関より示している点が興味深い。

□**山下美樹/編著、宇治谷映子・黒沼敦子・籔田由己子/著(2021)『サービス・ラーニングのためのアクティビティ』研究社**

本書には、実際にサービス・ラーニングを実施するに当たって役立つアクティビティが豊富に載せられている。ワークシートも掲載されており、実践書といえる。サービス・ラーニングの概説もあり、入門書としては最適である。

22 主権者教育

Summary

18歳が成人となり、18歳選挙権が導入されたことにより、主権者教育が大きな注目を集めている。しかし、主権者教育は選挙教育ではない。主権者教育とは、子供・若者の政治的リテラシーや政治参加意識を高めることを目的とした教育である。政治的中立性等の課題を乗り越え、社会の担い手を育成する主権者教育を学校に根付かせていくことが今、強く求められている。

主権者教育とは

２０１６年7月の第24回参議院議員通常選挙において「18歳選挙権」が導入された。20歳から18歳に選挙権を引き下げる理由は、若者の声を政治に反映させるためである。65歳以上の高齢者は２０１８年には総人口の約28%、これが２０５０年には約40%に増えるといわれており、政策は高齢者重視のものとならざるをえない。一方で、主として若者を対象とした就労や就学等に関する政策も数多く存在する。若者の声を政治に反映させる仕組みの一つとして、18歳選挙権は大きな意義をもつ。

主権者教育は、子供・若者の政治的リテラシーや政治参加意識を高めることを目的とした教育である。18歳選挙権の導入により注目された主権者教育だが、それは投票率を高めることのみを目標とした教育ではない。現代社会の諸課題の解決に資する能力を育成することもまた、主権者教育の目標である。市民を育成するための教育として、主権者教育に取り組むことが求められている。

主権者教育の取組

18歳選挙権の導入に対応し、総務省と文部科学省は連携して２０１５年、『私たちが拓く日本の未来』という高校生向け副教材を刊行した。

副教材は〈はじめに〉〈解説編〉〈実践編〉〈参考編〉の4部で構成される。

まず〈はじめに〉で、この副教材の願いが「高校生の間から有権者となりうる高校生世代が…（中略）…国家・社会の形成者として現在から未来を担っていくという公共の精神を育み、行動につなげていくことを目指したもの」であることを述べる。高校生の社会参画を支援することが、本書のねらいとなっている。

次に〈解説編〉で、「有権者になること」「選挙の実際」「政治の仕組み」「年代別投票率と政策」「憲法改正国民投票」の5つを解説する。選挙制度を詳しく概説した箇所である。ここでは、例えば、全体的な投票率は年々低下しており、とりわけ、若い世代の投票率の低下が著しいことなどに触れている。

さらに〈実践編〉ではその冒頭で、「国家・社会の形成者に求められる力」として、「論理的思考力（とりわけ根拠をもって主張し他者を説得する力）」「現実社会の諸課題について多面的・多角的に考察し、公正に判断する力」「現実社会の諸課題を見出し、協働的に追究し解決（合意形成・意思決定）する力」「公共的な事柄に自ら参画しようとする意欲や態度」の4つを示す。その上で、4つの学習活動事例（「話合い、討論の手法」「模擬請願」「模擬選挙」「模擬議会」）に触れる。ここから、今日構想される主権者教育が、選挙だけではなく、より広く政治参加の様々な方法を含み込んだ教育であることが分かる。

そして〈参考編〉では、投票と関連して発生が予想される問題に対する回答を、Q&A方式で提示している。

２０１６年７月の参議院選挙以前に、この副教材を活用し、各高等学校は様々な主権者教育実践に取り組んだ。模擬選挙は、主権者教育の中心的な授業実践の一つとなった。実際の選挙では、10代の投票率が全体より幾分低かったものの、20代及び30代に比べれば随分と高いという結果になった。

主権者教育の課題

主権者教育を学校現場に根付かせるためには、乗り越えなければならない課題がいくつかある。

第一は、「政治的中立性」に関する課題である。そもそも教員の中には、学校で現実の政治を取り扱うことに疑問をもつ者が少なくない。政治を教育内容として取り扱う社会系教科の教員も例外ではない。１９６０年代の教育の中立性を巡る議論以降、学校では極端な「教育の非政治化」が進んだ。主権者教育を実施するに当たっては、多様な政治的見解を示すといった工夫をして、政治的中立性の課題を乗り越えていかなければならない。

第二は、「外部機関との連携」に関する課題である。主権者教育と関わって、まず注目される外部機関は、選挙管理委員会（以下、「選管」）である。各地方公共団体に設置された選管は、投票箱の貸し出しや出前授業の実施といった形で、高等学校だけでなく小・中学校とも連携を図っている。このような公的機関に加え、最近その活躍がめざましい若者を主体とした各種団体とも積極的に連携を図り、主権者教育を充実させることが求められる。

第三に、「18歳成人」に関する課題である。２０１８年６月、成人年齢を20歳から18歳に引き下げる改正民法が国会で可決、２０２２年４月から施行された。これにより18歳で契約当事者になり、借金もクレジットカードの申し込みもできるようになる。成人としての自覚、社会の担い手としての意識を、高校生にもたせることが今後の主権者教育で重要になる。

（唐木清志）

References

□近藤孝弘／著（2005）『ドイツの政治教育―成熟した民主社会への課題』岩波書店

国家のための公民教育から、市民一人ひとりの政治的能力の育成を目指すドイツの政治教育より、日本は多くことを学ぶことができる。「政治的中立性」と向き合い、主権者教育をどう実現するか、多くのヒントが隠されている。

□宮下与兵衛／著（2016）『高校生の参加と共同による主権者教育―生徒会活動・部活動・地域活動でシティズンシップを』かもがわ出版

本書は、今日の主権者教育が、若者の投票率を上げるための動員型の教育に陥っていると指摘する。生徒会活動、部活動、地域活動に注目して、学校づくりや地域づくりの枠組みから主権者教育を包括的に捉えることを提案している。

□柳澤良明・古田雄一・荒井文昭・大津尚志・宮下与兵衛／著（2023）『世界に学ぶ主権者教育の最前線―生徒参画が拓く民主主義の学び』学事出版

本書は、選挙権年齢と成人年齢が20歳から18歳へと引き下げられる中で、高等学校において生徒の市民意識の涵養をいかにしたら図ることができるについて、世界の事例（アメリカなど）を参考にしながら論じた書である。

23 子どものための哲学（Ｐ４Ｃ）

Summary

子どものための哲学（philosophy for children ＝Ｐ４Ｃ）は、教室で子どもたちと教師が対話を繰り広げながら哲学的問いを探究する教育実践である。Ｐ４Ｃは、子どもたちが、今日的課題を多様な角度から分析し、その解決策を自らで、また他者とともに発見し、それを絶えず問い直し修正していく力を身に付けるために有効な手段である。

哲学とは何か

学校が世界に関わる知識・技術伝達の場であるとみれば、そこでの教育関係は非対称性を基本としている。知識・技能を有する教師が教え、それらを修得していない子どもが学ぶ。そうした非対称性は、教師は有能であり、子どもは相対的に無能である、というある一定の見方を喚起する。しかし、教師は本当に世界のことを十分に知っており、子どもに比して有能であるといえるのだろうか。

世界は多くの事象であふれている。人々は古来より、その存在の意味や在り方（理念）を探究してきた。こうした知的営為が哲学（philosophy）である。「哲学」には一般的に「難しい」「堅苦しい」というイメージが伴うが、哲学することは敷居の高い行為ではなく、日常的に行われている行為である。特に子どもにとってはそうである。「なぜ…なのか」という問いを抱きながら、子どもは世界を把握しようとする。ある程度世界を経験している大人よりも、子どもの方が深く考えている。

哲学の原語は、ギリシア語の「フィロソフィア」である。知を愛する、という意味をもつこの語をつくり、使い始めたのはソクラテスだとされている。ただ、ソクラテス以前にも、思想家たちは万物の根源とは何かを探究していた。思想家たちは、ありとしあらゆるものの本性・真の在り方としての〈ピュシス〉を探究した。ソクラテスは、こうした探究の前提を、つまり、万物がすでに存在しているという前提を相対化し、存在とは何か、という問いを探究していった。この意味で、哲学とは自明とされていることに徹底した反省を加え、それが何であるかを探究することであるといえる。

子どものための哲学とは何か

子どものための哲学は、１９７０年代のアメリカにおいて、教育プログラムの形で生まれてきた。その先導者がマシュー・リップマン（M. Lipman）である。リップマンは、教室で子どもたちと教師が対話を繰り広げながら哲学的な問いを探究していくことに大きな意義を見いだしていた。そうした対話を通じて、子どもたちが物事を論理的に考えたり、批判的に考えたりする能力を高められる、と考えていたからである。リップマンの、子どもの直感的思考を大切にしながら哲学的な問いの探究を促していく実践は、現在に至るまで広がりを見せ、多くの国の教育現場で修正されながら実践されている。

リップマンが提唱する子どものための哲学実践では、子どものための小説（代表例『ハリー・ストットルマイヤーの発見』）と教師のための解説書が用意されている。小説は年齢別につくられ、子どもたちの疑問を刺激するねらいをもっており、登場する架空の人物によって議論の手本が示される。子どもたちは読後、そこから何を学んだかを話し合って小説の世界を内面化し、その内容を利用しながら、教室で議論を続けるという流れとなる。教室内で子どもたちが哲学的思考を促され、それによって探究の共同体が形成され、機能していくことが目指されている。

子どもの哲学実践における教師の役割は、探究が継続するように、子どもたちの多様な視点を顕在化させ、子どもたちに根拠やそこに含まれている意味を探し出させることである。その際、子ども自身の考えがどこに向かうかが明らかになる前に、その思考を遮らぬよう留意しなければならない。教師は、子どもの哲学的思考のコーディネーターとしての役割を担っている。

▼子どものための哲学の現代的意義

子どものための哲学は、現在、第2世代に入っているといわれる。第2世代の論者は、リップマンが子どものための哲学を論理的思考・批判的思考を育成する手段としてみなしていることを批判している。いま、子どものための哲学において重要な鍵を握ると認識されているのは、反省的思考とコミュニケーション能力である。

これまでの学校教育は、ある問題には必ず答えが存在しているということを前提に、その答えを子どもが個人の学習を通じて認識し、覚えていくことを求めてきた。しかし、そうした正解主義は現在の社会を生きる上では不十分だと認識されてきて久しい。変化に対応しながら正解を自ら、また他者とともに探究し続けていく修正主義が現在求められている。子どものための哲学はまさにそうした力を育む場となる可能性を秘めている。

大人は、何事にも正解を求めようとしてしまう。しかし、子どもはそうではない。答えが出ないとしても、遠回りをしてでも、直感的にそのことを深く考えようとする。また、疑問に思ったことは様々な角度から問いを発して探究していく。子どものための哲学は、私たち大人の論理的・合理的思考を相対比し、問い直すためにも注目されているといってよい。大人が合理的に思考するがゆえに見過ごしてしまいかねない「本質的な何か」を発見するきっかけを、子どものための哲学実践の中に見いだすことができる。

（平井悠介）

References

□マシュー・リップマン他／著、河野哲也・清水将吾／監訳（2015）『子どものための哲学授業―「学びの場」のつくりかた』河出書房新社

子どものための哲学が現在の教育においてなぜ必要とされるのかを明らかにした上で、その教育実践上のねらいと方法について解説されている。哲学的対話を授業に取り入れようと考える教師のための手引書にもなりうる。

□マシュー・リップマン／著、河野哲也・土屋陽介・村瀬智之／監訳（2014）『探求の共同体―考えるための教室』玉川大学出版部

子どものための哲学実践が生み出す教室内での探求の共同体は、子どもたちの思考力を育むものとなる。教育において求められる思考について、思想・理論と実践の両面から解説されている。

□木田 元・須田 朗／編著（2016）『基礎講座　哲学』筑摩書房

哲学とは何か、哲学とは何を問うことなのか、について理解するための入門書である。西洋哲学の展開から現代哲学の傾向を理解できるだけではなく、現代に生きる人間にとって不可避の問題を哲学的に思考するためのヒントにあふれている。

24 いのちの教育

Summary

「いのちの教育」の目的は、自身、他者、他の生物のいのちの大切さを知ることであり、その内容には全ての生命の尊さ、誕生や出産、性と生殖、病気、老化や障害、病気、死など、あらゆる人生の営みが含まれ、教育方法としては体験的な学習が中核となる。学校教育では「生命尊重」や「よりよく生きる喜び」に主眼が置かれ、豊かな心の育成のために重視されている。

今日、日本の社会において、いじめを苦にした自殺、児童生徒の殺傷事件、家庭での児童虐待など、子供のいのちに関わる事件・事案が後を絶たない。現代社会では、自然体験の不足、病院死の増加による家庭生活の中で生や死を体験する機会の減少等から、「いのち」の実感が希薄化していると指摘される。さらに、新型コロナウイルス感染症の感染拡大は、子供たちの生命や生活を含めた多方面に多大な影響を及ぼした。このような背景から、子供たちに対して「いのち」や「死」について教育することの必要性が一層高まっている。

「いのちの教育」の目的・内容・方法

我が国における「いのちの教育」は、1970年代半ばに、当時、上智大学教授であったデーケン（A. Deeken）により「死への準備教育」が紹介されたことから注目され始めたといわれている。「死への準備教育」は、「デス・エデュケーション」「生と死の教育」等の様々な名称で呼ばれてきたが、近年では特に学校教育において、自他の生命の尊重の立場から、「いのちの教育」と呼ばれることが多くなっている。

「いのちの教育」の目的は、自身、他者、そして他の生物のいのちの大切さを知ることである。自身のいのちを大切にすることは、自身のいのちのかけがえのなさ、生きることの喜びを実感することであり、それにより、自身を尊重する感情が育成される。自他の生命の尊重には、性に関する知識を理解し、望まない妊娠や性感染症を防ぐこと、さらには、いのちの継承を理解することも含まれる。

したがって、「いのちの教育」の内容には、動植物等を含む全ての生命の尊さ、誕生や出産、性と生殖、病気、老化や障害、病気、そして死などが挙げられる。近藤（2007）によれば、これらは「いのちの教育」の狭義のテーマであり、広義には、あらゆる人生の営み、人間関係、家庭・学校・社会生活上で出会う全ての事柄がテーマになる。

そして、教育方法として中核となるのは、自然体験や社会体験等の体験的な学習である。近藤（2007）によれば、いのちの教育の方法は一言で言えば「共有体験」、すなわち、何らかの体験を共有し、その体験をしたときの心の動きを共有することであり、この「共有体験」を盛り込んだ方法を用いることで、学校におけるあらゆる教育活動がいのちの教育になりうる、という。

学校教育における「いのちの教育」

2017・18年に告示された小・中・高等学校の学習指導要領においては、「総則」の第3の1⑸にて、「児童（生徒）が生命の有限性や自然の大切さ、主体的に挑戦してみることや多様な他者と協働することの重要性などを実感しながら理解することができるよう、各教科等の特質に応じた体験活動を重視し、家庭や地域社会と連携しつつ体系的・継続的に実施できるよう工夫すること」が明示されている。

各教科においては、小・中学校の「特別の教科　道徳」では、「生命の尊さ」「自然愛護」「感動、畏敬の念」「よりよく生きる喜び」が、理科では小・中学校の「生命・地球」領域において、生命尊重が扱われている。高等学校では、理科の「生物基礎」「生物」科目にて科学的見地からの生命尊重が、公民科の「公共」「倫理」科目にて生命倫理が、保健体育科にて健康な生活と疾病の予防という面から生命に関する内容の取り扱いがみられる。

このように「いのちの教育」は、学校教育においては、主として「生命尊重」や「よりよく生きる喜び」に主眼が置かれつつ、生活科・理科・社会科・家庭科・保健体育科等の各教科、「特別の教科　道徳」、特別活動、総合的な学習（探究）の時間等の様々な場面で扱われている。しかし、具体的な進め方については、各学校の教育内容、担当教員の考え方と実践に委ねられており、時間的余裕がないこと、評価が難しい等の理由で、積極的な実践がなされないという課題も指摘されている。

豊かな心を育むための「いのちの教育」

2023年6月に閣議決定された「第4期教育振興基本計画」では、2040年以降の社会を見据えた教育政策における重要なコンセプトの一つとして、「日本社会に根差したウェルビーイングの向上」を掲げている。そして、実効ある教育政策を進めていくための目標の一つとして「豊かな心の育成」を設定している。「豊かな心の育成」では、子供の最善の利益の実現と主観的ウェルビーイングの向上を図るための要素として「自他の生命の尊重」「他者への思いやり」などを挙げており、「いのちの教育」の目的と方向性を同じくするものといえる。さらに同計画では、他者とのつながりやかかわりの中で共創する基盤としての協調という考え方を重視した「調和と協調」に基づく日本発のウェルビーイングの実現を目指すことも明記されており、今後の「いのちの教育」もこのような流れの中で、その在り方が問われるであろう。

（山本容子）

References

□近藤　卓／編著（2007）『いのちの教育の理論と実践』金子書房

本書は、日本いのちの教育学会・会長である近藤卓が編著者となり、「いのちの教育」の目的、方法、発達段階に応じた教育内容等の理論、及び学校や地域における実践について紹介したものであり、「いのちの教育」のガイドブックとして最適である。

□アルフォンス・デーケン、メヂカルフレンド社編集部／編著（1986）『死を教える（〈叢書〉死への準備教育　第1巻）』メヂカルフレンド社

デス・エデュケーション研究の第一人者であるデーケンの著作の中でも、本書はデス・エデュケーション普及当時の理念が色濃く表れており、一読を薦める。

□文部科学省／編（2017）『平成28年度　文部科学白書』日経印刷

巻頭特集として「子供たちの未来を育む豊かな体験活動の充実」が取り上げられ、子供たちの体験活動の意義、現状、推進するための取組について、実態調査を踏まえながら紹介されている。「いのちの教育」における体験的な学習の在り方を考える上で参考になる。

25 食育

Summary

食育基本法において、「食育は生きる上での基本であって、知育、徳育及び体育の基礎となるべきもの」と位置付けられており、健康な食生活を実践するために、「食」に関する知識と選択力を身に付けることが目指されている。学校教育では、栄養教諭制度が導入され、文部科学省によって『食に関する指導の手引―第二次改訂』が公表されるなど、食育の一層の推進が図られている。

栄養バランスの悪化傾向や食習慣の乱れなど、「食」に関する課題を背景にして、食育の必要性が説かれるようになった。今日、食育という言葉には、統一された定義はないものの、一般的には主に子供への「食」に関する教育の総称として用いられている。

食育基本法と食育推進基本計画

２００５年、農林水産省の所轄で「食育基本法」が成立し、「食」をめぐる課題に対する施策が総合的かつ計画的に進められることとなった。同法の前文では「子どもたちが豊かな人間性をはぐくみ、生きる力を身に付けていくためには、何よりも『食』が重要」という認識が述べられており、「食育を、生きる上での基本であって、知育、徳育及び体育の基礎となるべきもの」として位置付けている。そして、個々人が『食』に関する知識と『食』を選択する力を習得し、健全な食生活を実践」できるよう目指されている。

食育をめぐる施策を推進するために、食育基本法に基づき、5年ごとに食育推進基本計画が策定される。２０２１年には「第4次食育推進基本計画」が打ち出され、16の「食育の推進にあたっての目標」が設けられた。その中でも、「朝食を欠食する国民を減らす」「中学校における学校給食の実施率を上げる」「学校給食における地場産物等を使用する割合を増やす」点は、主に学校教育において取り組むことが求められている。

学校教育における食育の推進

「全国学力・学習状況調査」、及び「全国体力・運動能力・運動習慣等調査」では、朝食摂取と学力、体力との間の相関関係が示されている。毎日朝食を食べている小・中学生と、全く食べていない小・中学生の間には、各教科の平均正答率の差、ならびに体力の点数に差があるという。この背景には家庭の影響も指摘されているのだが、往々にして「食」は教育に関わるものであるとの認識がなされている。

「食」を教育する対象には、乳幼児から高校生まで、幅広い年齢の子どもが想定されている。それは、保育所保育指針、幼稚園教育要領、小・中・高等学校の学習指導要領に「食育の推進」が明記されていることからも明らかである。

２００５年には、各学校種において、子供たちが「望ましい食習慣」を身に付けることができるように、栄養教諭制度が開始された。栄養教諭は、管理栄養士または栄養士の免許を有し、子供の「栄養の指導及び管理をつかさどる」教師である。具体的に、指導に関しては「児童生徒に対する栄養に関する個別的な相談指導」「学級担任、教科担任等と連携して関連教科や特別活動等における食に関する指導」等を行う。管理に関しては、「学校給食を教材として活用することを前提とした給食管理」「児童生徒の栄養状態等の把握」等があり、栄養教諭の役割は多岐に渡る。

教科における「食」の指導

文部科学省が公表している『食に関する指導の手引』には、学校における「食」に関する指導の目標と全体計画、指導方法や評価に関する事項が記載されている。「各教科等における食に関する指導の展開」という章には、教科等での指導例が示されている。例えば、小学校理科の単元「生物と環境」では、「生物と水、空気及び食べ物とのかかわりに着目して、それらを多面的に調べる活動を通して、生物と持続可能な環境との関わりについて理解を図り、観察、実験などに関する技能を身に付ける」ことが目指されている。そこでの「食」の関わりとしては、「植物は自らでんぷんをつくりだしているが、人や他の動物は植物あるいは動物を食べていることから、食べ物を通して生物が関わり合って生きていることを整理」することなどとされている。

以上、ここまで、「食」と教育とを結び付けて説明してきたが、最後に、それらをめぐる危うさと可能性について述べたい。「食」というのは、そもそも自然、社会、産業、宗教等が絡み合う非常に複雑な領域である。だからこそ、そうした領域横断的なものを教育に落とし込むと、「食」の問題が単純化・矮小化して捉えられ、その責任が教育のみに押し付けられる危うさがある。その一方で、「食」と教育を結び付けることにより生まれる可能性もあるだろう。かつて、ジョン・デューイ（J. Dewey）は、「食」を教育の課題として捉え、料理を通じた教育を実践していた。材料の調達、調理法の検討、テーブル準備等をする中で、単に料理の知識や技術の習得だけでなく、算数や理科、社会科の学びを組み込んだ。「食」は、学問や社会全体の仕組みにも密接に関わる重要なテーマとして位置付けられるのである。今後は、以上の点にも留意しながら、「食」の教育をよりよく拓くための検討が必要となるだろう。

（後藤みな）

References

□農林水産省／編（2023）『令和4年版　食育白書』日経印刷

食育基本法に基づき、食育の推進に関して講じられた施策についての報告が行われている。本書の第2章「学校、保育所等における食育の推進」には、学校等における食に関する指導の取組事例が掲載されている。

□文部科学省／編（2019）『食に関する指導の手引―第二次改訂版』健学社

本書は、文部科学省により作成された、食の指導に関する学校及び教師用の資料である。学校における食育の必要性、食に関する指導の目標、全体計画等が示されている。

□藤原辰史／編（2016）「食は教育の課題なのか―食育基本法をめぐる考察」（佐藤卓己／編『学習する社会の明日（岩波講座　現代第8巻）』）岩波書店

本文献では、食育政策や「食」をめぐる経済活動について分析・考察され、「食」を教育に落としこむことの限界性が検討されている。一方、その可能性については、デューイが実践した料理教育を紹介する中で論じられている。

26 職業教育

Summary

日本では、中学校以上（大学を含む）で職業／産業に従事するために必要な知識・技能・態度を習得させる教育が職業教育として定義されてきたにもかかわらず、「職業教育＝職業高校（現在は専門高校）の専門教育」と認識されてきた。近年は高等教育を中心とする学校教育を通した職業への準備が重視されるようになっている。その背景には、労働市場の変化に対応した職業教育の変化が指摘できる。

働くことへの準備と日本の職業教育

学校教育の中で、働くことへの準備を担う教育は職業教育である。日本では、職業教育は、「一定又は特定の職業に従事するために必要な知識、技能、能力や態度を育てる教育」と捉えられている（中央教育審議会答申「今後の学校におけるキャリア教育・職業教育の在り方について」２０１１年1月）。また、職業教育は政策上は産業教育の振興として発展してきた。これらの定義から、日本の職業教育は、中学校以上（大学も含む）で行われる、「職業／産業に従事するために必要な」レベルの知識・技能・態度の習得を目的（教育成果）とする教育といえる。実際には、「職業教育＝職業高校（現在は専門高校）の専門教育」という認識にとどまってきた。そのため、近年まで高等学校以外の教育機関における教育については十分な議論がなされず、教育成果も厳しく問われてこなかった。

しかしながら、１９９０年代以降、学校教育を通した職業への準備が求められ、高等教育の中で実現することが志向されている。産業の高度化に対応した高度な専門性をもつ人材を育成するために、高等教育で積極的に職業教育を行うことも求められ、専修学校専門課程（専門学校）における職業実践専門課程の制度化（２０１４年）や、専門職大学・短期大学・学科（専門職大学等）の創設（２０１９年）など、職業教育の高等教育化政策が進められている。

労働市場の変化と職業教育の変容

このような変化が生じた背景には、労働市場の変化に対応して、職業教育が展開してきたことがある。産業教育振興法制定を契機に、総合制高校から職業高校の独立化が進んでいく。１９５０年代後半になると、経済界の強い要望を受けて、産業の近代化・高度化の担い手となる中堅労働力の効率的・計画的な養成養成を担う機関として、職業高校は戦略的に位置付けられた。

高度経済成長期には、青年の個性・能力や進路選択に応じて高校教育を多様化する政策が打ち出された。実際には、多様な学科をあらかじめ用意し、そこに「生徒各人の適性・能力に合った進路」という大義名分を与えて生徒を割り振ったという、産業界からの要請に応える側面が強かった。一方で、当時は高卒者に対する求人倍率も高く、職業高校卒業生はほぼ希望する職種に就くことができた。

しかしながら、１９７０年代に入ると、大卒者の進出や景気の停滞、職場のオートメーション化、急速な技術革新等が起こり、個別化・細分化された職業高校のカリキュラムは急速な変化に対応できなくなった。一方で、専修学校が制度化され、専門的職業人を養成する中等後教育機関として認知され、発展していく。その結果、職業高校卒業生が各学科で学んだ専門知識を生かせる職に就くことが難しくなり、高卒者はそれまで中卒者が就いていた職に就かざるを得なくなった。

一方、終身雇用を前提とする日本企業では、石油危機後、企業内部の雇用維持が最優先とされ、産業構造の変化に伴う部門再編を、リストラと新規採用ではなく、企業内での配置転換によって対応する方策が採られた。そのための企業内教育・訓練の充実が図られてきた。

以上のことを背景として、採用時に何ができるか（学校教育の成果）よりも、採用後の企業内教育・訓練の可能性（地頭のよさ）を評価するという日本独自の採用スタイルが定着した。その結果、偏差値という一元的な評価指標が社会全体を覆うようになった。

1990年代後半になると、長引く不況の影響で採用の対象が限られた人数の即戦力に絞られた結果、職業教育における専門学校や大学の役割が積極的に検討されるようになった。専門学校の職業実践専門課程では、企業等との密接な連携により、実習・実技・実験・演習を通して、最新の実務の知識等を身に付けられるよう教育課程を編成し、より実践的な職業教育の質の確保に組織的に取り組むことが可能になった。2023年3月現在、計1093校（全専門学校の40・2%）、3165学科が職業実践専門課程として認定されている。

特定の職業のプロフェッショナルになるために必要な知識・理論と実践的なスキルの両方を身に付けることを目的とする専門職大学等は、学問的色彩の比較的強い教育が行われる一般の大学とは異なり、授業の約3分の1が実習・実技で、教員の4割以上が実務家教員であるという特徴がある。2023年4月現在、専門職大学19校、専門職短期大学3校、専門職学科1学科が設置されている。

このように職業教育の高等教育化が進む一方で、その結果、従来よりも高度な知識・技能・態度が本当に習得できるか（教育成果）は、評価が分かれている。また、奨学金返済が若者の負担となっている現状を踏まえると、受益者負担を原則とする大学教育で職業教育を行う是非も今後議論が必要である。

（石嶺ちづる）

References

□堀内達夫・佐々木英一・伊藤一雄・佐藤史人／編（2013）『日本と世界の職業教育』法律文化社

日本の高等学校と専門学校における職業教育の特徴と、フランス、アメリカ、ドイツ、イギリス、北欧、中国における職業教育の特徴を解説した書籍。国際的な視点から見た日本の職業教育の特徴が分かる。

□濱口桂一郎／著（2013）『若者と労働―「入社」の仕組みから解きほぐす』中央公論新社

日本の職業教育の展開に大きな影響を与えてきた雇用環境の変化と若者を取り巻く労働問題についてまとめた書籍。日本の職業教育を理解するために必要な労働政策に関する知識が得られる。

□OECD／編著、岩田克彦・上西充子／訳（2012）『若者の能力開発―働くために学ぶ』明石書店

OECD諸国の課題である若者の就労支援に職業教育・訓練がどのような役割を果たしうるかを検証した報告書。17の国・地域が取り上げられており、国際的な動向も分かる。

27 教育ニーズの多様化への対応

Summary

近年、家族形態の変容、価値観やライフスタイルの多様化が進む中で、子供や家庭を取り巻く状況が変化しつつあり、生徒指導上の課題や特別支援教育の充実など、学校が抱える課題が複雑化・困難化している。その中で将来にわたり全ての人間が活躍していくためには、一定水準以上の教育機会の確保、そしてそれぞれの教育ニーズに応じた教育への対応の拡充が必要となる。

不登校児童生徒に対する支援

文部科学省の「令和４年度児童生徒の問題行動・不登校等生徒指導上の諸課題に関する調査」によれば、小・中学校における不登校児童生徒数は29万９０４８人（前年度24万４９４０人）であり、前年度から５万４１０８人（22・１％）増加し過去最多となっている。国の支援に対する基本的な考え方は、２０１９年10月の文部科学省「不登校児童生徒への支援の在り方について（通知）」において、『学校に登校する』という結果のみを目標にするのではなく、児童生徒が自らの進路を主体的に捉えて、社会的に自立することを目指す必要がある」と、「学びの場」が学校に限らないことを示した。

また文部科学省は、２０２３年３月に「誰一人取り残されない学びの保障に向けた不登校対策」（ＣＯＣＯＬＯプラン）を取りまとめた。不登校児童生徒が学びたいと思ったときに学べる環境の整備として、個々のニーズに応じた受け皿を整備するとともに、教育支援センターが地域の拠点となり、児童生徒や保護者に必要な支援を行うことなどを示したものである。そのほか、全ての都道府県・政令指定都市に不登校特例校を分教室型も含め３００校設置することが目指されている。不登校特例校の運営に当たっては、不登校児童生徒への支援の知見や実績を有するＮＰＯやフリースクール等の民間施設との人事交流等を通して、必要な体制の構築やノウハウの共有、他の学校に対しても、不登校児童生徒への支援に関する助言などが望まれるとされる。

他方、子供が自らの学級に入りづらい場合、学校内に落ち着いた空間の中で自分に合ったペースで学習・生活できる環境があれば、学習の遅れやそれに基づく不安も解消され、早期に学習や進学に関する意欲を回復しやすい効果が期待されることから、学校内に校内教育支援センター（スペシャルサポートルーム等）の設置等も進められている。

特別支援教育の充実

特別支援教育を受ける児童生徒数は、２０１２年度が30・２万人であったのに対して２０２２年度では59・９万人と増加傾向にあり、小・中学校の特別支援学校に通う児童生徒数は６・６万人から８・２万人、通級による指導を受ける児童生徒数は７・２万人から16・３万人となっている。障害の有無にかかわらず、誰もが相互に人格と個性を尊重し合える共生社会の実現を目指す点から、障害のある子供一人ひとりの教育的ニーズを把握し、多様な学びの場において、その持てる力を高め、生活や学習上の困難を改善または克服するため、少人数の学級編制、特別の教育課程等による適切な指導及び支援が進められている。

　また、障害のある子供の就学先となる学校（小・中学校など、特別支援学校）や学びの場（通常の学級・通級による指導・特別支援学級）の適切な選択に資するように、就学に係る一連のプロセスとそれを構成する一つ一つの取組の趣旨についてまとめた「障害のある子供の教育支援の手引」（２０２１年６月）が出された。同手引では障害のある子供の「教育的ニーズ」を整理するための考え方や、就学先の学校や学びの場を判断する際に重視すべき事項等の記載を充実するなど、障害のある子供やその保護者、教育委員会をはじめ、多様な関係者が多角的、客観的に参加しながら就学をはじめとする必要な支援を行う際の基本的な考え方をまとめている。

帰国・外国人児童生徒等への対応

　２０２３年６月末時点での在留外国人数は３２２万３８５８人（前年末比14万８６４５人、４・８％増加）で過去最高を更新し、公立学校に在籍する外国籍の児童生徒の総数も、２０２１年の段階で11万４８５３人（23・３％増）と増加している。このうち日本語指導が必要な者の割合は41・５％となっている。外国籍の子供について就学義務は課せられていないものの（日本国憲法第26条２項）、その保護する子を公立の義務教育諸学校に就学させることを希望する場合には、これらの者を受け入れることとしており、２０１６年に制定された「義務教育の段階における普通教育に相当する教育の機会の確保等に関する法律（教育機会確保法）」においても、年齢または国籍その他の置かれている事情にかかわりなく、その能力に応じた教育を受ける機会の確保と、その教育を通じて、社会において自立的に生きる基礎を培うことができるよう、その教育水準の維持向上が図られるようにすることとされている（同法第３条４項）。そして受け入れた後の取り扱いについては、授業料不徴収、教科書の無償給与など、日本人児童生徒と同様に取り扱うことになっている。

　外国人児童生徒の我が国の学校への受け入れに当たっての実際の支援は、①言語、文化の多様性、②日本に来た理由・時期、将来設計の多様性、③家庭の環境の多様性――など、多様な背景を理解して初めて、それぞれの児童生徒に適切な支援（例えば指導体制の整備、教員研修、日本語指導など）を行うことができる。

（澤田裕之）

References

□**文部科学省初等中等教育局特別支援教育課（2021）『障害のある子供の教育支援の手引―子供たち一人一人の教育的ニーズを踏まえた学びの充実に向けて』**

　障害種ごとに「教育的ニーズ」を詳細に記し、特別支援学校と特別支援学級の対象児、障害の特徴と教育の制度と指導についてまとめられているほか、就学相談等で必要な判断・支援を行うときの基本的な考え方を示している。

□**フリースクール全国ネットワーク・多様な学び保障法を実現する会／編（2017）『教育機会確保法の誕生　子どもが安心して学び育つ』東京シューレ出版**

　本書は、教育機会確保法について、国、教師、NPOなど、それぞれの立場から論じている。

□**宮島　喬／著（2014）『外国人の子どもの教育―就学の現状と教育を受ける権利』東京大学出版会**

　外国人の子供や外国につながる子供たちの教育をめぐる課題として、ホスト国言語の能力及び必要な基礎学力、母語・母文化の教育の保持・発展、そして文化尊重、文化理解の環境整備を挙げて考察している。

28 オルタナティブ教育

Summary

「オルタナティブ」とは、辞書における定義として「①代案。代替物」「②既存の支配的なものに対する、もう一つのもの」（広辞苑第６版）とあり、オルタナティブ・スクールは「何かにとって替わるもの」という意味合いが強い。それは字義通り、画一化した伝統的教育を代替する理論や実践をもつ新しい学校を指すことが多く、そこで実践される教育がオルタナティブ教育とされる。

オルタナティブ教育の背景

世界的にみて、オルタナティブ教育の理論の多くが生まれ、様々な教育実践が試みられてきたのは１９２０年代とされ、欧米諸国を中心に新教育（進歩主義教育）と称される教育刷新運動が勃興した時期である。ヨーロッパでは新教育連盟（New Education Fellowship）、アメリカでは進歩主義教育協会（Progessive Education Association）等が主導となり、革新的ともいえる教育実践を行ったキルパトリック（W. H. Kilpatrick）やケルシェンシュタイナー（G. Kerschensteiner）、シュタイナー（R. Steiner）、パーカスト（H. Parkhurst）、デューイ（J. Dewey）、ニイル（A. S. Neill）、フレネ（C. Freinet）、モンテッソーリ（M. Montessori）等の教育理論家や実践家たちの理論や思想も相まって、子供本位、生活重視、情操的側面の尊重、学校生活の民主的統制等の特徴をもつオルタナティブ教育が展開され、オルタナティブ・スクールが世界各国で設立されていくこととなる。

オルタナティブ・スクールで重要視される特徴としては、少人数教育や生徒（学習者）の選択権の尊重、柔軟な教授法やカリキュラム、教員や生徒の自発的参加、刷新的な評価の在り方等が挙げられる。これらは画一的な教育を施す既存の学校教育に対する「代替」はもとより、社会の中で問題視されてきた方法や慣習等を捉え直すような刷新的な意味合いも含まれており、その問題性は近代的な発展の限界に端を発しているともいえる。そのため、オルタナティブ教育は、伝統的な教育を批判的に、かつ再構築する視座で捉える刷新性、市場及び国から相対的に自立・自律して、メインストリームの行動規範や社会通念を捉え直す公共性、既存の公教育との協働において独自の社会的役割を担う相互補完性、特定の時代的・地域的制約にとらわれず、どの時代どの地域にも見いだすことのできる多様性、少数派の声に代表される多様な価値や特別なニーズが尊重される多元性等が、その特徴として挙げられる。

このようにオルタナティブ教育の背景には、近代教育に対する問題意識が介在しており、「オルタナティブ」という言葉自体に既存の学校教育を変えていく刷新性が込められているといえる。

オルタナティブ教育の展開

オルタナティブ教育は、その萌芽を先述の進歩主義教育や新教育の台頭にみることができるが、１９６０年代のアメリカにおいて提起された教育思潮である「教育の人間化」もオルタナティブ教育運動の一つとして挙げられる。この動きは各種オルタナティブ教育の形態を生み出すこととなる一方で、その課題も生じさせた。当時アメリカはリベラルな社会風潮の下で学校の規律が乱れ、この状況を改革すべく60年代後半から革新的な教育改革運動が起こった。従来の伝統的な教育管理体制に反対し、新しくオルタナティブな教育を目指す運動である。そこではこれまでの教育制度を批判し、画一的な教育を排して子供一人ひとりの教育ニーズに合致する教育の要求、学年制や教材からの解放など、非管理教育理念を掲げ、「真に自由な人間性」を取り戻す、いわゆる「教育の人間化」が主張され、１９７０年代に入ると、この理念に基づいてフリースクールやオープン・スクール、コミュニティ・スクール、壁のない学校、マグネット・スクールなどの各種のオルタナティブ・スクールが設立された。

１９７０年代半ばからは、学力や規範意識の向上を求める声も上がり、オルタナティブ教育を疑問視する風潮も世論から巻き起こったが、１９９０年代にはアメリカにおけるチャータースクールが急増するなど、オルタナティブ教育はそれらが語られる時代的、社会的文脈によってその含意を微妙に異にしてきたといえる。

オルタナティブ教育とフリースクール

日本では、１９８０年代にフリースクール運動が勃興して以降、子供たちの「居場所」の支援に係る議論の中でフリースクールは議論の中心となってきた。そしてこのフリースクールの位置付けを一歩進めたものが、２０１６年12月に制定された、不登校の子どもへの支援について初めて体系的に定めた「義務教育の段階における普通教育に相当する教育の機会の確保等に関する法律」（教育機会確保法）である。同法第2条4項では不登校児童生徒の教育機会の確保等についての支援を規定し、支援の際は、登校をすることだけを求めるのではなく、子供が自分の進路を自ら考え、社会的に自立することを目指すとされた。そのため国や地方公共団体には、「多様で適切な学習活動の重要性」の下、子供の状況に応じた学習活動等が行われるよう支援を行うことが求められている。具体的には、学校以外の場における不登校児童生徒の学習活動、その心身の状況等の継続的な把握に必要な措置として、学習活動や教育相談、体験活動などの活動を行っている民間の施設（フリースクール）との連携が挙げられている。

（澤田裕之）

References

□永田佳之／著（2005）『オルタナティブ教育―国際比較に見る21世紀の学校づくり』新評論

諸外国のオルタナティブ教育の実践例をまとめ、日本の教育に対するオルタナティブ教育の可能性について示している。

□永田佳之／編（2019）『変容する世界と日本のオルタナティブ教育―生を優先する多様性の方へ』世織書房

本書は、オルタナティブ教育をめぐる現実と、10以上の国や地域を通じた同教育の育みを支える日常の工夫や法制度等を描いている。

□ヴァーノン・スミス、ロバート・バー、ダニエル・バーク／著、仲原晶子／監訳、角本尚紀・中西良夫／共訳（1990）『教育におけるオルターナティブ―選択の自由』学苑社

本書は、オルタナティブ・スクールの存在が公教育に対して大きな影響を与えており、オルタナティブ・スクールを通じて地域社会や既存の学校の果たすべき役割について考察している。

29 グローバリズムとナショナリズム

Summary

国家、国民、資本という三者が組み合わさって形成される国民国家は、現代になって新たなステージに入っている。グローバル化は国民国家の終焉をもたらしているのではなく、その三者の危ういバランスを編み直しながら再活性化している。グローバリズムとナショナリズムは、相反するようで依存し合っており、私たちの想像力を水路付けながら、教育への政治介入を昂進させている。

グローバリゼーションとグローバリズム

「グローバリゼーション」と「グローバリズム」は、特に区別せずに使われることも多いが、厳密には違う。国境を越えて人材や商品や情報等が地球規模で展開・拡大する、その主として現象面を指しながらグローバリゼーションというのに対し、その理念や思想あるいはイデオロギー的な側面を指してグローバリズムという。日本では「グローバル化」がよく用いられ、「グローバル主義」ということはあまりない。これは見逃せないことで、あたかも自然な現象として、あらがえない大河のごとき流れとして、この私たちの世界に起きている事象が捉えられていることを意味しよう。

グローバル化（グローバリゼーション）という術語は、東西冷戦後の１９９０年代から急速に普及・定着した。「グローバル人材」「グローバル市民」「グローバル社会」等が盛んに語られ、いまやグローバル仕様というべき新たな教育の在り方があちこちで求められている。グローバル化の語りは歴史的思考を棚上げした未来志向で、乗り遅れると世界から脱落してしまうという不安や恐怖をあおることもあれば、国民国家からの自由や解放をもたらすとして希望や福音のように響くこともある。そんな大きな落差を伴ってあふれかえる語りが、グローバル化を促進していることも見過せない。

グローバリズムという見方は、こうしたグローバル化の語りを撃つ。グローバリズムは「世界社会」を市場の原理と経済の次元に切り詰めた、新自由主義（ネオリベラリズム）のイデオロギーである。政治と経済をない交ぜにして非政治的な装いをまとう、この新自由主義の一大プロジェクトは、国民国家を横断しながらあらゆる領域を席巻・制覇しているといってよい。

国民国家とナショナリズム

ところで国民国家（ネーション・ステート）は、原理を異にする「国家」「国民」ともう一つ、その言葉には表れない「資本」が欠かせない。端的にいえば国家（ステート）は物理的な暴力の上に、国民（ネーション）は宗教的な想像力の上に成り立つのに対し、資本（キャピタル）は自己増殖する価値の運動体である。分かりやすくいうと、治安が守られるのも戦争が許されるのも、合法的に暴力を備えた国家だからであり、実際に会ったことも話したこともないのに、同じ「日本人」という感覚が共有される想像の共同体が国民である。そこに産業と経済を介して価値体系を創出し、貧富をもたらすのが資本ということになろう。

この三者が絡み合って国民国家は存立するわけだが、現代は巨大企業に代表される資本の力が膨れ上がり、そのプログラミングを調整・更新しているとみてよい。つまり国家は資本と結託してグローバル化のエージェントとなり、国民からは退却しながら新たな関係づくりに入っているのだ。そこで台頭してくるのが、ナショナリズムである。ナショナリズムはもともと国民のための国家を欲望するもので、民主政治を求めるのも民族独立を目指すのも国家を呼び出す。人々の間に分断と格差をもたらす新自由主義政策は、伝統や文化を重んじる新保守主義（ネオコンサバティズム）によって補完されるが、そこでは国民の危機を隠蔽し、社会の秩序を修復するために、ナショナリズムが喚起・利用されている。

▼グローバリズムとナショナリズム、教育と政治の関係

ナショナリズムは近代以降の現象だが、現代ではグローバリズムと親密で強力な関係を結んでいる。一見すると背反する両者は、せめぎ合いながらもたれ合う、相互構築的な関係をもつ。その中で、教育と学問に対する政治的な統制・動員は著しく進行し、様々な現場で自由から撤退する自主規制が陰に陽に浸透した。

例えば２００６年に改正された教育基本法は、「我が国と郷土を愛する」ことを法定化した。これは新自由主義改革によって流動化・個人化した国民を、民族主義的に再統合しようとする新保守主義的な対応であり、グローバル化のリスクへの安上がりの安全弁といってよい。人々の生と暮らしへの愛着に根ざすパトリオティズム（愛郷心・郷土愛）に訴えながら、意図的・計画的な教育の力で「我が国」の溝や綻びを埋め合わせようというわけである。しかし「愛国」「反日」という圧力が強まるほど、学校現場は萎縮していく。

あるいは「グローバル言語」としての英語の勢いと広がりは、日本語／国語のナショナルな価値を逆進的に高めている。「英語帝国主義」に対抗して「美しい日本語・正しい国語を守れ」というわけだ。だがそれは現実世界の多言語状況を置き去りにしてしまう。グローバル／ナショナルという二項対立的な磁場の中で、私たちの世界の見方はやせ細ってしまったのではないか、民主主義の原則に立ち返って考えなければならない。

（平田諭治）

References

□宮寺晃夫・平田諭治・岡本智周／著（2012）『講座　現代学校教育の高度化25　学校教育と国民の形成』学文社

グローバル化の進行とともに問い直される学校教育と国民形成の関係について、異なる専門分野からアプローチしながら大局的に論じたテキスト。国民国家の来歴や構造を学んで、グローバリズムとナショナリズムの共犯性や問題点をつかむことができる。

□柄谷行人／著（2006）『世界共和国へ―資本＝ネーション＝国家を超えて』岩波書店

「資本＝ネーション＝国家」の接合体として国民国家を捉え、それぞれの起源と原理を明らかにしながら、その三者関係を超え出る理念と方法を探る。著者の『世界史の構造』（岩波書店、2010年）のエッセンスをまとめた新書本。

□斉加尚代・毎日放送映像取材班／著（2019）『教育と愛国―誰が教室を窒息させるのか』岩波書店

教科書（道徳と歴史）の検定と採択、教育委員会（大阪）と教員の統制を中心とする、1990年代末からの教育行政に対する政治的圧力・介入とその攻防のリアルな記録。著者は報道記者として取材を重ね、テレビのドキュメンタリー番組を制作、監督した映画「教育と愛国」（2022年）は必見。

30 エスノセントリズム・レイシズム

Summary

エスノセントリズム・レイシズムは、意識的ないし無意識的に自分の属する集団視点で他者をみる考え方であり、それはときによそ者への敵意につながる。そのため、私たちは自身のエスノセントリズム・レイシズムに自覚的になる必要があるとともに、自身の文化を相対化させることについて、子供たちに教育する必要があるといえる。

エスノセントリズム・レイシズムの定義

エスノセントリズム（ethnocentrism／自民族中心主義）とは、意識的ないし無意識的に自身の民族文化を中心に他者をまなざす思想・態度・行動を指す。ギリシア語で「人種」または「民族」を意味する ethnos と、「中心点」を意味する kentron とが統合してできた語である。エスノセントリズムの対義語としては、文化相対主義（cultural relativism／文化を自文化中心ではなく相対的に捉えること。特に文化人類学で用いられる）やゼノセントリズム（xenocentrism／自文化より他者や外国の文化を優れているとみなすこと）が挙げられる。レイシズム（racism／人種主義、人種差別）もエスノセントリズムと同様の意味で用いられることがあるが、より「人種」に着目した概念であるといえる。

ところで、この「人種」というカテゴリーは遺伝学的には些細な違いにすぎず、明確な境界線を引くことは難しい。しかし、社会的には境界線が存在する点で、無視することができない概念である。また「民族」も同様に曖昧な概念であるが、同じ文化や生活様式をもち、帰属意識をもつ人々の集団といえる。「人種」が「民族」のイデオロギーの一部をなすこともあれば、なさないこともある。

このように、双方の用語がもつ意味の曖昧さゆえに、「人種」と「民族」の明確な違いを説明することは難しい。よって本稿ではエスノセントリズム・レイシズムをセットで用いることとする。エスノセントリズム・レイシズムは、外国人嫌悪を意味するゼノフォビア（xenophobia/xeno はギリシア語で「外来、異質」の意）など、よそ者に対する敵意につながる場合もある。

学校教育におけるエスノセントリズム・レイシズム

学校教育の文脈におけるエスノセントリズム・レイシズムについて、まずは、アメリカ・ニューヨーク州のカリキュラム改訂をめぐる議論を例に考える。アメリカでは、自国民としてのアイデンティティ形成のため、社会科でアメリカ史が教えられてきた。しかし、その内容はアングロサクソン系プロテスタントの白人を中心に描いたものであったため、１９９０年代、アフリカ系（黒人）中心主義者の中から、アフリカ系の歴史を価値付けて教えるべきであると異議が唱えられた。このことは、それまで教えられていたアメリカ史が白人を中心とするものであったこと、また、アフリカ中心主義者がアフリカ系を中心とする歴史に書き換える必要性を主張したという二重の意味で、エスノセントリズム・レイシズムの事例である。

　それでは、日本の学校教育の文脈におけるエスノセントリズム・レイシズムとはどのようなものか。「日本の学校は、アメリカのように多様性はないため、エスノセントリズム・レイシズムはない」…仮にこのように感じたとしたら、それは一つのエスノセントリズム・レイシズムかもしれない。なぜなら、日本の学校に多様性がないという前提が誤っているからである。第一に、日本国籍を有する人の中にも在日コリアンやアイヌ民族など、多様な背景をもつ人々がいる。第二に、日本人以外の児童／生徒／教員も学校には数多く存在する。また、特定の民族・人種・国民の境界線に位置したり、境界線を行き来したりする個人もいる。このような個人をいないものと捉えてしまうと、彼らを無意識のうちに「日本人」に同化させてしまうことになる。例えば、「黒髪」を要する校則は、生徒が同質な集団であることを前提にしており、個人の「日本人」への同化を促すものであるとの批判がある。

　とはいえ学校教育は、児童生徒を社会統合する役割を担う重要な場でもある。社会統合を考える際には、人々をつなぐ何か、が必要となる。学校では、それが、歴史科目や服装文化であったりする。そしてそれらが、特定の集団（民族・人種）とつながりが深い場合に、学校で伝達される歴史科目や服装文化に対し、違和感なく過ごす児童生徒と、そうではない児童生徒が出てくる。つまり、社会統合が意図される際には、中心となる集団（民族・人種）と、異なる人々という構造が生じ、前者が後者を（時に悪気なく）差別する状態が起こりうるのである。いかに個人の文化を尊重しつつ、社会統合を可能にするのか、学校教育は常に難問と向き合っているといえる。

▼特権とエスノセントリズム・レイシズム

　日本の学校で教えられる歴史や文化に違和感なく過ごすことができた人は、日本社会において構造的に「特権」をもつ人かもしれない。特権をもつ者は、自覚のないままに、自分とは異なる他者に対して非寛容なまなざしを向けてしまうことがある。教育を営む者はこの点に十分に注意する必要があるとともに、教育実践の中で児童生徒自身に自身の文化を相対化させ、他者に寛容な精神を育む機会を提供する必要があるといえる。

（梅津静子）

References

□**額賀美紗子・芝野淳一・三浦綾希子／編（2019）『移民から教育を考える　子どもたちをとりまくグローバル時代の課題』ナカニシヤ出版**

　日本社会における移民の子供・若者の視点から日本の教育と社会を批判的に考えることを目的とした入門テキスト。

□**アリ・ラッタンシ／著、久保美代子／訳（2021）『14歳から考えたいレイシズム』すばる舎**

　レイシズムをめぐるキーワードや時事問題について分かりやすく書かれた１冊。題名にある通り、中高生への教材として用いることも可能。

□**ダイアン・J・グッドマン／著、出口真紀子／監訳、田辺希久子／訳（2017）『真のダイバーシティをめざして―特権に無自覚なマジョリティのための社会的公正教育』上智大学出版**

　特権をもつ自分に一体何ができるのかと、考えてしまった読者にこの本を薦めたい。エスノセントリズム・レイシズムを克服する上で必要とされる「特権との向き合い方」について、理論と実践の両面で役に立つ本である。

31 多文化教育

Summary

多文化教育とは、人種、民族、言語、宗教のみならず、ジェンダー、セクシュアリティ、障害の有無や程度、社会的階層等といった多様な集団に対する単なる理解や寛容の枠を超え、これらの集団の文化的特徴とニーズを考慮し、マジョリティ集団とマイノリティ集団の実質的平等に基づいた多文化共生の実現を目指す教育理念と教育改革運動、そして教育実践である。

多文化教育とは何か

多文化教育（multicultural education）とは、人種、民族、言語、宗教やジェンダー、セクシュアリティ、障害、社会的階層といった多様な文化集団の実質的平等を掲げた教育理念であり、その理念の実現に向けて教育内容と教育環境、教育制度を変えていく教育改革運動と教育実践である。多文化教育は自由、平等、正義、公正、民主主義の理念に基づき、マジョリティ集団の視点を中心とするドミナントな教育言説に多様なマイノリティ集団の視点を組み込み、マジョリティ集団の意識変容を促し、マイノリティ集団のエンパワーメントを促進する。また、学習者たちの言語的多様性を尊重し、母語・継承語教育、バイリンガル教育の提供によって全ての子供に教育機会の均等と学力を保障する取組である。

多文化教育の課題

多文化教育は、1960年代にアメリカにおいて展開した公民権運動と密接に関連している。アフリカ系アメリカ人をはじめとする非白人エスニック集団が、自分たちの民族文化を白人文化を中心とする教材やカリキュラムに取り入れ、全ての子供に教えることを求めたことが発端である。その根拠は、マジョリティ集団である白人の文化的価値は学校教育において支配的であり、アメリカの歴史とは不可分な存在であるアフリカ系アメリカ人やその他のマイノリティ集団の文化は無視され、または偏見とステレオタイプ的な内容でしか取り上げられてこなかったため、社会においてマイノリティに対する差別や不平等が起きている、という点である。

また、マイノリティに属する子供たちの自尊感情の教育を拒み、学習機会を狭める社会構造は、マジョリティに属する子供たちが自文化中心主義に縛られる教育となり、文化的多様性の価値の理解を妨げることになる。このような社会的差別と不平等の是正を掲げる多文化教育は、アメリカのみならず、伝統的な移民国家であり、または移民を積極的に受け入れるカナダ、オーストラリア、イギリス等に繰り広げられた。

一方、多文化教育の近年の実践は、マイノリティ集団の文化を食べ物、民族衣装と祭りの理解に限定してしまい、社会的差別構造の克服に必ずしも貢献していないという批判がある。さらに、グローバル化と新自由主義の進展とともに、福祉政策の見直し、公的支出の削減といった一連の政策がとられる中、経済的格差が拡大し、社会的不平等が再生産されることによりマイノリティ集団の社会的地位が固定化するという現実に対して、多文化教育の理念と実践の再検討が迫られている。

日本における多文化教育

日本社会における多文化が顕著になったのは、1990年の出入国管理法改正に伴い在日外国人が増えるようになってからである。日本語ができない外国人が地域住民となり、その子供が就学する学校現場に生じた当初の混乱は次第におさまり、外国人の集住地域において異文化理解への取組、学校現場において外国人児童生徒の日本語指導が着手された。2006年3月に総務省は「地域における多文化共生推進プラン」の策定を自治体に呼び掛け、地域住民と在日外国人の相互理解、コミュニケーションに向けた具体的な実践例をウェブサイトで公表している。一方、文部科学省は2000年代から外国人児童生徒受け入れ手引きの作成、日本語指導に関する教員研修のガイドラインや外国人児童生徒の日本語能力測定方法を開発し、自治体に配布している。学校側は外国人児童生徒の日本語指導、生活指導（学校文化への適応）、教科指導（学力保障）と進路指導に取り組んでいる。

多文化教育への取組として、学校の教育課程の中で外国人児童生徒の出身国の文化の理解に向けた実践が数多く報告されている。しかし、これらの一連の取組は、多文化教育の本来の理念から離れているという批判が増えている。すなわち、これらの実践は外国人児童生徒の文化を教育内容に取り入れる際に、児童生徒の文化的自覚と誇りを促し、自己肯定感、自尊心の向上を目指すというより、文化の多様性を尊重する、互いの歴史を知る、正しく理解することによって、全ての子供に多文化的コンペテンスを育成することに重点を置いている。このような偏りにより多文化教育は、異文化理解や国際理解教育の文脈で語られることが多い。

さらに、そのような教育実践の焦点は在日外国人との多文化共生や国際社会の一員として取り組むグローバルイシューに当てられ、日本国内にあるアイヌ人や沖縄の問題、在日コリアンの存在、障害、ジェンダーやセクシュアリティが取り上げられることが少なく、日本における多文化教育の理念と実践には課題が残る。

（タスタンベコワ・クアニシ）

References

□森茂岳雄／監修、川﨑誠司・桐谷正信・中山京子／編著（2023）『国際理解教育と多文化教育のまなざし―多様性と社会正義／公正の教育にむけて』明石書店

本書は、多文化教育と国際理解教育の枠組みを接続し、両教育領域において共通する多様性と社会正義・公正の視点から得られた理論的な洞察や実践的な知見を取り入れ、SDGs、環境教育、教科教育、カリキュラム、移民の教育など、様々なテーマにアプローチした国内外の研究を結集した学術書である。

□松尾知明／著（2017）『多文化教育の国際比較―世界10カ国の教育政策と移民政策』明石書店

本書は、西洋7カ国と東洋3カ国のそれぞれにおける国民統合の理念、多様性と教育をめぐる歴史的展開と多様性に関する教育政策と実践に焦点を当てて、多文化共生のシナリオの構想に向けて日本の多文化教育の課題を相対化するために手がかりとなる書である。

□ジェームズ・A・バンクス／著、平沢安政／訳（1999）『入門多文化教育―新しい時代の学校づくり』明石書店

「多文化教育の父」と呼ばれる著者は、アメリカ社会における多文化教育の発展過程を提示し、マイノリティ集団の文化的内容がカリキュラムに取り入れられることの意義を説明している。多文化教育の基礎を学ぶための主要文献。

32 国際バカロレア

Summary

国際バカロレア（ＩＢ）は、国際的な教育プログラムとして近年注目を集めている。ＩＢは、国境を越えて通用する大学入学資格の必要性から生み出された。その中核には「ＩＢの使命」が据えられ、多様な文化の理解・尊重や平和な世界の構築が目指されている。日本においてもＩＢの導入が進められているが、カリキュラムの整合性等の諸課題がある。

国際バカロレア（ＩＢ）とは

国際バカロレア（International Baccalaureate：以下、ＩＢ）は、国際バカロレア機構が提供する国際的な教育プログラムである。ＩＢには、初等教育プログラム（Primary Years Programme：ＰＹＰ、３～12歳対象）、中等教育プログラム（Middle Years Programme：ＭＹＰ、11～16歳対象）、ディプロマプログラム（Diploma Programme：ＤＰ、16～19歳対象）、キャリア関連プログラム（Career-related Programme：ＣＰ、16～19歳対象）の4つのプログラムがある。このうちＤＰの歴史が最も古く、１９６８年に創設されている。ＤＰでは、国際的に通用する大学入学資格「国際バカロレア資格（IB Diploma）」が取得可能である。ＤＰ以外は比較的新しいプログラムであり、ＭＹＰは１９９４年、ＰＹＰは１９９７年、ＣＰは２０１２年に開始している。それぞれのカリキュラムは定期的に見直しが行われており、その一貫性がますます重視されるようになっている。

ＩＢの歴史

ＩＢは、多様な国籍の子供たちが通う国際学校（インターナショナルスクール）において、国境を越えて通用する大学入学資格の必要性から生み出された。その議論は１９２０年代の国際連盟及び国際労働機関の設置を受けて、１９２４年に開設されたジュネーブ国際学校にさかのぼる。共通のカリキュラム作成に向けた具体的な動きが本格化するのは、第二次世界大戦後のことである。ユネスコ（国連教育科学文化機関）や欧州評議会、各国政府の支援を受け、ジュネーブ国際学校の教師等が中心となってカリキュラムの草案がまとめられることになる。１９６５年からの一連の会議及び試行期間を経て、１９７０年から資格取得のための試験が正式に開始された。

ＩＢの理念と学習・指導の方法

ＩＢの教育プログラムの中核には、ＩＢの使命（IB mission statement）が据えられている。その目的は「多様な文化の理解と尊重の精神を通じて、よりよい、より平和な世界を築くことに貢献する、探究心、知識、そして思いやりに富んだ若者の育成」にある。また、ＩＢの学習者像（IB learner profile）を示すことによって、国際的な視野（international-mindedness）の育成を目指している。

ＩＢでは「学習の方法（Approach to Learning：ＡＴＬ）」として、学び方を学ぶための5つのスキル、①思考スキル、②リサーチスキル、③コミュニケーションスキル、④社会性スキル、⑤自己管理スキル

——を挙げている。カリキュラム全体を通じて、また教科の特性に応じて、学習者がこれらのスキルを習得することが目指されている。また、振り返りや評価のプロセスを可視化する際にも活用されている。ATLは、意味のある学習のための継続的かつ統合的な枠組みであり、転移可能な知識の深化を促すことが意図されている。

加えて、「指導の方法（Approach to Teaching：ATT）」として、学習者中心を理念とし、構成主義に基礎付けられた6つの教育原理、①探究、②概念理解、③地域とグローバルな文脈、④効果的なチームワークと協働、⑤学習者のニーズを満たすための差異化、⑥形成的・総括的評価——が示されている。これらの教育原理は指導の指針となっており、教師は学習者の実情を踏まえて最適な指導を自ら考え、実践できる柔軟性がある。

日本におけるIB導入とその課題

日本においてIB導入の契機となったのは、2010年代に提起されたグローバル人材育成を目指す一連の政策提言である。ここにおいて、IB認定校等を200校に増やすという目標が設定された。2013年からはDPの一部科目を日本語で実施可能とする「日本語DP」の開発が進められ、2015年から実施されている。

ただし、日本におけるIB導入には様々な課題がある。国際バカロレア日本アドバイザリー委員会報告書『国際バカロレアの日本における導入推進に向けた提言』（2014年4月）においては、IB導入校に対する支援等にかかる今後の対応方策として、①IBのカリキュラムと学習指導要領との対応関係の整理、②外国人指導者に対する教員免許状の円滑な授与、③国内におけるIB教員養成等の充実——を挙げている。これまで、学校教育法施行規則の一部改正による科目の読み替えや、大学及び大学院におけるIB教員養成課程の設置等が行われてきた。

2017年5月には、国際バカロレアを中心としたグローバル人材育成を考える有識者会議による『中間取りまとめ』が公表され、国際バカロレア導入校に対する支援等、今後のIB推進方策が示された。2018年5月には「文部科学省IB教育推進コンソーシアム」が設立されるなど、国内におけるIBの普及・拡大に向けた取組は継続している。

（菊地かおり・平　明子）

References

□福田誠治／著（2015）『国際バカロレアとこれからの大学入試改革—知を創造するアクティブ・ラーニング』亜紀書房

IBの各プログラムの概要が具体的な時間割なども含めて整理されている。特に、IBの歴史が詳述されている第2章はいかにIBが生み出されたのかを知るためには必読である。

□岩崎久美子／編著（2018）『国際バカロレアの挑戦—グローバル時代の世界標準プログラム』明石書店

諸外国の公立学校におけるIB導入について、欧米やアジア諸国と日本の取組を比較している。また、日本人教師やDP在学生・卒業生を対象とした調査を通じて多面的にIBを分析している。

□国際バカロレア機構（2017）『国際バカロレア（IB）の教育とは？』

国際バカロレアに関する基本文書の一部は日本語に翻訳されており、IBのウェブサイト「Resources for schools in Japan」で入手可能である。「探究する人」「挑戦する人」などIBが示す10の学習者像など、原文に当たり、その理念やアプローチを確認してほしい。

33 教育開発援助

Summary

途上国に対する教育に関する分野への支援。国、国連機関、開発金融機関、国際ＮＧＯ、企業等によって行われる。第二次世界大戦後に教育開発援助が始められるが、時代によってその理念・目的・手法は変化してきた。現在のＳＤＧｓでは、基礎教育だけでなく全ての人に対する質の高い教育や生涯教育が目指されている。

定義

教育開発援助（educational development assistance）とは、途上国に対する教育に関する分野への支援のことをいう。「教育開発」「国際教育開発」「国際教育協力」等と呼ばれることもある。

現在では、支援する側として国（先進国だけでなく近年では新興国等も）、国連機関（ユネスコ、ユニセフなど）、開発金融機関（世界銀行、アジア開発銀行、ＩＭＦなど）、国際ＮＧＯ（セーブ・ザ・チルドレンなど）、企業等があり互いに協力し合うことも多い。

なお、類似の「開発教育」（development education）は、途上国の状況を理解し行動するための教育のことを指す。

歴史

第二次世界大戦後に、本格的な教育開発援助が始められるが、１９５０年代や６０年代は近代化や経済成長に寄与するような高等教育や職業教育、理数系の教育が中心であった。１９７０年代は経済面だけでなく「人間の基本的ニーズ」（ＢＨＮ）を充足することが目指され、農村居住者や貧困層等のノンフォーマル教育や識字教育等が注目された。１９８０年代は国際的な経済危機から、教育支援に市場原理が導入され効率化が目指された。１９９０年代以降は、「万人のための教育世界会議」（タイ・ジョムティエン、１９９０年）によって「万人のための教育」（ＥＦＡ）が国際的なテーマとなり、基礎教育（就学前教育、初等教育、前期中等教育、識字教育）や女子教育の重要性が確認された。２０００年には国連サミットで「ミレニアム目標」（ＭＤＧｓ）が採択され、教育関係では初等教育やジェンダー間格差の是正が国際的な目標となった。２０１５年には「持続可能な開発目標」（ＳＤＧｓ）が採択され、基礎教育だけでなく、全ての人に対する質の高い教育や生涯教育が目指されている。

日本の教育開発援助

日本は、１９５４年にコロンボ・プラン加盟を閣議決定して以降、多くの途上国の支援を行ってきた。青年海外協力隊等もその一環であり、現職の学校教員も数多く派遣されている。近年では高等教育、職業教育・技術教育、学校建設等のインフラ支援だけでなく、初等教育の内容面（カリキュラムや教科書、教員養成）への支援にも力点を置いている。

その代表的な事例がＪＩＣＡによって２０１４～２１年にかけて行われたミャンマー国「初等教育カリキュラム改訂プロジェクト」である。ミャンマーは伝統的に暗記中心主義であり、教科書も20年近く改訂されてこなかった。そこで「児童中心アプローチ」や「21世紀型スキル」を小学校に導入することをねらいとし、理科や算数だけでなくミャンマー語（国語）、英語、社会、体育、道徳・公民、芸術（音楽・図工）、ライフスキルなど各教科の学習指導要領の改訂や教科書及び教師用指導書の開発、さらには教員が新しい教科書を使って授業を実践していくための教師教育を支援した。日本の教科書会社や大学教員を含む約40名の専門家が断続的に現地に派遣され、ミャンマー側関係者（教育省職員、小学校や教員養成校の教員、大学教授）らとともに、カリキュラム改訂に取り組んだ。

（長田友紀）

＊表A　基礎開発援助と開発援助論（佐藤、2005）

	近代化・経済開発と関連した教育開発援助	人間の基本的ニーズ充足のための教育開発援助	効果的な経済開発のための教育開発援助	「人間を中心とした」開発のもとでの教育開発援助
背景となる開発援助モデル	総合国家開発計画、近代部門を中心とした工業化による経済開発：構造主義（50年代）、新古典派経済学（60年代）	BHN充足と社会経済開発：改良主義、新国際経済秩序（New International Economic Order）	経済危機からの回復と持続的経済開発：新古典派経済学によるマクロ経済政策・構造調整政策	持続的開発と貧困緩和：潜在的能力アプローチ・人間開発指標、冷戦終結に伴う民主化・市場経済導入
主な提唱環境	アメリカ	ILO・ユニセフ	世界銀行・IMF	UNDP
教育開発援助の機関	工業化のためのマンパワー養成としての教育開発：経済開発・近代化の手段	貧困層の基本的ニーズ充足と経済成長。社会開発と経済開発手段。資源の公平な分配	効率的な経済開発と資源配分の手段	「人間を中心とした」開発の目的でもあり手段でもある教育
重点教育サブセクター	高等教育、職業／技術教育、理科／数学教育（中等教育段階）	初等教育、識字教育、ノンフォーマル教育	経済成長に寄与する人的資源の一環としての教育開発	識字教育、初等教育、女子教育
主に広まった時期	主として1950／60年代。現在でも途上国では広範に支持されている	1970～80年代	主として1980年代	1990年代当初から今日
教育開発援助の言説	基本教育、人的資本論、機能的識字	ノンフォーマル教育	教育の効果・効率性、人的資源開発	万人のための教育（基礎教育）

References

□**黒田一雄・横関祐見子／編（2005）『国際教育開発論―理論と実践』有斐閣**

教育開発援助を学ぶならまず手に取るべき一冊。教育学・社会学・経済学等からのアプローチが詳しく説明された上で、教育開発援助の課題が様々な視点から整理されている。理論面だけでなく調査や研究方法についても詳しい。

□**佐藤眞理子／著（2005）『アメリカの教育開発援助―理念と現実』明石書店**

教育開発援助の開始当初から大きな影響を及ぼしてきたアメリカの支援について分析されている本である。教育開発援助そのものの歴史的経緯や理論的背景も詳しく、アメリカ以外に興味がある人にも役立つだろう。

□**田中義隆／著（2017）『ミャンマーの教育―学校制度と教育課程の現在・過去・未来』明石書店**

日本による教育開発援助の事例がよく分かる本である。ミャンマー教育の歴史や現状、そして「ミャンマー国初等教育カリキュラム改訂プロジェクト」の経緯や様子が膨大な資料とともに描かれている。

34 特別支援教育

Summary

子供一人ひとりの教育的ニーズを把握し、そのもてる力を高め、生活や学習上の困難を改善または克服するため、適切な指導及び必要な支援を行う特別支援教育は、小・中・高等学校等の通常の学級を含め、全ての学校において実施される。「特別な学びの場」における指導では、「個別の教育支援計画」と「個別の指導計画」に基づいて、適切な指導と必要な支援が提供される。

２００７年４月、「学校教育法等の一部を改正する法律」の施行により、日本の特殊教育は特別支援教育へと転換した。特別支援教育とは、障害のある子供の自立や社会参加に向けた主体的な取組を支援するという視点に立ち、子供一人ひとりの教育的ニーズを把握し、そのもてる力を高め、生活や学習上の困難を改善または克服するため、適切な指導及び必要な支援を行うものであり、特別な支援を必要とする子供が在籍する全ての学校において実施される。

なお、「障害者の権利に関する条約」を受けて、２０１３年９月より、障害のある児童生徒も居住する学区の小・中学校等に就学することが原則となった。ただし、学校教育法施行令22条３の障害の状態に該当する者は、本人・保護者の希望により特別支援学校に「認定特別支援学校就学者」として就学できる。

連続性のある多様な学びの場と特別の教育課程の編成

特別支援教育では、「インクルーシブ教育システム」の理念の実現に向けて、障害のある子供と障害のない子供が同じ場で共に学ぶことを追求するとともに、障害のある子供にその時点で教育的ニーズに最も的確に応える指導を提供できる多様で柔軟な仕組みを提供している。個に応じた特別な指導の実現には、特別支援教育の指導領域である「自立活動」の指導が重要である。その内容は、「人間として基本的な行動を遂行するために必要な要素」と「障害による学習上または生活上の困難を改善・克服するために必要な要素」を基に、特別支援学校学習指導要領に６区分27項目で示されている。多様な学びの場における教育課程編成の主な特徴は次の通り。

① **小・中学校等における通常の学級**：自立活動の内容を参考に個々の障害に配慮しつつ、通常の教育課程に基づく指導を行う。文部科学省（２０２２）の調査では、義務教育段階の通常の学級における発達障害の可能性がある児童生徒の在籍率は８・８％程度とされた。

② **通級による指導**：小・中・高等学校等の通常の学級に在籍し、通常の学級での学習に概ね参加でき、一部特別な指導を必要とする児童生徒に、必要に応じて各教科等の内容を取り扱いながら自立活動の指導を行う。効果的な指導には、各教科等と通級による指導との関連を図るなど、教師間の連携が必要である。

③ **特別支援学級**：障害による学習上または生活上の困難を克服するために設置される障害種別の少人数の学級（１学級児童生徒８名まで）。特別支援学級の特別の教育課程は、①「自立活動」を取り入れること、②子供の障害の程度や学級の

実態等を考慮し、各教科の目標や内容を下学年のものに替えたり、各教科を、知的障害者に対する教育を行う特別支援学校の各教科に替えたりすること――によって編成される。

④ **特別支援学校**：障害のある幼児児童生徒に対して、幼・小・中・高等学校等に準ずる教育を施すとともに、障害による学習上または生活上の困難を克服し自立を図るために必要な知識技能を授けることを目的とする学校。地域の小・中・高等学校等に在籍する障害のある子供の教育について助言・援助等を行うセンター的機能も担っている。

特別支援教育と教員免許

「特別支援学校教諭免許状」（以下、特支免許）は、特別支援学級や通級による指導の担当教師にもその取得が推奨されており、特別支援教育の専門資格として位置付けられている。２０２２年７月には、特支免許の教職課程の内容や水準を全国的に担保するため、共通的に修得すべき資質・能力を示した特支免許状コアカリキュラムが策定された（２０２４年4月に全面実施）。特支免許は、小・中・高・幼稚園教諭免許状のいずれかを有する者が取得できる付加免許状の位置付けで、視覚、聴覚、肢体不自由、病弱、知的の5障害教育領域が専門領域として設定されている。また、発達障害と重複障害に関する内容も免許の必修単位とされている。

「個別の教育支援計画」と「個別の指導計画」

「個別の教育支援計画」と「個別の指導計画」の作成によって、障害のある子供たちの「学校における切れ目のない指導と支援」と「地域社会における障害にわたる一貫した支援と社会参加」の実現が目指されている。

「個別の教育支援計画」は、特別な支援を必要とする子供の関係者・関係機関が連携し長期的な視点で就学前から学校卒業後まで一貫した支援を行うための全体計画であり、3年程度のスパンで作成される。合理的配慮についても、これに記載される。「個別の指導計画」は、特別な支援を必要とする子供一人ひとりの教育的ニーズに対応して1年間に行う具体的できめ細やかな指導や支援を行うための計画であり、長期（年間）目標と短期（学期等の）目標、指導場面と具体的な手立て、結果と評価等が記載される。

２０１７年の小・中・特別支援学校各学習指導要領の改訂では、通級・特別支援学級・特別支援学校等の特別な学びの場で特別支援教育を受ける子供たち全員に、これらの計画の作成が義務付けられた。

（米田宏樹）

References

□**小林秀之・米田宏樹・安藤隆男／編著（2018）『特別支援教育―共生社会の実現に向けて』（吉田武男／監修「MINERVA はじめて学ぶ教職18」）ミネルヴァ書房**

特別支援教育とインクルーシブ教育の関係、特別支援教育の理念・制度・対象とそのニーズに応じた指導・支援、医療・労働・福祉との連携等について解説している。

□**全日本特別支援教育研究連盟／編著（2023）『これからの特別支援教育はどうあるべきか』東洋館出版社**

本書は21名の研究者・実践家による解説・論説・提言で、インクルーシブ教育システムの充実や指導・支援の課題と展望等について、特別支援教育の論点を整理している。

35 インクルーシブな教育と合理的配慮

Summary

インクルーシブな教育とは、障害児に限らず、全ての子供を同じ場所に包摂し、学校全体で子供の特別なニーズに対応する教育である。多様性を歓迎し、結果だけでなく、過程を重視しながらカリキュラムや教材など、教育システム全体の変容が求められるという特徴がある。合理的配慮とは、障害者が平等に全ての人権及び基本的自由を享有、または行使することを確保するための必要かつ適当な変更及び調整を指す。

歴史的経緯：特殊教育から統合教育、インクルーシブな教育へ

まず、インクルーシブな教育の成立背景と定義について解説する。障害児など、特別なニーズを有する子供をほかの子供と異なる場所で教育する形態は「特殊教育（Special Education）」と呼ばれる。日本をはじめ、諸外国においても特殊教育が最初に普及した国が多い。その後、公民権運動にも後押しされ、１９６０年代から８０年代にかけて、特殊教育に対する批判が欧米諸国で起きた。人種や障害の有無、宗教上の理由に影響されることなく、全ての子供は平等に同じ教育を受ける権利を有する、という考えが広まる。特に障害児については、障害者の権利に関する宣言（１９７５年）、国際障害者年（１９８１年）等を経て、ほかの子供と同じ場所、同じカリキュラムで教育を受ける「統合教育（Integrated Education）」の重要性が主張されるようになった。

統合教育とインクルーシブな教育は、どちらも子供を同じ場所で教育しようと試みる形態であるが、実質は大きく異なる。統合教育が特別な支援を必要とする子供を通常学級へ吸収（メインストリーム化）するのに対して、インクルーシブな教育は教師や学校の方が子供のニーズに対応する。つまり、教育の需要側（子供、保護者）ではなく、教育の供給側（教員、カリキュラム、教育設備等）が特別なニーズに対応するという特徴がある。分かりやすい例を挙げると、聴覚障害児が通常学級で勉強しようとした際に、学校側がその子に「補聴器を付けるように」と指示する方法が統合教育で、教師が手話を用いて授業する方法がインクルーシブな教育である。

インクルーシブな教育が国際的な関心を集めたのは、１９９４年にスペインで開催された「特別なニーズ教育に関する世界会議」が契機である。本会議において、「特別なニーズ教育における原則、政策、実践に関するサラマンカ声明並びに行動の枠組み」（以下、サラマンカ声明）が採択された。それでも、１９９０年代はインクルーシブな教育が大きく普及したわけではない。インクルーシブな教育の普及が拡大した契機は、２００６年に採択された国連の「障害者の権利に関する条約」である。それまでインクルーシブな教育は「選択」の範囲で推奨されていたが、本条約の教育の条項において、「原則としてインクルーシブな教育」を志向することが定められた。本条約は２０２３年現在、１６４カ国が批准している。日本においても本条約の批准に向けて２０１１年に障害者基本法が改正され、

「可能な限り障害者である児童及び生徒が障害者でない児童及び生徒と共に教育を受けられるよう配慮」（第16条）を行うことが示された。また、第24条（教育）においては、インクルーシブな教育システムを確保し、個人の権利の実現のために、「合理的配慮」の提供等が必要とされていることが規定されている。

▼教育場面におけるインクルーシブな状態と合理的配慮

理念的にインクルーシブな教育とは、学校や教師が個々の子供のニーズに適合した教育を供給し、その子の能力を可能な範囲で最大限に発達させ、共生社会の実現に向けた基盤となることを志向する。では、具体的に如何なる状況がインクルーシブな教育状況といえるのか。ＯＥＣＤ（経済協力開発機構）は、衡平でインクルーシブな教育状態を「子どもの社会経済的要因にかかわらず、全ての個人が少なくとも基礎的な技能水準に到達すること」としている。つまり、全ての子供が基本的な学力を習得できる状況を目指したものである。学校に通っているか否かの「就学」を指すのではなく、何をどの程度学んだか、という「学習（Learning）」に焦点が当てられている。何が「基本的な学力」かについては議論があるが、教育の〝過程〟が重要視されるインクルーシブな教育においては、単に認知的な学力だけでなく、非認知能力がいかに育成されたかに着目すべきとされている。また、特別なニーズをもつ子供に対してだけでなく、全ての子供にとって非認知能力を育成するのに、インクルーシブな教育は有効であるとされる。

インクルーシブな教育状況を醸成していくためにいかなる配慮が必要とされているのか。上記の通り、教育の供給側が子供のニーズに適合し、学校システム全体が変容を迫られる。しかし、どこまで配慮すべきかという点については、「合理的」でなければならない。障害者の権利に関する条約の第2条で合理的配慮とは「均衡を逸したまたは過度な負担を課さないものをいう」と定められている。

学校における具体的な合理的配慮としては、「障害の状態に応じた専門性を有する教員等の配置」や「バリアフリー・ユニバーサルデザインの観点を踏まえた障害の状態に応じた適切な施設整備」「一人一人の状態に応じた教材等の確保（デジタル教材、ＩＣＴ機器等の利用）」等が挙げられる。

（川口　純）

References

□川口　純／編著（2024）「SDGs時代のインクルーシブ教育―グローバルサウスの挑戦」明石書店

世界のインクルーシブ教育を紹介した拙著。各国において教育の包摂性が目指すものは何か。アジア太平洋地域やアフリカなど11カ国を対象とした現地調査に基づき、各国の取組や創意工夫、障害観や教育観、政策動向等に焦点を当てて、インクルーシブ教育の受容実態と展望について考察した。

□トビー・J・カルテン／著、川合紀宗／訳（2016）『インクルーシブな学級づくり・授業づくり―子どもの多様な学びを促す合理的配慮と教科指導』学苑社

特別なニーズをもつ子供たちが在籍する学級における指導・支援方法が紹介されている。実践的な教科教育と特別支援教育の連携から、学級づくりにおいて教員が心がけるべきポイントや、対応について具体的に述べられている。また、教員のみに依存した教育ではなく、組織的な包括性や専門家との連携の重要性について言及されている。

36 ガイダンスとカウンセリング

Summary

ガイダンスとは、個人の幸福と社会の発展を目指して行われる発達支援であり、その方法としてカウンセリングが発展した。アメリカにおける職業ガイダンス運動、教育測定運動、精神衛生運動を起源とし、日本では戦後に教師の役割として広まった。学習指導要領では、ガイダンスを集団の場面での援助、カウンセリングを一人ひとりの課題に個別に対応した指導と定めて差別化し、その一体的充実を図っている。

アメリカでの誕生と日本への流入

ガイダンスとは、個人的な幸福及び社会的な有用性に向かって、自分自身の努力によって一人ひとりの可能性を発見し、発達させるように個人を援助する過程を指す。この目的を達成するための技術として成立したのが、カウンセリングといえる。起源は、20世紀初頭に産業構造が大きく変化する中、アメリカで行われた、パーソンズ（F. Parsons）らによる職業ガイダンス運動にある。それは、心理検査によって知能・適性・興味等を把握する教育測定運動、及びフロイト（S. Freud）の精神分析学に基づき治療を施す精神衛生運動と結合し、診断を重視する指示的カウンセリングを発展させた。これに異を唱えたのが、来談者中心療法を唱えたロジャース（C. Rogers）であり、論争を巻き起こしながらも非指示的カウンセリングは幅広く受容された。以降、カウンセリングは単なる技法ではなく、一つの専門分野として確立していった。

ガイダンスとカウンセリングは、進歩主義教育の追い風を受け、アメリカの中等教育にも取り込まれていった。その内容は職業指導のみならず、学業指導、適応指導、健康指導、社会性指導、余暇指導と多岐にわたり、教師とともにスクール（ガイダンス）・カウンセラーが担った。今日でも、全米スクール・カウンセラー協会はその使命として、学問的発達、キャリア発達、人間的・社会的発達の支援を掲げている。日本では戦後に、民間情報教育局（ＣＩＥ）の主導した教育指導者講習（ＩＦＥＬ）を通して、ガイダンスが教師の役割として広がり、進路指導や生徒指導／生活指導の発展にも大きな影響を与えた。しかし、ガイダンスの概念やカウンセリングとの関係は曖昧であり、また技術・方法が先に発達したため、理論研究が遅れているという課題がある。

学習指導要領における定義

２０１７・１８年告示の学習指導要領では、総則の「学級（ホームルーム）経営、生徒（児童）の発達支援」の部分に、初めてガイダンスとカウンセリングの言葉が登場した。ガイダンスを「主に集団の場面で必要な指導や援助」、カウンセリングを「個々の生徒（児童）の多様な実態を踏まえ、一人一人が抱える課題に個別に対応した指導」と定義し、両者の違いを明確化している。

ガイダンスは、ソーシャル・スキル・トレーニング（ＳＳＬ）やソーシャル・エモーショナル・ラーニング（ＳＥＬ）等の心理プログラム、情報提供、相談活動等の形で提供される。その機能の充実を図ることで、全ての児童生徒の学校生活への適応を促進し、学びに対する意欲を高め、よりよい意思決定につなげることが期待できる。またカウンセリング機能の充実は、個々の児童生徒の抱える課題の予防・早期発見・早期対応、及び人格の成長に寄与する。2022年に改訂された『生徒指導提要』において、ガイダンスとカウンセリングは生徒指導の両輪として位置付けられた。その主たる担い手は教師であるが、スクールカウンセラー（SC）など専門職と連携する必要がある。

▼キャリア発達に向けた対話的関わり

キャリア教育において、ガイダンスとカウンセリングは日常的に発揮されるべき機能であり、出口指導として行われる進路ガイダンスや三者面談に矮小化されない。2023年改訂の『中学校・高等学校キャリア教育の手引き』では、キャリア・カウンセリングを教師による意図のある対話や言葉かけを含む形で広義に解釈し、児童生徒が自らの意思と責任でキャリア形成できるように気付きを促し、主体的に考えさせることで、行動や意識の変容につなげる働きかけとして捉えている。

さらに2020年度から小学校、中学校、高等学校に導入された「キャリア・パスポート」の活用に当たっては、教師の対話的関わりが重視されている。キャリア教育の要である学級活動（ホームルーム活動）では、記入している最中やその前後に教師と児童生徒あるいは児童生徒同士の間で対話が行われる。学級集団として成長を振り返ったり見通したりする場面ではガイダンスの機能が発揮され、教師が個々人のキャリア発達を促す意図で行う机間指導の場面では、カウンセリングの機能が発揮される。このように、教師は共著者として、児童生徒（著者）の物語をより望ましいストーリーに再構築する。

教師によるガイダンスとカウンセリングは、認知能力のみならず非認知能力を育成するホリスティックな日本型教育を支えている。一方で、その実践は専門的訓練よりも経験則に依拠してきた。ゆえに、多様化した児童生徒の生き方への対応が難しく、教師の負担となってきたことも否めない。実践知を理論化し、体系的かつ効果的な能力開発の機会を提供するとともに、カウンセラーなど専門職との協働を強化することが期待される。

（京免徹雄）

References

□坂本昇一／著（1977）『ガイダンスの哲学的前提に関する研究』風間書房

アメリカにおけるガイダンス運動の社会的条件、ガイダンスの類型、その根底にある人間観・社会観を解明した研究書。ガイダンスの方法としてのカウンセリングについても、詳しく論じられている。

□島田啓二／著（1999）『H.C. マッコーンの教科外活動理論におけるガイダンスに関する研究』学文社

日本の特別活動や生活指導にも影響を与えたアメリカの研究者マッコーンのガイダンスについて、目的論、生徒観、技術論という三層から考察されている。自己指導力育成の意義と方法を考えることができる一冊。

□日本キャリア・カウンセリング学会／監修、廣川　進・下村英雄ほか／編（2022）『キャリア・カウンセリングエッセンシャルズ400』金剛出版

キャリア・カウンセリングの理論、方法、制度、組織に関する403項目を解説した総合辞典。学校におけるキャリア形成支援についてもカバーされている。

37 生徒指導

Summary

生徒指導は、学習指導と並び、学校に不可欠な教育機能として概念化された専門用語であり、児童生徒の抱える悩みと願い（ニーズ）に応えて、自分らしい生き方を発見し実現する力を伸ばす個々への働きかけを総称する。この働きかけを分類して「２軸３類４層構造」で捉える新しい見方が提案された。従来の規範指導の偏重から、育てる生徒指導への転換が急務である。

学校の3つの教育機能

生徒指導は、日常の生活習慣・態度の指導、校則の取り締まり、あるいは問題を起こした児童生徒の指導である、と誤解されやすい。学校教育に関わる様々な人々の間で、こうした概念上の混乱が、戦後70年余りを経ても続いている。

生徒指導は、今も昔も、学校で取り組まれる働きかけ（教育機能）の一つである。そのため、学校の教育機能の基本的な枠組みの下で理解されなければならない。

学校の教育機能は、学習指導（インストラクション）、生徒指導（スクールカウンセリング）、及び管理指導（ガバメント）の３つである。

学習指導は、人類の文化を教科として整理し、文化的生活を送るための、そして文化を発展させるための知識と技能を生徒が獲得するように働きかける。それは、主に教科学習を通じて取り組まれる。生徒指導は、個々の抱える悩みと願い（ニーズ）を理解し、ユニークな生き方を発見し実現する力を伸長していけるよう発達状態に即して個々に働きかける。それは、学級活動／ホームルーム活動を中心に学校生活のあらゆる場と機会を通じて取り組まれる。管理指導は、学校生活で期待される行動を児童生徒に求め、学校生活の安全と秩序を維持・管理する機能である。それは、伝統的に、生活態度のしつけと考えられてきた。

学習指導と生徒指導の両機能は相互補完的な関係にあり、両機能が統合的に働くとき、学校教育は十全に機能する。管理指導は、学校の教育目標を達成するために、この十全な機能状態を整えて維持する。

生徒指導の定義

生徒指導は、その基本書『生徒指導提要』（文部科学省、２０２２年改訂）において「児童生徒が、社会の中で自分らしく生きることができる存在へと、自発的・主体的に成長や発達する過程を支える教育活動のことである。なお、生徒指導上の課題に対応するために、必要に応じて指導と援助を行う」と定義される。それは、自分らしい人生を実現する力である自己指導能力を育むため（目的）に、自己存在感の感受、共感的な人間関係の育成、自己決定の場の提供、安全・安心な風土の醸成の４つの実践上の視点の下に取り組まれる必要がある。

また学習指導要領（２０１７年告示、中学校版）では、「生徒が、自己の存在感を実感しながら、よりよい人間関係を形成し、有意義で充実した学校生活を送る中で、現在及び将来における自己実現を図っていくことができるよう、生徒理解を深め、学習指導と関連付けながら、生徒指導の充実を図ること」と言及されている。

生徒指導の土台は、児童生徒理解と教師—児童生徒間の信頼関係である。

▼生徒指導の構造

『生徒指導提要』では、児童生徒の課題への対応を時間軸や対象、その重大性の観点から生徒指導の機能を分類し「2軸3類4層構造」という見方が示された（図A参照）。

発達支持的生徒指導と課題未然防止教育は、全ての児童生徒を対象に、前者は全ての教育活動で進める基盤となる働きかけであり、後者はいじめ防止教育等の諸課題の未然防止のための教育プログラムによる働きかけである。課題早期発見対応は、問題行動の初期段階にある一部の児童生徒を対象に、深刻な状態にならないように早期に対応する働きかけである。そして、困難課題対応的生徒指導は、すでに困難な問題を抱える特定の児童生徒を対象に、特別な指導・援助を提供する働きかけである。

＊図A　生徒指導の重層的支援構造

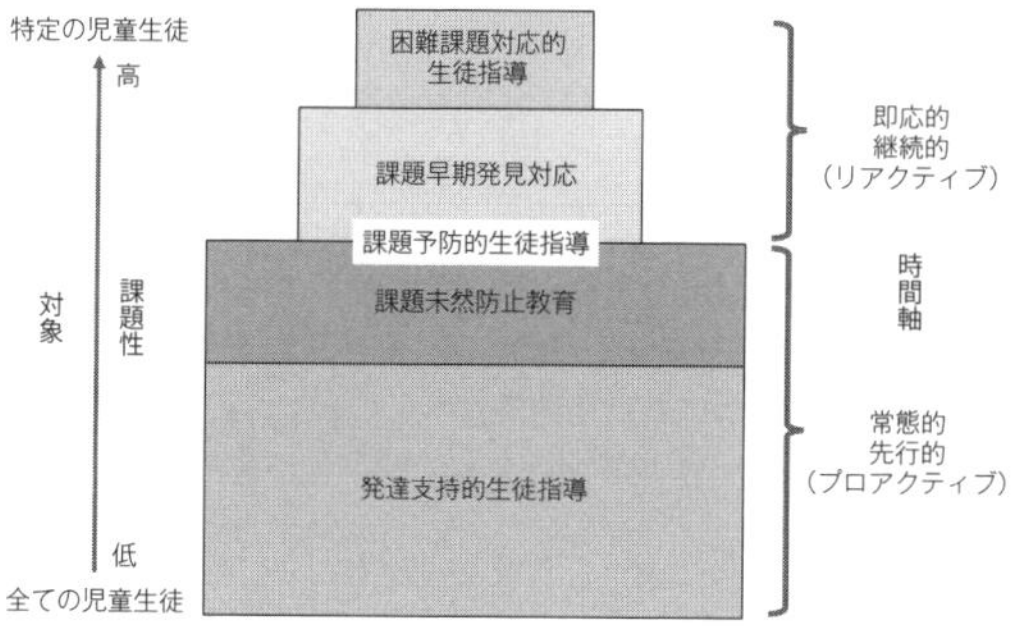

出典：『生徒指導提要』（文部科学省、2022年改訂）

▼育てる生徒指導へ

欧米の生徒指導は、この40年以上、米国スクールカウンセリング・プログラムや社会情動的学習（Social and Emotional Learning）など、ライフスキル（コンピテンシー）を育てる積極的（プロアクティブ）な生徒指導の実践と研究を蓄積してきた。しかし、我が国では、規範指導（管理指導）を偏重したまま、発達支持的生徒指導や課題未然防止教育に当たる生徒指導は、啓蒙活動や訓話に終始しがちである。

育てる生徒指導を日本で推進するためには、学級担任が児童生徒と信頼関係を築き、個々のニーズを理解しながら成長と発達を支える働きかけを強化し、そして、学級・学年を超えて継続的計画的に育てる働きかけへとリードして学校規模に拡大する生徒指導の専門家の養成と配置が急務である。

（花屋哲郎）

References

□花屋哲郎／編著（2024）『生徒指導』（吉田武男／監修・編著「MINERVA はじめて学ぶ教職 15」）ミネルヴァ書房

暴力行為等の問題行動の理解と支援を解説するとともに、学校の業務全体を捉え直して実際的な視点から「育てる生徒指導」の可能性を探求する。

□宮坂哲文／著（1968）『宮坂哲文著作集（第Ⅰ～Ⅲ巻）』明治図書出版

戦後、新しい学校教育の礎が形成される過程で、生活指導（生徒指導）の概念化をリードした研究者の著作集。特別活動、道徳教育など、学校の人間形成機能に関する基本的論点を確認できる。

□日本生徒指導学会／編著（2015）『現代生徒指導論』学事出版

日本生徒指導学会（2000年創設）が、その研究成果を盛り込み、現代の学校教育における生徒指導の基礎・理論・実践をまとめた。現代生徒指導論の一つの到達点を確認できる。

38 キャリア教育と進路指導

Summary

キャリア教育は、１９９９年に若年雇用対策の一環として提唱された。その後、２００５年に中学校での5日間の職場体験活動を推進する事業が強力に展開され、一時は、職場体験活動の実施のみが突出する傾向も生じた。今日推進されるキャリア教育は、２０１１年1月の中央教育審議会答申が提示した新たな概念に基づくものであり、進路指導はその中で実施される教育活動として位置付けられている。

▼キャリア教育の提唱と初期の展開

日本の教育行政分野の公的な文書で「キャリア教育」という言葉を初めて使用したのは、１９９９年11月に中央教育審議会が取りまとめた答申「初等中等教育と高等教育との接続の改善について」であった。答申は、「第6章　学校教育と職業生活との接続」において、新規学卒者のフリーター志向の広がりや高等学校卒業後の無業者の増加を深刻な課題として捉え、キャリア教育の推進を次のように提唱している。

> 学校と社会及び学校間の円滑な接続を図るためのキャリア教育（望ましい職業観・勤労観及び職業に関する知識や技能を身に付けさせるとともに、自己の個性を理解し、主体的に進路を選択する能力・態度を育てる教育）を小学校段階から発達段階に応じて実施する必要がある。

キャリア教育は、若年者雇用対策の一環として登場したといえよう。その後、キャリア教育は、「若者自立・挑戦プラン」（２００３年）に組み入れられ、若年者雇用対策の色合いを一層濃くしていった。

一方、この時期のキャリア教育は、学校教育への浸透と実践の活性化に大きな課題を抱えていた。小学校・中学校からは「時期尚早」であるとの声が出され、普通科高等学校、とりわけ大学進学希望者の多い高等学校からはその必要性自体を懐疑的に捉える指摘がなされた。

このような状況の打開策として、文部科学省が着手したのは、中学校での5日間の職場体験活動を推進する「キャリア・スタート・ウィーク」である。当該事業は、２００５年度から4年間、総額約11億円の巨額の予算を充てて展開された。

▼２０１１年の方向転換と定義

このようなキャリア教育の展開に質的な変容をもたらしたのは、２０１１年1月の中央教育審議会答申「今後の学校におけるキャリア教育・職業教育の在り方について」である。

本答申は、それまでのキャリア教育の在り方について、「職場体験活動の実施をもってキャリア教育を行ったものとみなしたりする傾向」が指摘されていると捉え、また、「勤労観・職業観の育成のみに焦点が絞られてしまい、現時点においては社会的・職業的自立のために必要な能力の育成がやや軽視されてしまっていることが課題として生じている」とも述べている（第1章1⑴）。その上で、本答申は、キャリア教育の特質を次のように示した。

> 人は、他者や社会とのかかわりの中で、職業人、家庭人、地域社会の一員等、様々な役割を担いながら生きてい

る。（中略）

このように、人が、生涯の中で様々な役割を果たす過程で、自らの役割の価値や自分と役割との関係を見いだしていく連なりや積み重ねが、「キャリア」の意味するところである。（中略）

学校教育では、社会人・職業人として自立していくために必要な基盤となる能力や態度を育成することを通じて、一人一人の発達を促していくことが必要である。（第1章1⑴）

その上で、本答申は、キャリア教育を「一人一人の社会的・職業的自立に向け、必要な基盤となる能力や態度を育てることを通して、キャリア発達を促す教育」と定義付け、キャリア教育を通して中核的に育成する力を「基礎的・汎用的能力」であるとした。この「基礎的・汎用的能力」は、「人間関係形成・社会形成能力」「自己理解・自己管理能力」「課題対応能力」「キャリアプランニング能力」の4つの能力によって構成される（第1章3⑵）。

▼キャリア教育と進路指導との関係

学習指導要領は、小学校・中学校・高等学校・特別支援学校に共通して、その総則事項として、キャリア教育の実施を次のように求めている。

児童／生徒が、学ぶことと自己の将来とのつながりを見通しながら、社会的・職業的自立に向けて必要な基盤となる資質・能力を身に付けていくことができるよう、特別活動を要としつつ各教科等の特質に応じて、キャリア教育の充実を図ること。

中学校・高等学校・特別支援学校の中学部・高等部においては、この規定の後に次の文言が続いている。

その中で、生徒が自らの生き方を考え（中）／生徒が自己の在り方生き方を考え（高）主体的に進路を選択することができるよう、学校の教育活動全体を通じ、組織的かつ計画的な進路指導を行うこと。

学習指導要領は、中等教育段階においてのみ実施される進路指導を、就学前段階から高等教育まで一貫して実施されるキャリア教育の中に位置付けたのである。前掲した2011年の中央教育審議会答申は「進路指導のねらいは、キャリア教育の目指すところとほぼ同じである」と指摘していたが（第3章3⑴）、学習指導要領「総則」は、両者の関係をより明快に整理して提示したものといえよう。

（藤田晃之）

References

□**藤田晃之／編著（2018）『キャリア教育』（吉田武男／監修「MINERVA はじめて学ぶ教職19」）ミネルヴァ書房**

新しい教育職員免許法に対応した、大学での教職課程科目用のテキスト。戦後の職業指導・進路指導から今日のキャリア教育まで幅広くカバーされている入門書。

□**長田　徹／監修（2018）『カリキュラム・マネジメントに挑む―教科を横断するキャリア教育、教科と往還する特別活動を柱にPDCAを！』図書文化社**

文部科学省におけるキャリア教育及び特別活動担当調査官による監修。広島県教育長による特別寄稿のほか、小・中学校の優れた実践報告が掲載されている。

□**藤田晃之／著（2019）『キャリア教育フォービギナーズ―「お花畑系キャリア教育」は言われるほど多いか？』実業之日本社**

キャリア教育の提唱から今日までの展開を「キャリア教育19年の歩みを振り返る」「キャリア教育と進路指導」など25のテーマ・視点から解説した一冊。口語体で平明に書かれている。

39 特別活動

Summary

特別活動は、教科外活動、集団活動、自主的・実践的な活動という特質をもつ。一方で、教師依存、個の抑圧、効率的な管理手段に陥るリスクも抱えている。その源流は日米の課外活動にあり、国民統合と新教育に基づく市民形成という異なる方向性が混在してきた。現在では社会の形成者としての資質・能力の育成が重視され、海外にも発信されている。

理論と実践の特質

特別活動は教育課程の一領域であり、「学級活動」（高等学校は「ホームルーム活動」）、「児童会活動」（中学校と高等学校は「生徒会活動」）、「学校行事」、「クラブ活動」（小学校のみ）で構成される。その理論的・実践的特質は3つに整理できるが、それぞれが教育的ジレンマを伴っている。

第一に、教科外活動であるため、親学問（ディシプリン）が存在しない。系統的な知識ではなく、児童生徒のリアルな「生活」そのものを対象としている。教科書も存在しないため、各学校・学級で多様な実践が開花してきたが、一方で活動の質が教師の教育観や力量に大きく左右されるという側面もある。

第二に、集団活動であり、個人だけでなくその準拠集団を育成する機能を有している。同学年集団である学級・ホームルームに加え、様々な異年齢集団での協働を通して、児童生徒が安全・安心して生活し学習できる環境を生み出すことが目指される。しかし、個と集団は必然的に緊張関係をはらんでおり、画一化による個性の抑圧が起こり得る。

第三に、自主的・実践的な活動であり、児童生徒の主体性を重視する。具体的には、集団や個人の生活課題を発見し、話合いを通して合意形成・意思決定し、決まったことを実践し、振り返るという流れで活動が展開される。教師の役割は教授ではなく、コーチングやファシリテーションによって児童生徒の問題解決を支援することである。しかし、指導が主体性を阻害してしまうと、自主性の衣をまとった集団管理の手段になりかねない。

特別活動のあゆみと現在

3つの特質のうち、集団活動の源流は日本、自主的・実践的活動の源流はアメリカにある。教科外活動という点では日米共通だが、その方向性が異なっていた。

日本では、能力水準別の学習集団を構成した等級制に替えて、１８９１年に同年齢の生活集団である学級制が導入された。その目的は安定した共同生活を通した国民道徳の育成にあり、学級文化活動の発展につながった。また、祝日の儀式や運動会などの課外活動も、精神的・身体的な国民統合の装置として機能した。

それに対してアメリカでは、第一次世界大戦後に、市民性教育の手段として課外活動が積極的に推進された。理論的支柱となったのが進歩主義的教育観に基づく新教育運動であり、デューイ（J. Dewey）の「なすことによって学ぶ」は、中心的な指導原理となった。戦後、この理念が日本に本格的に流入したことで、課外活動は民主主義を学ぶ自治的訓練としてカリキュラム化され、特別活動が成立する。１９６０年代以降は、集団づくりに傾斜してガラパゴス化が進展していくが、その弊害も目につくようになり、個を生かす集団活動に転換する必要性が提唱された。

２０１７・１８年告示の学習指導要領では、特別活動は「集団や社会の形成者としての見方・考え方を働かせ、様々な集団活動に自主的、実践的に取り組み、互いのよさや可能性を発揮しながら集団や自己の生活上の課題を解決すること」を通して「人間関係形成」「社会参画」「自己実現」に関する資質・能力を育成すると定められた。集団活動を通した個人の市民的コンピテンシーの育成が、目標の最上位にあるといってよいだろう。「望ましい集団づくり」の文言が削除され、キャリア教育の要として位置付けられたように、集団主義からの脱却が意図されている。ただし、学級経営の充実や学級・学校の文化の創造といった意義も強調されており、多様な個を承認する支持的風土の形成は引き続き重視される。

▼特別活動の海外展開

特別活動に類する活動は諸外国にもあるが、任意参加の課外活動として扱われることが多く、実施状況には地域や校種による大きな差がある。他方、日本ではナショナル・カリキュラムに目標や内容の基準が示され、全校種において教育課程内で活発に実践されてきた。近年は、社会情動（非認知）的スキルの発達に有効であるとして海外の注目を集め、日本型教育モデル Tokkatsu としてエジプト、インドネシア、モンゴル、マレーシア、シンガポール等に輸出されている。

特にエジプトにおいては、パートナーシップに基づいて設立されたエジプト日本学校（ＥＪＳ、２０２３年時点で51校）で、学級会、日直、掃除、朝礼などの Tokkatsu Plus が導入されている。現地の制度・文化に合わせてカスタマイズされた取組は、一定の成果を上げている。しかし、日本と同様に、高い理念と現実とのギャップは小さくない。

前述のように、特別活動はその特徴に起因する本質的ジレンマを抱えている。これらをどのように克服するか、海外の研究者・実践者との「草の根交流」を通して、国際的な視野で検討することが求められている。

（京免徹雄）

References

□吉田武男・京免徹雄／編著（2020）『特別活動』（吉田武男／監修「MINERVA はじめて学ぶ教職14」）ミネルヴァ書房

特別活動の理念、歴史、基礎理論、実践、教師の役割について幅広く論じた入門書。特別活動とその関連領域との関係が詳しく説明されており、「特別活動とは何か」を多角的に考えることができる。

□日本特別活動学会／編（2019）『三訂 キーワードで拓く新しい特別活動』東洋館出版社

特別活動の実践や研究の基盤となる基本用語を整理し、その意味を解説した一冊。海外の教科外活動の動向や学問としての特別活動の捉え方についても解説されている。

□宮坂哲文／著（1959）『新訂 特別教育活動―その歴史と理論』明治図書出版

戦前の日米における課外活動の発達史を中心に、特別活動の起源にさかのぼって、その意義と課題が考察されている。多数ある宮坂の著作の中でも、最初に読みたい古典的専門書である。

40 生成ＡＩと学校教育

Summary

生成ＡＩはプロンプトに対して自然な回答を提示するが、ハルシネーション等の問題もある。しかし、現代はすでに生成ＡＩの活用を避けられない。学校教育においても生成ＡＩの特性を理解した上で、「生成ＡＩを活用することによって失われる学びはないか」という視点を意識しつつ、ガイドラインを策定しながら人間とＡＩの共生による教育活用が求められている。

生成ＡＩの仕組み

技術の進歩によって２０２０年代以降のＡＩ（人工知能）は劇的に進化し、私たちの日常生活の様々な場面に関わるようになった。特に人間の指示（プロンプト）に応じて文章や画像等を自動生成する「生成ＡＩ」と呼ばれるシステムの発展が著しい。

生成ＡＩの具体的サービスとして最も有名なものの一つに「ChatGPT」がある。これは、米国企業の OpenAI 社が開発したＡＩ搭載のチャットボットで、人間と自然な会話をしたり、レポートやプログラム等を一瞬で生成したりできることが世間に衝撃を与えた。

ただし、生成ＡＩは「知能」を獲得したとは言いがたい。ChatGPT 等のテキスト生成ＡＩは、その多くが「大規模言語モデル（ＬＬＭ）」という技術を核としている。ＬＬＭとは簡単に言えば、膨大な分量のデータをＡＩに学習させ、その過程で得られた知見を基に、与えられた文章の「続き」を自動生成させる仕組みである。すなわち、生成ＡＩはあくまでも人間から与えられたプロンプトに対して「統計的にそれらしい応答」を自動的に生成しているにすぎず、人間のように「考えて」回答しているわけではないことに留意する必要がある。そのため、生成ＡＩによる回答には、ごく自然に嘘や誤解が含まれることがある。これをハルシネーション（幻覚）という。

教育の視点から見た生成ＡＩ

生成ＡＩは知能をもっておらず、その回答にはハルシネーションの問題もある。しかし、簡単な質問から望ましい（と思える）回答を瞬時に導き出す生成ＡＩを活用することは、私たちの作業効率を劇的に向上させる可能性を秘めており、それは教育においても例外ではない。

例えば授業でレポート課題が出されたとき、生成ＡＩにテーマや文字数、自分の立場等を与えれば、わずか数秒でレポートが完成する。プログラミングの授業で課される宿題も、生成ＡＩに任せれば一瞬でプログラムが完成する。生成ＡＩをこのように活用することは、授業課題の意義をないがしろにするため、教育者の中には学習者に生成ＡＩを使わせたくないと考える人も少なくないだろう。

しかし、生成ＡＩはすでに私たちの日常生活の中に入り込んでいる。マイクロソフト社の検索サービス「Bing」に生成ＡＩが回答する機能が追加されるなど、場合によっては本人が気づかないうちに生成ＡＩを使っていたということも起こり得る。また、生成ＡＩの回答はかなり自然なものが多く、人間の回答と生成ＡＩの回答を技術的に弁別することはほぼ不可能である。これからの時代において、生成ＡＩの利用を禁止することはもはや現実的ではない。私たちは人間とＡＩが「共生」する社会を想定し、生成ＡＩの活用を大前提として、その中で学校教育がどうあるべきかを考える段階に来ている。

▼学校教育における生成ＡＩの活用

生成ＡＩを活用する時代が到来したとはいえ、学校教育においては「学習者が自分自身で考え、解決すること」を目指す場面は多い。そういった場面で生成ＡＩに頼りすぎてしまうと、本来の学習効果が得られなくなってしまう。一方で、学習内容が肥大化し続ける現代において、生成ＡＩを活用して学習の効率化を図ることは、ある意味で時代の要請とも言える。

学校教育における生成ＡＩの活用は、このような矛盾した状況にある。生成ＡＩを活用する際はまず「生成ＡＩを活用することによって失われる学びはないか」という視点を意識することが必要である。学びの本質を侵害しないのであれば、生成ＡＩの活用を積極的に推進することは教育的な価値があるだろう。

学習者が生成ＡＩを適切に活用できるようにするため、生成ＡＩ活用のガイドラインを策定することも必要である。こうしたガイドラインは、すでに多くの大学等が策定しており、今後は初等中等教育においても同様の動きが見られると予想される。文部科学省は２０２３年７月に「初等中等教育段階における生成ＡＩの利用に関する暫定的なガイドライン」を作成・公開しており、そこで示されたパイロット的な取組を進める「生成ＡＩパイロット校」において、様々な授業実践を行っている。こうした先駆的な取組とその成果を注視し、教員一人ひとりが生成ＡＩの適切な活用の在り方を検討することが求められている。

また、校務においても生成ＡＩによる効率化が期待できる。例えば文書作成も人間がゼロから作業するのではなく、生成ＡＩが作成したものを人間が修正するようにすれば、作業時間の短縮が期待できる。

現在の生成ＡＩ活用はまだ黎明期であり、問題や課題が山積している。しかし、教育の観点から言えば、生成ＡＩもまた、数多ある教材・教具の一つにすぎない。生成ＡＩの利用を一律禁止するような対応ではなく「どのようなときに生成ＡＩを使うのか／使わないのか」ということを意識しながら、学校教育においても人間とＡＩが共生していくことが求められる。

（中園長新）

References

□文部科学省（2023）「初等中等教育段階における生成 AI の利用に関する暫定的なガイドライン」

2023年７月に策定された、生成 AI の教育利用に関する暫定ガイドライン。同省ウェブサイトで公開されており、今後も随時改訂される予定であるため動向を注視していきたい。

□渡部信一／編著（2020）『AI 時代の教師・授業・生きる力―これからの「教育」を探る』ミネルヴァ書房

AI 時代の教育の在り方について、７名の教員による実践を通して検討する一冊。編者と教員とのディスカッションを通して考えを深めることができる。

□特定非営利活動法人みんなのコード／編著（2023）『学校の生成 AI 実践ガイド―先生も子どもたちも創造的に学ぶために』学事出版

生成 AI と学校教育の関わりを概説し、学校における生成 AI の活用実践を紹介したガイドブック。基本的なレベルから説明されており、自分なりの活用を考える一冊目として役立つ。

41 若者論の動向

Summary

社会との関わりの中で若者について論じる若者論は、時代の移り変わりとともに展開されてきた。「フリーター」「ニート」など若者バッシングにつながる言説も生まれる中で、若者を批判する言説を反証する研究も蓄積されてきた。若者文化にも注目が集まっており、若者文化が社会のありようを映し出し、若者の生にとって重要な意味をもつことが指摘されている。

若者論

社会や時代との関係性の中で若者について論じる若者論は、1960年代から展開されてきた。若者について語る言葉が次々と生み出され、その時代状況を表す象徴としても説明がなされてきた。

労働の分野においては、マスコミや評論家等によって若者に関する多様な言葉や意味がつくられてきた。例えば、1990年代のバブル経済崩壊後、不況によって若者たちは就職難に見舞われ、非正規雇用など不安定就労を強いられ、「ロストジェネレーション」と呼ばれた。2000年代は、新自由主義的改革が進み、自己責任論の考え方に基づき、若者の低い職業意識を問題化する「フリーター」や「ニート」等の言葉も広がり、若者バッシングにつながった。

社会学者を中心として、これらの呼称や解釈が十分な根拠に基づいていないことが批判され、実証データの緻密な分析や、言説がなぜどのように展開されたのかという精緻な議論の必要性等が指摘されている。また、若者たちは受動的な存在として言葉を受容するだけでなく、主体的に意味付け、交渉する中で、自己形成している点に着目することも重要であろう。

さらに、若者といっても、階層や地域、ジェンダー、学歴、職業など多様であり、若者を一括りにして語ることはできない。吉川・狭間（2019）は、2015年に実施された「階層と社会意識全国調査」（2015年SSP調査）のデータを分析し、若者の「今」の捉え方と階層には複雑な関係性があることを明らかにし、若者の中の階層差を捉える必要性を指摘している。

若者論と若者支援

「フリーター」「ニート」「ひきこもり」など若者たちの「困難」に焦点化する語りは、2000年代以降の若者支援政策にもつながっていった。経済不況の中で無業や失業状態にある若者たちは「社会的弱者」として位置付けられ、自立支援や就労支援の対象となった。2010年には「子ども・若者育成支援推進法」が施行され、「子供・若者育成支援施策の推進を図るための大綱」の作成や「社会生活を円滑に営む上で困難を有する子供や若者を支援するための地域ネットワークの整備」等が趣旨として掲げられた。特に子供・若者を支援するために、個別縦割りの対応ではなく、行政と市民の協働が強く求められ、地域を拠点に様々な子供・若者の居場所づくりや支援の実践がつくられていった。

この頃、若者が抱える「問題」や「生きづらさ」を根拠として、若者支援の必要性を訴えるメディアや若者支援政策の在り方を批判的に捉える研究も生まれていった。例えば、居場所づくりが施策化されることで、政策をつくる大人側の価値観や意図が先行し、若者自身の居場所の感覚や居場所に求めるものが軽視される危険性がいわれた。また、「ニート」や「フリーター」と呼ばれる若者たちへの自立支援や就労支援は、彼らを問題化し社会への「適応」を迫るもので、社会の仕組みを変えていくものになっていないという指摘もある。

若者文化から読み解く

若者について論じられるとき、若者文化に着目されることも多い。それは、若者文化が社会のありようを映し出し、若者文化が若者自身にとって重要な意義をもつからでもある。例えば、１９９０年代に入って消費社会化・情報化が進む中で、若者たちの携帯電話やインターネットなどメディアの利用と、コミュニケーションや対人関係の変容との関係性について論じられた。若者の「人間関係の希薄化」「オタク化」などの言葉とともに、若者たちの対人関係やコミュニケーションの在り方が問題視された。と同時に、研究者によって実証データを用いて希薄化論を相対化し、若者の新しい対人関係のモデルを提唱するなど、若者を批判する言説を反証する研究も展開されていった。

ミクロな視点からは、音楽やダンス、アニメや漫画、ファッションなどのポピュラーカルチャーを消費する若者たちの意味世界や生活世界を考察する研究もみられる。若者たちにとって若者文化は、楽しみや居場所となり、人とのつながりをつくり、アイデンティティ形成の資源になることも指摘されている。最近では、「ガールズ・スタディーズ」と呼ばれる若い女性たちの文化実践の研究もみられ、女の子たちが支配的なメディアの表象を交渉し、文化の担い手としてソーシャル・メディアを通した表現を行う様子も描かれている（田中、２０２１）。

（徳永智子）

References

□内閣府／編（2023）「令和４年版子供・若者白書」日経印刷

「子ども・若者育成支援推進法」が成立した2010年から毎年作成され、国会に報告されている。国内の子供・若者の実態や子供・若者の支援施策の状況について学べる。

□吉川　徹・狭間諒多朗／編（2019）『分断社会と若者の今』大阪大学出版会

大規模社会調査のデータ分析を基に、若者の「今」の捉え方の分断について考察している。若者の性別役割分業意識、働き方、政治意識、幸福感など、幅広いテーマが扱われ、多様な若者の姿が浮かび上がる。

□浅野智彦／著（2015）『「若者」とは誰か―アイデンティティの30年【増補新版】』河出書房新社

若者たちのアイデンティティに関して若者自身の理解と大人による若者の捉え方がどう変容してきたのかを描き出している。若者の自己やアイデンティティの多元化について論じている。

□田中東子／編著ほか（2021）『ガールズ・メディア・スタディーズ』北樹出版

若い女性たちがメディアでどう描かれ、メディアを用いてどう自己を表現しているのかについてリアルに描かれているお薦めの一冊。

◆編著者◆

長田友紀　筑波大学人間系准教授
佐藤博志　筑波大学人間系教授
平井悠介　筑波大学人間系准教授
藤田晃之　筑波大学人間系教授

◆執筆者◆

朝倉雅史　筑波大学人間系助教
飯田順子　筑波大学人間系准教授
石毛久美子　武蔵野短期大学幼児教育学科准教授
石嶺ちづる　愛知教育大学教育学部准教授
礒田正美　筑波大学人間系教授
井田仁康　筑波大学人間系教授
上田孝典　筑波大学人間系准教授
内山絵美子　小田原短期大学保育学科講師
梅津静子　筑波大学人間系助教
江角周子　東京学芸大学教育学部講師
遠藤優介　筑波大学人間系助教
大谷　奨　筑波大学人間系教授
岡部善平　小樽商科大学商学部教授
小野明日美　筑波大学人間系特任研究員
小野瀬善行　宇都宮大学大学院教育学研究科准教授
勝田　光　筑波大学人間系助教
加藤崇英　茨城大学大学院教育学研究科教授
唐木清志　筑波大学人間系教授
川上若奈　筑波大学人間系助教
川口　純　早稲田大学国際教育協力研究所招聘研究員
川口有美子　公立鳥取環境大学環境学部准教授
菊田尚人　山形大学地域教育文化学部講師
菊地かおり　筑波大学人間系助教
木村範子　筑波大学人間系講師
京免徹雄　筑波大学人間系准教授
金　玹辰　筑波大学人間系准教授
古賀竣也　崇城大学総合教育センター助教
國分麻里　筑波大学人間系教授
小嶋季輝　中京大学国際教養学部准教授
後藤みな　山形大学地域教育文化学部准教授
小牧叡司　筑波大学人間系特任研究員
小松孝太郎　筑波大学人間系准教授

桜井淳平　流通経済大学社会学部准教授
澤田裕之　中部大学教職課程センター准教授
清水美憲　筑波大学人間系教授
末松裕基　東京学芸大学教育学部准教授
鈴木　瞬　金沢大学人間社会研究域准教授
平　明子　元筑波大学人間系准教授
髙野貴大　茨城大学大学院教育学研究科助教
タスタンベコワ・クアニシ　筑波大学人間系准教授
田中正弘　筑波大学教学マネジメント室准教授
田中真秀　大阪教育大学総合教育系准教授
田中マリア　筑波大学人間系准教授
田中　怜　筑波大学人間系助教
田邉良祐　流通科学大学商学部准教授
照屋翔大　沖縄国際大学経済学部准教授
徳永智子　筑波大学人間系准教授
留目宏美　上越教育大学大学院学校教育研究科准教授
中井大介　埼玉大学教育学部准教授
中園長新　麗澤大学国際学部准教授
名畑目真吾　筑波大学人間系助教
根津朋実　早稲田大学教育・総合科学学術院教授
橋場　論　福岡大学教育開発支援機構准教授
花園隼人　宮城教育大学教員養成学系准教授
花屋哲郎　秀明大学学校教師学部教授
浜田博文　筑波大学人間系教授
早坂　淳　長野大学社会福祉学部教授
早瀬博典　筑波大学人間系特任助教
半田勝久　日本体育大学体育学部准教授
樋口直宏　筑波大学人間系教授
平田敦義　共栄大学教育学部教授
平田諭治　筑波大学人間系准教授
福野裕美　聖徳大学教育学部准教授
藤井穂高　筑波大学人間系教授
藤田祐介　武蔵野大学教育学部教授
古田雄一　筑波大学人間系助教
星野真澄　明治学院大学文学部専任講師
本多　舞　こども教育宝仙大学こども教育学部専任講師
牧瀬翔麻　広島修道大学人文学部助教
蒔苗直道　筑波大学人間系准教授
宮澤優弥　東洋大学文学部講師
村田翔吾　日本体育大学児童スポーツ教育学部助教
山田知代　多摩大学グローバルスタディーズ学部准教授
山本容子　筑波大学人間系准教授
ヤン・ジャヨン　筑波大学人間系特任研究員
横山剛士　金沢大学人間社会研究域准教授
米田宏樹　筑波大学人間系教授

最新　教育キーワード

165のキーワードで押さえる教育

2024年３月25日　初版発行

編　者　藤田　晃之・佐藤　博志・平井　悠介・長田　友紀
発行者　花野井　道郎
発行所　株式会社時事通信出版局
発　売　株式会社時事通信社
東京都中央区銀座5-15-8 〒104-8178
電話03-3501-9855　　http://book.jiji.com
印刷・製本　株式会社太平印刷社

ISBN978-4-7887-1901-9 C3537　Printed in Japan